Smart Contracts und AGB-Recht

Europäische Hochschulschriften Recht

European University Studies in Law

Publications Universitaires Européennes de Droit

Band/Volume 6853

Peter Romer

Smart Contracts und AGB-Recht

PETER LANG
Berlin · Bruxelles · Chennai · Lausanne · New York · Oxford

Bibliografische Information der Deutschen Nationalbibliothek
Die Deutsche Nationalbibliothek verzeichnet diese Publikation in der Deutschen Nationalbibliografie; detaillierte bibliografische Daten sind im Internet über http://dnb.dnb.de abrufbar.

Zugl.: Marburg, Univ., Diss., 2025

DE-14
ISSN 3052-8291 (Print)
ISSN 3052-8305 (eBook)
ISBN 978-3-631-94583-4 (Print)
ISBN 978-3-631-94584-1 (ePDF)
ISBN 978-3-631-94585-8 (ePUB)
DOI 10.3726/b23749

Verlegt durch Peter Lang GmbH, Berlin, Deutschland

info@peterlang.com

www.peterlang.com

Kontakt zur Verordnung über die allgemeine Produktsicherheit (GPSR):
gpsr@peterlang.com

Für Oma Helene und Oma Ursel

Inhaltsverzeichnis

Vorwort

Die vorliegende Dissertation ist im Juni 2025 vom Fachbereich Rechtswissenschaft der Philipps-Universität Marburg unter dem Titel **„Smart Contracts und AGB-Recht“** angenommen worden. Entstanden ist diese Arbeit während meiner Tätigkeit am Lehrstuhl von Prof. Dr. Wertenbruch, dessen wissenschaftliches Umfeld und anregende Diskussionskultur maßgeblich zu ihrer Entwicklung beigetragen haben. Mein herzlicher Dank gilt allen Personen, die mich während der Entstehungszeit dieser Dissertation begleitet, ermutigt und gestärkt haben. Ohne ihre Unterstützung wäre diese Arbeit in dieser Form nicht möglich gewesen. Herzlicher Dank gebührt auch meinem Doktorvater Prof. Dr. Möslein, für die Betreuung dieser Arbeit, der freundlichen Hilfe und der mannigfachen Ideengebung, die mir einen kritischen Zugang zu dieser Thematik eröffnete haben. Ebenso danke ich Prof. Dr. Wertenbruch herzlich für die Übernahme des Zweitgutachtens sowie für dessen sorgfältige und gewissenhafte Erstellung, die einen wichtigen Beitrag zur Bewertung und zum Abschluss dieser Arbeit geleistet hat.

Schließlich möchte ich mich herzlich bei meinen Eltern Beate Romer und Thomas Romer bedanken, die für mich stets ein offenes Ohr hatten. Ihnen gilt mein besonderer Dank für ihren unerschütterlichen Beistand, ihre kontinuierliche Unterstützung und den verlässlichen Rückhalt während dieser intensiven und herausfordernden Zeit, die sie maßgeblich erleichtert haben. Zu guter Letzt möchte ich meiner Freundin Laura Pfeifer meinen aufrichtigen Dank aussprechen, für ihre unermüdliche und wertvolle Unterstützung in allen großen wie auch kleinen Belangen. Besonders danken möchte ich ihr für ihr stets entgegengebrachtes Verständnis, ihre Geduld und ihre Ermutigung während der gesamten Anfertigung dieser Doktorarbeit, die mir in vielen Phasen eine große Hilfe und Stütze waren.

§ 1 Einleitung

Smart Contracts bieten die Chance, bisher unsichtbare Rechtsbeziehungen sichtbar zu machen, indem sie, was sonst in Verträgen und allgemeinen Geschäftsbedingungen manchmal intransparent geregelt und eventuell schon vergessen wurde, wie programmiert ausführen.[1] Bei diesen handelt es sich um eine Software, die es erlaubt, Verträge automatisiert zu vollziehen und diese gegebenenfalls auch unmittelbar abzuschließen. Sie bilden dabei Teile des Vertrags oder den Vertrag im Ganzen ab und sind in der Lage, das vertraglich vereinbarte unmittelbar zu vollziehen. Die Digitalisierung von Verträgen mittels Smart Contracts erlaubt es also, diese quasi zum Leben zu erwecken, da der Vertragstext nicht, wie regelmäßig nach dem Abschluss eines Vertrags in einer Schublade verschwindet, sondern gerade automatisch durch den Smart Contract ausgeführt wird.[2]

A. Einführung in die Problematik

Die Konzeption eines Smart Contracts existiert schon seit Anfang der 90er Jahre.[3] Doch erst mit fortschreitender Verbreitung des Internet of Things[4],

---

1 *Kaulartz*, in: Leupold/Wiebe/Glossner, IT-Recht, Teil 9.5 Rn. 10.

2 *Kaulartz*, in: Leupold/Wiebe/Glossner, IT-Recht, Teil 9.5 Rn. 5.

3 *Szabo*, Smart Contracts, abrufbar unter: https://www.fon.hum.uva.nl/rob/Courses/InformationInSpeech/CDROM/Literature/LOTwinterschool2006/szabo.best.vwh.net/smart.contracts.html (zuletzt abgerufen am 27.06.2023).

4 Darunter ist die Vernetzung von Gegenständen mit dem Internet zu verstehen, sodass diese Gegenstände über das Internet in der Lage sind, selbständig zu kommunizieren und einen Material- oder Produktionsfluss festzulegen (vgl. dazu: https://www.bundestag.de/resource/blob/474528/cae2bfac57f1bf797c8a6e13394b5e70/industrie-4-0-data.pdf, S. 1 (zuletzt abgerufen am 27.06.2023)).

ausgeprägterer Vernetzung und auch der weitergehenden Verbreitung der Blockchain-Technologie, bieten sich technologische Entwicklungsmöglichkeiten, die den Einsatz von Smart Contracts vereinfachen und überhaupt erst auf breiterer Basis ermöglichen. Obwohl die Entwicklung und die Verbreitung von Smart Contracts zum jetzigen Zeitpunkt in der Praxis noch am Anfang stehen, könnten sie in der Zukunft für die Anwender vielversprechende Möglichkeiten der Automatisierung von Verträgen bieten.

Die Bandbreite an denkbaren Einsatzmöglichkeiten und die daraus resultierenden rechtlichen Probleme, führen in der rechtswissenschaftlichen Literatur zu einem regen Diskurs über Smart Contracts.[5] Viele Rechtsfragen, die Smart Contracts betreffen, insbesondere im Bereich der allgemeinen Geschäftsbedingungen (AGB), sind noch weitgehend ungeklärt oder zumindest höchst umstritten. Dieser Diskurs nahm nach einer Entscheidung des BGH im Jahr 2022, über die Wirksamkeit einer Klausel, wonach dem Verwender die Möglichkeit eingeräumt wurde, per Fernzugriff eine gemietete Batterie des Nutzers in einem Pkw unter bestimmten Bedingungen zu sperren, weiter an Fahrt auf.[6] Auch wenn die Entscheidung des BGH sich nicht unmittelbar mit der AGB-rechtlichen Zulässigkeit der Verwendung von Smart Contracts auseinandersetzt und es für den entschiedenen Fall auch dahin stehen konnte, ob der Fernzugriff manuell oder automatisiert ausgelöst wurde, so erging doch ein erstes höchstrichterliches Urteil, welches sich mit einem Kernelement der Verwendung eines Smart Contracts, nämlich der Wirksamkeit einer Klausel, welche dem Verwender den Fernzugriff auf eine Sache des Nutzers gestattet, auseinandersetzte. Der BGH sah im entschiedenen Fall die Klausel als unwirksam an. Auf dieses Urteil gilt es im Verlauf der Arbeit noch vertieft einzugehen.

Im Jahr 2018 äußerte sich die BaFin, soweit ersichtlich als erste Bundesbehörde, in einem Aufsatz zur Blockchain-Technologie auch zu Smart Contracts

---

[5] Vgl. etwa: *Paulus/Matzke*, ZfPW 2018, 431; *Möslein*, ZHR 183 (2019), 254; *Heckelmann*, NJW 2018, 504; *Fries*, AnwBl 2018, 86; *Wilhelm*, WM 2020, 1807; *Kaulartz/Heckmann*, CR 2016, 618; *Schrey/Thalhofer*, NJW 2017, 1431; *Braegelmann/Kaulartz*, in: Braegelmann/Kaulartz, Rechtshandbuch Smart Contracts, Kap. 1.

[6] BGH NJW 2022, 3575; vgl. hierzu: *Duden*, NJW 2023, 18; *Kaulbach*, ZIP 2023, 343; *Schrader*, JA 2023, 247; *Sander*, WuB 2023, 64; *Jaensch*, DAR 2023, 131; zur Vorinstanz OLG Düsseldorf MMR 2022, 403, vgl. hierzu: *Casper/Grimpe*, ZIP 2022, 661; *Möslein*, RDi 2022, 296; Paulus, EWiR 2021, 752; *Fries*, JZ 2022, 359.

und zeigte damit, dass das Thema verstärkt in den Fokus der Öffentlichkeit gerät.[7] Auch im Bundestag[8] und im Europäischen Parlament[9] wurde bereits über Smart Contracts diskutiert. Darüber hinaus lässt sich auch am Blockchain-Paper aus dem Frühjahr 2019, der ehemaligen Bundesregierung[10], das steigende Interesse erkennen.

Eine denkbare Einsatzmöglichkeit für die Verwendung eines Smart Contracts könnte etwa der Einsatz eines Smart Locks an der Wohnungstür einer Mietwohnung sein.[11] Bei einem Smart Lock handelt es sich um einen elektronischen Verriegelungsmechanismus.[12] Bei Zahlungsverzug des Mieters, kann der Smart Contract dieses dann automatisch sperren.[13] Solche Smart Locks existieren bereits und werden auch schon eingesetzt. Mittels eines solchen Schlosses lassen sich beispielsweise die Türen, von über die Plattform Airbnb vermittelten Unterkünfte, sofern diese über ein solches Schloss verfügen, durch die Gäste in dem jeweils gebuchten Zeitraum durch ihr Smartphone, also auch ohne Schlüssel, öffnen.[14] Im Bereich des Mietrechts könnte es darüber hinaus auch denkbar sein, auf der rechtlichen Ebene bei der Vertragsanbahnung einen Smart Contract einzusetzen, der Zugriff auf eine Datenbank hat, durch diese er frei werdende Wohnungen erkennen kann, sodass dieser automatisiert die beiden potenziellen Parteien des Mietvertrags informieren und den Mietvertrag, nach einer Besichtigung der Wohnung,

---

7 *Fußwinkel Kreiterling*: Blockchain-Technologie – Gedanken zur Regulierung, abrufbar unter: https://www.bafin.de/SharedDocs/Veroeffentlichungen/DE/BaFinPerspektiven/2018/bp_18-1_Beitrag_Fusswinkel.html (zuletzt abgerufen am 27.06.2023).

8 Öffentliche Anhörung im Finanzausschuss des Deutschen Bundestages, Wortprotokoll der 34. Sitzung vom 11.03.2019, Protokoll 19/34, BT-Drs. 19/4217, abrufbar unter: https://www.bundestag.de/resource/blob/633418/cf7487ec0dcfc19b164a18fcaca6f938/Protokoll-data.pdf (zuletzt abgerufen am 27.06.2023).

9 Europäisches Parlament, Entschließung des Europäischen Parlaments vom 26. Mai 2016 zu virtuellen Währungen (2016/2007[INI]), P8 TA(2016)0228, unter C.9 als „intelligente Verträge" übersetzt, abrufbar unter: https://www.europarl.europa.eu/doceo/document/TA-8-2016-0228_DE.html (zuletzt abgerufen am 27.06.2023).

10 Vgl.: https://www.bmwi.de/Redaktion/DE/Publikationen/Digitale-Welt/blockchain-strategie.pdf?__blob=publicationFile&v=8 (zuletzt abgerufen am 27.06.2023).

11 *Bernzen*, ZKM 2021, 219, 220; *Zipfel*, GRUR-Prax 2023, 113.

12 *Guggenberger*, in: Hoeren/Sieber, Handbuch Multimedia-Recht, Teil 13.7 Rn. 23.

13 *Fries*, AnwBl 2018, 86; *Wilhelm*, WM 2020, 1807, 1808.

14 Vgl.: https://nuki.io/de/airbnb/ (zuletzt abgerufen am 27.06.2023).

abschließen könnte, wodurch die Transaktions- und Vollzugskosten gesenkt werden könnten.[15]

Als weiteres Beispiel seien Starter Interrupt Devices genannt. Diese Geräte überwachen die Zahlungen des Kfz-Käufers im Rahmen eines Finanzierungs-/ oder Leasingvertrags und verhindern, dass ein Fahrzeug gestartet werden kann, wenn die vertraglich vereinbarten Zahlungen nicht zum Fälligkeitszeitpunkt, mit einer ggf. geltenden Nachfrist, erfolgt.[16] Der Einsatz der Geräte durch den Verkäufer oder die finanzierende Bank dient dazu, bei Käufern, die über eine geringe Bonität verfügen, das Ausfallrisiko zu minimieren und durch die unmittelbar durch das Gerät ausgelöste Sperre des Kfz, die Zahlungsbereitschaft zu erhöhen.[17] Typischerweise muss der Käufer aktuell noch für jeden Zahlungszeitraum, also für den Zeitraum, bis die nächste Zahlung fällig wird, manuell einen Code eingeben, um sein Fahrzeug weiter nutzen zu können.[18] Diesen Code erhält der Käufer, wenn die Zahlung der jeweils fälligen Rate erfolgt ist.[19]

Auch hier ist jedoch eine fortschreitende Automatisierung zu erwarten. Im Februar 2023 wurde eine US-Patentanmeldung der Ford Global Technologies LLC, eine Tochtergesellschaft des Automobilherstellers Ford veröffentlicht, wonach diese sich eine Methode, um einen Pkw wieder zu erlangen, patentieren ließen.[20] Die Patentanmeldung beschreibt dabei das Vorgehen in mehreren Eskalationsstufen,[21] um ein Fahrzeug wieder in Besitz zu nehmen: Dabei übermittelt ein Computer einem anderen Computer eine Mitteilung über eine verspätete Zahlung für das jeweilige Fahrzeug[22]. Diese Mitteilung

---

15 *Lindner*, NZM 2021, 665, 667.

16 *Hudson/Laudicina*, The Business Lawyer, February 2006, Vol. 61, No. 2, 843.

17 *Hudson/Laudicina*, The Business Lawyer, February 2006, Vol. 61, No. 2, 843.

18 *Hudson/Laudicina*, The Business Lawyer, February 2006, Vol. 61, No. 2, 843.

19 *Hudson/Laudicina*, The Business Lawyer, February 2006, Vol. 61, No. 2, 843.

20 United States Patent Application Publication, Pub. No. US2023/0055958 A1, Pub. Date: Feb. 23, 2023, abrufbar unter: https://image-ppubs.uspto.gov/dirsearch-public/print/downloadPdf/20230055958 (zuletzt abgerufen am 27.06.2023).

21 Vgl. detailliert zum Ablauf der einzelnen Eskalationsstufen: United States Patent Application Publication, Pub. No. US2023/0055958 A1, S. 1, Pub. Date: Feb. 23, 2023, abrufbar unter: https://image-ppubs.uspto.gov/dirsearch-public/print/downloadPdf/20230055958 (zuletzt abgerufen am 27.06.2023).

22 United States Patent Application Publication, Pub. No. US2023/0055958 A1, S. 1, Pub. Date: Feb. 23, 2023, abrufbar unter: https://image-ppubs.uspto.gov/dirsearch-public/print/downloadPdf/20230055958 (zuletzt abgerufen am 27.06.2023).

enthält die Aufforderung, beispielsweise an den Käufer oder Leasingnehmer des Fahrzeugs, den Erhalt der Nachricht zu bestätigen.[23] Der erste Computer könnte dabei mit einem Finanzinstitut verbunden sein und der andere Computer könnte ein Fahrzeugcomputer oder ein Smartphone des Käufers oder Leasingnehmers sein.[24] Erfolgt dann die Zahlung nicht in der genannten Frist nach der Aufforderung, kann der erste Computer die Funktion von Komponenten des Fahrzeugs deaktivieren oder das Fahrzeug verriegeln.[25] Das Verriegeln des Fahrzeugs kann dabei auf bestimmte Tage, wie beispielsweise auf das Wochenende beschränkt werden, oder es kann komplett verriegelt werden.[26] Bei einem Notfall kann das verriegelte Fahrzeug vorübergehend genutzt werden, um zu einer medizinischen Einrichtung zu fahren.[27] Zwar beschreibt das Patent nur die Möglichkeit des Fernzugriffs auf ein Fahrzeug und nicht, dass dieser auch automatisiert erfolgen soll. Zukünftig dürfte hier sicherlich eine weitere Automatisierung zu erwarten sein, wonach dann, etwa durch einen Smart Contract, der Zahlungseingang überprüft und daraufhin der Pkw bis zur nächsten fälligen Rate ohne Sperre weiterhin genutzt werden kann.

Abstrakter dargestellt könnten also denkbare Anwendungsbereiche für Smart Contracts darin bestehen, den Zahlungseingang bei Finanzierung, Leasing, Miete, etc. zu überprüfen und daraufhin, bei ausbleibender Zahlung, die Nutzung der jeweiligen Sache zu beschränken oder gänzlich unterbinden. Nicht nur im Bereich automatisierter Sperren, sondern auch im Rahmen der Finanzwirtschaft, kommt etwa ein Einsatz bei der Kreditfinanzierung, bei

---

23 United States Patent Application Publication, Pub. No. US2023/0055958 A1, S. 1, Pub. Date: Feb. 23, 2023, abrufbar unter: https://image-ppubs.uspto.gov/dirsearch-public/print/downloadPdf/20230055958 (zuletzt abgerufen am 27.06.2023).

24 United States Patent Application Publication, Pub. No. US2023/0055958 A1, S. 1, Pub. Date: Feb. 23, 2023, abrufbar unter: https://image-ppubs.uspto.gov/dirsearch-public/print/downloadPdf/20230055958 (zuletzt abgerufen am 27.06.2023).

25 United States Patent Application Publication, Pub. No. US2023/0055958 A1, S. 1, Pub. Date: Feb. 23, 2023, abrufbar unter: https://image-ppubs.uspto.gov/dirsearch-public/print/downloadPdf/20230055958 (zuletzt abgerufen am 27.06.2023).

26 United States Patent Application Publication, Pub. No. US2023/0055958 A1, S. 1, Pub. Date: Feb. 23, 2023, abrufbar unter: https://image-ppubs.uspto.gov/dirsearch-public/print/downloadPdf/20230055958 (zuletzt abgerufen am 27.06.2023).

27 United States Patent Application Publication, Pub. No. US2023/0055958 A1, S. 1, Pub. Date: Feb. 23, 2023, abrufbar unter: https://image-ppubs.uspto.gov/dirsearch-public/print/downloadPdf/20230055958 (zuletzt abgerufen am 27.06.2023).

Versicherungen und bei der Unternehmensfinanzierung in Betracht.[28] Auch bei der Token-Ökonomie, sowie bei algorithmisch gesteuerten ETFs, oder bei der Abwicklung von Projektfinanzierungen, könnten Smart Contracts eingesetzt werden.[29] Die Verwendung von Smart Contracts könnte die Transaktionskosten durch die Ausschaltung von Intermediären derart senken, dass sich daraus Entwicklungsmöglichkeiten für neue Verträge und Vertragstypen, deren Abwicklung bisher nicht rentabel war, bieten könnten und wodurch beispielsweise Mikrotransaktionen ermöglicht werden würden.[30] Darüber hinaus wird Smart Contracts im Bereich des Internet of Things ein großes Potential zugeschrieben.[31] Hierbei könnte ein Smart Contract auf eine vernetzte Sache zugreifen und einige Funktionen einschränken oder die Benutzbarkeit der Sache insgesamt unterbinden, um (vermeintliche) Vertragsbrüche des Vertragspartners zu sanktionieren. Dies sind nur exemplarisch einige mögliche Anwendungsbereiche. Die Bandbreite an denkbaren Einsatzmöglichkeiten ist groß und die zukünftige Entwicklung ist zum aktuellen Zeitpunkt noch schwer vorhersehbar.

Durch die Verwendung eines Smart Contracts lassen sich Verträge automatisieren. Dies könnte man als den nächsten Schritt, nach der Standardisierung von Verträgen für den Massenverkehr, betrachten. Das Potential der Automatisierung von Verträgen ist im Massenverkehr besonders hoch, da in diesem Bereich nicht für jeden einzelnen Vertrag individuell ein Smart Contract passend programmiert werden muss, um diese ausführen zu können.

---

28 Ausführlich hierzu: *Möslein*, ZBB 2018, 208, 215 ff.

29 *Wilhelm*, WM 2020, 1807, 1808.

30 *Prinz/Schulte*, Blockchain und Smart Contracts, Frauenhofer Gesellschaft 2017, S. 33, abrufbar unter https://www.fraunhofer.de/content/dam/zv/de/forschung/artikel/2017/Fraunhofer-Positionspapier_Blockchain-und-Smart-Contracts_v151.pdf (zuletzt abgerufen am 27.06.2023).

31 *Prinz/Schulte*, Blockchain und Smart Contracts, Frauenhofer Gesellschaft 2017, S. 8, abrufbar unter https://www.fraunhofer.de/content/dam/zv/de/forschung/artikel/2017/Fraunhofer-Positionspapier_Blockchain-und-Smart-Contracts_v151.pdf (zuletzt abgerufen am 27.06.2023); *Paulus/Matzke*, ZfPW 2018, 431, 435; *Möslein*, ZHR 183 (2019), 254, 262; *Voshmgir*, in: Braegelmann/Kaulartz, Rechtshandbuch Smart Contracts, Kap. 2 Rn. 39; *Heckelmann*, NJW 2018, 504.

B. Gang der Darstellung

Diese Arbeit befasst sich mit der Frage, ob und inwieweit der Einsatz von Smart Contracts mit dem deutschen AGB-Recht zu vereinbaren ist. Hierzu gliedert die Arbeit sich in insgesamt 7 Kapitel. Der Aufbau orientiert sich dabei an dem Aufbau einer materiell-rechtlichen AGB-Prüfung nach dem BGB. Dabei soll der Verwendung von Smart Contracts in der vorliegenden Arbeit keine bestimmte Technologie zugrunde gelegt werden, die Betrachtung erfolgt vielmehr technologieneutral.

Diesem Untersuchungsprogramm folgend, ist daher zunächst in § 2 zu klären, inwieweit bei der Verwendung von Smart Contracts AGB vorliegen können. Hierfür gilt es den § 305 I BGB genauer zu betrachten. In Bezug auf das Merkmal des Vertrags in § 305 I BGB, soll insbesondere das Vorliegen einer Willenserklärung durch eine automatisiert/ autonom erzeugte Erklärung genauer betrachtet werden. Diese kommt zwar nicht notwendigerweise bei der Verwendung eines Smart Contracts zum Einsatz, die Parteien werden jedoch oftmals bestrebt sein, eine möglichst weitreichende Automatisierung ihrer Vertragsbeziehung zu erreichen, weshalb dies in der vorliegenden Arbeit mit untersucht werden soll. Als problematisch stellt sich dabei vor allem das Vorliegen des subjektiven Teils einer Willenserklärung dar, da die Parteien nur im Vorfeld Einstellungen für die Erzeugung der Erklärungen vornehmen werden und diese nachfolgend automatisiert/ autonom von der verwendeten Software erzeugt und übermittelt werden. Darüber hinaus kommuniziert die Software bei der automatisiert/ autonomen erzeugten Erklärung regelmäßig nicht in einer natürlichen Sprache, sondern in einer Programmiersprache, sodass es genauer zu prüfen gilt, ob auch eine solche geeignet ist, eine Willenserklärung abzubilden und wie es sich in Bezug auf den Zugang einer Erklärung auswirkt, dass die Parteien eine Programmiersprache regelmäßig nicht verstehen können werden. Auch gilt es dann noch den Vertragsschluss beim Einsatz eines Smart Contracts auf einer Blockchain-Plattform genauer zu begutachten. Smart Contracts sollen in der vorliegenden Arbeit zwar technologieneutral betrachtet werden, jedoch wird sich eine Blockchain als eine häufig verwendete Plattform darstellen. Auf Grund des Mangels eines gesonderten Empfangsbereichs des Empfängers bei der Verwendung einer Blockchain, gilt es insbesondere den Zugang einer Willenserklärung genauer zu betrachten. Anschließend werden dann die weiteren Merkmale des § 305 I

BGB, wie die Mehrfachverwendungsabsicht, das Vorliegen vorformulierter Vertragsbedingungen und das Stellen der AGB dargestellt.

In § 3 erfolgt sodann die Prüfung, wie die AGB Vertragsbestandteil werden können. Hierbei gilt es insbesondere für B2C-Geschäfte, die Voraussetzungen des § 305 II BGB genauer zu betrachten. Für die Fragestellung, wann für die andere Partei die zumutbare Möglichkeit der Kenntnisnahme vorliegt, wird zunächst der klassische Vertragsschluss, anschließend der Vertragsschluss durch automatisiert/ autonom erzeugte Erklärungen genauer betrachtet. Beim klassischen Vertragsschluss gilt es sodann die Frage zu klären, wann die andere Partei beim Einsatz eines Smart Contracts als Software zumutbar von den AGB Kenntnis erlangt. Automatisiert/ autonom erzeugten Erklärungen werfen die Problematik auf, dass dabei regelmäßig eine Programmiersprache Verwendung finden wird, die die andere Partei meist nicht verstehen kann. Daher fragt es sich, wann hierbei die zumutbare Möglichkeit der Kenntnisnahme vorliegt, wenn die andere Partei die in einer Programmiersprache verfassten AGB nicht verstehen kann. Hierbei wird zwischen der Hinweissprache und der Sprache der AGB zu differenzieren sein.

Sind die in Rede stehenden Klauseln Vertragsbestandteil geworden, gilt es deren Inhalt zu ermitteln, was in § 4 dargestellt wird. Problematisch im Hinblick auf den Einsatz eines Smart Contracts stellt es sich dar, dass die rechtliche Ebene, also die Ebene des Vertragsschlusses, von der tatsächlichen Ebene, also der der Ausführung des Vereinbarten durch den Smart Contract, voneinander divergieren können. Hier drängt sich die Frage auf, wie sich das Vorhandensein von zwei Ebenen und auch eine daraus möglicherweise resultierende Abweichung der beiden Ebene voneinander, auf die Auslegung des Inhalts auswirkt. Darüber hinaus gilt es auch noch zu betrachten, wie es sich auf die Auslegung auswirkt, wenn lediglich eine Programmiersprache für den Vertragsschluss verwendet wird.

Im Anschluss erfolgt sodann in § 5 eine Darstellung der Inhaltskontrolle nach den §§ 307 ff. BGB. Zunächst werden die speziellen Klauselverbote der §§ 309, 308 BGB untersucht, wobei bei der Verwendung eines Smart Contracts insbesondere Verstöße gegen die §§ 309 Nr. 2, 12 BGB, sowie gegen den § 308 Nr. 4 BGB möglich erscheinen. Ein besonderes Augenmerk ist danach auf die Betrachtung der unangemessenen Benachteiligung iSd. § 307 BGB zu legen. Der Schwerpunkt der Arbeit liegt dabei auf der Prüfung einer unangemessenen Benachteiligung nach § 307 BGB durch eine Klausel, die den Einsatz eines Smart Contracts vorsieht. Bei der Untersuchung einer unangemessenen Benachteiligung durch den Einsatz eines Smart Contracts, soll zwischen der Rechtsdurchsetzung, sowie der Selbstdurchsetzung als grobe Oberpunkte differenziert werden. Zunächst soll sodann die Veränderung der Rechtsdurchsetzung durch den Einsatz eines Smart Contracts betrachtet werden. Durch den Einsatz eines Smart Contracts auf der tatsächlichen Ebene verändert sich unter anderem die Initiativ- und Klagelast für die andere Partei. Darüber hinaus wird deren Möglichkeit, Einwendungen und Einreden zu erheben, faktisch eingeschränkt. Unter anderem aus der BGH-Rechtsprechung zu Softwaresperren, dem Lastschrift- und Abbuchungsverfahren, sowie dem BGH Urteil zur Fernsperre einer Batterie bei einem E-Pkw, sollen dann Kriterien entwickelt werden, wonach sich die Unangemessenheit einer Klausel beurteilen lässt, die den Einsatz eines Smart Contracts auf der tatsächlichen Ebene vorsieht. Im Anschluss erfolgt eine genauere Betrachtung der Selbstdurchsetzung. Hierbei wird insbesondere das Vorliegen von verbotener Eigenmacht durch den Einsatz eines Smart Contracts auf der tatsächlichen Ebene, der auf vernetzte Sachen zugreift, zu untersuchen sein. Dabei gilt es zunächst genauer zu betrachten, wann vernetzte Sachen vom Besitzschutz erfasst werden. Schwerpunktmäßig stellt sich sodann die Frage, wann eine Besitzbeeinträchtigung einer Sache durch den Einsatz eines Smart Contracts auf der tatsächlichen Ebene vorliegt. Dies soll unter anderem anhand der BGH-Rechtsprechung und OLG-Rechtsprechung zu der Fernsperre einer Batterie eines E-Pkw ermittelt werden. Im Laufe der Untersuchung wird sich darüber hinaus zeigen, dass ein Fernzugriff eines Smart Contracts auf der tatsächlichen Ebene auf eine vernetzte Sache möglich sein kann, auch wenn die Software in der Sache gespeichert wird, ohne dass dies eine verbotene Eigenmacht darstellt. Um ein solches Vorgehen wirksam vereinbaren zu können, darf jedoch auch kein sonstiger Verstoß gegen den § 307 I BGB vorliegen, was es dann genauer zu betrachten gilt.

In § 6 erfolgt dann eine Darstellung, wie unwirksame Klauseln, die nicht Vertragsbestandteil geworden sind, sich beim Einsatz eines Smart Contracts auswirken. Die gewonnenen Erkenntnisse werden anschließend in § 7 zusammengefasst.

C. Terminologie

Um den Einsatz von Smart Contracts AGB-rechtlich beurteilen zu können, ist es zunächst erforderlich, herauszuarbeiten, was unter dem Begriff Smart Contract zu verstehen ist. In Ermangelung einer gesetzlichen Regelung oder Legaldefinition, steht dies nämlich keineswegs fest. Was unter einem Smart Contract zu verstehen sein soll, ist daher in der Literatur umstritten. Diese Unsicherheit könnte zumindest zum Teil aus der Bezeichnung „Smart" stammen, die suggerieren könnte, ein Smart Contract sei ein Hybrid aus Vertrag und KI (künstlicher Intelligenz).[32] Dem ist jedoch nicht so. Vielmehr stellen Smart Contracts ein technisches Werkzeug in Form einer Software da, die der Ausführung von Verträgen und ggf. auch dem Vertragsschluss dient.[33] Dabei ist ein Vertragsschluss mittels KI nicht ausgeschlossen, dies stellt jedoch keine grundsätzliche Anforderung an einen Smart Contract dar und ist auch mit der irreführenden Bezeichnung „Smart" nicht intendiert, sondern „Smart" wird vielmehr so zu verstehen sein, als dass durch den Einsatz eines Smart Contracts und dem damit einhergehenden automatisierten Vollzug, der Vertrag gewissermaßen zum Leben erweckt wird.[34]

Auch darf aus dem Begriff „Contract" nicht darauf geschlossen werden, dass einem Smart Contract immer auch ein Vertrag zugrunde liegen wird. Der Jurist und Kryptographie-Forscher Nick Szabo ist einer der Mitschöpfer des Begriffs Smart Contract.[35] Er beschrieb diesen als „a computerized transaction protocol that executes the terms of a contract".[36] Es ist gerade für jeden Einzelfall zu prüfen, ob auch ein Vertrag besteht. Denn die bloße Verwendung einer Software und damit auch von Smart Contracts, bei denen es sich um eine Software handelt, ändert nichts daran, dass zur Vertragsbegründung übereinstimmende Willenserklärungen vorliegen müssen, sodass die Frage, ob ein Vertrag vorliegt, nach den allgemeinen Regeln des Zivilrechts zu beurteilen ist.[37] Sowohl der Vertragsschluss als auch der Vertragstyp sind daher

---

32 *Kaulartz*, in: Leupold/Wiebe/Glossner, IT-Recht, Teil 9.5 Rn. 2.

33 *Kaulartz*, in: Leupold/Wiebe/Glossner, IT-Recht, Teil 9.5 Rn. 3.

34 *Kaulartz*, in: Leupold/Wiebe/Glossner, IT-Recht, Teil 9.5 Rn. 5.

35 *Kaulartz*, in: Leupold/Wiebe/Glossner, IT-Recht, Teil 9.5 Rn. 2.

36 *Szabo*, Smart Contracts, abrufbar unter: http://www.fon.hum.uva.nl/rob/Courses/InformationInSpeech/CDROM/Literature/LOTwinterschool2006/szabo.best.vwh.net/smart.contracts.html (zuletzt abgerufen am 27.06.2023).

37 *Paulus/Matzke*, ZfPW 2018, 431, 446; *Heckelmann*, NJW 2018, 504, 505.

nach den allgemeinen materiell-rechtlichen Vorschriften zu bestimmen.[38] Die Verwendung eines Smart Contracts wird dabei regelmäßig zu keiner anderen materiell-rechtlichen Bewertung des Vertragstyps führen, sodass die Rechtsnatur des Vertrags nicht schon durch die bloße Verwendung eines Smart Contracts bestimmt wird.[39] Da der Vertragstyp nach den allgemeinen Regeln des Zivilrechts zu beurteilen ist, können hierfür sowohl schuldrechtliche als auch dingliche Verträge in Betracht kommen.[40]

I. Definitionsansätze Smart Contracts

Aus der Bezeichnung Smart Contract lässt sich also nicht ableiten, was genau von dem Begriff erfasst wird. In der Literatur werden verschiedene Ansätze vertreten, was unter einem Smart Contract zu verstehen sein soll. Dabei ist zunächst zwischen technischen und juristischen Ansätzen zu differenzieren. Da es sich bei der vorliegenden Arbeit um eine rechtswissenschaftliche Arbeit handelt, können Definitionen aus anderen Fachgebieten außer Betracht bleiben.[41] Vorliegend soll sich daher die Betrachtung auf die juristischen Ansätze beschränken, da diese sich als ausschlaggebend für eine AGB-rechtliche Bewertung darstellen. Ein grundlegendes Merkmal eines Smart Contracts ist, dass es sich dabei um eine Software handelt, die zumindest Teile einer vertraglichen Beziehung nach bestimmten, vorgefassten und programmierten Arbeitsanweisungen abwickelt, wobei dafür keine manuellen Zwischenschritte notwendig sind.[42] Solche Zwischenschritte könnten etwa die manuelle Anweisung einer Zahlung oder das manuelle Veranlassen einer Warenlieferung sein.[43] Die über diesen grundsätzlichen Konsens hinausgehenden, verschiedenen Ansätze der Literatur, lassen sich im Wesentlichen in einen

---

38 *Paulus/Matzke*, ZfPW 2018, 431, 449; *Heckelmann*, NJW 2018, 504, 508.

39 *Paulus/Matzke*, ZfPW 2018, 431, 449.

40 *Paulus/Matzke*, ZfPW 2018, 431, 449 f.; *Heckelmann*, NJW 2018, 504, 508; *Lupu*, DSRITB 2019, 209, 210.

41 Vgl. vertiefend zu technischen Ansätzen: *Gyr*, Blockchain und Smart Contracts, S. 132 ff.

42 *Wilhelm*, WM 2020, 1807, 1808; *Möslein*, ZHR 183 (2019), 254, 260 f.; *Paulus/Matzke*, ZfPW 2018, 431, 433 f.; *Heckelmann*, NJW 2018, 504; *Finck*, in: Fries/Paal, Smart Contracts, 1, 7.; *Matzke*, in: Fries/Paal, Smart Contracts, 99, 100; *Anzinger*, in: Fries/Paal, Smart Contracts, 33, 54.

43 *Wilhelm*, WM 2020, 1807, 1808.

engen und einen weiten Ansatz, was unter einem Smart Contract zu verstehen sein soll, unterteilen.

1. Weiter Ansatz

Heckelmann geht von einem weiteren Begriff eines Smart Contracts aus, wonach dieser eine bloße technische Möglichkeit bietet, dass nach dem Eintritt bestimmter Bedingungen vorher festgelegte Aktionen vollzogen werden.[44] Dabei schließt er nicht aus, dass es sich bei einem Smart Contract auch um einen Vertrag im zivilrechtlichen Sinne handeln kann, hierfür muss der Smart Contract jedoch Gegenstand übereinstimmender Willenserklärungen sein.[45]

Ähnlich sehen dies *Paulus/Matzke*, demnach ist ein Smart Contract lediglich eine Computersoftware, die Rechtsbeziehungen oder Teile von Rechtsbeziehungen automatisiert ausführt.[46] Diese können jedoch einen Vertrag abbilden, sodass der Vertragsschluss mittels Smart Contracts durchaus möglich ist.[47]

Problematisch bei dem weiteren Ansatz stellt sich die Abgrenzung von Smart Contracts gegenüber dem Einsatz von sonstiger, komplexer Software dar. Dieser Abgrenzungsproblematik kann durch einen engeren Ansatz begegnet werden. Der engere Ansatz fordert für das Vorliegen eines Smart Contracts eine rechtlich relevante Handlung durch diesen.

2. Enger Ansatz

Andere vertreten eine engere Definition von Smart Contracts. *Kaulartz/Heckmann* sehen den Begriff des Smart Contracts technologieneutral als eine Software, die rechtlich relevante Handlungen in Abhängigkeit von digital prüfbaren Ereignissen steuert, kontrolliert und/ oder dokumentiert, mit dessen Hilfe unter Umständen dingliche und/ oder schuldrechtliche Verträge geschlossen werden können.[48]

---

44 *Heckelmann*, NJW 2018, 504, 505.

45 *Heckelmann*, NJW 2018, 504, 505.

46 *Paulus/Matzke*, ZfPW 2018, 431, 433 f.; so auch: *Schrey/Thalhofer*, NJW 2017, 1431; *Kipker/Birreck/Nienwöhner/Schnorr*, MMR 2020, 509.

47 *Paulus/Matzke*, ZfPW 2018, 431, 449; *Schrey/Thalhofer*, NJW 2017, 1431; *Kipker/Birreck/Nienwöhner/Schnorr*, MMR 2020, 509.

48 *Kaulartz/Heckmann*, CR 2016, 618; zustimmend: *Braegelmann/Kaulartz*, in: Braegelmann/Kaulartz, Rechtshandbuch Smart Contracts, Kap. 1 Rn. 29.

Wilhelm sieht in einem Smart Contract nicht notwendigerweise einen Vertrag im Rechtssinne, wobei er darauf abstellt, dass der Smart Contract als technisches Instrument einen Vertrag abbildet und bestimmte Abläufe zur Vertragsdurchführung in Gang setzt.[49] Auch er verlangt daher nicht das bloße in Gang setzen von vorher programmierten Aktionen, sondern es muss ein engerer Zusammenhang zwischen dem Smart Contract und dem diesem zu Grunde liegenden Vertrag bestehen. Auch hier kann davon ausgegangen werden, dass nach *Wilhelm* eine rechtlich relevante Handlung vorliegen muss.

Riehm versteht unter einem Smart Contract eine technische Konstruktion aus Hardware und/ oder Software, die ein digital nachprüfbares Ereignis so verarbeitet, dass eine rechtlich relevante Handlung ohne menschliche Intervention ausgelöst wird.[50]

Auch nach *Möslein* ist jedenfalls im Ergebnis eine rechtlich relevante Handlung bei der Frage, was unter einem Smart Contract zu verstehen ist, erforderlich.[51] Hierbei stellt er überzeugend dar, dass selbst, wenn man die weite Auslegung zu Grunde legen würde, die Rechtsgeschäftslehre die Maßstäbe bestimmt, um festzustellen, ob die technikbasierten Folgen eine rechtliche Relevanz beanspruchen können.[52] Demnach bestimmt es sich nach der rechtlichen Relevanz, ob eine bestimmte Folge eines Smart Contracts sich lediglich als technische Folge darstellt, oder ob diese auch rechtlich durchsetzbar ist und bei einer gerichtlichen Überprüfung Bestand haben könnte.[53]

Die engeren Ansätze verlangen also, in Abgrenzung zu den oben dargestellten weiteren Ansätzen, eine rechtlich relevante Handlung. Die rechtlich relevante Handlung stellt demnach ein notwendiges Element bei der Beurteilung dar, ob ein Smart Contract vorliegt. Diese ist dabei weit zu verstehen. Sie kann in der Abgabe einer Willenserklärung oder auch in der Vornahme eines Realaktes bestehen.[54] Davon erfasst werden also insbesondere die Abgabe von Willenserklärungen, Vertragsschlüsse oder Erfüllungshandlungen,

---

[49] *Wilhelm*, WM 2020, 1807, 1808.
[50] *Riehm*, in: Braegelmann/Kaulartz, Rechtshandbuch Smart Contracts, Kap. 9 Rn. 10.
[51] *Möslein*, in: Braegelmann/Kaulartz, Rechtshandbuch Smart Contracts, Kap. 8 Rn. 2.
[52] *Möslein*, in: Braegelmann/Kaulartz, Rechtshandbuch Smart Contracts, Kap. 8 Rn. 2.
[53] *Möslein*, in: Braegelmann/Kaulartz, Rechtshandbuch Smart Contracts, Kap. 8 Rn. 2.
[54] *Riehm*, in: Braegelmann/Kaulartz, Rechtshandbuch Smart Contracts, Kap. 9 Rn. 10.

die automatisiert ausgeführt und dokumentiert werden.[55] Entscheidend ist demnach, dass der Smart Contract im Zusammenhang mit einer beliebigen, rechtlich indizierten Rechtspflicht, steht.[56]

3. Arbeitsdefinition

Vorzugswürdig erscheint ein engerer Ansatz, wonach ein Smart Contract eine Software ist, die rechtlich relevante Handlungen in Abhängigkeit von digital prüfbaren Ereignissen steuert, kontrolliert und/ oder dokumentiert und mit deren Hilfe unter Umständen schuldrechtliche/ dingliche Verträge geschlossen werden können.[57] Diese Definition eines Smart Contracts soll dieser Arbeit als Arbeitsdefinition zugrunde gelegt werden. Für die engere Ansicht spricht, dass sie eine Abgrenzung von Smart Contracts zu sonstiger komplexer Software erlaubt.[58] Eine Abgrenzung von Smart Contracts von anderer Software erfolgt derart, dass Smart Contracts immer im Kontext einer rechtlich indizierten Pflicht stehen.[59] In Bezug auf die hier zu Grunde gelegte Definition bedeutet dies nicht, dass zwingend ein Vertragsschluss mittels Smart Contracts zu erfolgen hat. Ein Smart Contract kann daher auch dann vorliegen, wenn der Vertrag lediglich durch diesen vollzogen wird und der Vertragsschluss außerhalb des Smart Contracts erfolgt ist. In dem Vollzug des Vertrags liegt in diesem Fall dann die rechtlich relevante Handlung. Darüber hinaus, wie dies bereits oben bei der tendenziell engeren Ansicht von *Möslein* dargestellt wurde, bestimmt ohnehin die Rechtsgeschäftslehre die Maßstäbe, um festzustellen, ob die technikbasierten Folgen eine rechtliche Relevanz beanspruchen können.[60] Demnach beurteilt es sich nach der rechtlichen Relevanz, ob eine bestimmte Folge eines Smart Contracts sich lediglich als

---

55 *Looschelders/Derkum*, in: Chibanguza/Kuß/Steege, Künstliche Intelligenz, N. Vertragsrecht (insbes. Smart Contracts) Rn. 6.

56 *Braegelmann/Kaulartz*, in: Braegelmann/Kaulartz, Rechtshandbuch Smart Contracts, Kap. 1 Rn. 26.

57 *Kaulartz/Heckmann*, CR 2016, 618.

58 *Braegelmann/Kaulartz*, in: Braegelmann/Kaulartz, Rechtshandbuch Smart Contracts, Kap. 1 Rn. 25.

59 *Braegelmann/Kaulartz*, in: Braegelmann/Kaulartz, Rechtshandbuch Smart Contracts, Kap. 1 Rn. 26.

60 *Möslein*, in: Braegelmann/Kaulartz, Rechtshandbuch Smart Contracts, Kap. 8 Rn. 2.

technische Folge darstellt, oder ob diese auch rechtlich durchsetzbar ist und bei einer gerichtlichen Überprüfung Bestand hätte.[61]

Betrachtet man die hier zugrunde gelegte Definition genauer, ergeben sich zwei Ebenen. Gemeinsam ist diesen beiden Ebenen, dass eine rechtlich relevante Handlung vorausgesetzt wird. Wie bereits oben dargestellt, erlaubt dies die Abgrenzung zu anderer komplexer Software.

Der erste Teil der Definition, wonach ein Smart Contract eine Software darstellt, die digital prüfbare Ereignisse steuert, kontrolliert und/ oder dokumentiert, bezieht sich auf die Ebene der Vollstreckung. Der Smart Contract wird hier also als Durchsetzungsinstrument eingesetzt. In der vorliegenden Arbeit wird dies als die tatsächliche Ebene bezeichnet. Die tatsächliche Ebene erlaubt es, durch den Smart Contract den Vertrag zu vollziehen und dessen Vollzug zu überwachen und zu dokumentieren.

Der zweite Teil der Definition, wonach Smart Contracts eine Software darstellen, mit deren Hilfe unter Umständen schuldrechtliche/ dingliche Verträge geschlossen werden können, bezieht sich auf die Ebene der Vertragsbegründung. Diese wird in der vorliegenden Arbeit als die rechtliche Ebene bezeichnet.

Da sich aus den beiden Ebenen unterschiedliche rechtliche Problemstellungen ergeben können, werden diese beiden Ebenen in der Arbeit zunächst getrennt zu betrachten sein. Da die beiden Ebenen jedoch nicht völlig unabhängig voneinander sein müssen und es durchaus denkbar ist, dass sich Wechselwirkungen ergeben, folgt im Anschluss an die getrennte Betrachtung ein Teil, der dies genauer beleuchten soll.

II. Weitere Begriffsbestimmungen

Bei Smart Contracts handelt es sich um eine Technologie, die erst in letzter Zeit verstärkt von der Rechtsliteratur Beachtung gefunden hat. Dabei findet nicht immer eine einheitliche Terminologie Verwendung. Nach der Darstellung, worum es sich bei einem Smart Contract handelt, sollen nun einige Begrifflichkeiten herausgearbeitet werden, die dann auch wie dargestellt, dieser Arbeit zu Grunde gelegt werden.

---

[61] *Möslein*, in: Braegelmann/Kaulartz, Rechtshandbuch Smart Contracts, Kap. 8 Rn. 2.

1. Software

Software stellt dabei einen Sammelbegriff für die Programme, die dazugehörigen Daten, sowie die dazugehörige Dokumentation dar, die es erlaubt, mit Hilfe eines Computers eine Aufgabe zu erledigen.[62] Bei einem Smart Contract handelt es sich um eine Software.[63] Die Software besteht also aus einem oder mehreren Programmen und den dazugehörigen Daten. Die Programme als Teile der Software werden in einer höheren Programmiersprache geschrieben. Dieser Programmcode, in einer höheren Programmiersprache, ist für Menschen lesbar, die die jeweilige Programmiersprache beherrschen. Andere gebräuchliche Bezeichnungen für den Programmcode sind Source-Code, Quellcode, sowie Primär- oder Ursprungsprogramm.[64] Der Programmcode wird dann mittels eines Compilers in den Objektcode übersetzt, der dann vom Computer ausgeführt werden kann.[65]

Für die vorliegende Arbeit sollen folgende Begriffe verwendet werden: Eine Software besteht aus einem oder mehreren Programmen. Sie werden in höheren Programmiersprachen geschrieben. Diese Programme bestehen aus dem Programmcode, also den programmierten Zeilen in einer höheren Programmiersprache. Der Programmcode wird mittels Compiler in den für Maschinen lesbaren Objektcode übersetzt, welcher für Menschen nicht ohne Weiteres verständlich ist und von Maschinen ausgeführt werden kann.

2. Automatisierung

Charakteristisch für die Verwendung eines Smart Contracts ist die Automatisierung. Der Einsatz eines Smart Contracts erlaubt es, wenn etwas digital prüfbar und darstellbar ist, dies zu automatisieren.[66] Je nach Kontext, kommen dem Begriff der Automatisierung verschiedene Bedeutungen zu. Als Oberbegriff ist unter Automatisierung die Beschreibung eines Systems

---

62 *Lassmann*, in: Wirtschaftsinformatik, Kap. 4.1 S. 126.

63 *Kaulartz*/Heckmann, CR 2016, 618; *Schrey/Thalhofer*, NJW 2017, 1431; *Fries*, AnwBl 2018, 86; *Heckelmann*, NJW 2018, 504; *Paulus/Matzke*, ZfPW 2018, 431, 433 f.; *Schnell/Schwaab*, BB 2021, 1091; *Söbbing*, ITRB 2018, 43, 44.

64 *Ernst*, in: Hoeren/Sieber, Handbuch Multimedia-Recht, Teil 7.1 Rn. 11.

65 *Ernst*, in: Hoeren/Sieber, Handbuch Multimedia-Recht, Teil 7.1 Rn. 11.

66 *Paulus/Matzke*, NJW 2018, 1905, 1910.

zu verstehen, welches in der Lage ist, Aufgabestellungen konstanter oder wechselnder Art, mit einem unterschiedlichen Grad an Autonomie, also ohne menschliche Beteiligung, zu erledigen.[67]

Unter Automatisierung kann zum einen eine Automatisierung des Vertragsschlusses verstanden werden, sodass dieser unter möglichst geringer menschlicher Beteiligung erfolgen kann. Hierbei befindet man sich auf der rechtlichen, der beiden Ebenen der hier verwendeten Definition eines Smart Contracts. Automatisierung im Zusammenhang mit der rechtlichen Ebene bedeutet, dass mit Hilfe des Smart Contracts unter Umständen schuldrechtliche/ dingliche Verträge automatisiert geschlossen werden können. Der Begriff der Automatisierung bezieht sich in diesem Zusammenhang also auf die Ebene der Vertragsbegründung. Der Vertragsschluss erfolgt automatisiert mittels eines Smart Contracts, also durch eine Software. Die Automatisierung der Vertragsbegründung durch den Smart Contract bedeutet in diesem Zusammenhang also, dass der Nutzer nicht mehr unmittelbar selbst tätig werden muss, sondern der Smart Contract als Software selbständig tätig werden kann und die Willenserklärung dabei automatisiert/ autonom erzeugt wird. Dabei gilt es zu beachten, dass ein automatisierter Vertragsschluss keinesfalls zwingend beim Einsatz eines Smart Contracts vorliegen muss, dies jedoch möglich ist und somit eine Frage des Einzelfalles darstellt.

Auf der zweiten Ebene der Definition, der tatsächlichen Ebene, bedeutet Automatisierung, dass der Smart Contract ein digital prüfbares Ereignis steuert, kontrolliert und/ oder dokumentiert. Die Automatisierung bezieht sich hierbei also auf die Ebene der Vollstreckung. Die tatsächliche Ebene erlaubt es, durch den Smart Contract den Vertrag automatisiert zu vollziehen und dessen Vollzug zu überwachen, auch hier unter möglichst geringer menschlicher Beteiligung.[68] Der Smart Contract wird dabei als Durchsetzungsinstrument eingesetzt. Kernelement eines Smart Contracts ist es gerade, dass der Vollzug des Vertrags durch die Software vorgenommen wird und manuelle Eingriffe nicht mehr notwendig sind.

---

[67] *Bues/Grupp*, in: Ebers, StichwortKommentar Legal Tech, Automatisierung und Autonomie, Rn 4.

[68] *Wilhelm*, WM 2020, 1807, 1808.

3. Blockchain als Plattform

Die Blockchain-Technologie und Smart Contracts scheinen eng vernetzt zu sein. Die Verbindung zwischen der Blockchain-Technologie und Smart Contracts ist jedoch lediglich eine faktische.[69] Eine Blockchain ist eine digitale Datenbank mit dezentralisierter Konsensfindung und Informationsspeicherung.[70] Dabei gibt es nicht „die" Blockchain, einzelne Blockchain-Technologien wie beispielsweise Bitcoin oder Ethereum unterscheiden sich im Einzelnen durchaus voneinander.[71] Für eine rechtliche Bewertung kommt es jedoch grundsätzlich auf die im Detail unterschiedlichen Technologien nicht an.[72] Daher sollen für die vorliegende Arbeit die Grundlagen dieser Technologie betrachtet werden. Charakteristisch für die Blockchain-Technologie ist, dass die Datensätze dezentral, also an vielen verschiedenen Stellen gespeichert und diese fälschungssicher aneinandergereiht werden.[73] Es handelt sich um eine dezentrale Datenbank, die validierte Informationen in Form von Blöcken speichert und dann für alle Nutzer sichtbar macht.[74] Eine Information wird erst dann in die Blöcke einer Blockchain geschrieben, wenn diese validiert wurde, wenn also durch die am Netzwerk beteiligten Rechner geklärt wurde, dass der Absender dazu auch berechtigt war.[75] Die Blöcke werden aneinander gereiht und verweisen jeweils auf den Vorherigen, sodass eine Kette entsteht, woher auch der Begriff Blockchain stammt.[76] Jeder an der Blockchain beteiligte Rechner speichert die gesamte Kette der

---

69 *Exner*, Smart Contracts im Spannungsfeld zwischen Automatisierung und Verbraucherschutz, 2022, S. 30; *Heckelmann*, NJW 2018, 504, 505; *Lupu*, DSRITB 2019, 209, 211.

70 *Guggenberger*, in: Hoeren/Sieber, Handbuch Multimedia-Recht, Teil 13.7 Rn. 2; *Lupu*, DSRITB 2019, 209, 211 f.

71 *Kaulartz*, in: Möslein/Omlor, FinTech-Handbuch, § 5 Rn. 2.

72 *Kaulartz*, in: Möslein/Omlor, FinTech-Handbuch, § 5 Rn. 2.

73 *Looschelders/Derkum*, in: Chibanguza/Kuß/Steege, Künstliche Intelligenz, N. Vertragsrecht (insbes. Smart Contracts) Rn. 16.

74 *Söbbing*, ITRB 2018, 43, 44.

75 *Kaulartz/Heckmann*, CR 2016, 618, 619.

76 *Schrey/Thalhofer*, NJW 2017, 1431, 1432; *Schawe*, MMR 2019, 218; *Schurr*, ZVglRWiss 118 (2019), 257, 263 f.; *Hohn-Hein/Barth*, GRUR 2018, 1089.

Blöcke, wodurch eine umfassende Transparenz entsteht.[77] Die Verkettung der Blöcke führt dazu, dass die bereits gespeicherten Informationen in den Blöcken nachträglich nicht mehr verändert oder gelöscht werden können.[78] Die Blockchain-Technologie ist daher ein verteiltes Register, welches dezentral gespeichert wird, wobei jeder Datenblock einen Datenbestand mit verschiedenen Informationen aufweist und mathematisch verknüpft an den Vorherigen angehangen wird.[79] Die Technologie erlaubt es, ohne Einschalten eines Intermediärs, Verträge und Transaktionen manipulationssicher und automatisiert abzuwickeln.[80]

Für die Ausführung eines Smart Contracts wird eine unabhängige Instanz benötigt, der beide Parteien vertrauen und die in der Lage ist, den Smart Contract auszuführen.[81] Umgekehrt ist die Ausführung eines Smart Contracts auf einer Blockchain jedoch nicht notwendig, vielmehr ist der Begriff Smart Contract technologieneutral zu betrachten.[82] Die Blockchain-Technologie bietet nur eine mögliche Plattform für einen Smart Contract. Smart Contracts bedürfen eines digitalen Nährbodens, dem beide Parteien vertrauen, da dieser die manipulationssichere Ausführung sicherstellt, der den Smart Contract mit Informationen versorgt und auf dem es dem Smart Contract möglich ist, Werte zu verschieben.[83] Um ihrer Kernfunktion, der automatisierten Ausführung des vertraglich Vereinbarten verlässlich nachkommen zu können, benötigen Smart Contracts eine Plattform, der beide Parteien deshalb vertrauen, weil diese eine einseitige Manipulation der Software unterbindet, sodass die Software das vorher Programmierte zuverlässig ausführen kann. Die Blockchain-Technologie bietet auf Grund

---

77 *Schrey/Thalhofer*, NJW 2017, 1431, 1432; *Schawe*, MMR 2019, 218; *Lupu*, DSRITB 2019, 209, 212.

78 *Schawe*, MMR 2019, 218.

79 *Steinrötter/Stamenov*, in: Ebers, StichwortKommentar Legal Tech, Blockchain, Rn. 1.

80 *Steinrötter/Stamenov*, in: Ebers, StichwortKommentar Legal Tech, Smart Contracts, Rn. 7.

81 *Heckelmann*, NJW 2018, 504, 505.

82 *Braegelmann/Kaulartz*, in: Braegelmann/Kaulartz, Rechtshandbuch Smart Contracts, Kap. 1 Rn. 25; *Riehm*, in: Braegelmann/Kaulartz, Rechtshandbuch Smart Contracts, Kap. 9 Rn. 10; *Heckelmann*, NJW 2018, 504, 505.

83 *Kaulartz*, in: Leupold/Wiebe/Glossner, IT-Recht, Teil 9.5 Rn. 15.

der oben dargestellten Charakteristika eine gute Basis dafür. Auch wenn die Verwendung einer Blockchain kein notwendiges Element beim Einsatz eines Smart Contracts darstellt, wird diese doch regelmäßig die Art der Plattform sein, auf der diese ausgeführt werden. Hierbei gilt es einige daraus resultierende Besonderheiten zu beachten, die auf Grund der faktisch engen Verbindung, in der vorliegenden Arbeit dargestellt werden sollen.[84]

4. Manipulationssicherheit

Um die automatisierte Vertragsdurchführung durch den Einsatz eines Smart Contracts auf der tatsächlichen Ebene zu erreichen, muss sichergestellt werden, dass der Smart Contract das vereinbarte wie programmiert vollziehen kann.

Die manipulationssichere Ausführung eines Smart Contracts, stellt ein Kernelement dieser Technologie dar.[85] Dies bedeutet, dass die Parteien den Smart Contract auf der tatsächlichen Ebene, sobald dieser implementiert wurde, nicht mehr einseitig verändern können.[86] Auf Grund der manipulationssicheren Ausführung des Programmierten, ist kein Vertrauen der Vertragsparteien untereinander notwendig, da auf technischem Weg sichergestellt wird, dass die programmierten Abläufe ausgeführt werden.[87] Wie dies technologisch erreicht wird ist zweitrangig, denn Smart Contracts sind nicht auf die Blockchain-Technologie beschränkt.[88] Entscheidend ist, dass der Smart Contract auf einer Plattform ausgeführt wird, die dies sicherstellt.[89] Häufig dürfte es sich auf Grund der oben dargestellten Eigenschaften dabei um eine Blockchain handeln. In Betracht hierfür kommt allerdings jede Plattform die sicher stellt, dass der Smart Contract auf der tatsächlichen Ebene wie programmiert ausgeführt wird, ohne dass die Parteien einseitig eine Möglichkeit haben, dies zu verhindern.

---

84 Hierzu siehe unter: § 2 A. III. 3.

85 *Schurr*, ZVglRWiss 118 (2019), 257, 259.

86 *Paulus/Matzke*, ZfPW 2018, 431, 433; Wilhelm, WM 2020, 1807, 1809; *Möslein*, ZBB 2018, 208, 215.

87 *Paulus/Matzke*, ZfPW 2018, 431, 433.

88 *Wilhelm*, WM 2020, 1807, 1809; *Matzke*, Fries/Paal, Smart Contracts, 99, 101; *Schnell/Schwaab*, BB 2021, 1091, 1091 f.; *Kaulartz*, InTer 2016, 201, 202.

89 *Schnell/Schwaab*, BB 2021, 1091.

§ 2 Smart Contracts als AGB

Nach der Legaldefinition des § 305 I 1 BGB sind AGB alle für eine Vielzahl von Verträgen vorformulieren Vertragsbedingungen, die eine Vertragspartei der anderen Vertragspartei bei Abschluss eines Vertrags stellt. Um zu ermitteln, ob das AGB-Recht auf Smart Contracts Anwendung finden kann, sollen im nachfolgenden Kapitel daher die einzelnen Teile der Legaldefinition des § 305 I 1 BGB in Bezug auf diese genauer betrachtet werden.

Für die Anwendbarkeit des AGB-Rechts auf Smart Contracts, kommt es nach § 305 I BGB zunächst einmal darauf an, ob diese als Verträge eingeordnet werden können. Die Fragestellung, wann genau beim Einsatz eines Smart Contracts auf der rechtlichen Ebene ein Vertrag vorliegen kann, ist deshalb von Interesse, weil das Merkmal des Vertrags den Anwendungsbereich des § 305 I BGB eröffnet. Für die Frage, ob beim Einsatz eines Smart Contracts auch ein Vertrag vorliegt, ist die rechtliche Ebene der Smart Contract Definition entscheidend. Demnach kann mittels eines Smart Contracts unter Umständen ein schuldrechtlicher und/ oder dinglicher Vertrag geschlossen werden, was nach den allgemeinen Grundsätzen des BGB zu beurteilen ist. Hierbei wird zwischen dem klassischen Vertragsschluss und dem Vertragsschluss durch den Einsatz von automatisiert/ autonom erzeugten Erklärungen durch eine Software zu unterscheiden sein. Der Einsatz von automatisiert/ autonom erzeugten Erklärungen zum Vertragsschluss ist keinesfalls zwingend für den Einsatz eines Smart Contracts auf der rechtlichen Ebene.[1] Die Parteien werden jedoch bei der Verwendung eines Smart Contracts regelmäßig

---

1 *Kaulartz/Heckmann*, CR 2016, 618, 618 f.

bestrebt sein, die Vertragsbeziehungen zu automatisieren. Deshalb gilt es auch den Einsatz von automatisiert/ autonom erzeugten Erklärungen zum Vertragsschluss darzustellen, da diese bei dem Einsatz eines Smart Contracts auf der rechtlichen Ebene häufig Verwendung finden dürften. Insbesondere bei der Verwendung von automatisiert/ autonom erzeugten Erklärungen durch eine Software zum Vertragsschluss auf der rechtlichen Ebene eines Smart Contracts gilt es genauer zu betrachten, ob und wie ein Vertragsschluss auf diese Art und Weise erfolgen kann und inwiefern die automatisiert/ autonom erzeugten Erklärungen durch die Software der jeweiligen Partei zugerechnet werden können. Nach der Fragestellung, wann beim Einsatz eines Smart Contracts auf der rechtlichen Ebene ein Vertrag vorliegen kann, gilt es im Anschluss daran die Mehrfachverwendung der in Rede stehenden Klauseln zu betrachten. Auch hierbei bezieht sich die Darstellung auf die rechtliche Ebene der Smart Contract Definition. Die Mehrfachverwendungsabsicht ebnet den Weg in Richtung des Vorliegens von AGB iSd. § 305 I BGB insofern, als dass AGB ihrem Zweck nach bei Massengeschäften Verwendung finden sollen, sodass grundsätzlich die Verwendung der in Rede stehenden Klauseln für eine Vielzahl von Anwendungsfällen gewollt sein muss. Nach der Mehrfachverwendungsabsicht gilt es auch noch die Vorformulierung der Vertragsbedingungen genauer zu betrachten. Beim Einsatz eines Smart Contracts auf der rechtlichen Ebene könnte es sich hierbei als problematisch darstellen, wenn diese aus einer Programmbibliothek entnommen werden. Im Anschluss daran, gilt es den Verwenderbegriff genauer zu betrachten.

A. Smart Contracts als Verträge

Um den Anwendungsbereich der §§ 305 ff. BGB zu eröffnen, muss das Tatbestandsmerkmal des Vertrags bei der Verwendung eines Smart Contracts erfüllt sein. Die folgenden Betrachtungen beziehen sich daher auf die rechtliche Ebene bei der Verwendung eines Smart Contracts. Es gilt also zu klären, ob und wie durch den Einsatz eines Smart Contracts auf der rechtlichen Ebene ein Vertrag vorliegen kann.

Smart Contracts sind nicht als eigener Vertragstyp im BGB oder in der sonstigen Rechtsordnung geregelt.[2] Wie bereits oben dargestellt, bedeutet

[2] *Djazayeri*, jurisPR-BKR, 12/2016 Anm. 1, E. I.

die Bezeichnung Contract nicht zwingend, dass auch ein Vertrag vorliegen muss, dies ist vielmehr erst nach den allgemeinen Regeln des BGB zu ermitteln. Danach kommt ein Vertrag durch mindestens zwei übereinstimmende, empfangsbedürftige Willenserklärungen, Angebot und Annahme zustande, die auf die Herbeiführung einer Rechtsfolge gerichtet sind.[3] Die bloße Verwendung eines Smart Contracts wird dabei regelmäßig zu keiner anderen materiell-rechtlichen Bewertung des Vertragstyps führen, sodass die Rechtsnatur des Vertrags nicht schon durch dessen bloße Verwendung bestimmt wird.[4]

Es ist zu klären, wie der Vertragsschluss beim Einsatz eines Smart Contracts erfolgen kann. Die Verwendung von Software auf der rechtlichen Ebene beim Einsatz eines Smart Contracts ist keine notwendige Bedingung für dessen Einsatz. Da dieser jedoch auf der tatsächlichen Ebene den Vertrag vollziehen soll und dieser Vollzug durch eine Software, also den Smart Contract, erfolgen soll, ist davon auszugehen, dass oftmals auch schon beim Vertragsschluss auf der rechtlichen Ebene, eine Software zwischen den Parteien eingesetzt werden wird. Dabei ist bei der Verwendung einer Software zum Vertragsschluss auf der rechtlichen Ebene zwischen dem bloßen Einsatz einer Software zum Vertragsschluss, sowie der Verwendung einer Software zur Erzeugung einer automatisierten oder autonomen Willenserklärung zu unterscheiden. Die Verwendung von automatisiert/ autonom erzeugten Erklärungen zum Vertragsschluss sind für den Einsatz eines Smart Contracts nicht zwingend und die damit aufgeworfenen rechtlichen Fragestellungen treten nicht nur in Bezug auf der Verwendung bei einem Smart Contract auf. Bei der Verwendung eines Smart Contracts werden die Parteien jedoch regelmäßig eine Automatisierung ihres Vertragsverhältnisses anstreben. Diese kann auf der rechtlichen Ebene beim Einsatz eines Smart Contracts durch die Verwendung von automatisiert/ autonom erzeugten Erklärungen erreicht werden. Aus diesem Grund sollen diese genauer betrachtet werden.

Eine Abgrenzung zwischen dem hier als klassischen Vertragsschluss bezeichneten Vertragsschluss und dem automatisierten/ autonomen Vertragsschluss erfolgt anhand der Erzeugung der Willenserklärungen und nicht

---

3 *Ellenberger*, in: Grüneberg, Einf v § 145 Rn. 1; *Brinkmann*, in: Prütting/Wege/Weinreich-BGB, Vor §§ 145 ff Rn. 42; *Brox/Walker*, Allgemeiner Teil des BGB, § 4 Rn. 9.

4 *Paulus/Matzke*, ZfPW 2018, 431, 449; *Lupu*, DSRITB 2019, 209, 210; *Wilhelm*, WM 2020, 1849, 1850 f.

danach, ob für die Übermittlung der Willenserklärung eine Software Verwendung findet. Einer genaueren Prüfung, wie der Vertrag iSd. § 305 I 1 BGB auf der rechtlichen Ebene beim Einsatz eines Smart Contracts wirksam zustande kommen kann, bedarf es beim Vertragsschluss mittels automatisiert/ autonom erzeugten Erklärungen.

I. Klassische Willenserklärung

Zunächst soll die Konstellation auf der rechtlichen Ebene betrachtet werden, bei der ein Vertrag zwischen den Parteien auf herkömmliche Art und Weise, also ohne den Einsatz von Erklärungen, die automatisiert/ autonom erzeugt werden, geschlossen wird, wobei die Parteien sich auf die Durchführung des vertraglich Vereinbarten mittels Smart Contracts verständigen. Der Vertragsschluss kann dabei nach den allgemeinen Regeln des BGB ausdrücklich oder konkludent, schriftlich oder mündlich erfolgen.

Es fragt sich also, wie sich der Einsatz eines Smart Contracts, also von einer Software, auf den Vertragsschluss auswirkt. Durch den Einsatz einer Software liegt eine elektronische Willenserklärung vor. Diese stellt grundsätzlich eine gewöhnliche Willenserklärung dar, der allein aus diesem Grund, keine besondere Dogmatik zugrunde liegt.[5] Es handelt sich bei elektronischen Willenserklärungen um allgemeine Willenserklärungen, mit allen an diese bestehenden allgemeinen Voraussetzungen, die sich davon lediglich durch rechtstatsächliche Umstände, namentlich dem Übertragungsweg, von anderen Willenserklärungen unterscheiden.[6] Wird für den Vertragsschluss auf der rechtlichen Ebene ein Smart Contract zur Übermittlung der Willenserklärung eingesetzt, ergeben sich alleine daraus keine Besonderheiten im Vergleich zu anderen, elektronisch übermittelten Willenserklärungen.[7] Ob eine Willenserklärung durch eine E-Mail oder durch die Verwendung einer anderen Software, die dann auch nach der hier verwendeten Definition einen Smart Contract darstellt, übermittelt wird, ist für die Beurteilung, ob eine elektronische Willenserklärung vorliegt, nicht von Belang, denn in beiden

---

5 *Säcker*, in: MüKo-BGB, Einl. BGB Rn. 190; *Spindler*, in: Spindler/Schuster, Recht der elektronischen Medien, Vorbem. Zu §§ 116 ff. BGB Rn. 2.

6 *Paal*, JuS 2010, 953, 954; *Paulus/Matzke*, ZfPW 2018, 431, 439.

7 *Kuntz*, in: Buck-Heeb/Oppermann, Automatisierte Systeme, Kap. 3.1 Rn. 4; *Kaulartz*, in: Leupold/Wiebe/Glossner, IT-Recht, Teil 9.5 Rn. 31.

Fällen erfolgt die Übermittlung der Erklärung auf elektronischem Weg. Insofern ist der Einsatz eines Smart Contracts auf der rechtlichen Ebene also mit dem Einsatz von anderer Software zur Übermittlung von Willenserklärungen vergleichbar. Der Einsatz der Software und damit auch die Verwendung eines Smart Contracts, stellt dabei lediglich ein unbeachtlicher Begleitumstand dar.

Abzugrenzen ist die bloße elektronische Übermittlung von Willenserklärungen (elektronische Willenserklärung) von der automatisierten/ autonomen Erzeugung einer Willenserklärung. Hierbei wird es sich auch regelmäßig um elektronische Willenserklärungen handeln, die Besonderheit besteht jedoch in der Erzeugung der Willenserklärungen. Automatisiert/ autonom erzeugte Willenserklärungen stellen also ihrem Wesen nach auch elektronische Willenserklärungen dar, gehen jedoch in Bezug auf ihre Erzeugung darüber noch hinaus. Die Erzeugung erfolgt, anders als bei der bloßen elektronischen Übermittlung der Erklärung, automatisiert oder autonom durch die verwendete Software und nicht unmittelbar durch den Nutzer selbst. Es gilt daher bei einem Einsatz von Software zum Vertragsschluss begrifflich und auch in der rechtlichen Bewertung danach zu differenzieren, ob der Nutzer die Willenserklärung unmittelbar selbst durch die Benutzung der Software erzeugt und die Software diese lediglich übermittelt, oder ob dieser lediglich bestimmte Parameter vorgibt und die Software daraufhin die Erklärung automatisiert oder autonom erzeugt und übermittelt.

Unter dem klassischen Vertragsschluss soll hier der Vertragsschluss verstanden werden, bei dem die Parteien die Willenserklärungen selbst erzeugen und falls eine Software auf der rechtlichen Ebene zum Einsatz kommen soll, diese zur Übermittlung der Willenserklärung einsetzen.

Die Parteien vereinbaren dabei den Einsatz eines Smart Contracts auf der tatsächlichen Ebene, um die vertraglichen Vereinbarungen automatisiert zu vollziehen. Durch den Einsatz von elektronischen Kommunikationsmitteln, die die elektronischen Willenserklärungen übermitteln, ergeben sich keine Besonderheiten bei der Erzeugung der Willenserklärung, da diese vom Erklärenden selbst erzeugt und diese lediglich elektronisch übermittelt wird. Die elektronischen Kommunikationsmittel überbringen dabei lediglich die Willenserklärung der Parteien. Vereinfacht dargestellt könnte man diese als bloßes Übermittlungsmedium und Träger der Informationen ansehen, vergleichbar mit einem Briefbogen, auf den eine Willenserklärung geschrieben wurde.

Beim klassischen Vertragsschluss, mit der vereinbarten Ausführung dessen auf der tatsächlichen Ebene, werden die Parteien sich regelmäßig nicht mündlich oder schriftlich auf einem Blatt Papier über den Einsatz eines Smart Contracts verständigen, sondern dies wird durch den Einsatz einer Software geschehen. Der Nutzer erzeugt dabei seine Willenserklärung durch den Einsatz der Software, diese wird dann der anderen Partei durch die Software elektronisch übermittelt. Die Benutzeroberfläche wird dabei regelmäßig, wie bei herkömmlicher, bereits bekannter Software, in einer für Benutzer verständlichen, natürlichen Sprache verfasst sein. Beispielsweise könnten die Benutzer durch die Verwendung einer Software einen Kaufvertrag schließen und darin vereinbaren, dass die Zahlung erst nach dem Erhalt der Ware durch den Smart Contract erfolgen soll. Die Software wird sich von ihrem Erscheinungsbild nicht von aktuell verfügbaren Apps und Webseiten unterscheiden, die Parteien verständigen sich darüber hinaus über den automatisierten Vollzug des Vereinbarten durch einen Smart Contract auf der tatsächlichen Ebene.

Dass Smart Contracts grundsätzlich sowohl auf der rechtlichen als auch auf der tatsächlichen Ebene eingesetzt werden können, beruht auf der Inhaltsfreiheit. Diese Inhaltsfreiheit, die auch als Vertragsgestaltungsfreiheit bezeichnet wird, ist unter anderem in § 241 I BGB angelegt und erlaubt den Parteien grundsätzlich inhaltliche Freiheit.[8] Die inhaltliche Freiheit gilt auch für besondere Abreden bzgl. besonderer Formen technikbasierter Durchsetzung, wie dies bei Smart Contracts der Fall sein kann.[9]

Beim klassischen Vertragsschluss, wenn der Smart Contract lediglich auf der tatsächlichen Ebene zur Vertragsdurchführung eingesetzt wird, ergeben sich in Bezug auf diesen keine rechtsgeschäftlichen Besonderheiten im Vergleich zu einem Vertragsschluss ohne die Vereinbarung der Ausführung mittels Smart Contracts.[10] Bei der Beurteilung des Smart Contracts auf der rechtlichen Ebene danach, ob auch ein Vertrag im Sinne des BGB vorliegt, gilt es insbesondere zu beachten, das viele Smart Contracts es erlauben, dass jeder der mit ihnen interagieren möchte, dies auch tun kann, wobei weitere

---

8 *Busche*, in: MüKo-BGB, Vorbemerkung (Vor § 145) Rn. 24; *Möslein*, in: BeckOGK-BGB, § 145 Rn. 34.

9 *Möslein*, in: Braegelmann/Kaulartz, Rechtshandbuch Smart Contracts, Kap. 8 Rn. 5.

10 *Möslein*, in: Braegelmann/Kaulartz, Rechtshandbuch Smart Contracts, Kap. 8 Rn. 14.

Parteien in einem solchen Fall jederzeit hinzukommen können.[11] Diese sehr weitreichenden technischen Möglichkeiten der Interaktion schließen einen Vertragsschluss nach dem BGB unter zwei oder mehreren Parteien allerdings nicht aus. Vielmehr gehen die technischen Möglichkeiten eines Smart Contracts über die des zivilrechtlichen Vertragsschlusses hinaus, sodass für den jeweiligen Einzelfall zu untersuchen ist, inwieweit ein Vertragsschluss tatsächlich vorliegt. Inwieweit es inhaltlich möglich ist, die vertragliche Durchführung und Überwachung mittels Smart Contracts auf der tatsächlichen Ebene zu vereinbaren, gilt es in den nachfolgenden Kapiteln genauer zu betrachten. An dieser Stelle ist jedenfalls beim klassischen Vertragsschluss das Merkmal „Vertrag" des § 305 I 1 BGB erfüllt.

II. Automatisiert/ autonom erzeugte Willenserklärung

Die Nutzer eines Smart Contracts werden oftmals bestrebt sein, um sich nicht manuell und unmittelbar selbst mit dem Vertrag auseinander setzen zu müssen, diesen weitgehend zu automatisieren. Auf der rechtlichen Ebene eines Smart Contracts kann dies durch den Einsatz von automatisiert/ autonom erzeugten Erklärungen geschehen. Dies folgt nicht zwingend aus der Verwendung eines Smart Contracts, wird jedoch oftmals eng mit diesem verknüpft sein, sodass vorliegend eine genauere Betrachtung erfolgen soll. Automatisiert/ autonom erzeugte Erklärungen durch eine Software sind von dem hier verwendeten Begriff des klassischen Vertragsschlusses abzugrenzen. Beim Einsatz von automatisiert/ autonom erzeugten Willenserklärungen trifft der Nutzer bestimmte Voreinstellungen und nimmt die Software in Betrieb. Diese wiederrum erzeugt dann, ohne dass ein weiteres, manuelles Tätigwerden des Nutzers notwendig ist, Willenserklärungen für diesen und übermittelt sie an die andere Partei. Der Unterschied zu einer klassischen elektronischen Willenserklärung besteht darin, dass bei dieser zwar auch mit Hilfe der Software eine Erklärung übermittelt wird, die Software dort jedoch als unbeachtlicher Begleitumstand im Hintergrund nur für die technische Umsetzung der Eingaben des Nutzers sorgt. Bei einer automatisiert/ autonom erzeugten Erklärung liegt zwar auch eine elektronische Willenserklärung vor, hierbei geht der Einsatz der Software jedoch über den bei der elektronischen

[11] *Koch/Reitwiessner*, in: Braegelmann/Kaulartz, Rechtshandbuch Smart Contracts, Kap. 5 Rn. 8.

Willenserklärung hinaus, sodass die Erklärung durch die Software nicht nur übermittelt, sondern mit Hilfe derer auch erzeugt wird. Eine solche Konstellation kann beispielsweise dann auftreten, wenn zwei Maschinen autonom Verträge für ihre Nutzer schließen.[12] Da die automatisierte/ autonome Software über keine eigene Rechtspersönlichkeit[13] verfügt, müssen ihre Verrichtungen einem Rechtssubjekt zugeordnet werden.[14]

Es stellt sich also die Frage, ob und auf welche Weise mittels automatisiert/ autonom erzeugter Erklärungen ein Vertrag zustande kommen kann. Da der Vertragsschluss zwei übereinstimmende Willenserklärungen voraussetzt, müsste es durch den Einsatz einer automatisierten/ autonomen Software also möglich sein, Willenserklärungen zu erzeugen und diese abzugeben. In Bezug auf die Verwendung eines Smart Contracts würde dies erlauben, auch die rechtliche Ebene zu automatisieren. Dafür gilt es den subjektiven und objektiven Tatbestand einer Willenserklärung im Hinblick darauf zu betrachten. Eine Willenserklärung ist eine private Willensäußerung, die auf die Hervorbringung eines rechtlichen Erfolges gerichtet ist, der nach der Rechtsordnung deshalb eintritt, weil er gewollt ist; sie setzt sich aus dem auf die bestimmte Rechtsfolge gerichteten Willen, dem subjektiven Element und der Kundgabe dessen, dem objektiven Element, zusammen.[15] Bei der Verwendung von automatisiert/ autonom erzeugten Erklärungen, kann sich im Hinblick auf den subjektiven Tatbestand einer Willenserklärung unter anderem die Problematik ergeben, wie diese dem Nutzer zugerechnet werden kann, auch wenn dieser teilweise den genauen Inhalt der Erklärung nicht kennt. In Bezug auf den objektiven Tatbestand kann sich unter anderem die Problematik ergeben, dass die Erklärung, sollte dabei lediglich eine höhere Programmiersprache und keine natürliche Sprache zum Einsatz kommen, für den Nutzer nicht immer unmittelbar verständlich sein wird.

---

12 *Kaulartz/Heckmann*, CR 2016, 618, 621.

13 Vertiefend bzgl. der Rechtsfähigkeit der E-Person, vgl.: *Specht/Herold*, MMR 2018, 40, 43; Vertiefend, i.E. ablehnend nach aktuellem BGB: *Riehm*, ITRB 2014, 113, 113 f.; *Faber*, in: Sassenberg/Faber, Rechtshandbuch Industrie 4.0 und Internet of Things, Teil 3 A Rn. 30 ff.; *Kuntz*, in: Buck-Heeb/Oppermann, Automatisierte Systeme, Kap. 3.1 Rn. 9.

14 *Paschke*, in: jurisPK-Internetrecht, Kap. 4.2 Rn. 1.

15 *Wendtland*, in: BeckOK-BGB, § 133 Rn. 4; *Rehberg*, in: BeckOGK-BGB, § 116 Rn. 3.

1. Subjektive Elemente einer automatisiert/ autonom erzeugten Willenserklärung

In Bezug auf den subjektiven Tatbestand einer Willenserklärung ist beim Vertragsschluss mittels automatisierter/ autonomer Software danach zu unterscheiden, wie die Erklärung entsteht, da die Erklärung sowohl automatisiert als auch autonom erzeugt werden kann und sich daraus unterschiedliche Anforderungen an den subjektiven Tatbestand des Erklärenden ergeben könnten. Eine Abgrenzung zwischen automatisierter und autonomer Erzeugung erfolgt nach dem Entscheidungsspielraum der zum Einsatz kommenden Technik.[16] Der subjektive Tatbestand bildet den tatsächlichen Willen des Erklärenden ab.[17] Er lässt sich in drei Teile gliedern. Handlungswille, Erklärungsbewusstsein und Geschäftswille.[18] Bei einer mangelfreien Willenserklärung liegen alle drei Elemente vor.[19] Zumindest jedoch der Handlungswille und das potenzielle Erklärungsbewusstsein müssen nach herrschender Meinung vorliegen.[20] Die Wirksamkeit einer Willenserklärung liegt trotz fehlendem Erklärungsbewusstsein vor, sofern für den Erklärenden erkennbar war, dass sein Verhalten als Willenserklärung verstanden werden kann (potenzielles Erklärungsbewusstsein).[21] Der Geschäftswille stellt keinen notwendigen Bestandteil der Willenserklärung dar, dies lässt sich aus den Anfechtungsnormen der §§ 119 ff. BGB ableiten, da diese sonst ins Leere laufen würden.[22]

a) Automatisiert erzeugte Erklärung

Der Einsatz einer automatisiert erzeugten Erklärung bei der Verwendung eines Smart Contracts bezieht sich auf die rechtliche Ebene der Smart

---

16 *Möslein*, in: Braegelmann/Kaulartz, Rechtshandbuch Smart Contracts, Kap. 8 Rn. 15; *Paulus/Matzke*, ZfPW 2018, 431, 440 ff.; *Specht/Herold*, MMR 2018, 40, 40 f.

17 *Brox/Walker*, Allgemeiner Teil des BGB, § 4 Rn. 16.

18 *Arnold*, in: Erman-BGB, Vorbemerkung vor § 116 Rn. 2; *Rehberg*, in: BeckOGK-BGB, § 116 Rn. 35 ff.

19 *Illmer*, in: jurisPK-BGB, § 116 Rn. 2.

20 *Singer*, in: Staudinger-BGB, Vorbem zu §§ 116 ff. Rn. 1; *Ahrens*, in: Prütting/Wege/Weinreich-BGB, Vor §§ 116 ff. Rn. 27; *Ellenberger*, in: Grüneberg, Einf v § 116 Rn. 16 f.; *Mansel*, in: Jauernig-BGB, Vorbemerkungen zu §§ 116 ff. Rn. 4 f.

21 BGHZ 91, 324 Rn. 22; BGHZ 109, 171 Rn. 17; *Armbrüster*, in: MüKo-BGB, Vor § 116 Rn. 27; *Ellenberger*, in: Grüneberg, Einf. v. § 116 Rn. 17; *Arnold*, in: Erman-BGB, Vor § 116 Rn. 15.

22 *Illmer*, in: jurisPK-BGB, § 116 Rn. 4; *Kitz*, in: Hoeren/Sieber, Handbuch Multimedia-Recht, Teil 13.1 Rn. 68.

Contract Definition. Mit ihrer Hilfe soll also ein Vertrag geschlossen werden. Wird die Willenserklärung durch die Software, auf Grund der vorher eingegebenen Daten selbständig generiert, spricht man von einer automatisiert erzeugten Erklärung.[23] Wird eine Willenserklärung auf elektronischem Weg, beispielsweise per E-Mail, an die andere Partei übermittelt, weist diese Willenserklärung alleine auf Grund der Übermittlungsart keine dogmatische Besonderheit auf.[24] Der Unterschied zwischen der elektronisch übermittelten Willenserklärung und der automatisiert erzeugten Erklärung besteht darin, dass bei der elektronischen Willenserklärung die Willensbildung auf herkömmliche Art und Weise bei der erklärenden Partei geschieht und diese lediglich, anstatt beispielsweise eines Briefs, auf eine elektronische Kommunikationsform wie eine E-Mail zurückgreift. Auch bei einer automatisiert erzeugten Erklärung erfolgt die Übermittlung der Willenserklärung auf elektronischem Weg. Allerdings wird diese nicht unmittelbar von der erklärenden Partei erzeugt, sondern die Software wird für die Erzeugung der Willenserklärung eingesetzt. Daraus ergeben sich einige Besonderheiten.

Bei automatisiert erzeugten Erklärungen folgt die Software Regeln, die zuvor durch den Nutzer festgesetzt wurden.[25] Die Software, welche aus einem oder mehreren Programmen bestehen kann, beinhaltet das Programmierte in Programmcode. Sie befolgt dabei den durch den Programmierer begrenzten Handlungsrahmen, wobei alle Aktionen, die durch die Software ausgeführt werden, vollständig determiniert sind und als Reaktion auf die Eingabe erfolgen.[26] Im Gegensatz zum klassischen Vertragsschluss besteht hierbei jedoch die Besonderheit, dass weder im Zeitpunkt der Erstellung der Erklärung, noch zum Zeitpunkt der Absendung, der Erklärende konkret beteiligt ist.[27] Eine solche automatisiert erzeugte Erklärung liegt immer dann vor, wenn eine Willenserklärung auf Grund vorheriger manueller Dateneingabe automatisch

---

[23] *Kaulartz*, in: Leupold/Wiebe/Glossner, IT-Recht, Teil 9.5 Rn. 31; *Kuntz*, in: Buck-Heeb/Oppermann, Automatisierte Systeme, Kap. 3.1 Rn. 5; *Söbbing*, ITRB 2018, 43, 44 f.

[24] *Säcker*, in: MüKo-BGB, Einl. BGB Rn. 190; *Kaulartz*, in: Leupold/Wiebe/Glossner, IT-Recht, Teil 9.5 Rn. 31; *Spindler*, in: Spindler/Schuster, Recht der elektronischen Medien, Vorbem. Zu §§ 116 ff. BGB Rn. 2.

[25] *Specht/Herold*, MMR 2018, 40, 41.

[26] *Paschke*, in: jurisPK-Internetrecht, Kap. 4.2 Rn. 130.

[27] *Cornelius*, MMR 2002, 353, 354.

durch die Software erzeugt wird.[28] Dabei gibt das Programm aufgrund seiner Programmierung zumindest mittelbar den Willen eines Rechtssubjektes bekannt, auch wenn die essentialia negotii der Willenserklärung erst noch von der Software konkretisiert werden.[29] Die Software folgt also den ex ante vom Nutzer festgelegten Regeln.[30] Der Nutzer setzt die Grenzen und nimmt die Software in Betrieb, sie führt dabei lediglich die vordefinierte Anordnung des Nutzers aus.[31]

Der subjektive Tatbestand einer Willenserklärung lässt sich in drei Teile gliedern. Handlungswille, Erklärungsbewusstsein und Geschäftswille.[32] Regelmäßig wird der Handlungswille vorliegen, da dieser schon dann vorliegt, sobald der Nutzer bewusst irgendeine Taste drückt.[33] Durch die Inbetriebnahme und das Setzen der Rahmenbedingungen besteht bei dem Nutzer ein genereller Handlungswille und ein generelles Erklärungsbewusstsein.[34] Die Rahmenbedingungen und das im Rahmen dessen gewünschte Ergebnis kann auf einen menschlichen Willen, nämlich den des Nutzers der Software, zurückgeführt werden. Die Erklärung lässt sich somit auf den Willen des Erklärenden als Nutzer der Software zurückführen, dieser steuert das Geschehen.[35] Automatisiert erzeugte Willenserklärungen sind also gewöhnliche Willenserklärungen mit gestrecktem Tatbestand.[36] Dies genügt, um den subjektiven Tatbestand einer Willenserklärung darzustellen, da der subjektive Tatbestand der Willenserklärung von Anfang an vorliegt. Der Inhalt ist daher zumindest bestimmbar, lediglich Erklärung und Erklärungshandlung fallen zeitlich auseinander, sodass der Ursprung der Erklärung im menschlichen Handeln liegt.[37] In Betrieb genommen wird die Software nicht von dem

---

28 *Spindler*, in: Spindler/Schuster, Recht der elektronischen Medien, Vorbemerkung zu §§ 116 ff. BGB Rn. 5.

29 *Busche*, in: MüKo-BGB, Vorbemerkung (Vor § 145) Rn. 38.

30 *Möslein*, in: BeckOGK-BGB, § 145 Rn. 71.

31 *Sester/Nitschke*, CR 2004, 548, 550.

32 *Arnold*, in: Erman-BGB, Vorbemerkung vor § 116 Rn. 2.

33 *Kitz*, in: Hoeren/Sieber, Handbuch Multimedia-Recht, Teil 13.1 Rn. 60.

34 *Möslein*, in: BeckOGK-BGB, § 145 Rn. 71; *Paschke*, in: jurisPK-Internetrecht, Kap. 4.2 Rn. 135 f.

35 *Sester/Nitschke*, CR 2004, 548, 550.

36 *Paulus*, JuS 2019, 960, 962.

37 *Paulus*, JuS 2019, 960, 963; *Glossner*, in: Münchener Anwaltshandbuch IT-Recht, Teil 5.1 Rn. 15.

Programmierer, sondern von demjenigen, der die Parameter in die Software einspeist.[38]

Für automatisiert erzeugte Erklärungen beim Einsatz eines Smart Contract auf der rechtlichen Ebene gilt somit, sofern zumindest der Handlungswille und das potenzielle Erklärungsbewusstsein vorliegen, dass diese den subjektiven Tatbestand einer Willenserklärung abbilden können.[39]

b) Autonom erzeugte Erklärung

Der Einsatz von autonom erzeugten Erklärungen durch eine Software geht in Bezug auf den Grad der Autonomie, über den der automatisiert erzeugten Erklärung hinaus. Autonom agierende Software (künstliche Intelligenz) kommt ohne die konkreten Voreinstellungen, die bei der Verwendung von automatisierter Software erforderlich sind, aus. Dabei trifft die Software anhand einer großen Datenmengen Entscheidungen, aus der diese „lernen" kann.[40] Autonome Software ist dabei variabler in ihrer Interaktion als automatisierte Software.[41] Es lässt sich nicht von „der" künstlichen Intelligenz sprechen, vielmehr stellt künstliche Intelligenz ein Oberbegriff für Software dieser Art dar. Autonome Software könnten bei der Machine-to-Machine Communication (M2M-Kommunikation) zum Einsatz kommen, um einen Vertragsschluss herbeizuführen. Hier findet der Informationsaustausch ohne direktes Zutun eines Menschen statt, sie ist beispielsweise die Grundlage einer vernetzten und digitalen Industrie.[42] Das Ziel dabei ist, dass der Nutzer nicht mehr jede einzelne Kommunikation überwachen und steuern muss.[43]

Für den Einsatz eines Smart Contracts könnte dies bedeuten, dass der Nutzer des Smart Contracts auf der rechtlichen Ebene weniger Voreinstellungen als bei der Verwendung von automatisierter Software treffen muss, um einen Vertrag zu schließen. Auch bei autonom erzeugten Erklärungen gibt

---

[38] *Paulus/Matzke*, ZfPW 2018, 431, 446.

[39] So auch: *Heckelmann*, NJW 2018, 504, 505; *Möslein*, ZHR 183 (2019), 254, 272 ff.; *Paulus/Matzke*, ZfPW 2018, 431, 440 f.

[40] *Specht/Herold*, MMR 2018, 40, 41.

[41] *Paschke*, in: jurisPK-Internetrecht, Kap. 4.2 Rn. 131.

[42] *Faber*, in: Sassenberg/Faber, Rechtshandbuch Industrie 4.0 und Internet of Things, Teil 3 A Rn. 15.

[43] *Faber*, in: Sassenberg/Faber, Rechtshandbuch Industrie 4.0 und Internet of Things, Teil 3 A Rn. 16.

der Nutzer unspezifisch das gewünschte Ergebnis des Vertragsschlusses vor, sodass auch diese Software in einem vordefinierten Aufgabenbereich agiert.[44] Im Gegensatz zu automatisierter Software, kann eine autonome Software aus ihrer Umgebung lernen und selbständig priorisieren, um eigenständige Lösungen zum Erreichen des Zieles zu erarbeiten.[45] Aus diesem selbständigen „Lernen" folgt jedoch auch, dass der Nutzer, anders als bei einer automatisiert erzeugten Willenserklärung, nicht mehr zwangsläufig die Grenzen zuvor genau festlegt.[46] Die autonome Software kann eine Komplexität erreichen, bei der es nicht mehr unbedingt möglich ist, den Entscheidungsbaum im Einzelnen nachzuvollziehen.[47] Eine autonome Software kann auf Grund ihrer Lernfähigkeit eigene Entscheidungen treffen und handelt somit nicht mehr unbedingt im konkret vorgegebenen Rahmen des Benutzers, wie dies bei Erklärungen durch eine automatisierte Software der Fall ist.[48] Es ist also zu klären, ob die Verwendung von autonomer Software eine hinreichend konkrete Willensbetätigung des Erklärenden darstellt und somit der der subjektive Tatbestand einer Willenserklärung vorliegen kann.

Autonom erzeugte Erklärungen könnten nach denselben Kriterien wie automatisiert erzeugte Erklärungen zu behandeln sein und damit dem Erklärenden als eigene Erklärung zugerechnet werden.[49] Dafür spricht zunächst, dass auch bei der Erklärung von einer autonomen Software der Nutzer diese in Betrieb setzt. Problematisch könnte jedoch sein, dass dabei der autonomen Software ein größerer „Entscheidungsspielraum" zugestanden wird. Dadurch könnte die Erklärung dem Nutzer eventuell nicht als Eigene zugerechnet werden. Ausgehend von dem größeren Entscheidungsspielraum, wollen manche die §§ 164 ff. BGB auf den Einsatz von autonom erzeugt Erklärungen anwenden.[50] Dem steht jedoch entgegen, dass die allgemeine

---

[44] *Schurr*, ZVglRWiss 118 (2019), 257, 272; *Paschke*, in: jurisPK-Internetrecht, Kap. 4.2 Rn. 131; *Kuntz*, in: Buck-Heeb/Oppermann, Automatisierte Systeme, Kap. 3.1 Rn. 11.

[45] *Paschke*, in: jurisPK-Internetrecht, Kap. 4.2 Rn. 131.

[46] *Paulus*, JuS 2019, 960, 965.

[47] *Grützmacher/Heckmann*, CR 2019, 553, 554.

[48] *Sester/Nitschke*, CR 2004, 548, 550.

[49] *Paulus/Matzke*, ZfPW 2018, 431, 443 f.

[50] *Specht/Herold*, MMR 2018, 40, 43 f.; ablehnend: *Riehm*, ITRB 2014, 113, 113 f.; *Kuntz*, in: Buck-Heeb/Oppermann, Automatisierte Systeme, Kap. 3.1 Rn. 9.

Rechtsgeschäftslehre auf menschlichen Entscheidungen basiert und dies daher mit dem geltenden Recht nicht zu vereinbaren ist.[51]

Von dem Einwand aus, der Erklärende kenne auf Grund des größeren Entscheidungsspielraumes der autonomen Software den Inhalt seiner Erklärung regelmäßig nicht und diese sei ihm daher auch nicht zurechenbar, lässt sich ein Vergleich zur Blanketturkunde ziehen.[52] Bei dieser wird eine Urkunde zunächst blanko unterzeichnet und deren Inhalt wird dann später von einem Dritten oder dem Erklärenden selbst eingefügt.[53] Diese bewusst unvollständige Willenserklärung kann also im Nachgang vervollständigt werden. Der subjektive Tatbestand einer Willenserklärung liegt dabei vor und scheitert auch nicht daran, dass der konkrete Inhalt der Erklärung erst später vervollständigt wird. Die Vergleichbarkeit mit der autonom erzeugten Erklärung lässt sich insofern herstellen, als dass durch den Einsatz der autonomen Software zum Vertragsschluss die Handlungsanweisung durch den Nutzer gegeben wird, wobei für diesen der genaue Inhalt zu diesem Zeitpunkt noch nicht vorhersehbar ist, da dieser durch die Software anschließend noch vervollständigt wird.[54] Die Blanketturkunde wird durch den Dritten ausgefüllt, bei der autonom erzeugten Erklärung geschieht dies durch die Software. Betrachtet man die autonome Software genauer, hat der Nutzer zumindest dadurch noch eine größere Einflussmöglichkeit auf den Inhalt der Erklärung, als dass die autonome Software nur innerhalb der (meist nur sehr grob) vorgegebenen Parameter selbständig entscheiden kann.[55] Wie bei der Blanketturkunde besteht auch hier ein Risiko, dass die autonome Software eine vom Willen des Nutzers abweichende Erklärung abgeben kann.[56] Zwar wird bei der Erklärung durch eine autonome Software der Entscheidungsbaum der Software oftmals nicht mehr nachvollziehbar sein, es ist jedoch möglich die „Blackbox" der künstlichen Intelligenz, quasi deren Inneres,

---

51 *Möslein*, in BeckOGK BGB, § 145 Rn. 71.

52 *Möslein*, ZHR 183 (2019), 254, 273 f.; *Paulus/Matzke*, ZfPW 2018, 431, 444.

53 *Ahrens*, in: Prütting/Wege/Weinreich-BGB, § 126 Rn. 10; *Dörner*, in: Schulze-BGB, § 126 Rn. 9; *Einsele*, in: MüKo-BGB, § 126 Rn. 12; *Rehberg*, in: BeckOGK-BGB, § 119 Rn. 124.

54 *Groß/Gressel*, NZA 2016, 990, 992.

55 *Sester/Nitschke*, CR 2004, 548, 550 f.

56 *Paschke*, in: jurisPK-Internetrecht, Kap. 4.2 Rn. 161.

besser zu verstehen, wenn man In- und Output betrachtet.[57] Unschädlich ist also, dass der genaue Entscheidungsprozess im Inneren einer autonomen Software nicht immer nachvollziehbar sein wird, da zumindest In- und Output bekannt sind. Die Erklärung, welche eine autonome Software erzeugen wird, dürfte daher in den meisten Fällen vorhersehbarer sein als der spätere Inhalt einer Blanketturkunde. Da eine Willenserklärung mittels Blanketturkunde nicht an der Unkenntnis des exakten Inhalts durch den Erklärenden scheitert, muss dies erst recht für eine Erklärung mittels autonomer Software gelten.[58] Daher kann der Einwand, mangels Vorhersehbarkeit sei die Erklärung dem Erklärenden nicht zurechenbar, entkräftet werden.

Dafür, autonom erzeugte Erklärungen nach den Kriterien, welche für automatisiert erzeugte Erklärungen, die oben dargestellt wurden, zu behandeln, spricht darüber hinaus auch der Gewinn an Rechtssicherheit, da eine trennscharfe Abgrenzung zwischen automatisiert/ autonom erzeugter Erklärungen nicht immer gelingen wird. Vielmehr stellt es sich als fließender Übergang dar, wobei sich nicht immer zweifelsfrei klären lassen wird, bis wann eine sehr komplexe automatisiert erzeugte Erklärung oder doch schon eine autonom erzeugte Erklärung vorliegt.[59]

Daher ergeben sich auch bei der autonom erzeugten Erklärung, das allgemeine Erklärungsbewusstsein und der generelle Geschäftswille aus der willentlichen Aktivierung und gegebenenfalls des Setzens der Rahmenbedingungen durch den Nutzer. Der Nutzer ist nicht der Programmierer, sondern derjenige, der die Parameter einspeist.[60] Der subjektive Tatbestand kann daher, wie bei der automatisiert erzeugten Erklärung, sofern Handlungswille und das potenzielle Erklärungsbewusstsein im konkreten Fall vorliegen, auch bei einer autonom erzeugten Erklärung vorliegen. Bei der Verwendung eines Smart Contracts kann daher auch der subjektive Tatbestand einer autonom erzeugten Willenserklärung vorliegen.

---

57 Vgl. hierzu etwa: https://www.computerweekly.com/de/definition/Black-Box-Test (zuletzt abgerufen am 27.06.2023).

58 *Wilhelm*, WM 2020, 1849, 1851.

59 *Looschelders/Derkum*, in: Chibanguza/Kuß/Steege, Künstliche Intelligenz, N. Vertragsrecht (insbes. Smart Contracts) Rn. 39.

60 *Paulus/Matzke*, ZfPW 2018, 431, 446.

2. Objektive Elemente einer automatisiert/ autonom erzeugten Willenserklärung

Für das Vorliegen einer Willenserklärung, muss durch den Einsatz eines Smart Contracts auf der rechtlichen Ebene, bei dem der Vertragsschluss mittels automatisiert/ autonom erzeugter Erklärungen erfolgen soll, auch der objektive Tatbestand vorliegen. Für die Beurteilung von automatisiert/ autonom erzeugten Erklärungen sind, wie oben dargestellt, aus Gründen der Rechtssicherheit, dieselben Maßstäbe anzulegen, da eine trennscharfe Abgrenzung kaum möglich sein wird. Aus diesem Grund soll die Betrachtung des objektiven Tatbestandes gemeinsam erfolgen. Das Vorliegen des objektiven Erklärungstatbestandes und dessen Inhalt ist durch Auslegung nach den §§ 133, 157 BGB zu ermitteln.[61] Die §§ 133, 157 BGB stehen bei der Auslegung von Willenserklärungen und Verträgen gleichwertig nebeneinander und ergänzen sich gegenseitig.[62] Da eine Willenserklärung nur existiert, sofern sie einen Inhalt hat, lassen sich Existenz und Inhalt der Willenserklärung nicht voneinander trennen, daher sind sowohl bei der inhaltlichen Auslegung, als auch bei der Frage der Existenz der Willenserklärung die §§ 133, 157 BGB anzuwenden.[63] Der objektive Tatbestand einer Willenserklärung setzt eine dem Erklärenden zurechenbare Erklärungshandlung voraus, durch die sein Wille nach außen deutlich wird, eine konkrete Rechtsfolge herbeizuführen.[64] Dabei muss die Erklärung aus der Sicht eines objektiven Dritten auf den Eintritt einer Rechtsfolge gerichtet sein, wobei bei empfangsbedürftigen Willenserklärungen der objektive Empfängerhorizont maßgeblich ist.[65]

a) Erklärungshandlung

Zunächst gilt es die Frage zu klären, ob beim Einsatz einer automatisiert/ autonom erzeugten Erklärung eine dem Erklärenden zurechenbare Erklärungshandlung vorliegt. Problematisch könnte dies insbesondere deshalb sein, da bei einer automatisiert/ autonom erzeugten Erklärung regelmäßig auf

---

[61] *Dörner*, in: Schulze-BGB, Vorbemerkung zu §§ 119 - 157 Rn. 1; *Wendtland*, in: BeckOK-BGB, § 133 Rn. 8.

[62] *Busche*, in: MüKo-BGB, § 133 Rn. 20; *Wendtland*, in: BeckOK-BGB, § 133 Rn. 19; *Mansel*, in: Jauernig-BGB, § 133 Rn. 7.

[63] *Glossner*, in: Münchener Anwaltshandbuch IT-Recht, Teil 5.1 Rn. 16.

[64] *Wendtland*, in: BeckOK-BGB, § 133 Rn. 8.

[65] *Wertenbruch*, BGB AT, § 6 Rn. 7.

die Verwendung einer natürlichen Sprache verzichtet wird, da die Software direkt und ohne manuelle Eingriffe eines Nutzers miteinander kommuniziert. Die unmittelbare Kommunikation der Software untereinander wird dabei in einer höheren Programmiersprache für Menschen einsehbar sein. Erklärungen nur durch den Einsatz von automatisierter/ autonomer Software können beispielsweise dann zum Einsatz kommen, wenn Geräte mit dem Internet verbunden sind und selbstständig benötigte Betriebsmittel nachbestellen.[66] Die Art der Willensäußerung kann sowohl ausdrücklich als auch konkludent erfolgen, wobei die beiden Formen der Erklärung gleichwertig nebeneinanderstehen.[67] Wenn der Rechtsfolgewille nach außen erkennbar ist, genügt jede Äußerung diesen Anforderungen, die Benutzung von Wort oder Schrift ist hierfür nicht erforderlich.[68] Da aus der Erklärung der Wille deutlich werden muss, eine konkrete Rechtsfolge herbeizuführen, könnte man gegen das Vorliegen des objektiven Erklärungstatbestandes einwenden, dass der Programmcode der automatisiert/ autonom erzeugten Erklärung für die meisten Menschen nicht unmittelbar lesbar sein wird.[69] Beherrscht der Erklärende nicht die höhere Programmiersprache, in der der Programmcode geschrieben ist und der auch die automatisiert/ autonom erzeugten Erklärungen enthält, wird er diese regelmäßig nicht verstehen können. Es fragt sich daher, ob das Unvermögen der meisten Nutzer, die Erklärung in der Programmiersprache unmittelbar lesen und verstehen zu können, dem Willen entgegensteht, eine konkrete Rechtsfolge nach außen erkennbar herbeiführen zu wollen.

In unserer Rechtsordnung besteht grundsätzlich kein Sprachzwang. Unter Sprachzwang ist der Gebrauch einer bestimmten Sprache zu verstehen, wobei bei deren Nichtgebrauch die Unwirksamkeit als Rechtsfolge droht.[70] Das deutsche Recht erlaubt es grundsätzlich, jede lebende und tote Sprache, sowie auch Phantasiesprachen und Zeichensprache zu gebrauchen.[71] Dies

---

66 *Wilhelm*, WM 2020, 1849, 1850.

67 *Armbrüster*, in: MüKo-BGB, Vorbemerkung (Vor § 116) Rn. 7; *Wendtland*, in: BeckOK-BGB, § 133 Rn. 8.

68 *Ellenberger*, in: Grüneberg, Einf v § 116 Rn. 1; *Wendtland*, in: BeckOK-BGB, § 133 Rn. 8.

69 *Djazayeri*, in: jurisPR-BKR, 12/2016 Anm. 1, E. I.

70 *Spellenberg*, in: MüKo-BGB, ROM I-VO Art. 10 Rn. 74.

71 *Spellenberg*, in: MüKo BGB, ROM I-VO Art. 10 Rn. 74; *Wilhelm*, WM 2020, 1849, 1850; *Kaulartz/Heckmann*, CR 2016, 618, 621; *Kaulartz*, InTer 2016, 201 204.

kann auch auf die Formfreiheit des § 311 I BGB gestützt werden, aus der folgt, dass Schuldverhältnisse grundsätzlich formfrei geschlossen werden können, sofern der Gesetzgeber dies nicht einschränkt.[72] Das Vorschreiben einer Sprache ist als spezielles Formerfordernis zu betrachten.[73] Es existiert keine allgemeine gesetzliche Regelung, wonach Rechtsgeschäfte, die sich nach deutschem Privatrecht richten, die deutsche Sprache verwenden müssen.[74] Sofern daher keine bestimmte Sprache für den jeweiligen Einzelfall im Gesetz normiert ist, besteht dementsprechend für das fragliche Rechtsgeschäft kein Sprachzwang. Die verwendete Sprache kann von den Vertragsparteien nach deren Willen bestimmt werden.[75] Die Parteien können daher grundsätzlich jede Sprache als Vertragssprache wählen.

Da das deutsche Recht es grundsätzlich erlaubt, jede lebende und tote Sprache, sowie sogar Phantasiesprachen für den Vertragsschluss zu verwenden, ergibt sich daraus für die Verwendung von Programmiersprachen bei automatisiert/ autonom erzeugten Erklärungen, dass diese dann auch grundsätzlich zur Abgabe einer Willenserklärung geeignet sind, sofern sie mit lebenden und toten Sprachen vergleichbar sind. Demzufolge gilt es nun zu klären, ob eine Programmiersprache, in der der Programmcode einer automatisiert/ autonom erzeugten Erklärung verfasst ist, als Sprache in diesem Sinne qualifiziert werden kann.

Für gewöhnlich sind Gesetze und Verträge in deskriptiver Form verfasst, sie stellen eine Reihe von Bedingungen auf, welche die Parteien erfüllen sollen oder normieren Folgen, welche bestimmte Situationen auslösen können.[76] Im Gegensatz dazu stehen die imperativen Sprachen, welche bei Programmiersprachen, die dem Programmcode zugrunde liegen und aus denen sich die Software zusammensetzt, in der Regel eingesetzt werden. Programmiersprachen sind fortlaufend zu lesen und geben genaue Handlungsanweisungen.[77]

---

72 *Emmerich*, in: MüKo-BGB, § 311 Rn. 1; *Stadler*, in: Jauernig-BGB, § 311 Rn. 7; *Schurr*, ZVglRWiss 118 (2019), 257, 265 f.

73 *Freitag*, IPRax 1999, 142, 146.

74 *Kling*, Sprachrisiken im Privatrechtsverkehr, § 5 S. 240.

75 *Lupu*, DSRITB 2019, 209, 215.

76 *Koch/Reitwiessner*, in: Braegelmann/Kaulartz, Rechtshandbuch Smart Contracts, Kap. 5 Rn. 6.

77 *Koch/Reitwiessner*, in: Braegelmann/Kaulartz, Rechtshandbuch Smart Contracts, Kap. 5 Rn. 7.

Die Verwendung imperativer Sprachen als Programmiersprachen resultiert daraus, dass eine Übersetzung mittels Compilers in Objektcode durch die ähnlichere Struktur, wenn X dann Y,[78] zu diesen einfacher gelingt.[79] Sowohl imperative als auch deskriptive Sprachen stellen Regel, Bedingungen und genaue Handlungsanweisungen auf, weshalb beide die Möglichkeit bieten, den Erklärungsgehalt einer Willenserklärung abzubilden und somit Programmiersprachen einer lebenden oder toten Sprache in dieser Hinsicht in nichts nachsteht.[80] Daher ist der Programmcode, der in einer Programmiersprache verfasst wird, grundsätzlich geeignet, den Erklärungsgehalt einer Willenserklärung abzubilden.[81] Daraus folgt, dass der Programmcode, der in einer Programmiersprache programmiert wird und aus dem sich die Software zusammensetzt, sich als vergleichbar mit einer natürlichen Sprache im Hinblick darauf darstellt, den Erklärungsgehalt einer Willenserklärung abzubilden.

In Anbetracht der gewollten bzw. ungewollten Vieldeutigkeit menschlicher Sprache, auch bei deren Verwendung in Verträgen und der Eindeutigkeit der imperativen Programmiersprachen, wird es sicherlich zu Konflikten bei der Auslegung kommen. Programmiersprachen folgen einer strengen Wenn-Dann-Logik, bei der es zu Missverständnissen kommen kann, auch wenn diese weniger Raum für Deutungen lassen als natürliche Erklärungen.[82] Etwaige Konflikte sind dann auf der Ebene der Auslegung der Erklärung nach den allgemeinen Grundsätzen, §§ 133, 157 BGB zu lösen, sodass auch hier das übereinstimmend Gewollte, nicht das objektiv Erklärte, gilt.[83] Das Entstehen von möglichen Konflikten ändert jedoch nichts an der grundsätzlichen Eignung imperativer Sprachen, den Erklärungsgehalt einer Willenserklärung abbilden zu können.

---

78 *Ma*, MIT Computational Law Report, Writing in Sign: Code as the Next Contract Language?, 2. (abrufbar unter: https://law.mit.edu/pub/writinginsign/release/1; zuletzt abgerufen am 27.06.2023).

79 *Koch/Reitwiessner*, in: Braegelmann/Kaulartz, Rechtshandbuch Smart Contracts, Kap. 5 Rn. 7.

80 *Möslein*, ZHR 183 (2019), 254, 271; *Schurr*, ZVglRWiss 118 (2019), 257, 266.

81 Vgl. Hierzu das Beispiel eines solchen Codes, *Sandner/Braunberger/Gabriel*, in: Braegelmann/Kaulartz, Rechtshandbuch Smart Contracts, Kap. 3 Rn. 6.

82 *Wilhelm*, WM 2020, 1849, 1850.

83 *Wilhelm*, WM 2020, 1849, 1850; zur Auslegung siehe genauer unter: § 4.

Es fragt sich jedoch, wie mit dem Einwand umgegangen werden kann, dass trotz der grundsätzlichen Eignung der automatisiert/ autonom erzeugten Erklärung, zum Abbilden des Erklärungsgehaltes einer Willenserklärung, dass der Inhalt der Willenserklärung, welcher in einer Programmiersprache abgefasst ist, für die meisten Menschen nicht ohne Weiteres verständlich ist und damit nicht von jedermann nachvollzogen werden kann. Dem lässt sich entgegenhalten, dass auch nicht alle lebenden und toten Sprachen jedermann zugänglich sind.[84] Der § 130 I BGB zeigt, dass es dem Gesetzgeber nicht auf die tatsächliche Wahrnehmung einer Willenserklärung ankommt, da der Wortlaut des § 130 I BGB auf den Zugang, nicht jedoch auf die tatsächliche Kenntnisnahme des Empfängers abstellt. Die Verantwortung der tatsächlichen Kenntnisnahme obliegt dem Empfänger selbst.[85] Die tatsächliche Wahrnehmung der Willenserklärung durch den Empfänger stellt somit keine Wirksamkeitsvoraussetzung der Erklärung dar. Ausgehend von dieser Risikoverteilung kann für die individuellen Sprachkenntnisse des Empfängers nichts anderes gelten.[86] Die individuellen Sprachkenntnisse stellen in der Person liegende unbeachtliche Umstände dar.[87] Daraus lässt sich schlussfolgern, dass eine automatisiert/ autonom erzeugte Erklärung zum Abbilden des Erklärungsgehaltes einer Willenserklärung grundsätzlich geeignet ist. Dies stellt auch keine unbillige Härte gegenüber dem Vertragspartner dar. Der Vertragspartner muss sich nicht auf den Vertragsschluss durch eine automatisiert/ autonom erzeugte Erklärung einlassen. Tut er dies doch, auch sofern er die Erklärung nicht verstehen kann, eröffnet er dem anderen, unter Verwendung der entsprechenden Software die Möglichkeit, ihm dadurch eine Willenserklärung zukommen zu lassen oder mittels dieser Hilfsmittel selbst eine Erklärung abzugeben.

Insofern er eine solche Erklärung abgeben oder diese annehmen will, die er mangels Kenntnisse der Programmiersprache nicht verstehen kann, steht er wie ein Vertragspartner da, der eine Urkunde ungelesen unterschreibt, da eine Urkunde zeitlich nicht notwendigerweise nach dem Verfassen des

---

[84] *Lupu*, DSRITB 2019, 209, 215.

[85] *Singer/Benedict*, in: Staudinger-BGB, § 130 Rn. 8; *Einsele*, in: MüKo-BGB, § 130 Rn. 16; *Wendtland*, in: BeckOK-BGB, § 130 Rn. 9.

[86] *Kaulartz/Heckmann*, CR 2016, 618, 622.

[87] BAG NZA 2014, 1076 Rn. 41.

Textes unterzeichnet werden muss. Wie bereits oben dargestellt, ist es gewohnheitsrechtlich schon länger anerkannt, dass die Unterzeichnung auch vorher erfolgen kann, was dann als Blanketterklärung bezeichnet wird.[88] Auch dieser weiß im Moment der Unterzeichnung noch nicht genau, welchen Inhalt die Urkunde konkret haben wird. Bei Blanketterklärungen ist zwischen freiwilligem und unfreiwilligem Inverkehrbringen zu unterscheiden. Bei freiwilligem Inverkehrbringen ist die Blanketterklärung dem Erklärenden als eigene Erklärung bzw. diesem unter Rechtsscheingesichtspunkten zuzurechnen, bei unfreiwilligem in Verkehr gelangen, scheidet eine Zurechnung aus.[89] Bezüglich des freiwilligen Inverkehrbringens der Blanketterklärung, ist sodann zwischen Abrede gemäßem Ausfüllen und Abrede widrigem Ausfüllen zu unterscheiden. Wird eine Blanketturkunde Abrede gemäß ausgefüllt, ist sie dem Erklärenden als eigene Willenserklärung zuzurechnen, bei Abrede widrigem Ausfüllen, kann auf die Grundsätze der Rechtsscheinhaftung analog § 172 II BGB abgestellt werden.[90] Bei vorheriger Unterzeichnung erklärt sich der Unterzeichner also auch mit dem Inhalt der Urkunde aus der Sicht des Vertragspartners einverstanden.[91]

Dies lässt sich auf den Vertragsschluss mittels automatisiert/ autonom erzeugter Erklärungen übertragen. Das freiwillige Inverkehrbringen der Urkunde, ist bei der automatisiert/ autonom erzeugten Erklärung, mit dem in Betrieb nehmen der Software vergleichbar. Betrachtet man die automatisiert/ autonom erzeugte Erklärung genauer, ist zu diesem Zeitpunkt für den Erklärenden noch nicht genau bestimmbar, welche Erklärung die Software erzeugen und abgeben wird. Es ist davon auszugehen, dass für gewöhnlich vom Nutzer gewisse Voreinstellungen erfolgen werden. Sollte jedoch auch dies nicht der Fall sein, ist die Situation noch immer mit der Blanketterklärung vergleichbar, da auch bei dieser die Urkunde noch nicht ausgefüllt ist, wenn auch in der Regel eine gewisse inhaltliche Erwartung an den zukünftigen Inhalt der Urkunde bestehen wird. Für die Inbetriebnahme der

---

88 *Ahrens*, in: Prütting/Wege/Weinreich-BGB, § 126 Rn. 10; *Dörner*, in: Schulze-BGB, § 126 Rn. 9; *Einsele*, in: MüKo-BGB, § 126 Rn. 12; *Rehberg*, in: BeckOGK-BGB, § 119 Rn. 124.

89 *Noack/Kremer*, in: Nomos Kommentar-BGB, § 126 Rn. 24; *Einsele*, in: MüKo-BGB, § 126 Rn. 12.

90 *Schubert*, in: MüKo-BGB, § 172 Rn. 4; *Einsele*, in: MüKo-BGB, § 126 Rn. 12.

91 BGH NJW 1995, 190.

Software kann nichts anderes gelten. Hierbei gibt der Erklärende virtuell zu erkennen, dass er die spätere Erklärung gegen sich gelten lassen möchte und macht sich diese sich so zu Eigen.[92] Weicht die Erklärung von der Erwartung des Erklärenden ab, ist sie diesen nach den Grundsätze der Rechtsscheinhaftung analog § 172 II BGB zuzurechnen. Auch wenn die Vertragsparteien blind auf den Inhalt der automatisiert/ autonom erzeugten Erklärung vertrauen, kann dadurch ein Vertrag geschlossen werden, denn mangelndes Interesse am Inhalt des Vertrags schützt später die Vertragsparteien nicht vor unangenehmen Überraschungen.[93] Auf die tatsächliche Wahrnehmung einer Willenserklärung kommt es gerade nicht an. Die automatisiert/ autonom erzeugte Erklärung ist somit grundsätzlich zur Abbildung einer Willenserklärung geeignet. Machen sich die Parteien beim Vertragsschluss mittels Erklärung durch die automatisierte/ autonome Software keine zutreffenden Vorstellungen darüber, welche Erklärungen diese genau abbildet, kann dies zu Konflikten führen. An der grundsätzlichen Eignung, eine Willenserklärung abbilden zu können, ändert dies jedoch nichts, da es nicht auf die tatsächliche Kenntnisnahme einer Willenserklärung ankommt.

b) Rechtsfolge

Die automatisiert/ autonom erzeugte Erklärung muss nach dem objektiven Empfängerhorizont auf die Herbeiführung einer Rechtsfolge gerichtet sein. Der objektive Empfängerhorizont ist nicht nur bei der Auslegung eines Vertrags zu beachten, sondern auch bei der Frage, ob ein bestimmter Erklärungsakt als Willenserklärung zu bewerten ist.[94] Empfangsbedürftige Willenserklärungen sind so auszulegen, wie der Empfänger sie nach Treu und Glauben unter Berücksichtigung der Verkehrssitte verstehen musste.[95] Dies gilt auch bei der Nutzung von einer automatisierten/ autonomen Software, denn diese stellt lediglich den „verlängerten Arm" desjenigen dar, welcher sich ihr bedient.[96] Erkennbar wird das beispielsweise bei automatisierten

---

[92] *Groß*, InTer 2018, 4, 5.
[93] *Fries*, AnwBl 2018, 86, 87.
[94] *Ellenberger*, in: Grüneberg, § 133 Rn. 9; *Glossner*, in: Münchener Anwaltshandbuch IT-Recht, Teil 5.1 Rn. 16.
[95] *Wertenbruch*, BGB AT, § 9 Rn. 2.
[96] *Busche*, in: MüKo-BGB, § 133 Rn. 13.

Buchungs-/ und Bestellsystemen, bei denen es entscheidend darauf ankommt, wie der menschliche Adressat der Erklärung diese nach Treu und Glauben und der Verkehrssitte verstehen durfte und nicht darauf, wie das automatisierte System sie voraussichtlich deuten und verarbeiten wird.[97]

Der Nutzer gibt durch die Verwendung der automatisierten/ autonomen Software seinen Willen zu erkennen, dass diese bei ordnungsgemäßer Funktion in seinem Namen Erklärungen abgibt und empfängt und er sich dies auch zurechnen lassen möchte.[98] Das ist auch so für den anderen Teil nach dem objektiven Empfängerhorizont gem. §§ 133, 157 BGB erkennbar. Eine Erklärung durch eine automatisierte/ autonome Software kann daher den objektiven Tatbestand einer Willenserklärung erfüllen. Wird beim Einsatz eines Smart Contracts auf der rechtlichen Ebene die Erklärung automatisiert/ autonom erzeugt, kann also der objektive Tatbestand einer Willenserklärung vorliegen.

Da sowohl der subjektive Tatbestand als auch der objektive Tatbestand einer Willenserklärung bei der Verwendung von automatisiert/ autonom erzeugten Erklärungen vorliegen können, kann bei der Verwendung eines Smart Contracts auf der rechtlichen Ebene der Vertragsschluss auch durch diese erfolgen.

III. Vertragsabschluss und Smart Contract

Der Vertragsschluss erfolgt beim Einsatz eines Smart Contracts auf der rechtlichen Ebene nach den allgemeinen Regeln des BGB. Auch hierbei kommt ein Vertrag durch zwei übereinstimmende Willenserklärungen, Angebot und Annahme, zustande. Die Willenserklärungen müssen dem anderen Teil gegenüber abgegeben werden und diesem zugehen. Bei mehrseitigen Geschäften ist es erforderlich, dass die Willenserklärungen der Parteien übereinstimmen, um den rechtlich gewollten Erfolg herbeizuführen.[99] Die nachfolgenden Ausführungen zu Angebot und Annahme beziehen sich auf die rechtliche Ebene beim Einsatz eines Smart Contracts und umfassen alle Konstellationen, bei denen eine Software hierfür eingesetzt wird. Dies

---

97 BGH NJW 2013, 598 Rn. 19 f.

98 *Faber*, in: Sassenberg/Faber, Rechtshandbuch Industrie 4.0 und Internet of Things, Teil 3 A Rn. 45.

99 *Wendtland*, in: BeckOK-BGB, § 133 Rn. 13.

bedeutet, dass sich die Darstellung sowohl auf den klassischen Vertragsschluss, bei dem die Willenserklärungen per Software übermittelt werden, als auch auf den Vertragsschluss unter Verwendung von automatisiert/ autonom erzeugten Erklärungen beziehen.

1. Angebot

Soll durch den Einsatz eines Smart Contracts auf der rechtlichen Ebene ein Vertrag geschlossen werden, ist hierfür zunächst das Vorliegen eines Angebots notwendig. Wird hierfür auf der rechtlichen Ebene des Smart Contracts eine Software eingesetzt, handelt es sich um eine elektronische Willenserklärung. Davon umfasst werden sowohl Willenserklärungen, die mittels automatisierter/ autonomer Software erzeugt werden, als auch der klassische Vertragsschluss, bei dem die Software zur bloßen Übermittlung der Willenserklärung zum Einsatz kommt. Ein Angebot erfolgt dabei nach den allgemeinen rechtsgeschäftlichen Regeln, jedoch gilt es einige Besonderheiten zu beachten.

a) Abgabe der Willenserklärung

Die Abgabe des Angebots ist eine zwingende Voraussetzung für den Zugang einer Willenserklärung. Abgegeben ist eine Willenserklärung, wenn sie nach außen hin mit Wissen und rechtlichem Wollen des Erklärenden dergestalt für andere wahrnehmbar gemacht wird, dass an der Endgültigkeit der Äußerung keine vernünftigen Zweifel mehr bestehen können.[100] Zusätzlich muss eine empfangsbedürftige Willenserklärung mit dem Willen des Erklärenden in Verkehr gebracht worden sein.[101] Das Gesetz unterscheidet zwischen empfangsbedürftigen und nicht empfangsbedürftigen Willenserklärungen.[102] Vorliegend soll durch den Einsatz eines Smart Contracts auf der rechtlichen Ebene ein Vertrag geschlossen werden, wobei es sich

---

[100] *Wendtland*, in: BeckOK-BGB, § 130 Rn. 5; *Ellenberger*, in: Grüneberg, § 130 Rn. 4; *Ahrens*, in: Prütting/Wege/Weinreich-BGB, § 130 Rn. 6.

[101] *Ellenberger*, in: Grüneberg, § 130 Rn. 4; *Wendtland*, in: BeckOK-BGB, § 130 Rn. 6; *Ahrens*, in: Prütting/Wege/Weinreich-BGB, § 130 Rn. 6.

[102] *Riesenhuber*, in: Soergel-BGB, § 130 Rn. 1; *Gomille*, in: BeckOGK-BGB, § 130 Rn. 3; *Einsele*, in: MüKo-BGB, § 130 Rn. 1; *Singer/Benedict*, in: Staudinger-BGB, § 130 Rn. 9.

um empfangsbedürftige Willenserklärungen handelt, sodass lediglich diese genauer zu betrachten sind.

Durch den Einsatz eines Smart Contracts als Software für den Vertragsschluss, fragt es sich, welche Voraussetzungen für die Abgabe einer Willenserklärung nach § 130 BGB vorliegen müssen und ob sich aus dem Einsatz einer Software Besonderheiten ergeben. Eine Ansicht differenziert bei der Abgabe der Willenserklärung zwischen einer Willenserklärung unter Anwesenden und unter Abwesenden.[103] Notwendig erscheint dies deshalb, weil diese Ansicht den § 130 BGB und daher auch die Empfangstheorie auf verkörperte und nicht verkörperte Erklärungen unter Abwesenden, sowie entsprechend auf verkörperte Willenserklärungen unter Anwesenden anwendet.[104] Auf nicht verkörperte Erklärungen unter Anwesenden findet der § 130 BGB demnach keine Anwendung. Die Unterscheidung wird vorgenommen, da für nicht verkörperte Erklärungen unter Anwesenden, durch die eingeschränkte Vernehmungstheorie, ein verschärfter Maßstab im Vergleich zur Erklärung unter Abwesenden gilt. Bei nicht verkörperten Erklärungen unter Anwesenden muss der Empfänger diese grundsätzlich inhaltlich richtig zur Kenntnis nehmen, wohingegen bei Erklärungen unter Abwesenden, sowie bei verkörperten Erklärungen unter Anwesenden, es für die Wirksamkeit der Erklärung vornehmlich auf die zumutbare Möglichkeit der Kenntnisnahme ankommt (Empfangstheorie).[105] Für die Unterscheidung zwischen der Erklärung unter Anwesenden und unter Abwesenden ist nicht der unmittelbare Ort des Erklärenden und des Empfängers entscheidend, sondern vielmehr das Auseinanderfallen von Abgabe und Zugang bei einer Erklärung unter Abwesenden, sowie das Zusammenfallen von Abgabe und Zugang bei einer Erklärung unter Anwesenden.[106]

Diese Erwägungen lassen sich auf den Vertragsschluss durch den Einsatz eines Smart Contracts auf der rechtlichen Ebene übertragen. Bei einer Erklärung mittels einer Software, die auf einen Vertragsschluss gerichtet ist, handelt

---

103 *Ahrens*, in: Prütting/Wege/Weinreich-BGB, § 130 Rn. 1, *Paschke*, in: jurisPK-Internetrecht, Kap. 4.2 Rn. 139; *Ellenberger*, in: Grüneberg, § 130 Rn. 5, 13; *Mansel*, in: Jauernig-BGB, § 130 Rn. 3, 11 f.

104 *Ellenberger*, in: Grüneberg, § 130 Rn. 5, 13.

105 *Gomille*, in: BeckOGK-BGB, § 130 Rn. 29; *Einsele*, in: MüKo-BGB, § 130 Rn. 2.

106 *Mansel*, in: Jauernig-BGB, § 130 Rn. 4.

es sich um eine elektronische Willenserklärung. Für die Unterscheidung zwischen einer Erklärung unter Anwesenden oder Abwesenden kommt es dabei nicht auf die körperliche Anwesenheit der Parteien, sondern vielmehr auf die Kommunikationsmöglichkeiten, nämlich auf das Zusammen- oder Auseinanderfallen von Abgabe und Zugang zwischen dem Erklärenden und dem Empfänger, an. In der Regel sind elektronische Erklärungen auf Grund der Zeitverzögerung Willenserklärungen gegenüber Abwesenden, etwas anderes gilt nur bei direkter Kommunikation, wie z.B. bei einer Videokonferenz.[107] Eine elektronische Willenserklärung ist nur dann als eine Erklärung unter Anwesenden zu betrachten, sofern diese Art der Kommunikation die Möglichkeit eines unmittelbaren Dialoges oder unmittelbarer Verhandlung zwischen Erklärendem und Adressaten bietet.[108] Denn nur dabei fallen Abgabe und Zugang zusammen. Als Beispiel für die unmittelbare Möglichkeit des Verhandelns kann das Telefon angeführt werden, denn auch hier stellt man nicht auf die körperliche Anwesenheit der Parteien ab, sondern vielmehr auf die Möglichkeit des direkten Übermittelungskontakts von Person zu Person.[109] Dabei richtet der Erklärende eine mündliche Erklärung an den Empfänger. Daraus folgt, dass immer dann eine Erklärung unter Anwesenden vorliegt, wenn Erklärender und Empfänger unmittelbar miteinander kommunizieren.[110]

Paschke regt beim Vertragsschluss im Internet eine Differenzierung nach dem Interaktivitätsgrad im Rahmen der Kommunikation und nicht nach dem Aufenthaltsort des Erklärenden an.[111] Der Vertragsschluss im Internet könnte zumindest im Hinblick auf den Einsatz von automatisiert/ autonom erzeugten Erklärungen auf der rechtlichen Ebene eines Smart Contracts vergleichbar sein, als dass auch dort die Software miteinander kommuniziert. Er spricht sich dafür aus, automatisierte Erklärungen (noch) als Erklärung unter Abwesenden zu bewerten, im Hinblick auf die rasante Entwicklung in diesem Bereich gibt er jedoch zu bedenken, dass schon heutzutage technische Entwicklungen soweit fortgeschritten seien, dass eine Interaktion mit diesen

---

107 *Einsele*, in: MüKo-BGB, § 130 Rn. 18; *Arnold*, in: Erman-BGB, § 130 Rn. 6; *Spindler*, in: Spindler/Schuster, Recht der elektronischen Medien, § 130 BGB Rn. 3.

108 *Mansel*, in: Jauernig-BGB, § 130 Rn. 12; *Gomille*, in: BeckOGK-BGB, § 130 Rn. 36.

109 *Singer/Benedict*, in: Staudinger-BGB, § 130 Rn. 19.

110 *Mansel*, in: Jauernig-BGB, § 130 Rn. 12.

111 *Paschke*, in: jurisPK-Internetrecht, Kap. 4.2 Rn. 139.

Programmen annähernd mit zwischenmenschlicher Kommunikation in Vertragsverhandlungssituationen vergleichbar sei.[112] Im Ergebnis spricht er sich jedoch beim automatisierten Vertragsschluss für eine Erklärung unter Abwesenden aus, da zumindest aktuell der Verwender noch selbst aktiv werden muss, um einen höheren Interaktionsgrad zu erreichen.[113]

Auch wenn man beim Vertragsschluss durch die Verwendung von Software von einer verkörperten Erklärung unter Anwesenden ausgeht, findet die Empfangstheorie nach dieser Ansicht Anwendung.[114] Daraus folgt, dass, selbst wenn man also davon ausgeht, dass es sich bei einer Erklärung mittels einer Software um eine Erklärung unter Anwesenden handelt, der § 130 I BGB zumindest entsprechend anwendbar ist.

Zum Teil wird der § 130 I BGB jedoch auch so verstanden, dass dieser nicht zwischen Erklärungen unter Anwesenden und Abwesenden unterscheidet, sondern zwischen verkörperten und nicht verkörperten Willenserklärungen.[115] Danach bezieht sich der § 130 I BGB nur unmittelbar auf verkörperte Erklärungen.[116] Begründet wird dies damit, dass die Flüchtigkeit des gesprochenen Wortes für den Empfänger ein erhöhtes Risiko birgt, mit dem er nicht belastet werden soll, weshalb hier die eingeschränkte Vernehmungstheorie anwendbar sein soll.[117] Nur verkörperte Erklärungen können jederzeit abgerufen werden, daher soll nur hier der § 130 I BGB Anwendung finden.[118] Auch argumentiert diese Ansicht damit, dass die räumliche Distanz zwischen Erklärendem und Empfänger in Anbetracht der modernen Kommunikationsmittel kein geeignetes Kriterium zur Differenzierung darstellt und es keinen sachlichen Grund gibt, die Wirksamkeit der Erklärung allein nach der Möglichkeit des unmittelbaren Dialoges zu unterscheiden.[119]

Elektronische Willenserklärungen stellen regelmäßig verkörperte (in einer Datei gespeicherte) Willenserklärungen dar, welche per Internet oder

---

112 *Paschke*, in: jurisPK-Internetrecht, Kap. 4.2 Rn. 139.

113 *Paschke*, in: jurisPK-Internetrecht, Kap. 4.2 Rn. 139.

114 *Spindler*, in: Spindler/Schuster, Recht der elektronischen Medien, § 130 BGB Rn. 3.

115 *Einsele*, in: MüKo-BGB, § 130 Rn. 2; *Arnold*, in: Erman-BGB, § 130 Rn. 6, 21; *Gomille*, in: BeckOGK-BGB, § 130 Rn. 35.

116 *Einsele*, in: MüKo-BGB, § 130 Rn. 2; *Arnold*, in: Erman-BGB, § 130 Rn. 6, 21.

117 *Einsele*, in: MüKo-BGB, § 130 Rn. 28; *Gomille*, in: BeckOGK-BGB, § 130 Rn. 35.

118 *Einsele*, in: MüKo-BGB, § 130 Rn. 2; *Gomille*, in: BeckOGK-BGB, § 130 Rn. 35.

119 *Einsele*, in: MüKo-BGB, § 130 Rn. 2.

E-Mail, jedenfalls digital, übertragen werden, die meist bereits auf einem Datenträger gespeichert übermittelt werden oder beim Empfänger als Datei gespeichert werden.[120] Erhält der Empfänger die Erklärung dauerhaft in gespeicherter oder dauerhaft abrufbarer Form, liegt eine verkörperte Erklärung unter Abwesenden vor.[121] Die Erklärung bei der Verwendung eines Smart Contracts auf der rechtlichen Ebene wird grundsätzlich entweder auf dem Endgerät des Empfängers oder zumindest von diesem dauerhaft online abrufbar gespeichert werden, sodass eine verkörperte Erklärung vorliegt. Der § 130 BGB und die Empfangstheorie sind daher auch nach dieser Ansicht anwendbar.

Nach beiden Ansichten kommt es für den Vertragsschluss durch den Einsatz eines Smart Contracts als Software auf eine Unterscheidung zwischen einer Erklärung unter Anwesenden und unter Abwesenden daher nicht an, da es sich jedenfalls um eine verkörperte Erklärung handelt und der § 130 I BGB direkt oder entsprechend und somit auch die Erklärungstheorie nach beiden Ansichten anwendbar ist. Auch wenn ein Streitentscheid nicht notwendig ist, erscheint eine Differenzierung nach der zweiten Ansicht zwischen verkörperter und nicht verkörperter Erklärung überzeugender. Anders als bei der ersten Ansicht, besteht dabei nicht die Problematik der Flüchtigkeit der Erklärung. Eine verkörperte Erklärung kann jederzeit abgerufen werden, was die Anwendbarkeit der Empfangstheorie rechtfertigt. Bei einer nichtverkörperten Erklärung ist dies nicht möglich. Eine Unterscheidung nach räumlicher An- und Abwesenheit und der Möglichkeit der unmittelbaren Kommunikation erscheint in Anbetracht moderner Kommunikationsmittel nicht mehr zeitgemäß. Die Differenzierung nach verkörperten und nicht verkörperten Erklärungen überzeugt auch, weil sie für mehr Rechtsicherheit sorgt und dabei zwei Kategorien zur Verfügung stellt, mit Hilfe derer eine sachgerechte Abgrenzung erfolgen kann.

Eine verkörperte Willenserklärung muss auch abgegeben werden. Setzt der Erklärende moderne technische Kommunikationsmittel ein, hat er alles getan, was für das Wirksamwerden erforderlich ist, wenn er die vollständige Übermittlung an den Empfänger veranlasst hat.[122] Beim Vertragsschluss durch

---

[120] *Einsele*, in: MüKo-BGB, § 130 Rn. 18.
[121] *Wendtland*, in: BeckOK-BGB, § 130 Rn. 29.
[122] *Arnold*, in: Erman-BGB, § 130 Rn. 4.

eine Software ist eine elektronische Willenserklärung dann abgegeben, wenn sie durch die Software in Richtung des Empfängers versendet wird.[123]

Die Abgabe einer Willenserklärung beim Einsatz eines Smart Contracts auf der rechtlichen Ebene stellt sich als verkörperte Erklärung unter Abwesenden dar. Diese ist dann abgegeben, wenn die Erklärung durch den Smart Contract in Richtung des Empfängers versendet wird. Dies gilt sowohl für automatisiert/ autonom erzeugte Willenserklärungen, als auch für den klassische Vertragsschluss, bei dem eine Software lediglich für die Übermittlung der Willenserklärung zum Einsatz kommt.

b) Rechtsbindungswille

Für das Vorliegen eines Angebots ist es erforderlich, dass beim Erklärenden ein Rechtsbindungswille besteht. Anhand dessen lässt sich ein Angebot von einer bloßen invitatio ad offerendum abgrenzen. Durch die Verwendung eines Smart Contracts auf der rechtlichen Ebene kann sich in Bezug auf das Vorliegen eines Rechtsbindungswillen insofern eine abweichende Bewertung zu einem Angebot ohne dessen Verwendung ergeben, als dass dieser sich sowohl auf die Solvenzprüfung des Vertragspartners als auch auf die Prüfung des Lagerbestandes, um eine ungewollte Mehrfachbindung zu verhindern, auswirken kann. Ob beim Einsatz eines Smart Contracts auf der rechtlichen Ebene die Software lediglich zur Übermittlung der Willenserklärung eingesetzt wird, oder ob automatisiert/ autonom erzeugte Erklärungen vorliegen, spielt für die Betrachtung des Rechtsbindungswillens keine Rolle.

Der Rechtsbindungswille liegt dann vor, wenn aus Sicht eines verständigen Adressaten der Erklärende durch die Erklärung seinen Willen erkennen lässt, eine rechtliche Bindung bewirken zu wollen.[124] Anhand des Rechtsbindungswillens ist dann das verbindliche Angebot an einen unbestimmten Personenkreis (ad incertas personas) gegenüber einer Aufforderung zur Abgabe eines Angebotes (invitatio ad offerendum) abzugrenzen. Eine invitatio ad offerendum soll potenzielle Vertragspartner dazu anregen, ein Angebot abzugeben, sodass sich daraus lediglich die generelle

---

[123] *Lupu*, DSRITB 2019, 209, 213; *Paulus/Matzke*, ZfPW 2018, 431, 445.

[124] *Busche*, in: MüKo-BGB, § 145 Rn. 7.

Vertragsbereitschaft des Anbietenden ergibt.[125] Rechtsbindungswille hat er dabei keinen. Zunächst kann der Erklärende selbst ausdrücklich festlegen, ob es sich um ein Angebot oder eine invitatio ad offerendum handeln soll. Erst wenn diese Festlegung fehlt, ist durch Auslegung nach §§ 133, 157 BGB zu ermitteln, ob der Rechtsbindungswille vorliegt.[126] Entscheidend ist, wie die Offerte vom Erklärungsempfänger nach Treu und Glauben unter der Berücksichtigung der Verkehrssitte verstanden werden muss.[127] Die Abgrenzung zwischen einem Angebot und einer bloßen invitatio ad offerendum kann also anhand des Rechtsbindungswillens vorgenommen werden, wobei der objektive Erklärungswert des Verhaltens maßgeblich ist.[128]

Reicht der Vorrat des Verkäufers möglicherweise nicht für alle Kunden aus und will dieser die Gefahr der Mehrfachbindung verhindern, ist typischerweise von einer invitatio ad offerendum auszugehen, was sowohl für das klassische Ladengeschäft als grundsätzlich auch für einen Webshop gilt.[129] Im Gegensatz dazu, stellt das Aufstellen eines Warenautomaten ein bindendes Angebot zum Abschluss eines Kaufvertrags dar, wobei dieses Angebot ad incertas personas mehrfach bedingt durch die technische Funktionsfähigkeit und die ausreichende Bevorratung der Waren ist.[130] Informationen über Waren und Dienstleistungen auf Internetseiten können selbst dann eine invitatio ad offerendum darstellen, wenn sie inhaltlich so bestimmt wie ein Angebot sind, ansonsten könnte niemand seine Waren oder Dienstleistungen präsentieren ohne sich der Gefahr auszusetzen, dadurch an eine Vielzahl von Verträgen gebunden zu werden.[131] Unschädlich für die Einordnung als invitatio ad offerendum ist es also, wenn die Waren oder Dienstleistungen detailliert beschrieben werden, Versendungsdetails und der Preis genannt werden, also alle wesentlichen Vertragsbestandteile angegeben sind, da für

---

125 *Kitz*, in: Hoeren/Sieber, Handbuch Multimedia-Recht, Teil 13.1 Rn. 173; *Busche*, in: MüKo-BGB, § 145 Rn. 10.

126 *Kitz*, in: Hoeren/Sieber, Handbuch Multimedia-Recht, Teil 13.1 Rn. 177; *Paschke*, in: jurisPK-Internetrecht, Kap. 4.2 Rn. 39.

127 *Spindler*, in: Spindler/Schuster, Recht der elektronischen Medien, Vorbemerkung zu §§ 145 ff. BGB Rn. 4.

128 *Ellenberger*, in: Grüneberg, § 145 Rn. 2; *Busche*, in: MüKo-BGB, § 145 Rn. 10.

129 *Paschke*, in: jurisPK-Internetrecht, Kap. 4.2 Rn. 42.

130 *Busche*, in: MüKo-BGB, § 145 Rn. 12.

131 *Kitz*, in: Hoeren/Sieber, Handbuch Multimedia-Recht, Teil 13.1 Rn. 174.

einen Webshop dieselben Kriterien wie für ein Ladengeschäft anzulegen sind und auch bei diesem wird die Auslage in der Regel als invitatio ad offerendum zu verstehen sein.[132] Die herrschende Meinung geht davon aus, dass Angebote auf einer Internetseite beim Warenkauf grundsätzlich als invitatio ad offerendum zu bewerten sind.[133] Etwas anderes kann sich dann ergeben, wenn die fraglichen Vertragsgegenstände reproduzierbare Inhalte darstellen, wie beispielsweise Informationen aus einer Datenbank.[134] In einem solchen Fall hat der Verkäufer kein Interesse daran, seine Fähigkeit, die Ware liefern zu können, zu prüfen, da die Ware beliebig oft reproduzierbar ist. Das Interesse des Verkäufers, die Solvenz seines potenziellen Vertragspartners zu überprüfen, verbleibt jedoch auch hier, sodass auch hierbei nicht ohne Weiteres von einem Angebot ausgegangen werden kann.

Wenn man diese soeben dargestellten Wertungen auf den Einsatz eines Smart Contracts auf der rechtlichen Ebene überträgt, wird man in Bezug auf das Vorliegen des Rechtsbindungswillens differenzieren müssen. Erfolgt der Vertragsschluss ohne den Einsatz einer Software, gelten die allgemeinen Regeln, wie sie oben dargestellt wurden.

Etwas anderes kann sich dann ergeben, wenn der Vertragsschluss durch den Einsatz eines Smart Contracts auf der rechtlichen Ebene erfolgen soll. Beschränkt der Einsatz eines Smart Contracts sich nach seinem Zweck lediglich auf die tatsächliche Ebene und soll damit einen anderweitig geschlossenen Vertrag beim Eintritt einer bestimmten Bedingung zu seiner Durchsetzung verhelfen, stellt die Verwendung des Smart Contracts dabei keine wesentliche Grundlage für den Vertrag dar, daher wird dem Smart Contract in einem solchen Fall regelmäßig schon kein Rechtsbindungswille zu Grunde liegen.[135]

Demgegenüber gilt es beim Einsatz eines Smart Contracts auf der rechtlichen Ebene zunächst zu beachten, dass die Parteien eine Automatisierung der Vertragsbeziehung anstreben und sich diese daher eher als bei einem

---

[132] *Paschke*, in: jurisPK-Internetrecht, Kap. 4.2 Rn. 42.

[133] BGH NJW 2005, 976; NJW 2005, 3567, 3568; *Bork*, in: Staudinger-BGB, § 145 Rn. 9; *Busche*, in: MüKo-BGB, § 145 Rn. 15; *Kitz*, in: Hoeren/Sieber, Handbuch Multimedia-Recht, Teil 13.1 Rn. 174.

[134] *Spindler*, in: Spindler/Schuster, Recht der elektronischen Medien, Vorbemerkung zu §§ 145 ff. BGB Rn. 4.

[135] *Kaulartz*, in: Leupold/Wiebe/Glossner, IT-Recht, Teil 9.5 Rn. 25; *Gyr*, Blockchain und Smart Contracts, S. 117 f.

Vertragsschluss ohne die Verwendung eines Smart Contracts, die Entscheidung über einen Vertragsschluss nicht bis zum Zugang eines Angebots vorbehalten wollen.[136] Darüber hinaus kommt es nach dem soeben Dargestellten für die Beurteilung, ob ein Rechtsbindungswille besteht, entscheidend auf zwei Kriterien an. Zum einen kann gegen das Vorliegen eines Rechtsbindungswillens sprechen, dass der Vertragspartner sich nicht vertraglich mehrfach binden will, sofern Unklarheiten über die Lieferbarkeit oder die Möglichkeit des Erbringens der Dienstleistung bestehen. Zum anderen spielt die Solvenz des potenziellen Vertragspartners eine gewichtige Rolle.

Im Hinblick auf mögliche Lieferschwierigkeiten ist zunächst eine Differenzierung zwischen digitalen und nicht digitalen Gütern und Dienstleistungen angezeigt. Digitale Güter sind beliebig oft reproduzierbar, sodass bei diesen keine Gefahr der Vorratserschöpfung besteht. Ist es bei materiellen Gütern und Dienstleistungen der Software möglich, den Lagerbestand bzw. die Möglichkeit der Erbringung der Dienstleistung nachzuprüfen, um so eine ungewollte Mehrfachbindung zu verhindern, besteht hier grundsätzlich keine Notwendigkeit, dem Offerierenden die Erkennbarkeit des Rechtsbindungswillens für einen objektiven Dritten abzusprechen. Kann die Software die Warenverfügbarkeit selbständig prüfen, besteht keine Gefahr der ungewollten Mehrfachbindung, sodass sich daraus keine Anhaltspunkte für einen fehlenden Rechtsbindungswille ergeben.

Ein weiterer Grund, der gegen das Vorliegen des Rechtsbindungswillens des Offerierenden sprechen könnte, ist die Prüfung der Solvenz des potenziellen Vertragspartners. Der Verkäufer oder Dienstleister wird oftmals den Wunsch haben, nur mit einem solventen Vertragspartner zu kontrahieren. Beim Einsatz eines Smart Contracts auf der rechtlichen Ebene zur Vertragsbegründung kann dieser automatisch prüfen, ob der potenzielle Vertragspartner in ausreichendem Maße solvent ist und beispielsweise über Kryptowährungen wie Bitcoins, Ether oder dem Krypto-Projekt Neo[137] in

---

136 *Möslein*, ZHR 183 (2019), 254, 274.

137 „Währung" des Neo-Netzwerks. Das Neo-Projekt will eine „intelligente Wirtschaft" schaffen (Kombination aus digitalen Vermögenswerten, digitaler Identität und Smart Contracts), die Smart Contracts, in diesem Netzwerk Neo-Contracts genannt, für die effektive Verteilung digitaler Ressourcen nutzt. Genauer siehe: https://coin-hero.de/neo/; https://blockchainwelt.de/neo-prognose/ (zuletzt abgerufen am 27.06.2023).

seiner Wallet verfügt. Der Empfänger muss dabei nur über eine Wallet auf der entsprechenden Plattform verfügen.[138] Sofern der Smart Contract Zugriff auf ein Girokonto der anderen Partei hat, kann die Software, vergleichbar mit der Wallet, die Solvenz in Echtzeit prüfen. Hier zeigt sich gerade ein Vorteil bei der Verwendung eines Smart Contracts auf der rechtlichen Ebene. Der Offerierende kann die Solvenzprüfung bereits vor dem Vertragsschluss vornehmen. Bei der Verwendung eines Smart Contracts auf der rechtlichen Ebene kann daher eher vom Bestehen eines Rechtsbindungswillens ausgegangen werden als ohne dessen Verwendung.

Bei digitalen Gütern und Dienstleistungen, sowie bei materiellen Gütern und Dienstleistungen, sofern der Smart Contract die Verfügbarkeit überprüfen kann und der potenzielle Vertragspartner über ausreichende Zahlungsmittel verfügt, kann regelmäßig vom Vorliegen des Rechtsbindungswillens und somit von einem Angebot ausgegangen werden.

c) Zugang der Willenserklärung

Um wirksam zu werden, muss eine Willenserklärung der anderen Partei auch zugehen. Beim Einsatz eines Smart Contracts auf der rechtlichen Ebene zum Vertragsschluss, wird dabei oftmals eine elektronische Willenserklärung vorliegen. Diese liegt immer dann vor, wenn eine Software zur Übermittlung der Erklärung eingesetzt wird. Vorliegend soll daher der Zugang einer elektronischen Willenserklärung beim Einsatz eines Smart Contracts auf der rechtlichen Ebene genauer betrachtet werden.

Der § 130 I 1 BGB regelt den Zeitpunkt des Wirksamwerdens einer empfangsbedürftigen Willenserklärung. Wirksam wird eine Willenserklärung, wenn sie dem Empfänger zugegangen ist (Empfangstheorie), wobei es auf die tatsächliche Kenntnisnahme (Vernehmungstheorie) nicht ankommt.[139] Dies wird damit begründet, dass die Vernehmungstheorie mit den Erfordernissen des Rechtsverkehrs nicht im Einklang steht, da es sonst im Belieben des Adressanten liegen würde, über das Wirksamwerden einer an ihn gerichteten

---

[138] *Sillaber/Waltl*, DuD 2017, 497, 498.

[139] *Wendtland*, in: BeckOK-BGB, § 130 Rn. 10; *Singer/Benedict*, in: Staudinger-BGB, § 130 Rn. 7 f.; *Einsele*, in: MüKo-BGB, § 130 Rn. 11; *Arnold*, in: Erman-BGB, § 130 Rn. 9; *Wertenbruch*, JuS 2020, 481.

Willenserklärung zu entscheiden.[140] Nach der Empfangstheorie ist eine Willenserklärung zugegangen, wenn sie derart in den Bereich des Empfängers gelangt, wenn nach gewöhnlichen Umständen damit zu rechnen ist, dass dieser von ihr Kenntnis nimmt.[141] Diese allgemeinen Grundsätze gelten auch für elektronische Willenserklärungen, wobei es für den Zeitpunkt des Zugangs, wie auch bei den analogen Erklärungen, nicht auf den jeweils konkreten Adressaten, sondern auf eine generalisierte Betrachtungsweise ankommt.[142] Wie bereits oben dargestellt, sind elektronische Willenserklärungen gewöhnliche Willenserklärungen, die mit Hilfe von Software übermittelt werden. Dies gilt auch für den Einsatz von automatisiert/ autonom erzeugten Erklärungen, auch bei diesen liegt eine elektronische Willenserklärung vor, da auch hier die Erklärung durch eine Software übermittelt wird.

Da es für die Beurteilung der Voraussetzungen des Zugangs grundsätzlich nicht auf die Art und Weise der Erzeugung der Willenserklärung ankommt, kann vorliegend eine gemeinsame Betrachtung erfolgen. Eine Besonderheit bei einer automatisiert/ autonom erzeugten Erklärung ergibt sich lediglich in Bezug darauf, dass bei diesen regelmäßig die Erklärung in einer Programmiersprache vorliegen wird. Wie es sich auf den Zugang einer Willenserklärung auswirkt, dass hierbei die andere Partei die verwendete Programmiersprache regelmäßig nicht verstehen können wird, gilt es im Anschluss an die allgemeine Darstellung des Zugangs von elektronischen Willenserklärungen bei der Verwendung eines Smart Contracts auf der rechtlichen Ebene, gesondert darzustellen.

Es fragt sich also, wann für gewöhnlich mit dem Zugang einer elektronischen Willenserklärung gerechnet werden kann. Bei elektronischen Willenserklärungen ist für den Zugang die Grundvoraussetzung, dass der Empfänger mit der gewählten Übermittlungsart zumindest konkludent einverstanden ist, wobei technische Einrichtungen für den Empfang von

---

[140] *Wertenbruch*, JuS 2020, 481.

[141] *Wendtland*, in: BeckOK-BGB, § 130 Rn. 9; *Ahrens*, in: Prütting/Wege/Weinreich-BGB, § 130 Rn. 8; *Einsele*, in: MüKo-BGB, § 130 Rn. 16; *Arnold*, in: Erman-BGB, § 130 Rn. 8; *Wertenbruch*, JuS 2020, 481, 483.

[142] *Wertenbruch*, JuS 2020, 481, 485; *Paulus/Matzke*, ZfPW 2018, 431, 445; *Paschke*, in: jurisPK-Internetrecht, Kap. 4.2 Rn. 90.

Willenserklärungen vom Empfänger dafür gewidmet sein müssen.[143] Im Falle technischer Schwierigkeiten auf Seiten des Empfängers mit seiner Empfangsvorrichtung sind diese grundsätzlich unbeachtlich, da dieses Risiko dem Empfänger zuzurechnen ist, es sei denn, die Schwierigkeiten sind für den Absender erkennbar, da dann die Erklärung für den Absender ersichtlich noch nicht in den Machtbereich des Empfängers gelangt ist.[144] Um zuzugehen, muss die Erklärung in den Machtbereich des Empfängers gelangen. Elektronische Erklärungen gelangen dann in den Machtbereich des Empfängers, wenn diese in fixierter und reproduzierbarer Form für den Empfänger abrufbar gespeichert werden.[145] Eine konkrete Speicherung auf dem Computer des Empfängers ist nicht notwendig, da Empfangseinrichtungen auch online dem Machtbereich des Empfängers zuzurechnen sind.[146] Durch die Verwendung der Kommunikationsmöglichkeit im Rechtsverkehr gibt der Empfänger zumindest konkludent nach außen zu erkennen, dass er die Empfangsvorrichtung als solche für den Empfang von Erklärungen widmet, sodass diese zu seinem Machtbereich hinzugerechnet werden kann, wobei es gleichgültig ist, ob es sich dabei um seinen Computer, ein Online-Portal oder Ähnliches handelt.[147]

Für den Einsatz eines Smart Contracts auf der rechtlichen Ebene zum Vertragsschluss bedeutet dies, dass die Willenserklärung dann zugeht, wenn der Empfänger zumindest konkludent damit einverstanden ist und er eine entsprechende Empfangseinrichtung für die Willenserklärung durch die Verwendung eines Smart Contracts dafür gewidmet hat, etwa, indem er diese Art der Kommunikation anbietet. Erforderlich ist dafür, dass er die entsprechende Software bereithält, um Erklärungen mittels Smart Contracts zu empfangen und diese seinem Machtbereich insofern zugerechnet werden kann, als dass die Software ihn in die Lage versetzt, die empfangenen Erklärungen zu speichern oder online einzusehen und er diese dann auch abrufen kann.

---

143 *Ahrens*, in: Prütting/Wege/Weinreich-BGB, § 130 Rn. 9; *Einsele*, in: MüKo-BGB, § 130 Rn. 18; *Wertenbruch*, JuS 2020, 481, 483.

144 *Wendtland*, in: BeckOK-BGB, § 130 Rn. 15.1.

145 *Paschke*, in: jurisPK-Internetrecht, Kap. 4.2 Rn. 91.

146 *Ellenberger*, in: Grüneberg, § 130 Rn. 7a.

147 *Spindler*, in: Spindler/Schuster, Recht der elektronischen Medien, § 130 BGB Rn. 5.

Für den Zeitpunkt des Zugangs ist nicht das Gelangen in den Bereich des Empfängers entscheidend, sondern vielmehr, wann nach den gewöhnlichen Umständen mit der Kenntnisnahme der Erklärung zu rechnen ist.[148] Der § 312i I 4 BGB konkretisiert diese allgemeine Definition für elektronische Willenserklärungen in dem Sinne, als dass elektronische Willenserklärungen dann zugegangen sind, wenn sie unter gewöhnlichen Umständen abgerufen werden können. Dies gilt auch für elektronische Willenserklärungen, die durch die Verwendung eines Smart Contracts auf der rechtlichen Ebene übermittelt werden.

Um den Zeitpunkt des Zugangs zu ermitteln, lässt sich eine Parallele zum Zugang einer Erklärung mittels E-Mail ziehen, da es keinen Unterschied machen kann, ob eine elektronische Willenserklärung per E-Mail zugeht oder durch die Verwendung einer anderen Software, wie etwa eines Smart Contracts. Die für den klassischen Postbrief anerkannten Grundsätze des Zugangs gelten entsprechend für die E-Mail.[149] Die Grundsätze des Zugangs einer E-Mail, lassen sich dann wiederum auch auf den Einsatz eines Smart Contracts auf der rechtlichen Ebene übertragen.

Sowohl beim Angebot durch den Einsatz eines Smart Contracts auf der rechtlichen Ebene als auch beim Angebot via E-Mail, geht eine Willenserklärung durch eine vom Empfänger dafür bestimmten Empfangseinrichtung zu. Bei tatsächlicher Kenntnisnahme des Empfängers ist dies der Zeitpunkt des Zugangs. Jenseits der tatsächlichen Kenntnisnahme ist für den Zeitpunkt des Zuganges zwischen Unternehmern und Privaten zu differenzieren.

Gegenüber Unternehmern geht eine E-Mail am selben Tag zu, wenn sie während der üblichen Geschäftszeiten eingeht.[150] Für den Vertragsschluss durch den Einsatz eines Smart Contracts auf der rechtlichen Ebene gilt somit, dass die Erklärung während der Geschäftszeiten unmittelbar zugeht, sobald mit der Abrufbarkeit und Kenntnisnahme in der bereitgestellten Empfangseinrichtung zu rechnen ist. Eine nach Geschäftsschluss eingehende elektronische Willenserklärung geht nach allgemeinen Grundsätzen am nächsten Geschäftstag zu.

---

[148] *Wertenbruch*, JuS 2020, 481, 484.
[149] *Wertenbruch*, JuS 2020, 481, 485; *Einsele*, MüKo-BGB, § 130 Rn. 19.
[150] *Gomille*, in: BeckOGK-BGB, § 130 Rn. 78; *Einsele*, MüKo-BGB, § 130 Rn. 19.

Bei Privaten kann nicht von einer generellen Kenntnisnahme unmittelbar nach dem Eingang der Erklärung ausgegangen werden. Auch wenn viele Privatpersonen ihre E-Mails auf dem Smartphone abrufen können, kann noch nicht generell davon ausgegangen werden, dass alle dies auch während der Arbeitszeit tun können oder ein Abrufen der E-Mails auf das Smartphone allgemein üblich ist.[151] Da vorliegend schon Zweifel an der allgemeinen Üblichkeit des ständigen Abrufens bei gewöhnlichen E-Mails bestehen, gilt dies erst recht für elektronische Willenserklärungen, welche durch den Einsatz eines Smart Contracts auf der rechtlichen Ebene übermittelt werden, da diese zumindest aktuell noch weit weniger verbreitet sind als E-Mails. Überzeugend erscheint eine generalisierte Betrachtungsweise für den Zugang von E-Mails, wonach die Kenntnisnahme innerhalb von 24 Stunden anzunehmen ist.[152] Diese generalisierte Betrachtungsweise lässt sich auf den Zugang der Erklärung durch den Einsatz eines Smart Contracts auf der rechtlichen Ebene übertragen. Da der Empfänger der Erklärung sich bewusst für die Bereitstellung und Verwendung der Empfangseinrichtung entschieden hat, indem er die für den Einsatz eines Smart Contracts auf der rechtlichen Ebene zum Vertragsschluss notwendige Software verwendet und diese als Empfangseinrichtung widmet, ist auch für gewöhnlich damit zu rechnen, dass er diese von ihm gewidmeten Empfangseinrichtungen regelmäßig auf rechtserhebliche Erklärungen hin überprüft. Der Zugang erfolgt daher gegenüber Privaten entweder mit der früheren tatsächlichen Kenntnisnahme oder spätestens mit dem Ablauf von 24 Stunden.

Wird auf der rechtlichen Ebene beim Einsatz eines Smart Contracts eine automatisierte/ autonome Software für die Abgabe der Willenserklärung verwendet, kann sich daraus die Besonderheit ergeben, dass diese Erklärungen in einer höheren Programmiersprache verfasst sind und der Empfänger regelmäßig nicht in der Lage sein wird, diese zu verstehen. Dabei handelt es sich auch um elektronische Willenserklärungen, sodass das oben Dargestellte in Bezug auf den Zugang gilt.

Es gilt darüber hinaus noch die Frage zu klären, wie mit diesen unzureichenden Sprachkenntnissen des Empfängers umgegangen werden kann. Individuelle Kenntnisnahmehindernisse, wie beispielsweise das Nichtverstehen

---

[151] *Wertenbruch*, JuS 2020, 481, 486.

[152] *Wertenbruch*, JuS 2020, 481, 486; *Einsele*, MüKo-BGB, § 130 Rn. 19.

der Sprache, welche ihre Ursache in der Sphäre des Empfängers haben, sind nicht zu berücksichtigen, sodass der Empfänger das Risiko trägt, die Sprache nicht verstehen zu können.[153] Wie bereits oben dargestellt, ist auch der Programmcode, der in einer höheren Programmiersprache geschrieben wird, generell geeignet, eine Willenserklärung abzubilden. Sofern der Empfänger dem Absender gegenüber die Möglichkeit eröffnet, ihm Willenserklärungen mittels automatisierter/ autonomer Software zukommen zu lassen, indem er eine dafür von ihm gewidmete Empfangsvorrichtung bereitstellt, ist ihm auch das Risiko des Nichtverstehens der Erklärung zuzumuten. Dies gilt insbesondere auch, weil es für den Erklärenden oftmals nicht erkennbar sein wird, ob der Empfänger seine Erklärung verstehen kann. Eine andere Sichtweise würde die Rechtssicherheit beeinträchtigen. Diese ist gerade im Bereich des Zugangs der Willenserklärung besonders bedeutsam.[154] Gänzlich unangemessene Rechtsfolgen lassen sich im Einzelfall mittels Treu und Glauben korrigieren, grundsätzlich trägt jedoch der Empfänger das Risiko, die Erklärung nicht verstehen zu können. Es ist daher für den Zugang der Erklärung unschädlich, wenn der Empfänger diese mangels Programmierkenntnisse nicht verstehen kann.

Verwendet der Empfänger eine automatisierte/ autonome Software zum Vertragsschluss und stellt dementsprechend auch eine dafür gewidmete Empfangseinrichtung bereit, ist es unerheblich, dass diese Art und Weise der Kommunikation nicht als Standardvertragssprache anzusehen ist, da er mit einer Willenserklärung über die Software rechnen muss und sich durch die Bereitstellung der Empfangseinrichtung und dem Eröffnen dieser Kommunikationsmöglichkeit zumindest konkludent damit einverstanden erklärt.

Diese Ausführungen beziehen sich auf die Fragestellung, wie der Zugang beim Einsatz von einer automatisiert/ autonom erzeugten Erklärung erfolgen kann und wie mit dem möglichen Unverständnis der verwendeten Programmiersprache umzugehen ist. AGB-rechtliche Besonderheiten, wie das Transparenzgebot und die zumutbare Möglichkeit der Kenntnisnahme durch den Kunden, wurden an dieser Stelle noch nicht berücksichtigt.[155]

---

[153] *Arnold*, in: Erman-BGB, § 130 Rn. 10.

[154] *Wertenbruch*, JuS 2020, 481, 486.

[155] Hierzu siehe unter: § 3 A. I. 2.

2. Annahme

Um den Vertrag zu schließen, muss das Angebot auch angenommen werden. Dies gilt auch beim Einsatz eines Smart Contracts auf der rechtlichen Ebene. Die Ausführungen zur Annahme des Angebots beziehen sich dabei auf elektronische Willenserklärungen, also sowohl auf den klassischen Vertragsschluss mittels einer Software als auch den Einsatz von automatisiert/autonom erzeugten Erklärungen. Die Annahme erfolgt durch eine empfangsbedürftige Willenserklärung, die dem Antrag uneingeschränkt zustimmt. Wie bereits oben beim Angebot dargestellt wurde, ist auch hier zwischen Erklärungen unter Anwesenden und unter Abwesenden zu unterscheiden. Auch wenn diese Entscheidung oben offenbleiben konnte, wird hier beim Vertragsschluss durch den Einsatz eines Smart Contracts auf der rechtlichen Ebene, beim Vorliegen einer elektronischen Willenserklärung vertreten, dass es sich dabei um eine verkörperte Willenserklärung handelt, was zur Anwendbarkeit der Empfangstheorie nach § 130 I BGB führt.[156] Da die Empfangstheorie Anwendung findet und es sich beim Vertragsschluss durch den Einsatz eines Smart Contracts auf der rechtlichen Ebene um eine Erklärung unter Abwesenden handelt, findet der § 147 II BGB Anwendung. Das Angebot kann daher nur bis zu dem Zeitpunkt angenommen werden, in dem der Antragende die Antwort unter regelmäßigen Umständen erwarten darf.

Der Zugang der Annahmeerklärung gegenüber dem Antragenden wird meist nach § 151 S. 1 BGB entbehrlich sein. Die Entbehrlichkeit beurteilt sich nach dem Verzicht des Antragenden oder der Verkehrssitte.[157] Bei einem Vertragsschluss durch den Einsatz eines Smart Contracts auf der rechtlichen Ebene, wollen die Parteien unter anderem eine automatische Abwicklung erreichen und erteilen damit regelmäßig, vergleichbar mit einem Warenautomaten, konkludent die Zustimmung zur Entbehrlichkeit des Zuganges der Annahmeerklärung.[158] Darüber hinaus ist auch beim Vertragsschluss im

---

156 Hierzu siehe unter: § 2 A. III. a).

157 *Paschke*, in: jurisPK-Internetrecht, Kap. 4.2 Rn. 82; *Möslein*, in: BeckOGK-BGB, § 151 Rn. 12.

158 *Möslein*, in: Braegelmann/Kaulartz, Rechtshandbuch Smart Contracts, Kap. 8 Rn. 19; *Kuntz*, in: Buck-Heeb/Oppermann, Automatisierte Systeme, Kap. 3.1 Rn. 15; aA.: *Säcker*, in: MüKo-BGB, Einl. BGB Rn. 193: wonach der Erklärende sich auch beim direkten Online-Geschäft bei vollautomatischer Abwicklung für den Fall technischer Probleme den Vertragsschluss vorbehalten will.

Internet der Zugang der Annahmeerklärung meist entbehrlich, sodass dies bei einer noch weiter automatisierten Abwicklung erst recht gelten muss.[159] Es entspricht etwa beim Versandhandel im Internet der Verkehrssitte, dass der Zugang der Annahmeerklärung entbehrlich ist.[160]

Für den Vertragsschluss beim Einsatz eines Smart Contracts auf der rechtlichen Ebene bedeutet dies, dass grundsätzlich der Zugang der Annahmeerklärung nach § 151 S. 1 BGB entbehrlich sein dürfte. Im Gegensatz zum Versandhandel im Internet wird man regelmäßig noch nicht von einer Verkehrssitte, wonach der Zugang der Annahmeerklärung bei der Verwendung eines Smart Contracts auf der rechtlichen Ebene entbehrlich ist, ausgehen können, da zumindest zum aktuellen Zeitpunkt Smart Contracts noch nicht sehr weit verbreitet sind und sich somit tendenziell noch keine Verkehrssitten entwickeln konnten. Beim Einsatz eines Smart Contracts auf der rechtlichen Ebene zum Vertragsschluss werden die Parteien regelmäßig bestrebt sein, diesen weitgehend zu automatisieren und sich nicht im Detail mit diesem auseinanderzusetzen, sodass grundsätzlich von einem konkludenten Verzicht auf den Zugang der Annahmeerklärung ausgegangen werden kann. Sollte sich aus den Umständen des Einzelfalles etwas anderes ergeben, erfolgt der Zugang der Annahmeerklärung wie der Zugang des Angebotes, welcher bereits oben dargestellt wurde.

3. Smart Contracts und Blockchain

Das Konzept eines Smart Contracts entstand vor der Entwicklung der Blockchain-Technologie. Smart Contracts bedürfen nicht notwendigerweise der Ausführung auf einer Blockchain, auch die Ausführung auf einer anderen Plattform, die die Manipulationssicherheit garantiert und der die beide Parteien vertrauen, ist denkbar. Da jedoch zur Ausführung des Smart Contracts eine unabhängige Plattform benötigt wird, welche das Vertrauen der Parteien genießt und den Smart Contract kostengünstig ausführen kann, ist die Blockchain-Technologie geradezu prädestiniert dafür.[161] Wird ein Smart Contract im Rahmen einer Blockchain eingesetzt, fungiert diese für gewöhnlich als Datenbankverwalter, um inhaltliche Änderungen vorprogrammiert zu

---

159 *Paschke*, in: jurisPK-Internetrecht, Kap. 4.2 Rn. 84.
160 LG Gießen NJW-RR 2003, 1206.
161 *Heckelmann*, NJW 2018, 504, 505.

initiieren und diese ohne Einflussmöglichkeiten von außen vorzunehmen.[162] Eine Blockchain bietet den Parteien die Möglichkeit, für den Abschluss und die Durchführung des Smart Contracts eine objektive und unveränderbare Lösung zu nutzen.[163] Auch wenn Smart Contracts nicht notwendigerweise auf der Basis einer Blockchain ausgeführt werden müssen, bietet sich diese Technologie auf Grund der Manipulationssicherheit als Basis dafür an. Aus diesem Grund soll hier der Vertragsschluss durch einen Smart Contract auf der rechtlichen Ebene auf einer Blockchain genauer betrachtet werden.

Soll beim Einsatz eines Smart Contracts auf der rechtlichen Ebene auf einer Blockchain eine Willenserklärung abgegeben werden, erfolgt die Übermittlung dieser Erklärung durch eine Software, sodass es sich hierbei um eine elektronische Willenserklärung handelt. Hierbei kann es sich sowohl um einen klassischen Vertragsschluss als auch um eine automatisiert/ autonom erzeugte Erklärung handeln. Die Verwendung einer Blockchain als Plattform für einen Smart Contract auf der rechtlichen Ebene kann jedoch einige Besonderheiten, insbesondere für die Abgabe und den Zugang von Willenserklärungen mit sich bringen, die nachfolgend dargestellt werden.

Um auf einer Blockchain Transaktionen durchführen zu können, erhält jeder Teilnehmer eine Adresse im Sinne eines digitalen Schlüsselpaares.[164] Dieses besteht aus einem privaten (private key) und einem öffentlichen Schlüssel (public key). Ob es sich dabei um eine öffentliche oder eine private Blockchain handelt, ist für den Einsatz von Smart Contracts zweitrangig, sofern die Manipulationssicherheit der Ausführung der Software gegeben ist.[165]

Auf einer Blockchain werden Erklärungen durch die Signierung der eigenen Erklärung mit dem privaten Schlüssel abgegeben.[166] Der Nutzer unterzeichnet die Erklärung mit seinem privaten Schlüssel.[167] Über den privaten Schlüssel verfügt nur der Nutzer, da er zur Authentifizierung dient, er muss vom Nutzer eingegeben werden, wenn dieser Transaktionen durchführen

---

162 *Paulus/Matzke*, ZfPW 2018, 431, 436.
163 *Schurr*, ZVglRWiss 118 (2019), 257, 263 f.
164 *Weiss*, JuS 2019, 1050, 1052.
165 Zur Abgrenzung zwischen permissionless und permissioned Blockchain siehe: *Hoffer/ Mirtchev*, NZKart 2019, 239, 240 f.
166 *Heckelmann*, NJW 2018, 504, 505; *Lupu*, DSRITB 2019, 209, 213.
167 *Vig*, RDV 2021, 14.

will.[168] Grundsätzlich kann die Urheberschaft bzw. digitale Signatur einer Transaktion durch die Dekodierung der Erklärung mittels öffentlichen Schlüssels von anderen Teilnehmern verifiziert werden.[169] Mittels dieses öffentlichen Schlüssels ist es den anderen Vertragspartnern möglich, die Erklärung zu dekodieren und zuzuordnen.[170] Der öffentliche Schlüssel dient als eindeutige Adresse der Zuordnung, stellt eine Art Kontonummer dar und wird als Empfangsadresse für eingehende Transaktionen verwendet.[171] Das Schlüsselpaar stellt somit sicher, dass die Transaktionen nur zwischen legitimierten Nutzern stattfinden.[172] Die Legitimation findet durch die anderen Teilnehmer und nicht durch eine zentrale Instanz statt.[173] Der öffentliche Schlüssel ist für jeden Netzwerkteilnehmer einsehbar, er funktioniert wie ein Name, mittels dessen der Nutzer in der Blockchain auftritt.[174]

Als Beispiel für eine Blockchain kann die Ethereum-Plattform genannt werden. Diese bietet als dezentrales Rechnernetzwerk die Möglichkeit, jegliche Art von direktem Wertaustausch vorzunehmen.[175] Ethereum verwaltet nicht nur die Kryptowährung Ether, sondern stellt auch eine Plattform bereit, auf der die Nutzer Programmcode hochladen und ausführen können. Von all diesen Transaktionen stellen Smart Contracts ca. 1/3 dar.[176] Auf der Ethereum-Blockchain kann ein Nutzer eine Erklärung insofern abgeben, als dass er über einen Account verfügt, den er mit seinem public/private key-pair

---

[168] *Weiss*, JuS 2019, 1050, 1053; *Schrey/Thalhofer*, NJW 2017, 1431, 1432; *Hoffer/Mirtchev*, NZKart 2019, 239, 240; *Voshmgir*, in: Braegelmann/Kaulartz, Rechtshandbuch Smart Contracts, Kap. 2 Rn. 33.

[169] *Heckelmann*, NJW 2018, 504, 505; *Schrey/Thalhofer*, NJW 2017, 1431, 1432; *Lupu*, DSRITB 2019, 209, 213; *Hoffer/Mirtchev*, NZKart 2019, 239, 240.

[170] *Lupu*, DSRITB 2019, 209, 213; *Voshmgir*, in: Braegelmann/Kaulartz, Rechtshandbuch Smart Contracts, Kap. 2 Rn. 33; *Vig*, RDV 2021, 14.

[171] *Voshmgir*, in: Braegelmann/Kaulartz, Rechtshandbuch Smart Contracts, Kap. 2 Rn. 33.

[172] *Schrey/Thalhofer*, NJW 2017, 1431, 1432.

[173] *Schrey/Thalhofer*, NJW 2017, 1431, 1432.

[174] *Weiss*, JuS 2019, 1050, 1052.

[175] *Voshmgir*, in: Braegelmann/Kaulartz, Rechtshandbuch Smart Contracts, Kap. 2 Rn. 26.

[176] *Kiffer/Levin/Mislove*, Analyzing Ethereum's Contract Topology, 3., abrufbar unter: http://www.ccs.neu.edu/home/amislove/publications/Ethereum-IMC.pdf (zuletzt abgerufen am 27.06.2023).

kontrollieren kann. Über diesen Account können dann auch Nachrichten versandt werden.[177]

Bei der Verwendung einer Blockchain ergibt sich die Besonderheit, dass es an einem privaten Empfangsbereich fehlt, vielmehr ist eine Blockchain gerade dezentral und öffentlich und somit von allen Teilnehmern einsehbar.[178] Es gibt daher keinen individuellen Machtbereich, zu dem nur der Empfänger Zugang hat, sodass es für den Zugang der Erklärung auf den Moment ankommt, in dem der Block mit den maßgeblichen Informationen der Erklärung an die Blockchain angehangen wird.[179] Abgegeben wird ein Angebot auf einer Blockchain dann, wenn der Erklärende seine Erklärung mit dem eigenen, privaten Schlüssel in der Blockchain signiert.[180] Der Zugang der Erklärung erfolgt, wenn der die Erklärung enthaltende Block an die Blockchain angehangen wird.[181] Erforderlich ist dabei, dass die Identität der Person, sowie das Anhängen des Blockes an die Blockchain, objektiv feststellbar sind. Der Empfänger dekodiert hierzu den Block und die darin enthaltene Erklärung des Anbietenden mit Hilfe des öffentlichen Schlüssels.[182]

Unschädlich ist grundsätzlich, dass die Parteien auf der Blockchain meist Pseudonyme verwenden.[183] Die Verwendung des Klarnamens ist nur dann verpflichtend, wenn einer der Vertragspartner die Verwendung von Pseudonymen ausschließt und er damit zu erkennen gibt, dass er ein besonderes Interesse an dem Klarnamen hat.[184] Daraus lässt sich im Umkehrschluss feststellen, dass die Verwendung eines Pseudonyms meist unproblematisch ist. Etwas anderes kann sich im Verbraucherrecht bei B2C-Geschäften aus

---

[177] *Kiffer/Levin/Mislove*, Analyzing Ethereum's Contract Topology, 2.1., abrufbar unter: http://www.ccs.neu.edu/home/amislove/publications/Ethereum-IMC.pdf (zuletzt abgerufen am 27.06.2023).

[178] *Kuntz*, in: Buck-Heeb/Oppermann, Automatisierte Systeme, Kap. 3.1 Rn. 12.

[179] *Kuntz*, in: Buck-Heeb/Oppermann, Automatisierte Systeme, Kap. 3.1 Rn. 12.

[180] *Schurr*, ZVglRWiss 118 (2019), 257, 267.

[181] *Heckelmann*, NJW 2018, 504, 505; *Schurr*, ZVglRWiss 118 (2019), 257, 267; *Schurr*, ZVglRWiss 118 (2019), 257, 267.

[182] *Schurr*, ZVglRWiss 118 (2019), 257, 267.

[183] *Sillaber/Waltl*, DuD 2017, 497, 498.

[184] *Möslein*, in: Braegelmann/Kaulartz, Rechtshandbuch Smart Contracts, Kap. 8 Rn. 8.; vgl. hierzu: BGH NJW 2013, 598 Rn. 20: Durch den Ausschluss der nachträglichen Bestimmbarkeit des Namens wurde dieser als wesentlicher Vertragsbestandteil bestimmt.

§ 312d I BGB ergeben, wonach Unternehmer ihre Identität angeben müssen. Nach § 312d BGB, Art. 246 I 1 Nr. 2 EGBGB ist der Unternehmer unter anderem verpflichtet, gegenüber einem Verbraucher seine Identität offen zu legen. Bei Fernabsatz-B2C-Geschäften muss der Unternehmer daher einem Verbraucher beispielsweise seinen Handelsnamen, Anschrift der Niederlassung etc. mitteilen, wobei dies beim Einsatz eines Smart Contracts auf der rechtlichen Ebene nicht unmittelbar im Programmcode erfolgen muss, sondern auch außerhalb, beispielsweise über die Webseite oder die andere Art und Weise, wie Verbraucher und Unternehmer in Kontakt getreten sind, erfolgen kann.[185]

Die dezentrale Organisation einer Blockchain könnte dem Zugang im Machtbereich des Empfängers gerade entgegenstehen, da die Erklärung dezentral und nicht auf dem Computer oder Smartphone des Empfängers gespeichert wird. Wie schon oben dargestellt, muss die Erklärung nicht auf dem Computer des Empfängers gespeichert werden, um diesem zuzugehen. Ausreichend ist, dass sie die vom Empfänger dafür vorgesehene Empfangsvorrichtung erreicht und mit der Kenntnisnahme zu rechnen ist. Dies geschieht mit dem Anhängen des Blockes an die Blockchain, da die Erklärung ab diesem Moment für den Empfänger wahrnehmbar ist.[186]

Die Verifizierungsmechanismen zum Anhängen eines Blockes an die Blockchain können bei unterschiedlichen Blockchain-Netzwerken voneinander abweichen.[187] Am Beispiel der Bitcoin-Blockchain lässt sich diese Validitätsprüfung[188] vereinfacht wie folgt darstellen: Eine Person möchte eine Eintragung in die Datenbank erreichen. Hierzu sendet sie eine Nachricht mit den Transaktionsdetails an die in der Blockchain vernetzten Rechner

---

185 *Schawe*, MMR 2019, 218, 220.

186 *Möslein*, ZHR 183 (2019), 254, 275 f.; *Heckelmann*, NJW 2018, 504, 505 f.; *Kuntz*, in: Buck-Heeb/Oppermann, Automatisierte Systeme, Kap. 3.1 Rn. 12.

187 Vgl. weiterführend zu den verschiedenen Blockvalidierungs-Verfahren: Fraunhofer-Institut für angewandte Informationstechnik FIT, Blockchain: Grundlagen, Anwendungen und Potentiale, White Paper v. 2016, S. 14 ff. (abrufbar unter: https://www.fim-rc.de/Paperbibliothek/Veroeffentlicht/642/wi-642.pdf; zuletzt abgerufen am 27.06.2023).

188 Ausführlichere Darstellung dieser Validitätsprüfung am Beispiel der Bitcoin-Blockchain siehe: *Schwintowski/Klausmann/Kadgien*, NJOZ 2018, 1401, 1402 f.; zur allgemeineren Darstellung des Anfügens eines neuen Blocks, siehe: *Weiss*, JuS 2019, 1050, 1051.

(sog. Netzknoten).[189] Diese Rechner prüfen die Validität der Transaktion (Transaktionsverfikation), was dadurch ermöglicht wird, dass alle auf der Blockchain gespeicherten Daten für alle Teilnehmer einsehbar sind.[190] Im Anschluss werden eine Vielzahl verifizierter Daten zu einem neuen Block zusammengefügt und beim Beispiel Bitcoin mittels Miningprozesses (proof of work) hinzugefügt (Blockvalidierung).[191]

Der Validierungsprozess kann in verschiedenen Blockchains unterschiedlich ausgestaltet sein. Die verschiedenen Validierungsverfahren dienen dem gemeinsamen Ziel, den Konsens bzgl. der Korrektheit, in Bezug auf die auf allen Rechnern gespeicherten Daten zu erreichen.[192] Die jeweilige Ausgestaltung des technischen Verfahrens ist hierbei unerheblich. Das Anhängen eines Blockes wird beim Beispiel Bitcoin nicht wie in bisherigen Systemen, von einer zentralen Stelle validiert, sondern von den mit der Blockchain verbundenen Rechnern.[193] Beispielhaft für eine zentrale Stelle kann das Grundbuchamt und dessen Eintragungen im Grundbuch genannt werden.[194] Wird eine Blockchain aufgegabelt und in verschiedene Zweige aufgespalten (Fork), besteht die Gefahr, dass der Block und die darin enthaltene Erklärung, nur auf einem Teil der Server gespeichert wird.[195] Ein Fork kann eintreten, weil die Berechnung der neuen Blöcke auf viele parallel arbeitende Stellen, die sog. Miner, verteilt wird und es durch diese Verteilung vorkommen kann, dass die Erklärung nur auf einem Teil der Server abgespeichert wird.[196] Für den Zugang der Erklärung kann sich daraus das Problem ergeben, dass die Erklärung erst zugeht, wenn der Block für den Empfänger wahrnehmbar an die Blockchain angehängt wurde. Ein Fork fällt nach einer gewissen Zeit auf und entfällt, womit auch die darin enthaltenen Erklärungen verloren gehen.[197]

---

189 *Schwintowski/Klausmann/Kadgien*, NJOZ 2018, 1401, 1402.
190 *Schwintowski/Klausmann/Kadgien*, NJOZ 2018, 1401, 1402.
191 *Schwintowski/Klausmann/Kadgien*, NJOZ 2018, 1401, 1402.
192 *Schwintowski/Klausmann/Kadgien*, NJOZ 2018, 1401, 1403.
193 *Schwintowski/Klausmann/Kadgien*, NJOZ 2018, 1401, 1402.
194 *Weiss*, JuS 2019, 1050, 1052; *Paulus/Matzke*, ZfPW 2018, 431, 437.
195 *Schurr*, ZVglRWiss 118 (2019), 257, 267; *Lupu*, DSRITB 2019, 209, 214; *Heckelmann*, NJW 2018, 504, 505.
196 *Heckelmann*, NJW 2018, 504, 505.
197 *Heckelmann*, NJW 2018, 504, 505.

Aus dieser technischen Besonderheit der Blockchain-Technologie ergibt sich die Frage nach dem genauen Zeitpunkt des Zugangs der Erklärung. Um diese Problematik aufzulösen, schlägt eine Ansicht vor, dass die Willenserklärung schwebend unwirksam sein soll, bis die Aufgabelung und deren technische Beseitigung einwandfrei festgestellt wird; begründet wird dies damit, dass die Aufgabelung einer Blockchain, sofern man die Aufgabelung mit dem konventionellen Vertragsschluss vergleicht, mit einer nicht eindeutigen Zuordnung einer geäußerten Willenserklärung vergleichbar ist.[198] Dem lässt sich jedoch entgegenhalten, dass es sich bei der Feststellung des endgültigen Bestandes des Blocks lediglich um Erfahrungswerte handelt (beispielsweise ist beim Ethereum-Netzwerke vom endgültigen Bestand eines Blocks nach der Bildung von sechs Nachfolgeblöcken auszugehen)[199] und sich somit nicht allgemeingültig ein solcher Zeitpunkt festlegen lässt und dieses Kriterium daher auch nicht als Anknüpfungspunkt für den Zeitpunkt des Zugangs der Erklärung taugt.[200] Insbesondere gilt es zu beachten, dass es nicht „die" Blockchain gibt, sondern eine Vielzahl verschiedener Blockchains existieren, sodass sich auch die Erfahrungswerte in Bezug auf den Zeitraum und das endgültige Anhängen eines Blocks an eine Blockchain unterscheiden dürften.[201] Diese Vielzahl an Blockchains und die daraus resultierenden unterschiedlichen Zeiträume bis zum Anhängen des Blocks, sowie dem Problem, dass es sich bei den Zeiträumen ohnehin nur um Erfahrungswerte und keine genauen Rechengrößen handelt, resultieren in einer Rechtsunsicherheit, die nicht notwendigerweise hinzunehmen ist.

Eine andere Ansicht will diese Problematik lösen, indem auf der Sachverhaltsebene ermittelt wird, auf welchen spezifischen Zweig der Empfänger Zugriff hatte.[202] Hiernach ist dann keine Konstruktion einer schwebend unwirksamen Erklärung notwendig.[203] Das Lösen der Fork-Problematik auf der technischen Ebene vermeidet damit auch nicht nötige, komplizierte rechtliche Konstrukte.[204] Nach dieser vorzugswürdigen Ansicht geht eine

---

[198] *Schurr*, ZVglRWiss 118 (2019), 257, 267.

[199] https://etherscan.io/chart/blocktime (zuletzt abgerufen am 27.06.2023) mit statistisch gesehen 12 Sekunden zur Bildung eines neuen Ethereum-Blocks; *Heckelmann*, NJW 2018, 504, 505 f.

[200] *Heckelmann*, NJW 2018, 504, 506.

[201] *Heckelmann*, NJW 2018, 504, 506.

[202] *Möslein*, ZHR 183 (2019), 254, 276.

[203] *Möslein*, ZHR 183 (2019), 254, 276.

[204] *Möslein*, ZHR 183 (2019), 254, 276.

Willenserklärung auf einer Blockchain daher zu, wenn der Block an der Blockchain an den Zweig angehangen wurde, auf den der Empfänger Zugriff hatte.[205]

Zusammenfassend ergibt sich daraus für den Einsatz eines Smart Contracts auf der rechtlichen Ebene, der auf einer Blockchain ausgeführt werden soll, in Bezug auf den Zugang die Besonderheit, dass es an einem privaten Empfangsbereich fehlt, sodass der Zugang mit dem Anhängen des Blocks an die Blockchain erfolgt, da die Erklärung ab diesem Moment für den Empfänger wahrnehmbar ist. Wird die Blockchain aufgegabelt und in verschiedene Zweige aufgespaltet (Fork), besteht die Gefahr, dass der Block und damit auch die darin enthaltene Erklärung, nur auf einem Teil der Server gespeichert wurde. Dies fällt nach einiger Zeit auf und der Block entfällt, sodass die darin enthaltene Erklärung verloren geht. Für die daraus resultierende Problematik der Ermittlung des Zeitpunktes des Zugangs der Erklärung, ist auf der Sachverhaltsebene zu ermitteln, auf welchen Zweig der Empfänger Zugriff hatte.

B. Absicht der Mehrfachverwendung

AGB werden gem. § 305 I BGB für eine Vielzahl von Verträgen vorformuliert. Auch bei dem Einsatz eines Smart Contracts auf der rechtlichen Ebene besteht keine Ausnahme von diesem Erfordernis. Das Kriterium der „Vielzahl“ dient der Abgrenzung zwischen Individualvertrag und Massengeschäft.[206] Im Interesse der Rechtssicherheit stellt der Gesetzgeber auf einen formellen AGB-Begriff ab, sodass es nicht mehr wie früher auf die wirtschaftliche Übermacht oder ähnliche Kriterien auf der Seite des Verwenders ankommt.[207] Beim Verwender der AGB muss die Absicht der Mehrfachverwendung bestehen.[208] Die Absicht zur Mehrfachverwendung ist von der Beurteilung, wer die AGB stellt, getrennt zu betrachten. Ab welcher Anzahl an Verwendungen von einer Mehrfachverwendungsabsicht ausgegangen werden kann, lässt sich nicht pauschal beurteilen, da hierbei auch immer die Umstände des Einzelfalles mit in Betracht zu ziehen sind. Eine solche Absicht ist jedenfalls dann

---

205 *Möslein*, ZHR 183 (2019), 254, 276.

206 *Fornasier*, in: MüKo-BGB, § 305 Rn. 18; *Becker*, in: BeckOK-BGB, § 305 Rn. 24.

207 *Mäsch*, in: Staudinger-BGB, § 305 Rn. 30.

208 *Stadler*, in: Jauernig-BGB, § 305 Rn. 4.

anzunehmen, wenn die Vertragsbedingungen in einer unbestimmten Zahl von Fällen mit wesentlich gleichem Inhalt angewandt werden sollen.[209] Als Faustformel kann ab der beabsichtigten dreimaligen Verwendung hiervon ausgegangen werden.[210] Besteht die Mehrfachverwendungsabsicht, so sind die §§ 305 ff. BGB bereits bei der ersten Verwendung anwendbar.[211] Dabei ist es unerheblich, ob tatsächlich eine Mehrfachverwendung erfolgt.[212] Wird ein Vertrag zwischen einem Unternehmer und einem Verbraucher geschlossen, finden gem. § 310 III Nr. 2 BGB, die § 305c II, §§ 306, 307–309 BGB auch dann Anwendung, wenn der Vertrag nur zur einmaligen Anwendung bestimmt ist. Auch bei einmaliger Verwendung findet folglich die gesamte Inhaltskontrolle statt, darüber hinaus ist auch die Unklarheitsregel anwendbar.

Bei einem Vertragsschluss durch den Einsatz eines Smart Contracts auf der rechtlichen Ebene, beurteilt sich die Mehrfachverwendungsabsicht nach der Absicht der Vertragspartei, die die Bestimmungen in den Vertrag einbringen möchte. Für den Vertragsschluss auf der rechtlichen Ebene eines Smart Contracts, besteht daher mit der Absicht, die Bestimmungen zumindest dreifach zu verwenden, ab der ersten Verwendung die Mehrfachverwendungsabsicht. Unerheblich ist dabei, ob es sich um einen klassischen Vertragsschluss handelt, oder ob der Vertragsschluss durch den Einsatz eines Smart Contracts auf der rechtlichen Ebene mittels automatisierter/ autonomer Erklärungen zustande kommt. Darüber hinaus gilt es zu beachten, dass bei einem Vertragsschluss eines Unternehmers gegenüber eines Verbrauchers, wie oben dargestellt, schon eine einmalige Verwendung der Vertragsklauseln für die Anwendbarkeit eines Teils des AGB-Rechts ausreichen kann.

C. Vorgefertigte Vertragsklauseln

Nach § 305 I BGB müssen die Geschäftsbedingungen auch vorformuliert sein. Vorformuliert sind Geschäftsbedingungen, wenn sie zeitlich vor dem Vertragsschluss fertig formuliert wurden, um künftig in Verträge miteinbezogen

---

209 BGH NJW 1979, 2387, 2388; *Lehmann-Richter*, in: BeckOGK-BGB, § 305 Rn. 124; *Fornasier*, in: MüKo-BGB, § 305 Rn. 18.

210 BGH NJW 2002, 138, 139; *Becker*, in: BeckOK-BGB, § 305 Rn. 24; *Fornasier*, in: MüKo-BGB, § 305 Rn. 18.

211 *Grüneberg*, in: Grüneberg, § 305 Rn. 9.

212 *Berger*, in: Prütting/Wege/Weinreich-BGB, § 305 Rn. 5.

zu werden, wobei deren Form gleichgültig ist.[213] Entscheidend ist dabei, dass eine Vertragspartei die Klauseln vorausschauend außerhalb des konkreten Vertragsschlusses entworfen hat und diese nicht ad hoc während der Vertragsverhandlung entworfen werden.[214] In Bezug auf den Einsatz eines Smart Contracts auf der rechtlichen Ebene könnte dabei unter anderem problematisch sein, wenn die Vertragsklauseln in einer Programmiersprache verfasst sind, dass diese aus einer Programmbibliothek entnommen und nicht durch den Verwender selbst formuliert wurden.

Die Frage des Verwenders ist dabei von der der Vorformulierung zu unterscheiden. Bei der Vorformulierung ist lediglich auf das ad hoc erstellen vor dem konkreten Vertragsschluss abzustellen, wer dies getan hat ist hierfür irrelevant. So sind beispielsweise auch Empfehlungen einer Organisation, wie die VOB/B, als vorformuliert anzusehen.[215] Werden Vertragsbestandteile verwendet, die als vorgefertigte Vertragsbestandteile eingebunden werden, so gelten auch diese als vorformuliert, insofern sind Programmbibliotheken mit vorformulierten Klauseln vergleichbar.[216] Unerheblich ist, ob eine Vertragspartei oder ein Dritter die Klauseln vorformuliert hat, sodass der Programmcode auch aus einer Programmbibliothek entnommen oder von einem Dritten programmiert und dafür vorgesehen werden kann.[217]

Für den Einsatz eines Smart Contracts auf der rechtlichen Ebene bedeutet dies, dass, wenn es sich um einen klassischen Vertragsschluss handelt, keinerlei Besonderheiten bestehen und dass es in Bezug auf die Vorformulierung der Klauseln darauf ankommt, dass der Verwender die Klauseln vorausschauend außerhalb des konkreten Vertragsschlusses entworfen hat. Auch für den Einsatz eines Smart Contracts auf der rechtlichen Ebene, bei dem der Vertragsschluss mittels automatisiert/ autonom erzeugter Erklärungen erfolgen soll, ergeben sich keine Besonderheiten bezüglich des Merkmals der Vorformulierung, da es auf die Form nicht ankommt und auch Klauseln, die in einer

213 *Roloff/Looschelders*, in: Erman-BGB, § 305 Rn. 9; *Fornasier*, in: MüKo-BGB, § 305 Rn. 13; *Becker*, in: BeckOK-BGB, § 305 Rn. 17; *Lehmann-Richter*, in: BeckOGK-BGB, § 305 Rn. 110; *Mäsch*, in: Staudinger-BGB, § 305 Rn. 25.

214 *Mäsch*, in: Staudinger-BGB, § 305 Rn. 25; *Lehmann-Richter*, in: BeckOGK-BGB, § 305 Rn. 109.

215 *Fritzsche*, in: Soergel-BGB, § 305 Rn. 16.

216 *Kaulartz/Heckmann*, CR 2016, 618, 622; *Fritzsche*, in: Soergel-BGB, § 305 Rn. 16.

217 *Riehm*, in: Braegelmann/Kaulartz, Rechtshandbuch Smart Contracts, Kap. 9 Rn. 16.

Programmiersprache verfasst sind, hiervon erfasst werden. Dies bedeutet, dass es sich auch dann um vorformulierte Klauseln handeln kann, wenn diese aus einer Programmbibliothek entnommen wurden oder diese durch einen Dritten programmiert wurden. Auch hierbei kommt es also darauf an, dass die Klauseln vorausschauend außerhalb des konkreten Vertragsschlusses entworfen wurden. Für Verbraucherverträge gilt es zu beachten, dass gem. § 310 III Nr. 2 BGB die Vorformulierung für das Vorliegen von AGB genügt.[218]

D. Verwenderbegriff

Um AGB iSd. § 305 I BGB darzustellen, müssen die Klauseln auch von einer Vertragspartei gestellt werden. Der Verwender muss nach § 305 I BGB die Klausel beim Abschluss des Vertrags stellen. Das Stellen der Klauseln ist hierbei als der Gegenbegriff zum Aushandeln zu verstehen und dient insofern zur Abgrenzung zwischen AGB und Individualvertrag.[219] Beim Einsatz eines Smart Contracts auf der rechtlichen Ebene, kann sich in Bezug auf das Stellen der Klauseln insbesondere die Problematik ergeben, wann diese als gestellt und wann als ausgehandelt zu betrachten sind. Verwender ist, wer bei Abschluss des Vertrags der anderen Partei die Klausel stellt, also diese zur Einbeziehung vorschlägt.[220] Bei der Verwendereigenschaft kommt es nicht auf eine wirtschaftliche Überlegenheit an, sondern es ist lediglich auf das Verwendungsverlangen abzustellen, also darauf, dass eine Partei versucht, einseitig den Vertrag zu gestalten.[221] Ob und welche Partei das Verwendungsverlangen gegenüber der anderen bekundet, beurteilt sich nach dem objektivem Empfängerhorizont der Vertragspartner für den jeweiligen Einzelfall.[222] Werden die Vertragsbedingungen einseitig in den Vertrag eingebracht, ist

---

218 *Mäsch*, in: Staudinger-BGB, § 305 Rn. 25.

219 *Fritzsche*, in: Soergel-BGB, § 305 Rn. 19.

220 *Lehmann-Richter*, in: BeckOGK-BGB, § 305 Rn. 129; *Schuster*, in: Spindler/Schuster, Recht der elektronischen Medien, § 305 BGB Rn. 16; *Stadler*, in: Jauernig-BGB, § 305 Rn. 6; *Roloff/Looschelders*, in: Erman-BGB, § 305 Rn. 12; *Mäsch*, in: Staudinger-BGB, § 305 Rn. 35.

221 *Lehmann-Richter*, in: BeckOGK-BGB, § 305 Rn. 131; *Fornasier*, in: MüKo-BGB, § 305 Rn. 21.

222 *Lehmann-Richter*, in: BeckOGK-BGB, § 305 Rn. 132.

diese Partei als Verwender anzusehen.[223] Nach diesen Grundsätzen ist auch mit Klauseln umzugehen, die von Dritten entworfen wurden. Entscheidend ist, dass der Verwender nach dem objektiven Empfängerhorizont das Verwendungsverlangen zu erkennen gegeben hat, wobei unerheblich ist, wer die Klauseln ursprünglich entworfen hat.[224] Für den Einsatz eines Smart Contracts auf der rechtlichen Ebene kommt es also darauf an, wer die Einbeziehung der vorformulierten Klauseln dem anderen vorschlägt, was nach dem objektiven Empfängerhorizont zu beurteilen ist.

Der Verwender muss die Klausel auch gegenüber der anderen Partei stellen. Dies bedeutet, die Klausel nicht zwischen den Parteien ausgehandelt wurde. Eine Klausel gilt dann als ausgehandelt, wenn der Verwender diese ernsthaft zur Disposition stellt.[225] Dabei muss der Verwender zur Änderung der Klausel bereit sein und dem anderen Teil die Möglichkeit zur inhaltlichen Einflussnahme geben.[226] Einigen sich beide Parteien übereinstimmend auf den Vertragstext, liegt kein einseitiges Stellen vor, was sowohl für Texte in natürlicher Sprache als auch für einen Vertragstext gilt, der in einer Programmiersprache verfasst ist.[227]

Überträgt man dies auf den Einsatz eines Smart Contracts auf der rechtlichen Ebene, kommt es auch hierbei auf den Willen des Verwenders an, die verwendeten Klauseln ernsthaft zur Disposition zu stellen. Sofern der Verwender bereit ist, die Klausel ernsthaft zur Disposition zu stellen, kann von einem Aushandeln gesprochen werden, sodass keine AGB vorliegen würden.[228] Generell ist beim Vertragsschluss mittels einer Software hierfür erforderlich, dass der Nutzer der Software vorher vorgibt, welche Klauseln er zur Disposition stellen würde.[229] Überträgt man dies auf den Einsatz eines Smart Contracts auf der rechtlichen Ebene, muss der Verwender beim klassischen Vertragsschluss vorher vorgeben, welche Klauseln er zur Disposition stellen

---

223 *Fritzsche*, in Soergel-BGB, § 305 Rn. 20; *Lapp/Salomon*, in: jurisPK-BGB, § 305 Rn. 32.

224 *Lehmann-Richter*, in: BeckOGK-BGB, § 305 Rn. 145; *Roloff/Looschelders*, in: Erman-BGB, § 305 Rn. 12; *Mäsch*, in: Staudinger-BGB, § 305 Rn. 37; *Lapp/Salomon*, in: jurisPK-BGB, § 305 Rn. 32.

225 *Becker*, in: BeckOK-BGB, § 305 Rn. 26; *Fornasier*, in: MüKo-BGB, § 305 Rn. 21.

226 BGH NJW 2014, 1725 Rn. 27; NJW 2013, 856 Rn. 10.

227 *Riehm*, in: Braegelmann/Kaulartz, Rechtshandbuch Smart Contracts, Kap. 9 Rn. 17.

228 *Groß*, InTer 2018, 4, 8.

229 *Groß*, InTer 2018, 4, 8.

würde. Dies gilt auch, wenn beim Einsatz eines Smart Contracts auf der rechtlichen Ebene der Vertragsschluss mittels automatisiert/ autonom erzeugter Erklärungen geschlossen werden soll. Auch hierbei muss der Verwender dann, durch die entsprechenden Voreinstellungen vorgeben, welche Klauseln er zur Disposition stellen würde. Da jedoch der Verwender den Smart Contract auf der rechtlichen Ebene regelmäßig deshalb einsetzen wird, weil er sich gerade nicht mit einzelnen Vertragsklauseln beschäftigten will, ist grundsätzlich davon auszugehen, sofern im Einzelfall keine Anhaltspunkte dafür vorliegen, dass der Verwender die Klauseln nicht zur Disposition stellt und diese als vom Verwender gestellt anzusehen sind. Für Verbraucherverträge gilt es den § 310 III Nr. 1 BGB zu beachten, wonach widerleglich vermutet wird, dass die Klauseln vom Unternehmer gestellt sind.

E. Zwischenergebnis

Beim Einsatz eines Smart Contracts auf der rechtlichen Ebene, können die Merkmale des § 305 I BGB erfüllt sein. Bei einem Smart Contract handelt es sich, trotz der Bezeichnung, nicht immer um einen Vertrag im Rechtssinn, vielmehr müssen die allgemeinen Voraussetzungen eines Vertragsschlusses vorliegen. Sind diese gegeben, kann durch den Einsatz eines Smart Contracts auf der rechtlichen Ebene, ein Vertrag geschlossen werden. In Bezug auf den Vertragsschluss durch den Einsatz eines Smart Contracts ist zwischen dem klassischen Vertragsschluss und dem Vertragsschluss durch den Einsatz von automatisiert/ autonom erzeugten Erklärungen durch eine Software zu unterscheiden. Als klassischer Vertragsschluss wird vorliegend der Vertragsschluss bezeichnet, bei dem die Parteien die Willenserklärungen selbst erzeugen und falls eine Software auf der rechtlichen Ebene zum Einsatz kommen soll, diese lediglich zur Übermittlung der Willenserklärung einsetzen. Dabei vereinbaren die Parteien, den Einsatz eines Smart Contracts auf der tatsächlichen Ebene, der dazu dienen soll, das vertraglich Vereinbarte automatisch zu vollziehen. Der Vertragsschluss erfolgt nach den allgemeinen Regeln des BGB, sodass das Merkmal Vertrag des § 305 I BGB vorliegt, wenn zwei übereinstimmende Willenserklärungen vorliegen.

Darüber hinaus ist auch ein Vertragsschluss durch den Einsatz von automatisiert/ autonom erzeugten Erklärungen durch eine Software möglich. Charakteristisch hierfür ist, dass dabei die Willenserklärung nicht unmittelbar durch den Erklärenden erzeugt wird, sondern dieser sich einer Software bedient, die diese automatisiert oder autonom erzeugt und anschließend übermittelt. Beim Einsatz von automatisiert/ autonom erzeugten Erklärungen wird regelmäßig keine natürliche Sprache zum Einsatz kommen, die Software kommuniziert in einer höheren Programmiersprache. Der Programmcode, der in einer höheren Programmiersprache vorliegt, ist dabei in der Lage, sowohl den subjektiven als auch den objektiven Teil einer Willenserklärung abzubilden. In Bezug auf den subjektiven Tatbestand der Willenserklärung gilt es zu beachten, dass bei diesem der Erklärende weder bei der Erstellung der Willenserklärung noch im Zeitpunkt der Absendung konkret beteiligt ist. Da er jedoch im Vorfeld die Software in Gang gesetzt hat, verlautbart diese später lediglich seinen Willen, sodass der Inhalt zumindest bestimmbar ist und lediglich Erklärung und Erklärungshandlung auseinanderfallen. Der Handlungswille, das allgemeine Erklärungsbewusstsein und der generelle Geschäftswille ergeben sich daher sowohl bei der automatisierten als auch bei der autonomen Erklärung aus der willentlichen Aktivierung der Software und ggf. aus dem Setzen der Rahmenbedingungen. Eine automatisiert/ autonom erzeugte Erklärung kann auch den objektiven Tatbestand einer Willenserklärung abbilden. Aus der Erklärung muss der Wille des Erklärenden deutlich werden, eine konkrete Rechtsfolge herbeizuführen. Ist die Erklärung dabei nur in einer Programmiersprache verfasst, wird sie für den Erklärungsempfänger nicht immer verständlich sein. In der deutschen Rechtsordnung besteht grundsätzlich kein Sprachzwang, sodass für Rechtsgeschäfte jede Sprache verwendet werden kann. Imperative Sprachen wie Programmiersprachen sind genauso wie natürliche, deskriptive Sprachen geeignet, Regeln, Bedingungen, etc. darzustellen und eignen sich daher, den Erklärungsgehalt einer Willenserklärung abzubilden. Zwar wird nicht jeder den Programmcode, der in einer höheren Programmiersprache geschrieben ist, unmittelbar verstehen können, jedoch sind auch nicht alle lebenden und toten Sprachen für jedermann verständlich. Die Sprachkenntnisse stellen individuelle, in der Person liegende unbeachtliche Umstände dar. Bei der Erklärung der automatisierten/ autonomen Software handelt es sich um eine verkörperte Erklärung, sodass für den Zugang die eingeschränkte Vernehmungstheorie Anwendung findet und es auf die tatsächliche Kenntnisnahme nicht ankommt, sondern darauf, dass die Erklärung in den Machtbereich des Empfängers gelangt und unter gewöhnlichen Umständen mit der Kenntnisnahme zu rechnen ist.

Eröffnet der Empfänger dem Absender die Möglichkeit, ihm mittels einer dafür gewidmeten Empfangsvorrichtung Willenserklärungen, die in einer Programmiersprache verfasst sind, zukommen zu lassen, so hat er auch das individuelle Risiko zu tragen, dass er diese Erklärungen nicht verstehen kann.

Soll ein Smart Contract auf der rechtlichen Ebene auf einer Blockchain als Plattform ausgeführt werden, ergibt sich in Bezug auf den Zugang einer elektronischen Willenserklärung die Besonderheit, dass es an einem privaten Empfangsbereich fehlt, sodass der Zugang mit dem Anhängen des Blocks an die Blockchain erfolgt, da die Erklärung ab diesem Moment für den Empfänger wahrnehmbar ist. Kommt es zu einer Aufgabelung der Blockchain in verschiedene Zweige (Fork), besteht hierbei die Gefahr, dass der Block und die darin enthaltene Erklärung, nur auf einem Teil der Server gespeichert wird. Dieser Block entfällt nach einiger Zeit, womit auch die darin enthaltene Erklärung verloren geht. Für die Ermittlung des Zeitpunktes des Zugangs der Erklärung, ist auf der Sachverhaltsebene zu ermitteln, auf welchen Zweig der Empfänger Zugriff hatte.

Die Mehrfachverwendungsabsicht beurteilt sich nach der Absicht der Vertragspartei, die die Bestimmungen in den Vertrag einbringen möchte. Für den Vertragsschluss auf der rechtlichen Ebene des Smart Contracts besteht mit der Absicht des Verwenders, die Bestimmungen zumindest dreifach zu verwenden, ab der ersten Verwendung die Mehrfachverwendungsabsicht. Bei Verbraucherverträgen reicht schon eine einmalige Verwendung der Vertragsklauseln für die Anwendbarkeit eines Teils des AGB-Rechts aus.

In Bezug auf das Erfordernis, dass die Vertragsbedingungen vorformuliert wurden, kommt es beim Einsatz eines Smart Contracts auf der rechtlichen Ebene darauf an, dass der Verwender die Klauseln vorausschauend außerhalb des konkreten Vertragsschlusses entworfen hat. In Bezug auf den Einsatz von automatisiert/ autonom erzeugter Erklärungen handelt es sich auch dann um vorformulierte Klauseln, wenn diese aus einer Programmbibliothek entnommen, oder durch einen Dritten programmiert wurde. Für Verbraucherverträge gilt es zu beachten, dass gem. § 310 III Nr. 2 BGB die Vorformulierung für das Vorliegen von AGB genügt.

Der Verwender muss die Klausel auch gestellt haben. Ein Stellen liegt nicht vor, wenn er diese ernsthaft zur Disposition gestellt hat. Dies liegt beim Einsatz eines Smart Contracts auf der rechtlichen Ebene dann vor, wenn der Verwender der Software vorher vorgibt, welche Klauseln er zur

Disposition stellen würde. Da jedoch beim Einsatz eines Smart Contracts auf der rechtlichen Ebene häufig die Bestrebung bestehen wird, eine weitreichende Automatisierung zu erreichen, ist grundsätzlich davon auszugehen, dass der Verwender die Klauseln nicht zur Disposition stellt und diese als vom Verwender gestellt anzusehen ist. Bei Verbraucherverträgen gilt es den § 310 III Nr. 1 BGB zu beachten, wonach widerleglich vermutet wird, dass die Klauseln vom Unternehmer gestellt sind.

§ 3 Einbeziehungskontrolle

Um Vertragsbestandteil zu werden, müssen die AGB in den Vertrag mit einbezogen werden. Einbezogen werden die AGB als Bestandteil der allgemeinen Vertragserklärung, durch Angebot und Annahme.[1] Dies gilt auch für den Einsatz eines Smart Contracts auf der rechtlichen Ebene. Dabei bedeutet Einbeziehung, dass der Vertragspartner mit der Geltung der vom Verwender eingebrachten AGB einverstanden ist, wobei eine Verständigung über den Inhalt der AGB gerade nicht erforderlich ist.[2] Der Inhalt der AGB wird vom Verwender vorgegeben, anderenfalls läge ein individuelles Aushandeln und somit keine AGB vor. Der Vertragspartner kann durch sein Einverständnis daher nur entscheiden, ob die AGB überhaupt Anwendung finden.[3] Im Folgenden soll eine genauere Betrachtung der Einbeziehung von AGB bei der Verwendung eines Smart Contracts auf der rechtlichen Ebene erfolgen. Die Ausführungen beziehen sich sowohl auf den klassischen Vertragsschluss als auch auf den Einsatz von automatisiert/ autonom erzeugten Erklärungen. Grundsätzlich sind auch beim Einsatz von Smart Contracts auf der rechtlichen Ebene die allgemeinen Einbeziehungsvoraussetzungen zu erfüllen. Besonderheiten können sich jedoch insbesondere dann ergeben, wenn beim

---

1 *Pfeiffer*, in: Wolf/Lindacher/Pfeiffer, AGB-Recht, § 305 Rn. 67; *Fritzsche*, in: Soergel-BGB, § 305 Rn. 43; *Becker*, in: BeckOK-BGB, § 305 Rn. 42; *Lehmann-Richter*, in: BeckOGK-BGB, § 305 Rn. 244.

2 *Becker*, in: BeckOK-BGB, § 305 Rn. 43; *Lehmann-Richter*, in: BeckOGK-BGB, § 305 Rn. 245; *Fornasier*, in: MüKo-BGB, § 305 Rn. 97.

3 *Becker*, in: BeckOK-BGB, § 305 Rn. 43.

Vertragsschluss auf die Verwendung natürlicher Sprache verzichtet wird und die Kommunikation lediglich in einer Programmiersprache erfolgt, weil für den Vertragsschluss eine automatisierte/ autonome Software zum Einsatz kommt. Problematisch stellt sich dies deshalb dar, weil die meisten Vertragspartner nicht in der Lage sein werden, eine Programmiersprache verstehen zu können, der § 305 II BGB aber für den B2C-Bereich unter anderem die zumutbare Möglichkeit der Kenntnisnahme erfordert.

A. Einbeziehung

Der § 305 II BGB normiert zusätzliche Voraussetzungen für die Einbeziehung von AGB im Vergleich zur allgemeinen Rechtsgeschäftslehre.[4] Sinn und Zweck der erhöhten Einbeziehungsanforderungen ist zum einen, der anderen Vertragspartei die Kenntnisnahme von ihren Rechten und Pflichten zu ermöglichen, zum anderen sind die § 305 II, III BGB auch darauf bedacht, die Rationalsierungsfunktion von AGB zu erhalten und den Geschäftsverkehr nicht unnötig mit Formalia zu belasten und damit die Privatautonomie mehr als erforderlich einzuengen.[5] Daher soll durch die Einbeziehungsvoraussetzungen ein Ausgleich zwischen der zweckmäßigen Geschäftsabwicklung und dem Interesse der anderen Partei an Informationen gefunden werden.[6]

Der § 305 II BGB legt die Voraussetzungen fest, unter denen AGB bei B2C-Geschäften Vertragsbestandteil werden. Ausgehend hiervon findet dann eine Modifikation des Schutzniveaus bei der Verwendung gegenüber Verbrauchern bzw. der Verwendung gegenüber Unternehmern statt.[7] Die §§ 305 II, III BGB gelten nicht für die Verwendung gegenüber Unternehmern, dies lässt der § 310 I 1 BGB ausdrücklich erkennen. Der § 310 III BGB modifiziert die Regelungen der AGB-Kontrolle für die Verwendung gegenüber Verbrauchern. Im Folgenden ist somit zwischen der Einbeziehung gegenüber Unternehmern (B2B-Geschäft) und der Einbeziehung eines Unternehmers gegenüber einem

---

[4] *Lehmann-Richter*, in: BeckOGK-BGB, § 305 Rn. 191; *Fornasier*, in: MüKo-BGB, § 305 Rn. 56; *Becker*, in: BeckOK-BGB, § 305 Rn. 45; *Mäsch*, in: Staudinger-BGB, § 305 Rn. 99.

[5] BT-Drs. 7/3919 S. 13; *Pfeiffer*, in: Wolf/Lindacher/Pfeiffer, AGB-Recht, § 305 Rn. 62.

[6] *Pfeiffer*, in: Wolf/Lindacher/Pfeiffer, AGB-Recht, § 305 Rn. 62.

[7] *Friesen*, in: BeckOGK-BGB, § 310 Rn. 130.

Kunden (B2C-Geschäft) zu differenzieren, da jeweils unterschiedliche Anforderungen an die Einbeziehung der AGB gestellt werden. In Bezug auf das B2C-Geschäft sind dann ggf. noch die besonderen AGB-rechtlichen Anforderungen gegenüber Verbrauchern zu berücksichtigen.

I. B2C-Geschäft

Für die Einbeziehung von AGB bei B2C-Geschäften, ist die andere Partei gem. § 305 II BGB ausdrücklich auf die AGB hinzuweisen (Nr. 1), der anderen Vertragspartei ist die zumutbare Möglichkeit der Kenntnisnahme zu verschaffen (Nr. 2) und diese muss mit der Einbeziehung einverstanden sein. Dabei stellt der § 305 II BGB eine Spezialvorschrift zur allgemeinen Rechtsgeschäftslehre dar.[8] Zusätzlich sind bei der Verwendung gegenüber Verbrauchern noch die speziellen Anforderungen des § 310 III BGB zu beachten.

1. Ausdrücklicher Hinweis

Der Verwender muss nach dem § 305 II Nr. 1 BGB beim Vertragsschluss ausdrücklich, oder durch Aushang, auf die AGB hinweisen. Ein ausdrücklicher Hinweis, dass es sich bei dem Vertragstext um AGB handelt, ist nicht erforderlich, ausreichend ist ein Verweis auf die Vertragsbedingungen, welche in den Vertrag mit einbezogen werden sollen.[9] Auch müssen die AGB nicht vom restlichen Vertragstext getrennt aufgeführt werden, diese können auch in den Vertragstext aufgenommen werden.[10] Bei einem Formularvertrag beinhaltet der Vertragstext die vorformulierten Klauseln selbst, dadurch sind die Voraussetzungen des § 305 II BGB gewahrt, da die Unterschrift der anderen Partei den gesamten Inhalt deckt.[11] Der Hinweis muss nach dem Wortlaut des § 305 II Nr. 1 BGB bei Vertragsschluss erfolgen und somit in unmittelbarem Zusammenhang mit der Erklärung, die zum Vertragsschluss führt, stehen.[12]

---

8 *Lehmann-Richter*, in: BeckOGK-BGB, § 305 Rn. 191; *Fornasier*, in: MüKo-BGB, § 305 Rn. 56; *Becker*, in: BeckOK-BGB, § 305 Rn. 45; *Mäsch*, in: Staudinger-BGB, § 305 Rn. 99.

9 *Lapp/Salamon*, in: jurisPK-BGB, § 305 Rn. 81.

10 *Lapp/Salamon*, in: jurisPK-BGB, § 305 Rn. 82.

11 BGH NJW 1988, 2465, 2466; *Mäsch*, in: Staudinger-BGB, § 305 Rn. 101; *Ulmer/Habersack*, in: Ulmer/Brandner/Hensen, AGB-Recht, § 305 Rn. 102.

12 *Lapp/Salamon*, in: jurisPK-BGB, § 305 Rn. 89; *Becker*, in: BeckOK-BGB, § 305 Rn. 64; *Mäsch*, in: Staudinger-BGB, § 305 Rn. 100.

Ein späterer Hinweis auf die Einbeziehung der AGB bei Vertragserfüllung genügt nicht, beispielsweise auf einem Lieferschein oder einer Quittung.[13]

Bei einem Vertragsschluss durch den Einsatz von Software wird dem Verwender ein ausdrücklicher Hinweis auf seine AGB immer möglich sein, sodass es vorliegend für den Vertragsschluss durch den Einsatz eines Smart Contracts auf der rechtlichen Ebene nicht weiter auf die Anforderungen an den Aushang der AGB ankommt.

Im Hinblick auf den Einsatz eines Smart Contracts auf der rechtlichen Ebene, bei dem der Vertrag durch automatisiert/ autonom erzeugte Erklärungen geschlossen werden soll, ergibt sich aus der hierbei verwendeten Programmiersprache und dem damit einhergehenden Verzicht auf die Verwendung einer natürlichen Sprache, in Bezug auf den Hinweis auf die AGB die Besonderheit, dass die andere Partei den Hinweis regelmäßig nicht verstehen können wird, sollten auch dieser in einer Programmiersprache verfasst sein. Die Problematik, dass die andere Partei AGB, die in einer Programmiersprache verfasst sind, regelmäßig nicht verstehen können wird, stellt sich sowohl beim Hinweis auf diese, als auch bei der zumutbaren Möglichkeit der Kenntnisnahme. Aus diesem Grund erfolgt die Darstellung dieser Problematik vorliegend zusammengefasst.[14]

2. Möglichkeit zur Kenntnisnahme

Neben dem Hinweis auf die AGB, muss der Verwender gem. § 305 II Nr. 2 BGB, der anderen Partei die Möglichkeit der zumutbaren Kenntnisnahme verschaffen. Die tatsächliche Kenntnisnahme des Vertragspartners ist dabei nicht erforderlich, solange die Möglichkeit dazu bestand.[15] Die Kenntnisnahme muss bei und nach Vertragsschluss möglich sein.[16] Bei einer Online-Bestellung ist es ausreichend, wenn die AGB durch Anklicken des gut sichtbaren Wortes „AGB“ aufgerufen und gespeichert werden können, da die andere Partei sich für die Bestellung des Internets bedient und somit davon

13 *Lapp/Salamon*, in: jurisPK-BGB, § 305 Rn. 89; *Becker*, in: BeckOK-BGB, § 305 Rn. 66.

14 Hierzu siehe unter: § 3 A. I. 2. c) cc).

15 *Becker*, in: BeckOK-BGB, § 305 Rn. 56; *Fornasier*, in: MüKo-BGB, § 305 Rn. 74.

16 *Pfeiffer*, in: Wolf/Lindacher/Pfeiffer, AGB-Recht, § 305 Rn. 86; *Fornasier*, in: MüKo-BGB, § 305 Rn. 74.

ausgegangen werden kann, dass sie mit Links umgehen kann.[17] Daher kann sich die andere Partei bei Verwendung der Online-Bestellmöglichkeit durch Anklicken des Links in zumutbarer Weise Kenntnis verschaffen. Gegenüber einem Verbraucher ist der Unternehmer im elektronischen Geschäftsverkehr gem. § 312i I Nr. 4 BGB verpflichtet, diesem die Möglichkeit zu verschaffen, die Vertragsbestimmungen und die AGB bei Vertragsschluss abzurufen und diese auch speichern zu können.

a) *Zumutbare Kenntnisnahmemöglichkeit*

Wird auf der rechtlichen Ebene zum Vertragsschluss ein Smart Contract eingesetzt, muss auch hierbei für die andere Partei die zumutbare Möglichkeit der Kenntnisnahme bestehen, wenn die AGB wirksam in den Vertrag mit einbezogen werden sollen. Beim Einsatz eines Smart Contracts auf der rechtlichen Ebene findet dieser als Software zum Vertragsschluss Verwendung. Hier spielt es zunächst noch keine Rolle, ob ein Smart Contract auf der rechtlichen Ebene als klassischer Vertrag vorliegt, oder ob für den Vertragsschluss automatisiert/ autonom erzeugte Erklärungen Verwendung finden. Eine solche Differenzierung ist erst in Bezug auf die Verständnismöglichkeit der verwendeten Programmiersprache notwendig, da sich hierbei das Problem ergeben wird, dass die andere Partei die verwendete Programmiersprache regelmäßig nicht beherrscht und somit auch keine zumutbare Möglichkeit der Kenntnisnahme bestehen könnte.[18]

Es fragt sich also, wann bei der Verwendung eines Smart Contracts auf der rechtlichen Ebene zum Vertragsschluss, also durch den Einsatz einer Software, die zumutbare Möglichkeit der Kenntnisnahme der AGB für die andere Partei besteht. Der Einsatz des Smart Contracts als Software, lässt sich mit einem E-Mail-Programm vergleichen, welches zum Vertragsschluss zur Übermittlung der Erklärungen eingesetzt werden soll. Sowohl beim Einsatz eines Smart Contracts auf der rechtlichen Ebene als auch bei einem E-Mail-Programm, welches zur Übermittlung der Erklärungen und der AGB verwendet werden, handelt es sich um elektronische Hilfsmittel zur Kommunikation. Beide sind geeignet, die Erklärung der Parteien der jeweiligen

---

17 BGH NJW 2006, 2976 Rn. 16; *Ulmer/Habersack*, in: Ulmer/Brandner/Hensen, AGB-Recht, § 305 Rn. 149a.

18 Hierzu siehe unter: § 3 A. I. 2. c).

anderen Partei zugehen zu lassen. Da in beiden Fällen die Software in der Lage ist, elektronisch eine Erklärung gegenüber der anderen Partei abzugeben und dieser auch zugehen zu lassen, kann es keinen Unterschied machen, mit welchen elektronischen Hilfsmitteln die Parteien einen Vertrag abschließen wollen und mit welchen elektronischen Hilfsmitteln die Übermittlung der Klauseln an die andere Partei derart erfolgt, dass bei dieser die zumutbare Möglichkeit der Kenntnisnahme besteht. Die Software für den automatischen/ autonomen Vertragsschluss ist daher mit einem E-Mail-Postfach vergleichbar ist.[19] Dies gilt auch für den klassischen Vertragsschluss bei der Verwendung eines Smart Contracts, da auch bei diesem die Übermittlung der Willenserklärungen auf elektronischem Weg erfolgt.

Bei einem E-Mail-Postfach gilt die Erklärung als zugegangen, wenn sie auf dem Server des Providers gespeichert wird und somit jederzeit vom Empfänger abgerufen werden kann.[20] Sobald es also dem Empfänger möglich ist, die Erklärung abzurufen, ist es ihm grundsätzlich auch möglich, zumutbar von dieser Kenntnis zu nehmen. Bei der Verwendung eines Smart Contracts auf der rechtlichen Ebene für den Vertragsschluss, besteht die Möglichkeit der Kenntnisnahme dann, wenn die Erklärung des Verwenders über die Software des anderen Teils, durch welche dieser Zugriff auf den Smart Contract erhält und diesen für den Vertragsschluss steuern kann, eingesehen werden kann und daher damit zu rechnen ist, dass die Erklärung insoweit in den Machtbereich des Empfängers gelangt ist, dass dieser unter gewöhnlichen Umständen Kenntnis erlangen wird. Sobald die Erklärung auf dem Server gespeichert wird, ist sie in den Zugriffsbereich der Software und damit des Nutzers gelangt, sodass ab diesem Zeitpunkt von der zumutbaren Möglichkeit der Kenntnisnahme ausgegangen werden kann.[21]

Unerheblich für die zumutbare Möglichkeit der Kenntnisnahme ist also, ob die Vertragsparteien sich hierbei einem E-Mail-Programm oder anderweitiger Software, wie eines Smart Contracts, für ihren Vertragsschluss, sowie für das Zusenden und für die Kenntnisnahme der AGB bedienen. Daher besteht grundsätzlich beim Einsatz eines Smart Contracts auf der rechtlichen Ebene

---

[19] *Groß*, InTer 2018, 4, 8.

[20] *Redeker*, IT-Recht, D. II. 3. Rn. 925; *Wertenbruch*, JuS 2020, 481 (483 f.); *Spindler*, in: Spindler/Schuster, Recht der elektronischen Medien, § 130 BGB Rn. 4.

[21] *Groß*, InTer 2018, 4, 8.

zum Vertragsschluss die zumutbare Möglichkeit der Kenntnisnahme, sobald die AGB derart gespeichert sind, dass die andere Partei die Möglichkeit hat, sich diese anzuschauen und somit von diesen Kenntnisnehmen kann.

Dies gilt jedenfalls dann, wenn die Erklärung in einer natürlichen Sprache verfasst wird. Wie sich die Verwendung einer Programmiersprache beim Einsatz von automatisiert/ autonom erzeugten Erklärungen für den Vertragsschluss auf die zumutbare Möglichkeit der Kenntnisnahme auswirken, siehe unten unter § 3 A. I. 2.

b) Verzicht auf die Kenntnisnahmemöglichkeit

Fraglich ist, ob die andere Partei beim Vertragsschluss durch einen Smart Contract auf der rechtlichen Ebene, auf die zumutbare Möglichkeit der Kenntnisnahme der AGB verzichten kann. Ein solcher Verzicht könnte die Einbeziehung von AGB beim Vertragsschluss vereinfachen und so unter Umständen den Automatisierungsbestrebungen der Parteien entgegenkommen. Zunächst fragt es sich, ob ein Verzicht auf die zumutbare Möglichkeit der Kenntnisnahme durch AGB möglich ist. Eine solche Möglichkeit, würde jedoch den § 305 II BGB als bloße Formalität erscheinen lassen; verzichtet die andere Partei mittels AGB auf die Einbeziehungsvoraussetzungen, ist diese Klausel nach § 307 BGB unwirksam.[22]

Allerdings dürfte der Verzicht auf die Möglichkeit der Kenntnisnahme durch eine Individualvereinbarung möglich sein, sofern die besonderen Umstände des Vertragsschlusses dies erfordern, beispielsweise bei fernmündlichen Verträgen.[23] Auch wenn ein Verzicht durch eine Individualabrede möglich ist, wird dies wohl kaum im Sinne der Parteien sein, die durch den Einsatz eines Smart Contracts auf der rechtlichen Ebene einen Vertrag schließen wollen. Diese Art des Vertragsschlusses dient regelmäßig dazu, den Vertragsschluss zu vereinfachen und zu automatisieren, sodass die Parteien gerade kein Interesse an einer zusätzlichen Individualabrede haben werden, da diese das Ziel der Vereinfachung und Automatisierung konterkarieren würde.

---

[22] *Pfeiffer*, in: Wolf/Lindacher/Pfeiffer, AGB-Recht, § 305 Rn. 110; *Becker*, BeckOK-BGB, § 305 Rn. 49; *Lehmann-Richter*, BeckOGK-BGB, § 305 Rn. 201.

[23] *Pfeiffer*, in: Wolf/Lindacher/Pfeiffer, AGB-Recht, § 305 Rn. 110; *Grüneberg*, in: Grüneberg, § 305 Rn. 35; *Stadler*, in: Jauernig-BGB, § 305 Rn. 14; *Mäsch*, in: Staudinger-BGB, § 305 Rn. 151.

c) Sprache

Soll durch die Verwendung eines Smart Contracts auf rechtlicher Ebene der Vertragsschluss durch automatisiert/ autonom erzeugte Erklärungen erfolgen, ergibt sich daraus für die zumutbare Möglichkeit der Kenntnisnahme der AGB für die andere Partei die Problematik, dass hierbei keine natürliche Sprache zum Einsatz kommen wird, da die Software automatisiert/ autonom kommuniziert und somit der Vertragstext und die AGB nur in einer Programmiersprache vorliegen werden. Diese wird die andere Partei jedoch regelmäßig nicht verstehen können. Wie bereits oben dargestellt, sind auch technischen Sprachen geeignet, eine Willenserklärung darzustellen und können den Vertragsinhalt abbilden, selbst wenn der Vertragspartner den Programmcode, der in einer höheren Programmiersprache verfasst ist, nicht verstehen kann. Fraglich ist jedoch, wie das Unvermögen der anderen Partei, den Programmcode verstehen zu können, sich auf den Hinweis auf die AGB (§ 305 II Nr. 1 BGB), sowie die zumutbare Möglichkeit der Kenntnisnahme (§ 305 II Nr. 2 BGB) auswirkt.

Zunächst gilt es zu klären, ob es für die zumutbare Möglichkeit der Kenntnisnahme gem. § 305 II Nr. 2 BGB notwendig ist, dass die andere Partei den Vertragstext unmittelbar verstehen kann. Oftmals wird die andere Partei mangels Programmierkenntnisse nicht in der Lage sein, eine höhere Programmiersprache verstehen zu können. Daraus folgend könnte man argumentieren, dass die Lektüre des Programmcodes der anderen Partei nicht in gleicher Weise die Kenntnisnahme ermöglicht, wie die des entsprechenden Textes in natürlicher Sprache, da viele den Programmcode nicht verstehen und somit nicht zur Kenntnis nehmen können.[24] Da der Programmcode insofern mit einer natürlichen Sprache vergleichbar ist, als dass auch dieser die Möglichkeit bietet, eine Willenserklärung abzubilden, lässt sich eine Parallele zur Einbeziehung von AGB gegenüber einem Vertragspartner ziehen, der der AGB- und Vertragssprache nicht mächtig ist. Unerheblich ist, welche Sprache die andere Partei nicht verstehen kann, da Programmiersprachen ebenso wie eine natürliche Sprache dazu geeignet sind, den Inhalt einer Willenserklärung

[24] *Riehm*, in: Braegelmann/Kaulartz, Rechtshandbuch Smart Contracts, Kap. 9 Rn. 37; *Söbbing*, ITRB 2018, 43, 46; *Lupu*, DSRITB 2019, 209, 215; *Paulus/Matzke*, ZfPW 2018, 431, 459 f.

abzubilden. Aus diesem Grund sind Programmiersprachen mit natürlichen Sprachen, denen der Vertragspartner nicht mächtig ist, vergleichbar.

Wird bei einem Vertragsschluss beim Einsatz eines Smart Contracts auf der rechtlichen Ebene durch automatisiert/ autonom erzeugte Erklärungen eine Übersetzung des Programmcodes in einer für die andere Partei verständlichen Sprache angezeigt oder ist diese abrufbar, so stellt sich das vorliegende Sprachproblem nicht. Ein Beispiel, wie solch ein Vorgehen ausgestaltet sein könnte, stellt eine „hybrid language" wie OpenLaw[25] dar.[26] OpenLaw ist ein Hybrid zwischen dem für Maschinen lesbaren Programmcode und der für Menschen verständlichen, natürlichen Sprache.[27] Dafür wird der gewünschte Wortlaut in natürlicher Sprache und in einer Programmiersprache dargestellt, die nahtlos miteinander verwoben sind.[28] OpenLaw nennt dieses Dokument „Template", diese kleinen Dokumente können dann zu einem „Deal" verbunden werden.[29] Weichen Übersetzung und Programmcode inhaltlich voneinander ab, stellt sich jedoch die Frage, was die Parteien vereinbaren wollten und wie mit dieser Divergenz umzugehen ist.[30]

In Bezug auf die zu verwendende Sprache, ist zwischen der Sprache des Hinweises auf die AGB und der Sprache des Textes der AGB zu unterscheiden, da an diese jeweils unterschiedliche Anforderungen zu stellen sind.

aa) AGB in Fremdsprache

Kommt ein Smart Contract auf der rechtlichen Ebene für den Vertragsschluss zum Einsatz, wobei dieser durch automatisiert/ autonom erzeugte

---

[25] https://www.openlaw.io (zuletzt abgerufen am 27.06.2023).

[26] *Ma*, MIT Computational Law Report, Writing in Sign: Code as the Next Contract Language?, 2., e. (abrufbar unter: https://law.mit.edu/pub/writinginsign/release/1; zuletzt abgerufen am 27.06.2023).

[27] *Ma*, MIT Computational Law Report, Writing in Sign: Code as the Next Contract Language?, 2., e. (abrufbar unter: https://law.mit.edu/pub/writinginsign/release/1; zuletzt abgerufen am 27.06.2023); genauer hierzu siehe: https://docs.openlaw.io/markup-language/ (zuletzt abgerufen am 27.06.2023).

[28] Genauer mit Abbildung siehe: *Ma*, MIT Computational Law Report, Writing in Sign: Code as the Next Contract Language?, 2., e. (abrufbar unter: https://law.mit.edu/pub/writinginsign/release/1; zuletzt abgerufen am 17.03.2022).

[29] Genauer siehe: https://docs.openlaw.io/markup-language/ (zuletzt abgerufen am 27.06.2023).

[30] Hierzu siehe unter: § 4 B.

Erklärungen erfolgen soll, liegen diese lediglich in einer Programmiersprache vor. Diese wird die andere Partei jedoch meist nicht verstehen können. Eine Programmiersprache stellt sich als ebenso geeignet wie eine natürliche Sprache dar, den Erklärungsgehalt einer Willenserklärung abzubilden. Daher ist zunächst zu ermitteln, wie es sich auf die zumutbare Möglichkeit der Kenntnisnahme auswirkt, wenn eine natürliche Sprache zum Einsatz kommt, die die andere Partei nicht beherrscht. Das deutsche Recht enthält grundsätzlich keine Regelungen in Bezug auf das Sprachrisiko, eine ausdrückliche Regelung der zu verwendenden Vertragssprache für AGB existiert ebenfalls nicht.[31] Sprachrisiko bezeichnet dabei die Zuweisung verschiedener Risiken, die durch die Verwendung unterschiedlicher Sprachen entstehen können.[32] Es handelt sich hierbei also um die Risikozuweisung von sprachbedingten Verständnisschwierigkeiten.[33]

Fraglich ist, wie es sich auf die zumutbare Möglichkeit der Kenntnisnahme auswirkt, wenn der Vertragspartner in Bezug auf die Vertragssprache sprachunkundig ist und somit die AGB nicht verstehen kann. Die AGB müssen grundsätzlich in einer für die andere Vertragspartei verständlichen Sprache verfasst sein.[34] Wenn die andere Partei sich jedoch auf eine andere Sprache als die des Verhandlungsortes einlässt oder eine gemeinsame Verhandlungs- und Vertragssprache in anderer Sprache vorliegt, akzeptiert der Vertragspartner ungeachtet seiner tatsächlichen Sprachkenntnisse die AGB in der anderen Sprache.[35]

Wird Deutsch als Verhandlungs- und Vertragssprache gewählt, muss auch ein ausländischer Vertragspartner grundsätzlich den gesamten deutschen Vertragsinhalt, einschließlich der AGB, gegen sich gelten lassen.[36]

---

31 *Martiny*, in: Reithmann/Martiny, Internationales Vertragsrecht, § 3 II. 4. Rn. 3.27; *Maidl*, Ausländische AGB im deutschen Recht, S. 48.

32 *Schmidt-Kessel*, in: Schlechtriem/Schwenzer/Schroeter, Kommentar zum UN-Kaufrecht (CISG), CISG Art. 8, Rn. 41; *Martiny*, in: Reithmann/Martiny, Internationales Vertragsrecht, § 3 II. 4. Rn. 3.24.

33 *Gomille*, in: BeckOGK-BGB, § 130 Rn. 87.

34 *Schuster*, in: Spindler/Schuster, Recht der elektronischen Medien, § 305 BGB Rn. 29.

35 *Schuster*, in: Spindler/Schuster, Recht der elektronischen Medien, § 305 BGB Rn. 29; *Schmidt*, in: Ulmer/Brandner/Hensen, AGB-Recht, Anhang zu § 305 Internationaler Geschäftsverkehr Rn. 15.

36 Noch zum AGBG: BGH NJW 1983, 1489; *Kollmann*, in: Nomos Kommentar-BGB, § 305 Rn. 88; *Pfeiffer*, in: Wolf/Lindacher/Pfeiffer, AGB-Recht, § 305 Rn. 89.

Verhandlungs- und Vertragssprachsprache ist die Sprache, auf die sich beide Vertragsparteien freiwillig, ausdrücklich oder konkludent, geeinigt haben.[37] Ist Deutsch Verhandlungs- und Vertragssprache, ist der Verwender grundsätzlich nicht verpflichtet, dem sprachunkundigen Gegenüber eine Übersetzung der AGB anzubieten.[38] Dem ausländischen Vertragspartner sind deutschsprachige AGB zumutbar, er ist selbst dafür verantwortlich, sich gegebenenfalls eine Übersetzung zu beschaffen.[39] Der Vertragspartner trägt daher das Sprachrisiko, wodurch er dann auch hinnehmen muss, dass AGB in den Vertrag mit einbezogen werden, die er nicht verstehen kann.[40] Darüber hinaus kann der Verwender AGB nicht in jeder vertragsrelevanten Sprache bereithalten, daher genügt es, wenn diese in der Verhandlungs- und Vertragssprache verfasst sind.[41]

Man könnte jedoch die Regelungen des § 305 II Nr. 2 BGB, über die besondere Berücksichtigung erkennbarer körperlicher Behinderungen, analog auf geistige Erschwernisse wie beispielsweise Analphabetismus oder mangelnde Sprachkenntnis anwenden, sodass der Verwender hiernach besondere Vorkehrungen treffen müsste, die die Kenntnisnahme ermöglichen. Diese Sonderregelung bezieht sich nach ihrem Wortlaut jedoch nur auf erkennbare körperliche Behinderungen. Ist der Vertragspartner erkennbar körperlich behindert, muss der Verwender auf diese Behinderung ausreichend Rücksicht nehmen, wobei ihn keine Verpflichtung zur Nachfrage trifft.[42] Die Vorschrift stellt jedoch eine Sonderregelung für körperliche Behinderungen dar, daher ist eine analoge Anwendung auf den Vertragsschluss mit einer der Vertragssprache unkundigen Person oder auf andere geistige Erschwernisse

---

37 *Pfeiffer*, in: Wolf/Lindacher/Pfeiffer, AGB-Recht, § 305 Rn. 89.

38 *Kling*, Sprachrisiken im Privatrechtsverkehr, § 8 S. 521; *Waldenberger*, BB 1996, 2365, 2369; BGH NJW 1983, 1489.

39 BGH NJW 1983, 1489; NJW 1995, 190; *Kling*, Sprachrisiken im Privatrechtsverkehr, § 8 S. 521.

40 *Pfeiffer*, in: Wolf/Lindacher/Pfeiffer, AGB-Recht, § 305 Rn. 89; *Kling*, Sprachrisiken im Privatrechtsverkehr, § 8 S. 521.

41 *Fornasier*, in: MüKo-BGB, § 305 Rn. 71; *Pfeiffer*, in: Wolf/Lindacher/Pfeiffer, AGB-Recht, § 305 Rn. 89; *Fischl*, in: Auer-Reinsdorff/Conrad, Handbuch IT- und Datenschutz, § 17 Rn. 96; *Becker*, in: BeckOK-BGB, § 305 Rn. 62; *Kollmann*, in: Nomos Kommentar-BGB, § 305 Rn. 88; BGH NJW 1983, 1489.

42 BT-Drs. 14/6040, S. 150 f.; *Becker*, in: BeckOK-BGB, § 305 Rn. 63; *Pfeiffer*, in: Wolf/Lindacher/Pfeiffer, AGB-Recht, § 305 Rn. 91; *Fornasier*, in: MüKo-BGB, § 305 Rn. 81.

wie Analphabetismus nicht möglich.[43] Sowohl bei einem Analphabeten als auch bei der sprachunkundigen Person ist davon auszugehen, dass es sich um ein beredetes Schweigen des Gesetzgebers handelt.[44] Die für eine Analogie erforderliche planwidrige Regelungslücke liegt daher in diesem Fall nicht vor, da beide Fragen in der Literatur diskutiert wurden und daher wohl bewusst im § 305 II BGB nicht aufgegriffen und geregelt wurden.[45] Körperliche und geistige Einschränkungen können daher nicht gleichgesetzt werden.[46]

Die eben dargestellten Grundsätze lassen sich auch auf Vertragsschlüsse mittels einer Software übertragen, die meist online erfolgen werden. Das Internet beschränkt sich nicht nur auf Deutschland, sondern ermöglicht vielmehr eine weltweite Kommunikation. Auf Grund der weltweiten Reichweite könnte der Verwender verpflichtet sein, AGB zumindest in jeder ökonomisch bedeutsamen Sprache bereit zu halten. Allerdings wird man das vom Verwender wohl kaum fordern können.[47] Vielmehr ist davon auszugehen, dass die andere Partei die Verhandlungs- und Vertragssprache beherrscht und daher in zumutbarer Weise von den AGB Kenntnis nehmen kann, wenn diese sich durch den Bestellvorgang geklickt hat.[48] Gerade beim E-Commerce ist davon auszugehen, dass das Ausfüllen eines Bestellformulars voraussetzt, dass die andere Partei diese Sprache hinreichend beherrscht, daher kann dann auch angenommen werden, dass sie die AGB, die in derselben Sprache verfasst sind, verstehen kann.[49]

Fraglich ist jedoch, welche Folgen es nach sich zieht, wenn der Vertragspartner die Verhandlungssprache erkennbar nicht versteht. Wie oben dargestellt, können AGB in den Vertrag mit einbezogen werden, obwohl der Vertragspartner diese nicht versteht, sofern sie in der Verhandlungs- und

---

43 *Pfeiffer*, in: Wolf/Lindacher/Pfeiffer, AGB-Recht, § 305 Rn. 91; *Stoffels*, AGB-Recht, Rn. 285; *Lehmann-Richter*, in: BeckOGK-BGB, § 305 Rn. 261.3.

44 *Stoffels*, AGB-Recht, Rn. 285.

45 *Stoffels*, AGB-Recht, Rn. 285.

46 *Stoffels*, AGB-Recht, Rn. 285.

47 *Schuster*, in: Spindler/Schuster, Recht der elektronischen Medien, § 305 BGB Rn. 29; *Pfeiffer*, in: Wolf/Lindacher/Pfeiffer, AGB-Recht, § 305 Rn. 89; *Fornasier*, in: MüKo-BGB, § 305 Rn. 71.

48 *Friske*, Allgemeine Geschäftsbedingungen im Internet: Der Schutz des deutschen Verbrauchers vor missbräuchlichen Klauseln, S. 139; *Waldenberger*, BB 1996, 2365, 2369.

49 *Fornasier*, in: MüKo-BGB, § 305 Rn. 79.

Vertragssprache abgefasst sind und für den Verwender nicht erkennbar ist, dass die andere Partei diese nicht beherrscht. Insoweit trägt die andere Partei das Sprachrisiko.

Eine Ansicht will nur auf die Verhandlungs- und Vertragssprache abstellen und hält es für unbeachtlich, wenn die Sprachkenntnisse der anderen Partei nicht ausreichen, um die AGB verstehen zu können.[50] Sie soll sich nicht auf Sprachdefizite berufen können, da sie sich auf eine bestimmte Sprache eingelassen hat.[51] Die andere Partei ist also selbst dafür verantwortlich, sich eine Übersetzung zu verschaffen, auf die Erkennbarkeit ihres Sprachdefizites soll es nicht ankommen.[52] Sie kann nach dieser Ansicht vom Verwender auch keine Übersetzung verlangen.[53] Im Rahmen des § 305 II Nr. 2 BGB soll auf Sprachschwierigkeiten der anderen Partei im Vergleich zum generellen Vertragsschluss keine verstärkte Rücksicht zu nehmen sein, da die Parteien durch den Vertragsschluss alles als Vertragsinhalt akzeptieren, was in der Vertragssprache formuliert wird.[54] Sofern der Hinweis auf die AGB in der Verhandlungssprache gehalten ist, soll die andere Partei demnach auf zumutbare Weise vom Vertragsinhalt Kenntnis nehmen können.[55]

Die Gegenansicht verzichtet nicht komplett auf die tatsächlichen Verständnismöglichkeiten der anderen Partei.[56] Hiernach darf der Verwender das Sprachrisiko nicht einseitig auf die andere Partei abwälzen, wenn diese die Sprache nicht ausreichend beherrscht.[57] Von ausreichendem Beherrschen ist dann auszugehen, wenn die Vertragsverhandlungen in der jeweiligen Sprache geführt wurden.[58] Nach dieser Ansicht ist nicht nur auf die Vertrags- und Verhandlungssprache abzustellen, sondern es besteht eine Verpflichtung des Verwenders, sofern Anhaltspunkte für ein nicht ausreichendes Beherrschen

---

[50] Noch zum AGBG: BGH NJW 1983, 1489; *Martiny*, in: Reithmann/Martiny, Internationales Vertragsrecht, § 3 II. 4. Rn. 3.28 ff.

[51] *Martiny*, in: Reithmann/Martiny, Internationales Vertragsrecht, § 3 II. 4. Rn. 3.30.

[52] *Martiny*, in: Reithmann/Martiny, Internationales Vertragsrecht, § 3 II. 4. Rn. 3.29.

[53] *Martiny*, in: Reithmann/Martiny, Internationales Vertragsrecht, § 3 II. 4. Rn. 3.29.

[54] *Mäsch*, in: Staudinger-BGB, § 305 Rn. 155.

[55] *Mäsch*, in: Staudinger-BGB, § 305 Rn. 155.

[56] *Grüneberg*, in: Grüneberg, § 305 Rn. 40; *Fornasier*, in: MüKo-BGB, § 305 Rn. 71; *Berger*, in: Prütting/Wegen/Weinreich-BGB, § 305 Rn. 25.

[57] *Fornasier*, in: MüKo-BGB, § 305 Rn. 71.

[58] *Fornasier*, in: MüKo-BGB, § 305 Rn. 71.

der Sprache vorliegen, der anderen Partei derart Kenntnis von den AGB zu verschaffen, dass sie diese verstehen kann.[59] Der anderen Partei ist daher bei Unverständnis der AGB entweder eine Übersetzung dieser AGB zur Verfügung zu stellen,[60] oder die AGB sind ihr mit Hilfe eines Dolmetschers oder einer anderen Hilfsperson zu erläutern.[61]

Die zweite Ansicht erscheint überzeugender, da diese das Sprachrisiko ausgewogener verteilt und der Schutzwürdigkeit der anderen Partei besser Rechnung trägt. Schließt die andere Partei einen Vertrag in einer ihr nicht verständlichen Sprache ab und ist dies für den Verwender nicht erkennbar, kann dieser davon ausgehen, dass für die andere Partei die zumutbare Möglichkeit der Kenntnisnahme bestand, da diese zumindest erfolgreich den Vertrag in der ihr unverständlichen Sprache schließen konnte. Die andere Partei trägt mangels Erkennbarkeit für den Verwender dann insoweit das Sprachrisiko. Ist für den Verwender jedoch erkennbar, dass die andere Partei die Verhandlungs- und Vertragssprache nicht beherrscht, kann der Verwender auch nicht davon ausgehen, dass für die andere Partei die zumutbare Möglichkeit der Kenntnisnahme vom Inhalt der AGB besteht. Da der Verwender hier die mangelnden Sprachkenntnisse erkennt, ist er weniger schutzwürdig als bei Nichterkennen der mangelnden Sprachkenntnisse. Schon nach dem Wortlaut des § 305 II BGB ist der Verwender dafür verantwortlich, der anderen Partei die Möglichkeit zu verschaffen, in zumutbarer Weise vom Inhalt der AGB Kenntnis nehmen zu können. Ist für diesen also erkennbar, dass die andere Partei die Sprache nicht beherrscht und will er weiterhin seine AGB mit in den Vertrag einbeziehen, kann er den gesetzlichen Anforderungen nur gerecht werden, wenn er der anderen Partei die zumutbare Möglichkeit der Kenntnisnahme insofern ermöglicht, als dass er eine Übersetzung bereitstellt, oder die AGB mit Hilfe eines Dolmetschers oder einer anderen Hilfsperson erläutert.

Zusammenfassend lässt sich also feststellen, dass AGB grundsätzlich in einer für die andere Partei verständlichen Sprache verfasst sein müssen, um dieser die zumutbare Möglichkeit der Kenntnisnahme von deren Inhalt zu ermöglichen. Etwas anderes gilt dann, wenn die andere Partei sich auf eine

---

59 *Fornasier*, in: MüKo-BGB, § 305 Rn. 71.

60 *Berger*, in: Prütting/Wegen/Weinreich-BGB, § 305 Rn. 25.

61 *Fornasier*, in: MüKo-BGB, § 305 Rn. 71.

abweichende Vertrags- und Verhandlungssprache eingelassen hat und das Unvermögen der anderen Partei, die Sprache nicht verstehen zu können, für den Verwender nicht erkennbar ist. Erkennt der Verwender jedoch, dass die andere Partei die AGB nicht versteht, ist er weniger schutzwürdig, als wenn er dies nicht erkennt. Infolgedessen muss er der anderen Partei, will er seine AGB mit in den Vertrag einbeziehen, eine Übersetzung zur Verfügung stellen oder diesem die AGB mittels Dolmetscher oder einer anderen Hilfsperson erläutern.

bb) AGB in Programmiersprache

Fraglich ist, ob sich die Wertungen zur Einbeziehung von AGB in einer für die andere Partei unverständlichen Sprache, auf die zumutbare Möglichkeit der Kenntnisnahme von AGB, die in einer Programmiersprache verfasst sind, übertragen lassen. Diese wird nämlich die andere Partei in Ermangelung von Programmierkenntnissen regelmäßig nicht verstehen können.

Grundsätzlich müssen der Vertrag und die AGB in einer für die andere Partei verständlichen Sprache verfasst sein, um die zumutbare Möglichkeit der Kenntnisnahme durch diese zu ermöglichen. Bezüglich des Vertragsschlusses und der Einbeziehung von AGB, in eine für die andere Partei unverständliche Sprache gilt jedoch, dass das Sprachrisiko der anderen Partei obliegt, sofern sie sich auf eine ihr fremde Verhandlungs- und Vertragssprache freiwillig einlässt und dem Verwender keine Anhaltspunkte des Unverständnisses vorliegen. Gerade beim E-Commerce ist davon auszugehen, dass das Ausfüllen eines Bestellformulars voraussetzt, dass die andere Partei diese Sprache hinreichend beherrscht, daher kann dann auch angenommen werden, dass sie die AGB, die in derselben Sprache verfasst sind, verstehen kann.[62] Es ist also davon auszugehen, dass die andere Partei die Verhandlungs- und Vertragssprache beherrscht und daher in zumutbarer Weise von den AGB Kenntnis nehmen kann, wenn diese sich durch den Bestellvorgang geklickt hat.[63] In diesen Fällen bestehen daher für den Verwender keine Anhaltspunkte dafür, dass die andere Partei die Sprache nicht beherrscht.

---

62 *Fornasier*, in: MüKo-BGB, § 305 Rn. 79.

63 *Friske*, Allgemeine Geschäftsbedingungen im Internet: Der Schutz des deutschen Verbrauchers vor missbräuchlichen Klauseln, S. 139; *Waldenberger*, BB 1996, 2365, 2369.

Überträgt man nun die Wertungen des E-Commerce auf den Vertragsschluss durch den Einsatz eines Smart Contracts auf der rechtlichen Ebene, der durch automatisiert/ autonom erzeugte Erklärungen erfolgt und somit der Vertragstext und die AGB nur in einer höheren Programmiersprache vorliegen, könnte man argumentieren, da auch Programmiersprachen Sprachen darstellen und ein Vertragsschluss durch diese möglich ist, ein Vertragspartner, der durch den Einsatz eines Smart Contracts auf der rechtlichen Ebene, durch automatisiert/ autonom erzeugte Erklärungen einen Vertrag schließen möchte und bewusst auf die Verwendung einer natürlichen Sprache verzichtet, entweder die notwendigen Kenntnisse beherrschen dürfte, oder zumindest in der Lage sein müsste, diese Situation einzuschätzen und nötigenfalls einen Übersetzer hinzuzuziehen. Daraus könnte man dann schließen, dass für den Verwender regelmäßig keine Anhaltspunkte bestehen dürften, dass die andere Partei die Sprache nicht verstehen kann und dieser somit von der zumutbaren Möglichkeit der Kenntnisnahme ausgehen darf.

Betrachtet man jedoch den Vertragsschluss durch den Einsatz eines Smart Contracts auf der rechtlichen Ebene, der durch automatisiert/ autonom erzeugte Erklärungen erfolgt genauer, ergibt sich ein entscheidender Unterschied zur Einbeziehung von fremdsprachigen AGB in den Vertrag. Bei einem automatisierten/ autonomen Vertragsschluss nutzt die andere Partei die Verhandlungs- und Vertragssprache selbst nicht unmittelbar. Da der Vertragsschluss beim Einsatz des Smart Contracts auf der rechtlichen Ebene durch automatisiert/ autonom erzeugte Erklärungen erfolgt, nimmt die andere Partei zwar einige Voreinstellungen, vorgelagert zum Vertragsschluss durch eine Software, selbst vor. Die Benutzeroberfläche der Software, die für die Voreinstellungen benötigt wird, wird jedoch regelmäßig in einer anderen Sprache, die diese beherrscht und die nicht in einer Programmiersprache verfasst ist, dargestellt werden. Die andere Partei nimmt also beim automatisierten/ autonomen Vertragsschluss die Voreinstellungen auf einer Benutzeroberfläche einer Software vor, die in einer ihr verständlichen Sprache gehalten ist. Programmierkenntnisse und das Verständnis einer höheren Programmiersprache benötigt sie hierfür nicht. Die verwendete Software konkretisiert dann zu einem späteren Zeitpunkt die Voreinstellungen und gibt für die andere Partei eine Willenserklärung in einer höheren Programmiersprache ab.

Anders als bei der Einbeziehung fremdsprachiger AGB, die die andere Partei nicht verstehen kann, lässt sie sich gerade nicht auf eine Programmiersprache als Vertrags- und Verhandlungssprache ein, sondern wählt lediglich in einer Software, in einer ihr verständlichen Sprache die Parameter aus, welche anschließend durch die Software konkretisiert werden. Sie selbst kommt daher zu keinem Zeitpunkt mit der Programmiersprache unmittelbar in Berührung, sodass sich der automatisierte/ autonome Vertragsschluss beim Einsatz eines Smart Contracts auf der rechtlichen Ebene in einem solchen Fall gerade nicht als Kriterium dafür eignet, dass die andere Partei der Sprache mächtig ist und der Verwender hierauf vertrauen kann und somit auch darauf, dass für die andere Partei die zumutbare Möglichkeit der Kenntnisnahme vom Inhalt der AGB besteht. Anders als bei E-Commerce-Geschäften wird kein Bestellformular in der Vertrags- und Verhandlungssprache ausgefüllt, was die Vermutung des Verwenders, die andere Partei könne die Sprache verstehen, rechtfertigen würde.

Auf Grund dieser Besonderheit stellt sich das Abstellen auf die Vertrags- und Verhandlungssprache, um die zumutbare Möglichkeit der Kenntnisnahme für die andere Partei festzustellen, bei einem automatisierten/ autonomen Vertragsschluss als ungeeignet dar. Es darf nicht nur auf die Verhandlungs- und Vertragssprache abgestellt werden, wenn für den Verwender Anhaltspunkte eines nicht ausreichenden Beherrschens der Sprache vorliegen. In einem solchen Fall besteht für den Verwender die Verpflichtung, der anderen Partei derart von dem Inhalt der AGB Kenntnis zu verschaffen, dass diese sie verstehen kann. Auf das Beherrschen der Sprache durch das Abschließen des Vertrags bzw. durch das durch den Bestellvorgang klicken kann daher als Indiz für das Verständnis gerade nicht abgestellt werden.

Zusammenfassend lässt sich also zunächst feststellen, dass die andere Partei sich bei einem automatisierten/ autonomen Vertragsschluss auf der rechtlichen Ebene beim Einsatz eines Smart Contracts einer Software bedient, die über eine Benutzeroberfläche in einer ihr verständlichen Sprache verfügt. Diese wird durch die Software später konkretisiert und in eine höhere Programmiersprache übersetzt. Es kann also gerade nicht von der Verwendung der Programmiersprache für den Vertragsschluss auf das Beherrschen dieser Programmiersprache als Vertragssprache durch die andere Partei geschlossen werden, sodass der Verwender auch nicht davon ausgehen kann, dass die andere Partei die Programmiersprache verstehen können wird. Es besteht daher kein schützenswertes Vertrauen des Verwenders in Bezug darauf, dass die andere Partei die Vertragssprache beherrscht.

Hiergegen ließe sich einwenden, dass die andere Partei sich zwar einer Software in einer für sie verständlichen Sprache für die Voreinstellungen bedient, diese sich jedoch bewusst auf einen automatischen/ autonomen Vertragsschluss einlässt und insofern auch mit den daraus resultierenden Risiken rechnen müsse. Allerdings werden die genauen technischen Abläufe für die andere Partei in der Regel nicht ersichtlich sein und man wird auch eine vertiefte Kenntnis hiervon in der Regel bei den meisten Kundenkreisen nicht voraussetzen können. Die andere Partei wird meist nur eine einfache, für sie in verständlicher Sprache dargestellte Benutzeroberfläche der Software für die Voreinstellungen nutzen, sodass für sie in dieser Situation regelmäßig nicht erkennbar sein wird, dass der eigentliche Vertragsschluss in einer ihr unverständlichen Sprache erfolgen soll. Hierin liegt auch der entscheidende Unterschied zur oben dargestellten Einbeziehung von AGB in einer der anderen Partei unverständlichen Sprache. Denn bei dieser kommt die andere Partei direkt in Kontakt mit der von ihr nicht beherrschten Sprache. Es ist ihr in dem Fall also bewusst, dass sie die Vertragssprache nicht beherrscht und sie lässt sich trotzdem darauf ein.

Ist für den Verwender erkennbar, dass die andere Partei die Verhandlungs- und Vertragssprache nicht beherrscht, kann der Verwender auch nicht davon ausgehen, dass für die andere Partei die zumutbare Möglichkeit der Kenntnisnahme vom Inhalt der AGB besteht. Bei einem automatisierten/ autonomen Vertragsschluss beim Einsatz eines Smart Contracts auf der rechtlichen Ebene, wird der Verwender regelmäßig davon ausgehen müssen, dass die andere Partei im Vorfeld für den Vertragsschluss eine Software einsetzt, die in einer für diese verständlichen Sprache gehalten ist und der automatisierte/ autonome Vertragsschluss sich nur als eine Folge der Automatisierung darstellt und die andere Partei in Folge dessen den Programmcode in der verwendeten Programmiersprache regelmäßig auch nicht verstehen können wird.

Der Verwender kann also auf Grund der Automatisierung nicht davon ausgehen, dass die andere Partei den Programmcode in der höheren Programmiersprache auch beherrscht. Darüber hinaus hat der Verwender ein Interesse daran, seine AGB mit den in den Vertrag einzubeziehen und ist verpflichtet, der anderen Partei die zumutbare Möglichkeit der Kenntnis hiervon zu ermöglichen. Auf Grund dessen ist es dem Verwender auch zumutbar, will er seine AGB wirksam in den Vertrag mit einbeziehen, dass er der anderen Partei eine Übersetzung der AGB für die zumutbare Möglichkeit der Kenntnisnahme zur Verfügung stellen muss.

cc) Hinweissprache

Die Hinweissprache ist die Sprache, in der der anderen Partei gegenüber, der Hinweis auf die Einbeziehung der AGB mitgeteilt wird. Auch hier sind die oben genannten Grundsätze anwendbar. Der Hinweis auf die AGB muss nach dem Sinn und Zweck der Norm so formuliert sein, dass der Verwender nach den konkreten Umständen davon ausgehen kann, dass die andere Partei ihn versteht.[64] Grundsätzlich hat der Hinweis in der Vertrags- und Verhandlungssprache zu erfolgen, versteht die andere Partei diesen jedoch ersichtlich nicht, ist er ihr unabhängig von der Vertrags- und Verhandlungssprache, verständlich zu erläutern.[65] Hierzu muss der Hinweis, wenn für den Verwender erkennbar war, dass der andere Vertragspartner Deutsch nicht beherrscht, auf eine diesem verständliche Art und Weise erfolgen.[66] Der Hinweis in deutscher Sprache bei ausländischen Kunden genügt nur, wenn die Kommunikations- und Verhandlungssprache Deutsch war, anderenfalls wird der Hinweis in der Muttersprache des ausländischen Verbrauchers erfolgen müssen, um die Hinweiserfordernisse zu erfüllen.[67]

Für den automatisierten/ autonomen Vertragsschluss beim Einsatz eines Smart Contracts auf der rechtlichen Ebene beutet dies, dass der Verwender der anderen Partei den Hinweis in einer für diese verständlichen Sprache erteilen muss. Diese Sprache kann eine höhere Programmiersprache sein, sofern die andere Partei diese verstehen kann und der Verwender hiervon ausgehen darf. Wie bereits oben dargestellt, kann der Verwender davon jedoch nicht allein auf Grund der Nutzung von automatisiert/ autonom erzeugten

---

64 *Lehmann-Richter*, in: BeckOGK-BGB, § 305 Rn. 261.1; *Kuntz*, in: Buck-Heeb/Oppermann, Automatisierte Systeme, Kap. 3.1 Rn. 51.

65 *Fritzsche*, in: Soergel-BGB, § 305 Rn. 52.

66 *Fornasier*, in: MüKo-BGB, § 305 Rn. 71; *Berger*, in: Prütting/Wegen/Weinreich-BGB, § 305 Rn. 25; *Schmidt*, in: Ulmer/Brandner/Hensen, AGB-Recht, Anhang zu § 305 Internationaler Geschäftsverkehr Rn. 14.

67 *Mäsch*, in: Staudinger-BGB, § 305 Rn. 121; *Maidl*, Ausländische AGB im deutschen Recht, S. 53; *Schmidt*, in: Ulmer/Brandner/Hensen- AGB-Recht, Anhang zu § 305 Internationaler Geschäftsverkehr Rn. 14.

Erklärungen beim Einsatz eines Smart Contracts auf der rechtlichen Ebene zum Vertragsschluss ausgehen. Kann die andere Partei die höhere Programmiersprache nicht verstehen, was in aller Regel der Fall sein wird, ist der Hinweis in einer für die andere Partei verständlichen Sprache zu erteilen.

d) Kenntnisnahmemöglichkeit und das Transparenzgebot

Problematisch in Bezug auf das Transparenzgebot des § 305 II Nr. 2 BGB beim Vertragsschluss durch eine automatisiert/ autonom erzeugte Erklärung bei der Verwendung eines Smart Contracts auf der rechtlichen Ebene könnte sein, dass die andere Partei unter Umständen den Vertragstext, welcher nur in einer Programmiersprache vorliegt, nicht verstehen kann. Das Transparenzgebot ist trotz der Erwähnung im § 307 I 2 BGB als Einbeziehungsschranke auch in § 305 II Nr. 2 BGB verortet.[68] Um Vertragsbestandteil zu werden, müssen Klauseln für den Durchschnittskunden mühelos lesbar, verständlich, sowie vom Umfang in Relation zum Geschäft eine vertretbare Länge aufweisen und ein Mindestmaß an Übersichtlichkeit bieten.[69] Der Maßstab bzgl. der Verständlichkeit ist der Durchschnittskunde des jeweiligen Rechtsgeschäfts.[70] Für die Lesbarkeit gibt es keine gesetzlichen Kriterien, der anderen Partei muss es zumutbar sein, in Bezug auf Schriftgröße und Schriftart, von den AGB Kenntnis nehmen zu können.[71] Hier ergeben sich aus dem Einsatz eines Smart Contracts auf der rechtlichen Ebene keine Besonderheiten.

Es stellt sich jedoch die Frage, wie sich der Vertragsschluss durch automatisiert/ autonom erzeugte Erklärungen bei der Verwendung eines Smart Contracts auf der rechtlichen Ebene, ohne die Verwendung einer natürlichen Sprache, auf die Verständlichkeitsanforderung des Transparenzgebotes auswirkt. Dabei ist auf das oben Dargestellte zur Sprache zu verweisen.[72] Die Ausführungen in Bezug auf die zumutbare Möglichkeit der Kenntnisnahme in Bezug auf die Verteilung des Sprachrisikos, gelten auch für das in § 307 I 2 BGB normierte Transparenzgebot entsprechend.

---

68 *Berger*, in: Prütting/Wegen/Weinreich-BGB, § 305 Rn. 23.

69 *Ulmer/Habersack*, in: Ulmer/Brandner/Hensen, AGB-Recht, § 305 Rn. 150 ff.

70 *Schulte-Nölke*, in: Nomos Handkommentar-BGB, § 305 Rn. 16; *Pfeiffer*, in: Wolf/Lindacher/Pfeiffer, AGB-Recht, § 305 Rn. 88.

71 *Ulmer/Habersack*, in: Ulmer/Brandner/Hensen, AGB-Recht, § 305 Rn. 154.

72 Hierzu siehe unter: § 3 A. I. 2. c) bb).

e) Einverständnis des Vertragspartners

Um Teil des Vertrags zu werden, muss die andere Partei mit der Einbeziehung der AGB einverstanden sein.[73] Das Einverständnis liegt grundsätzlich vor, wenn die Kenntnisnahme in zumutbarer Weise möglich war und der Vertrag geschlossen wurde.[74] Für das Einverständnis reicht konkludentes Handeln aus, daran sind keine hohen Anforderungen zu stellen.[75]

Für den Einsatz eines Smart Contracts auf der rechtlichen Ebene bedeutet dies also, dass die AGB Vertragsbestandteil werden, wenn der Vertrag zwischen den Parteien geschlossen wurde, die andere Partei mit der Einbeziehung einverstanden ist, sie einen Hinweis auf die AGB in einer ihr verständlichen Sprache erhält und die zumutbare Möglichkeit der Kenntnisnahme vorliegt.

II. B2B-Geschäft

Bei Verwendung der AGB gegenüber einem Unternehmer (B2B-Geschäft) gelten für die wirksame Einbeziehung die Anforderungen des § 305 II, III BGB nicht, es bedarf lediglich einer rechtsgeschäftlichen Einbeziehung, die auch konkludent erfolgen kann.[76] Die Sprachwahl ist nach dem allgemeinen Vertragsrecht zu beurteilen und kann daher auch konkludent erfolgen. Wählen die Unternehmer eine Verhandlungs- und Vertragssprache, so können die AGB in dieser Sprache abgefasst sein.[77]

Überträgt man dies auf den Einsatz eines Smart Contracts auf der rechtlichen Ebene, kann sowohl beim klassischen Vertragsschluss als auch beim Vertragsschluss durch automatisiert/ autonom erzeugte Erklärungen, sowohl eine natürliche Sprache als auch eine Programmiersprache als Verhandlungs- und Vertragssprache Verwendung finden. Dies steht den Unternehmern frei und ergibt sich ausdrücklich durch eine Vereinbarung oder aus den Umständen des Vertragsschlusses. Wie bereits oben dargestellt, ist eine Programmiersprache, vergleichbar mit einer natürlichen Sprache, für einen Vertragsschluss geeignet. Im B2B-Bereich ist es daher möglich, die AGB nur

---

73 *Becker*, in: BeckOK-BGB, § 305 Rn. 67; *Fornasier*, in: MüKo-BGB, § 305 Rn. 56.

74 *Becker*, in: BeckOK-BGB, § 305 Rn. 67; *Fornasier*, in: MüKo-BGB, § 305 Rn. 56.

75 *Pfeiffer*, in: Wolf/Lindacher/Pfeiffer, AGB-Recht, § 305 Rn. 105; *Lehmann-Richter*, in: BeckOGK-BGB, § 305 Rn. 245.

76 *Becker*, in: BeckOK-BGB, § 305 Rn. 81; *Mäsch*, in: Staudinger-BGB, § 305 Rn. 102; *Roloff/Looschelders*, in: Erman-BGB, § 305 Rn. 47.

77 *Schmidt*, NJW 2011, 3329, 3334.

in einer Programmiersprache verfasst mit in den Vertrag einzubeziehen, sofern die Parteien sich vertraglich darauf einigen, was auch konkludent durch die Verwendung der Programmiersprache möglich ist. Da der § 305 II BGB nicht zur Anwendung kommt, ist auch ein Hinweis oder eine Übersetzung der AGB, die in einer Programmiersprache verfasst sind, zur wirksamen Einbeziehung nicht notwendig.

B. Grenzen des § 305c

Der § 305c BGB ergänzt den § 305 II BGB. Danach werden überraschende Klauseln nicht Vertragsinhalt, auch wenn die Anforderungen des § 305 II BGB beachtet wurden.[78] Der § 305c BGB gilt auch im Geschäftsverkehr mit Unternehmern, wobei deren größere Geschäftserfahrenheit im Vergleich zu Verbrauchern zu beachten ist.[79] Überraschend sind Klauseln, wenn sie nach den Umständen, insbesondere nach dem äußeren Erscheinungsbild des Vertrags so ungewöhnlich sind, dass die andere Partei nicht mit ihnen zu rechnen braucht.[80] Eine Klausel wird dann nach § 305c I BGB nicht Bestandteil des Vertrags, wenn diese objektiv ungewöhnlich ist und die andere Partei subjektiv davon überrascht wird.[81] Die Erwartungen des Vertragspartners werden von den Umständen des Vertragsschlusses bestimmt, sodass auch die übliche Gestaltung eines solchen Geschäfts mit in diese Bewertung der Ungewöhnlichkeit einfließt.[82] Dabei werden unbillige Ergebnisse durch die Inhaltskontrolle verhindert, denn die §§ 307–309 BGB sind neben dem § 305c BGB anwendbar.[83]

Zunächst stellt sich die Frage, ob die Verwendung einer Klausel mit dem Inhalt, dass vertraglich Vereinbarte auf der tatsächlichen Ebene durch einen Smart Contract ausführen zu lassen, sich als überraschend iSd. § 305c BGB darstellt. Hierbei gilt es jedoch zu beachten, dass den Parteien gerade an der automatisierten Ausführung des vertraglich Vereinbarten durch einen Smart

---

78 *Fornasier*, in: MüKo-BGB, § 305 Rn. 65.

79 *Ulmer/Habersack*, in: Ulmer/Brandner/Hensen, AGB-Recht, § 310 Rn. 25.

80 *Bonin*, in: BeckOGK-BGB, § 305c Rn. 8; *Grüneberg*, in: Grüneberg, § 305c Rn. 3 f.

81 *Bonin*, in: BeckOGK-BGB, § 305c Rn. 29; *Fornasier*, in: MüKo-BGB, § 305c Rn. 8.

82 *Bonin*, in: BeckOGK-BGB, § 305c Rn. 41; *Schuster*, in: Spindler/Schuster, Recht der elektronischen Medien, § 305c BGB Rn. 5.

83 *Lindacher/Hau*, in: Wolf/Lindacher/Pfeiffer, AGB-Recht, § 305c Rn. 6.

Contract auf der tatsächlichen Ebene gelegen ist, sodass sich dies weder als objektiv ungewöhnlich noch als subjektiv überraschend für die andere Partei darstellt. Gewollt ist gerade die automatische Ausführung des vertraglich Vereinbarten durch einen Smart Contract auf der tatsächlichen Ebene, sodass die andere Partei nicht nur nicht damit rechnen musste, sondern dies als Kernelement des Vertrags gewollt sein wird und sich dies daher nicht als überraschend iSd. § 305c BGB darstellt. Dies stellt sich deshalb nicht als objektiv ungewöhnlich dar, weil die Parteien die dafür notwendige Software nutzen, um dies zu erreichen und sich dies subjektiv auch deshalb als nicht überraschend für den Vertragspartner darstellt, da die Automatisierung gerade gewollt ist. Darüber hinaus besteht bei vernetzten Sachen durch die zunehmende technische Vernetzung kein schutzwürdiges Vertrauen mehr darauf, dass die Sache von technischem Zugriff frei ist, sodass sich dies schon nicht als objektiv ungewöhnlich darstellt.[84]

Etwas genauer gilt es den Vertragsschluss durch den Einsatz eines Smart Contracts auf der rechtlichen Ebene, der durch automatisiert/ autonom erzeugte Erklärungen erfolgt und bei diesem somit der Vertragstext und die AGB nicht in natürlicher Sprache, sondern nur in einer höheren Programmiersprache vorliegen, im Hinblick auf eine überraschende Klausel nach § 305c BGB zu betrachten. Hier könnte sich die Verwendung der Programmiersprache als Vertragssprache als überraschend darstellen. Es gilt also zu klären, ob der Vertragstext und daher auch die AGB in einer Programmiersprache überraschend iSd § 305c BGB sind. Grundsätzlich braucht ein Vertragspartner nicht damit rechnen, dass der Vertragstext und die AGB in einer Programmiersprache abgefasst sind. In der Regel wird eine natürliche Sprache zum Vertragsschluss verwendet. Bereits oben wurde dargestellt, dass zumindest im Anwendungsbereich des § 305 II BGB, also bei B2C-Geschäften, die andere Partei regelmäßig bei der Verwendung von automatisiert/ autonom erzeugten Erklärungen zum Vertragsschluss im Vorfeld Einstellungen in einer Software treffen wird, die mit einer für sie verständlichen Benutzeroberfläche, in natürlicher Sprache versehen ist und die Übersetzung in eine Programmiersprache erst zu einem späteren Zeitpunkt durch die Software, nämlich bei der Erzeugung der Erklärung und deren Abgabe erfolgt. Hierbei macht die andere Partei sich regelmäßig keine Gedanken um den genauen

---

[84] *Casper/Grimpe*, ZIP 2022, 661, 667; *Strobel*, NJW 2022, 2361, 2365.

technischen Ablauf des Vorgangs, sodass man davon ausgehen könnte, dass sich dies als überraschend darstellt.

Dem lässt sich jedoch entgegenhalten, dass die andere Partei sich in einem solchen Fall zwar nicht bewusst sein wird, dass der spätere Vertragsschluss in einer Programmiersprache durch die Software erfolgen wird, jedoch verwendet diese die Software gezielt, um eine Automatisierung des Vertragsschlusses auf der rechtlichen Ebene und der Durchsetzung durch den Smart Contract auf der tatsächlichen Ebene zu erreichen. Darüber hinaus ist der anderen Partei auch bekannt, dass sie lediglich Voreinstellungen trifft und eine spätere Konkretisierung ihres Willens durch die Software erfolgt. Beim Vertragsschluss mittels automatisiert/ autonom erzeugter Erklärungen gilt es zu beachten, dass den Parteien gerade daran gelegen ist, automatisiert/ autonom erzeugte Erklärungen zu verwenden, um eine Automatisierung zu erreichen und so verzichten diese bewusst auf eine direkte Kommunikation in natürlicher Sprache. Da die Erwartungen des Vertragspartners in Bezug auf die Ungewöhnlichkeit der Klausel von den Umständen des Vertragsschlusses bestimmt werden und daher auch die übliche Gestaltung eines solchen Geschäftes mit in diese Bewertung einfließt, stellt es sich bei einem bewussten Verzicht auf eine direkte Kommunikation in natürlicher Sprache, indem im Vorfeld lediglich Voreinstellungen getätigt werden, nicht als objektiv ungewöhnlich dar, wenn lediglich eine Programmiersprache zur Kommunikation der Software untereinander eingesetzt wird und die andere Partei wird davon auch subjektiv nicht überrascht sein. Dies gilt auch, wenn für die andere Partei die genauen technischen Abläufe nicht ohne Weiteres ersichtlich waren, da der anderen Partei durch das Vornehmen der Voreinstellungen und durch den Verzicht auf eine Kommunikation in natürlicher Sprache zumindest die Umstände insoweit bekannt waren, dass diese davon subjektiv nicht mehr überrascht sein wird. Durch die freiwillige und bewusste Verwendung der Software müssen die Parteien mit dem Vertragstext in einer Programmiersprache zumindest insoweit rechnen, dass sich dies regelmäßig nicht als überraschende Klausel darstellt.

C. Auslegungsregel des § 305b

Nach § 305b BGB haben Individualabreden Vorrang vor den AGB. Individualabreden sind dabei alle im einzelnen ausgehandelten Vereinbarungen.[85] Diese

---

[85] *Grüneberg*, in: Grüneberg, § 305b Rn. 2; *Stadler*, in: Jauernig-BGB, § 305 Rn. 8 f.

Vorschrift gilt für alle AGB-Geschäfte und daher auch für den Einsatz eines Smart Contracts auf der rechtlichen Ebene zum Vertragsschluss.

Der Vorrang der Individualabrede kann jedoch dazu führen, dass der Smart Contract auf der tatsächlichen Ebene etwas ausführt, was vertraglich auf der rechtlichen Ebene nicht geschuldet wird. Unter anderem durch den Vorrang der Individualabrede besteht die Gefahr, dass sich eine Abweichung zwischen dem vertraglich Vereinbarten auf der rechtlichen Ebene beim Einsatz eines Smart Contracts und dem tatsächlich Programmierten auf der tatsächlichen Ebene des Smart Contracts ergibt. Der Smart Contract führt dann auf der tatsächlichen Ebene etwas aus, was vertraglich nicht wirksam vereinbart wurde. Dies ist grundsätzlich nach dem allgemeinen Leistungsstörungsrecht zu behandeln.[86] Genauer zur Divergenz der beiden Ebenen siehe unter § 4 B. Die Verwendung eines Smart Contracts auf der rechtlichen Ebene führt jedenfalls in Bezug auf den Vorrang der Individualabrede zu keiner Abweichung, sodass der § 305b BGB unabhängig davon Anwendung findet, was im konkreten Einzelfall programmiert wurde.

D. Zwischenergebnis

AGB müssen, um Vertragsbestandteil zu werden, wirksam in den Vertrag mit einbezogen werden. Bei B2C-Geschäften, gelten nach § 305 II BGB besondere Anforderungen an die Einbeziehung von AGB. Dafür muss die andere Partei durch einen ausdrücklichen Hinweis auf die AGB hingewiesen werden. Darüber hinaus muss der Verwender der anderen Partei die Möglichkeit der zumutbaren Kenntnisnahme der AGB verschaffen.

Beim Einsatz eines Smart Contracts auf der rechtlichen Ebene zum Vertragsschluss, ist zwischen dem klassischen Vertragsschluss und dem Einsatz von automatisiert/ autonom erzeugten Erklärungen zu unterscheiden.

Beim klassischen Vertragsschluss, bei dem ein Smart Contract auf der rechtlichen Ebene zum Einsatz kommt, besteht die zumutbare Möglichkeit der Kenntnisnahme dann, wenn die Erklärung des Verwenders über die Software des anderen Teils, durch welche dieser Zugriff auf den Smart Contract erhält und diesen für den Vertragsschluss steuern kann, eingesehen werden kann und daher damit zu rechnen ist, dass die Erklärung insoweit in den Machtbereich des Empfängers gelangt ist, dass dieser unter gewöhnlichen

[86] Hierzu siehe unter: § 6.

Umständen Kenntnis erlangen wird. Dies ist dann der Fall, wenn die Erklärung auf dem Server gespeichert wird, sodass sie in den Zugriffsbereich der Software, und damit des Nutzers gelangt ist, daher hat ab diesem Zeitpunkt die andere Partei die Möglichkeit, sich diese anzuschauen, sodass von der zumutbaren Möglichkeit der Kenntnisnahme ausgegangen werden kann.

Für den Einsatz von automatisiert/ autonom erzeugten Erklärungen gelten für die Beurteilung der zumutbaren Möglichkeit der Kenntnisnahme die eben dargestellten Grundsätze, jedoch findet hier regelmäßig der Vertragsschluss ohne die Verwendung einer natürlichen Sprache, nur mittels Programmiersprache statt, die die andere Partei regelmäßig nicht verstehen können wird. Der Programmcode, der in einer Programmiersprache verfasst wird, ist dazu geeignet, eine Willenserklärung abzubilden, folglich eignet er sich auch grundsätzlich dazu, den Inhalt von AGB darzustellen. Die Hinweissprache, also die Sprache, in der der anderen Partei die Einbeziehung der AGB kundgetan wird, muss so gewählt werden, dass die andere Partei diese verstehen kann. Generell hat der Hinweis in Verhandlungs- und Vertragssprache zu erfolgen, kann die andere Partei diese aber ersichtlich nicht verstehen, ist ihr der Hinweis auf die Einbeziehung der AGB unabhängig von der Verhandlungs- und Vertragssprache verständlich zu erläutern.

Auch die AGB können in einer Programmiersprache verfasst sein. Grundsätzlich müssen AGB in einer für die andere Partei verständlichen Sprache verfasst sein. Etwas anderes gilt dann, wenn die andere Partei sich auf AGB in einer Fremdsprache, also auf eine abweichende Vertrags- und Verhandlungssprache, eingelassen hat und das Unvermögen der anderen Partei, die Sprache nicht verstehen zu können, für den Verwender nicht erkennbar war. Erkennt der Verwender, dass die andere Partei die Sprache nicht verstehen kann, muss er für eine Übersetzung sorgen, um für diese die zumutbare Möglichkeit der Kenntnisnahme zu gewährleisten. Sollen AGB, die in einer Programmiersprache verfasst sind, in den Vertrag einbezogen werden, stellt sich die Situation anders als bei der Einbeziehung von fremdsprachigen AGB dar. Die Ausführungen bzgl. der Einbeziehung von AGB in einer für die andere Partei unverständlichen Sprache, lassen sich deshalb nur bedingt auf den automatisierten/ autonomen Vertragsschluss übertragen, weil der Verwender in diesem Fall nicht davon ausgehen kann, dass die andere Partei die Programmiersprache verstehen können wird. Da der Vertragsschluss automatisiert/ autonom erfolgt, wird die andere Partei in der Regel eine

Software in einer ihr verständlichen Sprache nutzen, um Voreinstellungen zu treffen, die die Software dann später in einer Willenserklärung in einer Programmiersprache konkretisiert. Anders als bei einem Vertragsschluss in einer ihr unverständlichen Sprache, kommt sie dabei jedoch mit der Programmiersprache gerade nicht in Berührung. Bei E-Commerce Geschäften kann davon ausgegangen werden, dass die andere Partei die Sprache beherrscht, wenn sie sich erfolgreich durch den Bestellvorgang geklickt hat. Dieses Indiz liegt beim automatisierten/ autonomen Vertragsschluss nicht vor, sodass der Verwender auch nicht davon ausgehen kann, dass die andere Partei die Programmiersprache verstehen kann. Bei erkennbarem Unverständnis hat er der anderen Partei dann, um dieser die zumutbare Möglichkeit der Kenntnisnahme zu ermöglichen, eine Übersetzung der AGB bereit zu stellen.

Für B2B-Geschäfte gelten die §§ 305 II, III BGB nicht, vielmehr beurteilt sich die Einbeziehung von AGB nach allgemeinen Regelungen. Dabei ist die Sprachwahl nach dem allgemeinen Vertragsrecht zu beurteilen und kann auch konkludent erfolgen. Eine vertragliche Einigung, ausdrücklich oder konkludent, beim Einsatz von automatisiert/ autonom erzeugten Erklärungen für die Verwendung eines Smart Contracts auf der rechtlichen Ebene, auf eine Programmiersprache als Verhandlungs- und Vertragssprache, ist daher möglich, sodass auch die AGB in dieser verfasst sein können.

§ 4 Inhaltsermittlung

Für die Inhaltsermittlung können sich auf Grund der beiden Ebenen eines Smart Contracts, der rechtlichen Ebene und der tatsächlichen Ebene, einige Besonderheiten ergeben, wenn diese beiden Ebene voneinander divergieren. Unter anderem gilt es daher im Folgenden genauer zu betrachten, wie mit einer solchen Divergenz bei der Inhaltsermittlung umzugehen ist. Obwohl AGB häufig ausgefeilte Vertragsbedingungen darstellen, die die Vertragsdetails eingehend regeln sollen, kann es vorkommen, dass die Formulierungen nicht immer klar und eindeutig sind und es somit zu unterschiedlichen Ansichten in Bezug auf den Inhalt kommen kann. Daher ist es oftmals auch bei AGB notwendig, diese auszulegen, sowohl bei B2B- als auch bei B2C-Geschäften.[1] Da auch bei Verbraucherverträgen individuelle Umstände nach § 310 III Nr. 3 BGB nur bei der Inhaltskontrolle, nicht jedoch bei der Auslegung berücksichtigt werden, ist für die Auslegung eine Differenzierung zwischen B2B- und B2C-Geschäften entbehrlich.[2] Vielmehr ist hier für die Inhaltsermittlung auf den jeweiligen Kundenkreis abzustellen, bei dem die AGB Verwendung finden sollen.[3] Dabei gilt es zu beachten, dass Auslegung und Inhaltskontrolle streng zu trennen sind.[4] Die Auslegung bereitet die Inhaltskontrolle vor, da nur der Inhalt kontrolliert werden kann, welcher

---

1 *Schlosser*, in: Staudinger-AGB, § 305c Rn. 102.
2 *Berger*, in: Prütting/Wegen/Weinreich-BGB, § 305c Rn. 14; *Stoffels*, AGB-Recht, Rn. 363.
3 *Berger*, in: Prütting/Wegen/Weinreich-BGB, § 305c Rn. 12.
4 *Stoffels*, AGB-Recht, Rn. 358.

zuvor festgestellt wurde.[5] Eine solche inhaltliche Überprüfung erfolgt dann erst als zweiter Schritt, nach der Auslegung.[6]

A. Allgemeine Auslegungsgrundsätze

Grundsätzlich unterliegen auch die AGB den allgemeinen Auslegungsregeln des BGB für Willenserklärungen und Verträge.[7] Da die AGB für eine Vielzahl von Fällen vorformuliert wurden, gilt es jedoch einige Besonderheiten bei der Auslegung zu beachten, die im Folgenden dargestellt werden. Anders als Individualverträge werden AGB objektiv ausgelegt.[8] Die einzelnen Klauseln sind nach dem typischen Verständnis von redlichen Vertragspartnern unter Abwägung der Interessen der Kreise, die normalerweise an dem Geschäft beteiligt sind, auszulegen.[9] Ausgangspunkt dieser Auslegung stellt der Wortlaut dar.[10] Über den Wortlaut hinaus ist jedoch auch der Sinn und Zweck der jeweiligen Regelung zu ermitteln, denn dieser ist entscheidend für die Bedeutung der Klausel.[11] Daraus ergibt sich, dass für den Sinn und Zweck, die Vertragsart, der Geschäftstyp, für den die auszulegenden AGB formuliert wurden, sowie deren systematische Stellung und das Verhältnis zu anderen in der AGB enthaltenen Bestimmungen, ausschlaggebend sind.[12] Bei der Ermittlung des Sinn und Zwecks der Regelung ist nicht auf die individuelle Sicht des Verwenders abzustellen, vielmehr beurteilt dieser sich nach den Interessen der auf beiden Seiten beteiligten Kreise.[13] Da AGB massenhaft verwendet werden, nämlich gem. § 305 I BGB für eine „Vielzahl von Verträgen", sollen diese objektiv nach ihrem Inhalt und Sinn, ohne Rücksicht

---

[5] BGH NJW 1999, 1108; NJW 1999, 1633, 1634; *Schwab*, AGB-Recht, Rn. 394; *Schlosser*, in: Staudinger-AGB, § 305c Rn. 105; *Lindacher/Hau*, in: Wolf/Lindacher/Pfeiffer, AGB-Recht, § 305c Rn. 5.

[6] *Lindacher/Hau*, in: Wolf/Lindacher/Pfeiffer, AGB-Recht, § 305c Rn. 5.

[7] *Stoffels*, AGB-Recht, Rn. 359; *Schlosser*, in: Staudinger-AGB, § 305c Rn. 101.

[8] BGH NJW-RR 2016, 526 Rn. 17 f.; NJW 1987, 319, 320.

[9] St. Rspr.: BGH NJW 1988, 1261, 1262; NJW 1990, 1846; NJW 2017, 1596 Rn. 40; NJW 2018, 455 Rn. 22; *Schlosser*, in: Staudinger-AGB, § 305c Rn. 126.

[10] BGH NJW 2018, 455 Rn. 22; *Schlosser*, in: Staudinger-AGB, § 305c Rn. 126.

[11] BGH NJOZ 2021, 375 Rn. 28; NJW 1984, 1184, 1185.

[12] *Fritzsche*, in: Soergel-BGB, § 305c Rn. 41.

[13] BGH NJW-RR 2016, 526 Rn. 17; NZM 2015, 79 Rn. 16; NJW 1982, 2776, 2777.

auf den jeweiligen Einzelfall, ausgelegt werden.[14] Überwiegend wird dies heutzutage[15] mit der Regelungsfunktion von AGB und ihrer massenhaften Verwendung begründet.[16]

Beim Einsatz eines Smart Contracts auf der rechtlichen Ebene zum Vertragsschluss kann dieser auch AGB enthalten, die wirksam mit in den Vertrag einbezogen werden können. Es gilt daher im Folgenden zu prüfen, wie sich die allgemeinen Auslegungsgrundsätze hierauf auswirken. Insbesondere gilt es dabei zu beachten, dass bei der Verwendung eines Smart Contracts die rechtliche Ebene und die tatsächliche Ebene voneinander divergieren können. Den Ausgangspunkt der Auslegung stellt der Wortlaut dar. Auch bei der Verwendung eines Smart Contracts auf der rechtlichen Ebene zum Vertragsschluss, ist zunächst der Wortlaut des Vertrags zu begutachten. Der Wortlaut kann in natürlicher Sprache verfasst sein, oder, wenn der Vertrag durch den Einsatz von automatisiert/ autonom erzeugten Erklärungen zustande gekommen ist, in einer Programmiersprache vorliegen. Er stellt auch dann den Ausgangspunkt der Auslegung dar, da der Programmcode, wie der Wortlaut eines auf Papier geschriebenen Vertrags, die äußere Form der Willenserklärung abbildet.[17] Der Wortlaut des Vertrags stellt jedoch nur den Ausgangspunkt der Auslegung dar, darüber hinaus ist die Bedeutung der Klausel nach dem Sinn und Zweck der Regelung, nach den oben dargestellten Grundsätzen, zu ermitteln.

Zunächst soll das Risiko der Divergenz der rechtlichen Ebene von der tatsächlichen Ebene genauer betrachtet werden. Auf Grund der Notwendigkeit, die rechtliche Ebene zur Ausführung auf der tatsächlichen Ebene zu übersetzen, birgt der Einsatz eines Smart Contracts auf den beiden Ebenen insbesondere das Risiko, dass diese einander nicht entsprechen und somit durch den Smart Contract auf der tatsächlichen Ebene etwas ausgeführt wird, was auf der rechtlichen Ebene nicht vereinbart wurde. Darüber hinaus

---

14 BGH NJW-RR 2016, 526 Rn. 17 f.; NJW 1987, 319, 320.

15 Früher wurde verstärkt auf die Gesetzesähnlichkeit der AGB abgestellt, vgl. hierzu: BGH NJW 1959, 38.

16 *Schlosser*, in: Staudinger-AGB, § 305c Rn. 126; *Schäfer*, in: Ulmer/Brandner/Hensen, AGB-Recht, § 305c Rn. 75; NJW 1981, 867, 868; NJW 1983, 2638.
i.E. bedarf es keines Streitentscheids, da Einigkeit bzgl. der objektiven Auslegung besteht, lediglich die Begründung hierfür veränderte sich mit der Zeit.

17 *Riehm*, in: Braegelmann/Kaulartz, Rechtshandbuch Smart Contracts, Kap. 9 Rn. 2.

fragt es sich beim Einsatz eines Smart Contracts auf der rechtlichen Ebene, wenn der Vertragstext lediglich in einer Programmiersprache verfasst ist, wie sich dies auf die Auslegung der Klauseln auswirkt. Darüber hinaus stellt sich die Problematik, dass, wenn ein Smart Contract auf einer Blockchain ausgeführt werden soll, der Vertragsschluss oftmals unter der Verwendung eines Pseudonyms erfolgen wird. Insofern gilt es zu begutachten, wie sich dies auf die Auslegung auswirken kann.

B. Divergenz beider Ebenen

Beim Einsatz eines Smart Contracts ist es denkbar, dass die rechtliche Ebene von der tatsächlichen Ebene abweicht. Eine solche Divergenz kann sowohl entstehen, wenn auf herkömmliche Art und Weise ein Vertrag geschlossen wird, also ohne den Einsatz eines Smart Contracts auf der rechtlichen Ebene und in diesem Vertrag die Durchsetzung des Vereinbarten auf der tatsächlichen Ebene durch einen Smart Contract vereinbart wird, als auch dann, wenn ein Smart Contract auf der rechtlichen Ebene zum Vertragsschluss eingesetzt wird und diesen dann auf der tatsächlichen Ebene vollziehen soll. Eine solche Abweichung der beiden Ebenen kann durch einen Übersetzungsfehler entstehen, aber auch durch gesetzliche Vorgaben, wenn beispielsweise eine Klausel auf der rechtlichen Ebene eine unangemessene Benachteiligung der anderen Partei darstellt, somit unwirksam ist und diese Klausel trotzdem auf der tatsächlichen Ebene vollzogen wird.

Es fragt sich also, wie mit der Problematik der Divergenz der beiden Ebenen umzugehen ist. Beschäftigt man sich mit Smart Contracts, stößt man relativ schnell auf die Behauptung „Code is law", die auf Lawrence Lessig zurückzuführen ist.[18] In dieser zum Teil missverstandenen Aussage Lessigs[19] wird gelegentlich die Entwicklung von Justizsystemen jenseits der staatlichen Ordnung durch Smart Contracts hineininterpretiert.[20] Daraus würde folgen, dass es im Konfliktfall zwischen beiden Ebenen nur auf das Programmierte, also die tatsächliche Ebene ankäme, die rechtliche Ebene

[18] *Lessig*, Code und andere Gesetze des Cyberspace, S. 19 ff.

[19] Lessig bezog diese Aussage auf die reale Wirkung des Codes, nicht auf eine rechtliche Würdigung dessen; vgl. *Anzinger*, in: Fries/Paal, Smart Contracts, 33, 55.

[20] Vgl. hierzu vertiefend: *Kuntz*, AcP 220 (2020), 51, 52 f. mwN.

wäre lediglich eine lesbare Vertextlichung des Programmcodes.[21] Dass ein solcher rechtsfreier Raum erhebliche Risiken birgt, lässt sich beispielsweise am Darknet erkennen.[22] Daher ist diese Behauptung nicht haltbar, denn die staatliche Ordnung kann rechtsfreie Räume nicht tolerieren, sodass auch Software und somit auch Smart Contracts, an die gleichen Schranken und Grundsätzen gebunden sind, wie herkömmliche Verträge.[23] Überzeugender erscheint, dies wie *Riehm* in: „Code has to obey the law", umzuformulieren.[24]

I. Auslegung klassischer Vertragsschluss

Das Risiko der Abweichung der beiden Ebenen voneinander besteht vor allem dann, wenn der Vertrag in einer natürlichen Sprache geschlossen und die Durchführung des Vertrags mittels Smart Contracts auf der tatsächlichen Ebene vereinbart wird. Der Vertragstext auf der rechtlichen Ebene liegt dann in einer natürlichen Sprache vor und wird für die Ausführung durch den Smart Contract auf der tatsächlichen Ebene in Programmcode übersetzt, sodass sich im Idealfall eine genaue Abbildung des vertraglich gewollten auf der tatsächlichen Ebene wieder findet und der Smart Contract hier die vertragliche Vereinbarung exakt umsetzen kann.

Möglicherweise weichen die beiden Ebenen jedoch voneinander ab, sodass der Smart Contract auf der tatsächlichen Ebene als Durchsetzungsinstrument etwas umsetzt und somit die vermeintliche Vereinbarung der Parteien ausführt, obwohl vertraglich etwas anderes geschuldet ist. Generell besteht beim Einsatz von Smart Contracts immer das Risiko, dass die beiden Ebenen auseinanderfallen. Die Gründe dafür können vielfältig sein, etwa ein einfacher Umsetzungsfehler in der Programmierung des Smart Contracts, gesetzliche Wirksamkeitshindernisse wie eine Anfechtung oder ein Verstoß gegen die Minderjährigenschutzvorschriften.[25] Die Divergenz kann sich auch daraus ergeben, dass die Parteien sich auf der rechtlichen Ebene auf einen

---

21 *Fries*, AnwBl 2018, 86, 87.

22 *Söbbing*, ITRB 2018, 43, 45.

23 *Wilhelm*, WM 2020, 1807, 1810; *Möslein*, ZHR 183 (2019), 254, 269 f.; *Riehm*, in: Fries/Paal, Smart Contracts, 85, 86 f.; *Anzinger*, in: Fries/Paal, Smart Contracts, 33, 56; *Djazayeri*, in: jurisPR-BKR 12/2016 Anm. 1, E. III.

24 *Riehm*, in: Braegelmann/Kaulartz, Rechtshandbuch Smart Contracts, Kap. 9 Rn. 1; so auch: *Möslein*, ZHR 183 (2019), 254, 270; *Fries*, AnwBl 2018, 86, 87.

25 *Möslein*, ZHR 183 (2019), 254, 279 f.; *Schawe*, MMR 2019, 218, 221.

bestimmten Vertragsinhalt und die Durchführung mittels Smart Contracts auf der tatsächlichen Ebene einigen, der Vertrag jedoch AGB enthält, die sich als unwirksam herausstellen.[26] Da die unwirksamen AGB jedoch inhaltlich bereits in den Programmcode auf der tatsächlichen Ebene übersetzt wurde, weicht der Smart Contract vom wirksam vereinbarten Vertragsinhalt ab, wenn er diesen gemäß der Programmierung umsetzt. Es gilt daher zu klären, wie sich die Divergenz auf die AGB-rechtliche Auslegung auswirken kann.

Wie bereits oben dargestellt, erfolgt die Auslegung von AGB objektiv, sodass es losgelöst vom Einzelfall darauf ankommt, wie der Vertrag nach dem typischen Verständnis der Vertragspartner und der gewöhnlich am Geschäft beteiligten Geschäftskreise zu verstehen ist. Ergibt sich hieraus, dass der Vertrag und die tatsächliche Ausführung voneinander abweichen, vollzieht die tatsächliche Ebene unter Umständen etwas anderes als vereinbart wurde. AGB-rechtlich besteht der Grundsatz, dass, wenn sich zwei Klauseln widersprechen, die für den Kunden Günstigere maßgebend ist.[27] Man könnte dies auch auf die beiden divergierenden Ebenen übertragen. Daraus würde folgen, dass bei einer Divergenz der Ebenen entweder das vertraglich Vereinbarte oder das auf der tatsächlichen Ebene Programmierte anwendbar sein soll. Hierfür wären jedoch zwei gleichwertige Klauseln erforderlich, die sich inhaltlich widersprechen. Bei der Divergenz der beiden Ebenen ist dies gerade nicht der Fall. Der Vertrag wurde wirksam auf der rechtlichen Ebene geschlossen und soll nun auf der tatsächlichen Ebene durch den Smart Contract vollzogen werden. Die vertragliche Ebene und die tatsächliche Ebene stehen hierbei also gerade nicht gleichwertig nebeneinander, sodass die für die andere Partei günstigere Klausel maßgebend wäre. Die vertragliche Ebene stellt das von den Parteien übereinstimmend Gewollte dar. Dieses übereinstimmend Gewollte soll dann lediglich durch den Smart Contract auf der tatsächlichen Ebene umgesetzt werden, sodass in diesem Fall gerade keine gleichwertigen Klauseln eines Vertragswerks vorliegen, die sich widersprechen. Vielmehr kommt es für die Auslegung vor allem auf den Vertrag zwischen den Parteien, also auf die rechtliche Ebene, an. Dieser bildet maßgeblich das vertraglich Vereinbarte und somit das von den Parteien Gewollte, ab. Vereinbart wird dabei lediglich der Vollzug auf der

26 *Schnell/Schwaab*, BB 2021, 1091, 1095.

27 *Schlosser*, in: Staudinger-AGB, § 305c Rn. 124; *Schmidt*, in: BeckOK-BGB, § 305c Rn. 42.

tatsächlichen Ebene mittels Smart Contract, sodass die tatsächliche Ebene hierbei nicht gleichwertig neben der rechtlichen Ebene steht, sondern nachrangig für deren Durchsetzung sorgen soll. Es handelt sich also nicht um zwei sich widersprechende Klauseln, sondern um eine Klausel, die technisch durchgesetzt werden soll. Der Grundsatz, wonach für die andere Partei bei zwei sich widersprechenden Klauseln immer die für diese Günstigere zur Anwendung kommt, lässt sich also auf diesen Fall nicht übertragen. Dies bedeutet jedoch nicht, dass der tatsächlichen Ebene bei der Auslegung keinerlei Gewichtung beizumessen ist. Vielmehr kann diese im Falle von Unklarheiten wichtige Hinweise auf das vertraglich Gewollte liefern. Ausgangspunkt der Auslegung ist jedoch der Vertrag auf der rechtlichen Ebene.

Kommt man nach der Auslegung zu dem Ergebnis, dass eine Divergenz der beiden Ebenen vorliegt und der Smart Contract daher etwas vollzogen hat, was vertraglich nicht geschuldet war, liegt kein Rechtsgrund hierfür vor. Daher sind die ohne Rechtsgrund erfolgten Leistungen nach dem allgemeinen Leistungsstörungsrecht zu behandeln.[28]

II. Auslegung Vertragsschluss durch automatisiert/ autonom erzeugte Erklärungen

Schließen die Parteien durch den Einsatz eines Smart Contracts auf der rechtlichen Ebene einen Vertrag durch den Einsatz von automatisiert/ autonom erzeugten Erklärungen, nur unter Verwendung einer Programmiersprache, stellt sich die Frage, wie hierbei eine Divergenz von vertraglicher Ebene und tatsächlicher Ebene zu behandeln ist.

Zunächst könnte man überlegen, ob sich das Problem der Divergenz in dieser Konstellation überhaupt stellen kann. Die Parteien verwenden für Vertragsschluss auf der rechtlichen Ebene eine automatisiert/ autonom erzeugte Erklärung, die bereits in einer Programmiersprache geschrieben ist, sodass man annehmen könnte, da der Vertragstext bereits von einem Smart Contract auf der tatsächlichen Ebene ausgeführt werden kann, es zu keiner Abweichung, etwa durch Übersetzungsfehler, kommen kann und sich somit in dieser Konstellation das Problem der Divergenz der beiden Ebenen nicht stellen dürfte.

---

[28] Hierzu siehe unter: § 6.

Dabei gilt es jedoch zu beachten, dass der Wortlaut eines Vertrags lediglich den Ausgangspunkt für dessen Auslegung darstellt. Wie bei einem schriftlichen Vertragsschluss in natürlicher Sprache, kann beim Einsatz von automatisiert/ autonom erzeugten Erklärungen auf der rechtlichen Ebene, der wirkliche Parteiwillen vom Wortlaut des Vertrags abweichen. Ergibt sich durch die Auslegung des Vertrags, dass tatsächlich übereinstimmend etwas anderes gewollt ist, kann eine Abweichung des Programmcodes vom tatsächlich vertraglich Vereinbarten vorliegen. Denn auch bei der Verwendung eines Programmcodes ist durch Auslegung nach §§ 133, 157 BGB unter Heranziehung der Begleitumstände zu ermitteln, was die Parteien vereinbaren wollten.[29] Die Auslegung der AGB erfolgt objektiv und losgelöst vom Einzelfall, sodass es auf das typische Verständnis der Vertragspartner und der gewöhnlich am Geschäft beteiligten Geschäftskreise ankommt. Neben der Abweichung der tatsächlichen Ebene vom tatsächlich Gewollten der Parteien auf der rechtlichen Ebene, ist es wie oben dargestellt auch denkbar, dass beispielsweise auf der rechtlichen Ebene eine Klausel vereinbart wurde, die sich als unangemessen und somit unwirksam darstellt.

Eine Divergenz der beiden Ebene ist, wie oben für die Verwendung natürlicher Sprache auf der rechtlichen Ebene beim Einsatz eines Smart Contracts dargestellt, zu behandeln. Auch beim Einsatz von automatisiert/ autonom erzeugten Erklärungen liegt eine rechtliche Ebene vor, die dann durch den Smart Contract auf der tatsächlichen Ebene vollzogen wird. Auch hierbei handelt es sich nicht um zwei sich widersprechende gleichwertige Klauseln, sondern um eine Klausel auf der rechtlichen Ebene, die auf der tatsächlichen Ebene vollzogen werden soll. Ausgangspunkt der Auslegung stellt daher auch hier die rechtliche Ebene dar, wobei die tatsächliche Ebene bei Unklarheiten wieder zur Auslegung herangezogen werden kann.

Bei einer Divergenz der beiden Ebenen vollzieht der Smart Contract auf der tatsächlichen Ebene dann etwas, was auf der rechtlichen Ebene vertraglich nicht geschuldet war, sodass hierfür kein Rechtsgrund bestand. Dies ist nach dem allgemeinen Leistungsstörungsrecht zu behandeln.[30]

---

29 *Schawe*, MMR 2019, 218, 221; *Schnell/Schwaab*, BB 2021, 1091, 1096.

30 Hierzu siehe unter: § 6.

III. Gestaltungsmöglichkeiten

Um das Risiko des Auseinanderfallens der beiden Ebenen zu minimieren, könnte man versuchen, die vertragliche Vereinbarung auf der rechtlichen Ebene und den Programmcode, der durch den Smart Contract auf der tatsächlichen Ebene dann ausgeführt wird, automatisiert enger zu verknüpfen. Als Beispiel für eine solche Verknüpfung kann Corda angeführt werden. Bei Corda ist es möglich, die tatsächliche Ebene mit einem Vertragsdokument auf der rechtlichen Ebene zu verknüpfen, beim sog. „Legal Prose" werden diese beiden Werte durch gemeinsames „hashen" verknüpft und/ oder der Vertrag als Anhang mit auf der Blockchain gespeichert.[31] Das Risiko einer Abweichung der beiden Ebenen kann durch die Verknüpfung reduziert werden, da man für den Ausgangspunkt der Auslegung nun über einen gemeinsamen Textkörper verfügt, jedoch können sich der Programmcode der Software auf der tatsächlichen Ebene und der eingebettete Vertragstext in natürlicher Sprache auf der rechtlichen Ebene noch immer widersprechen.

Als weiteren Ansatz, um das Risiko der Divergenz der beiden Ebenen zu minimieren, kann eine „hybrid language" wie OpenLaw angeführt werden.[32] OpenLaw ist ein Hybrid zwischen dem für Maschinen lesbaren Programmcode und der für Menschen verständlichen, natürliche Sprache.[33] Dafür wird der gewünschte Wortlaut in natürlicher Sprache und in einer Programmiersprache dargestellt, die nahtlos miteinander verwoben sind.[34] Diese Verknüpfung soll einen Gleichlauf von natürlicher Sprache und Programmiersprache ermöglichen. Problematisch bleibt jedoch auch hier, dass

---

[31] Im Video zu Corda Enterprise 4.9: „Legal Prose": https://docs.r3.com/en/platform/corda/4.9/enterprise/key-concepts-contracts.html (zuletzt abgerufen am 27.06.2023); *Spitz/Lehnert/Heizmann*, in: Braegelmann/Kaulartz, Rechtshandbuch Smart Contracts Kap. 7 Rn. 38 f.

[32] *Ma*, MIT Computational Law Report, Writing in Sign: Code as the Next Contract Language?, 2., e. (abrufbar unter: https://law.mit.edu/pub/writinginsign/release/1; zuletzt abgerufen am 27.06.2023).

[33] *Ma*, MIT Computational Law Report, Writing in Sign: Code as the Next Contract Language?, 2., e. (abrufbar unter: https://law.mit.edu/pub/writinginsign/release/1; zuletzt abgerufen am 27.06.2023).

[34] Genauer mit Abbildun siehe: *Ma*, MIT Computational Law Report, Writing in Sign: Code as the Next Contract Language?, 2., e. (abrufbar unter: https://law.mit.edu/pub/writinginsign/release/1; zuletzt abgerufen am 27.06.2023).

dann zwar ein einheitlicher Wortlaut die Ausgangsbasis für die Auslegung des Vertrags bildet und sich durch die automatische Verknüpfung das Risiko einer Abweichung der beiden Ebenen reduziert, jedoch durch die Auslegung auch hier über den Wortlaut hinaus noch weitere Umstände mit einbezogen werden können. Dabei besteht dann das Risiko, dass durch die Auslegung das von den Parteien vertraglich Vereinbarte ermittelt wird, was jedoch nicht unmittelbar dem Wortlaut entspricht, sodass auch hier auf der tatsächlichen Ebene etwas vollzogen wird, was vertraglich nicht geschuldet ist. Darüber hinaus verhindert auch dieser Ansatz nicht, dass sich eine Klausel auf der rechtlichen Ebene als unwirksam herausstellt, weil sie gegen das AGB-Recht verstößt und dann trotzdem auf der tatsächlichen Ebene vollzogen wird.

Eine automatisierte Verknüpfung der beiden Ebenen dürfte einen vielversprechenden Ansatz darstellen, das Risiko der Divergenz zu vermindern. Darüber hinaus kann das Risiko der Divergenz der beiden Ebenen insbesondere durch sorgfältiges Formulieren und Prüfen der Vertragsbedingungen reduziert werden.

C. Programmiersprache als Fachbegriff

Wird auf der rechtlichen Ebene ein Smart Contract zum Vertragsschluss eingesetzt und dieser durch die Verwendung von automatisiert/ autonom erzeugten Erklärungen geschlossen, liegt der Vertragstext in einer Programmiersprache vor. Bestehen dabei Unklarheiten, ist dieser Vertragstext auszulegen. Die Auslegung eines Vertragstextes in einer Programmiersprache könnte wie die Auslegung von Fachbegriffen in AGB vorgenommen werden. Fachbegriffe sind Begriffe, deren Bedeutung zwar nicht dem breiten Publikum, jedoch den branchenkundigen Geschäftspartnern bekannt sind.[35] Die Programmiersprache, in der der Programmcode geschrieben wird, ist zumindest Informatikern bekannt und kann auch von diesen verstanden werden, sodass diese bei der Verwendung in AGB als Fachbegriffe zu qualifizieren sind. Bei der Verwendung von Fachbegriffen gilt es für AGB grundsätzlich zu beachten, dass die Verwendung unnötiger technischer Begriffe einen Verstoß gegen § 305 II Nr. 2 BGB darstellen kann, da diese unter Umständen der

---

[35] *Schäfer*, in: Ulmer/Brandner/Hensen, AGB-Recht, § 305c Rn. 83; *Lindacher/Hau*, in: Wolf/Lindacher/Pfeiffer, AGB-Recht, § 305c Rn. 113.

Verständlichkeit der Klausel durch die andere Partei abträglich sind, es sei denn die Verwendung von Fachbegriffen ist unerlässlich.[36] Soll der Vertrag nur unter Verwendung einer Programmiersprache geschlossen werden, muss diese notwendigerweise zur Darstellung der Willenserklärungen verwendet werden, sodass in einem solchen Fall die Verwendung von Fachbegriffen, hier der Programmiersprache, unerlässlich und daher als solches im Sinne der Verwendung nicht notwendiger technischer Begriffe, nicht zu beanstanden ist.

Divergieren nun Fachsprache und allgemeine Umgangssprache, fragt es sich, wie dieser Konflikt bei der Auslegung der Begriffe aufzulösen ist. Fachspezifische Bezeichnungen sind nach dem Verständnis der jeweiligen Fachkreise auszulegen, dies gilt auch, wenn das Verständnis von der Umgangssprache abweicht.[37] Bei technischen Vertragsbedingungen, deren Wortlaut nicht eindeutig ist, kommt der Verkehrssitte eine besondere Bedeutung zu.[38] Sind Fachbegriffe in der Alltagssprache völlig unbekannt, so sind diese nach ihrer Fachbedeutung zu verstehen.[39] Eine Programmiersprache als Fachsprache ist kein Bestandteil der Alltagssprache. Für die Verwendung einer Programmiersprache in AGB ergibt sich daraus, dass die Auslegung unabhängig vom Kundenkreis nach dem Verständnis des jeweiligen Fachkreises erfolgt. Die Programmiersprache ist daher nach dem Verständnis eines Informatikers zu beurteilen. Eine Divergenz zwischen allgemeinem Verständnis und dem Verständnis des jeweiligen Fachkreises kommt jedoch nur dann in Frage, wenn nach den Umständen erkennbar nicht eindeutig die fachspezifische Bedeutung gemeint ist.[40] Dabei gilt es zu beachten, dass die Auslegungsregelung immer nur dann Anwendung findet, wenn auf Grund von Unklarheiten überhaupt eine Auslegung vorzunehmen ist. Imperative Programmiersprachen mit ihrer wenn-dann-Logik werden regelmäßig präziser als deskriptive natürliche Sprachen sein, sodass die Notwendigkeit der Auslegung bei diesen tendenziell geringer sein dürfte.

---

36 *Lindacher/Hau*, in: Wolf/Lindacher/Pfeiffer, AGB-Recht, § 305c Rn. 113.

37 *Berger*, in: Prütting/Wegen/Weinreich-BGB, § 305c Rn. 13; *Schmidt*, in: BeckOK-BGB, § 305c Rn. 46; zur Rechtssprache: BGH NJW-RR 2017, 992 Rn. 16.

38 *Fornasier*, in: MüKo-BGB, § 305c Rn. 39; *Schmidt*, in: BeckOK-BGB, § 305c Rn. 46.

39 *Lindacher/Hau*, in: Wolf/Lindacher/Pfeiffer, AGB-Recht, § 305c Rn. 113; *Grüneberg*, in: Grüneberg, § 305c Rn. 16; *Fornasier*, in: MüKo-BGB, § 305c Rn. 38.

40 *Lindacher/Hau*, in: Wolf/Lindacher/Pfeiffer, AGB-Recht, § 305c Rn. 113.

Für den Einsatz eines Smart Contracts auf der rechtlichen Ebene zum Vertragsschluss, wenn dabei automatisiert/ autonom erzeugte Erklärungen zum Einsatz kommen und somit auf eine natürliche Sprache verzichtet wird und der Vertragstext daher nur in einer Programmiersprache vorliegt, stellt die Programmiersprache den Ausgangspunkt der Auslegung dar, sollte eine solche erforderlich sein. Ausgehend hiervon ist der Sinn und Zweck der jeweiligen Regelung zu ermitteln, da dieser entscheidend für die Bedeutung der Klausel ist, wobei es auf die Interessen der beiden am Geschäft beteiligten Kreise ankommt. Ausschlaggebend sind wie bereits oben dargestellt, der Sinn und Zweck, die Vertragsart und der Geschäftstyp, für den die AGB formuliert wurde, sowie die systematische Stellung und das Verhältnis zu den anderen in den AGB enthaltenen Bestimmungen. Da es sich bei Programmiersprachen um Fachsprachen handelt, die Fachbegriffe enthalten, ist im Zweifel auf die Bedeutung des Fachbegriffs abzustellen.

D. Pseudonymisierte Blockchain

Beim Einsatz von Smart Contracts auf der rechtlichen Ebene zum Vertragsschluss, bei der der Vertrag auf einer Blockchain[41] als Plattform pseudonym geschlossen wird, ergibt sich die Besonderheit, dass durch die Verwendung des Pseudonyms der Vertragspartner im Zweifel unbekannt sein wird. Dem Vertragsschluss steht die Verwendung eines Pseudonyms grundsätzlich nicht entgegen.[42] Wie bereits oben dargestellt, findet bei AGB zwar grundsätzlich eine objektive Auslegung statt, in diese fließt unter anderem aber auch der gewöhnliche Adressatenkreis mit ein. Aus der Verwendung eines Pseudonyms resultiert eine erhöhte Anonymität im Vergleich zu anderen Vertragsschlüssen, es gilt daher zu klären, wie sich dies auf die Auslegung der AGB auswirken kann.

---

[41] Die nachfolgenden Ausführungen beziehen sich lediglich auf die Verwendung einer pseudonymisierten Blockchain. Andere Ausprägungen der Blockchain-Technologie, bei der der Klarnamen bzw. wenn nach der Art der Blockchain eine ähnlich einfache Zuordnung der Erklärung wie bei der Verwendung eines Klarnamens zu einzelnen Personen erfolgen kann, sind hiervon nicht erfasst.

[42] Hierzu siehe unter: § 2 A. III. 3.

Man könnte den pseudonymen Vertragsschluss auf einer Blockchain mit Verträgen aus dem E-Commerce-Bereich vergleichen, da bei beiden die Kommunikation mittels technischer Hilfsmittel stattfindet. Weder beim Vertragsschluss auf einer pseudonymisierten Blockchain, noch bei einem Vertragsschluss im Internet, beispielsweise dem Kauf einer Sache über eine Handelsplattform, begegnen sich die Vertragsparteien persönlich. Insofern rechtfertigt der Vertragsschluss mit technischen Hilfsmitteln keine Sonderbehandlung. Es gilt jedoch eine Besonderheit des Vertragsschlusses durch einen Smart Contract auf der rechtlichen Ebene auf einer Blockchain gegenüber anderen elektronischen Kommunikationsmitteln zu beachten. Bei der Verwendung einer Blockchain wird besonders häufig nicht der Klarnamen des jeweiligen Vertragspartners verwendet, sondern ein Pseudonym.

Beim Kauf auf einer Handelsplattform im Internet wird in der Regel der Klarnamen des Kunden verwendet, mit dem bloßen Unterschied zum Ladenkauf, dass elektronische Willenserklärungen vorliegen. Bei der Verwendung eines Pseudonyms zum Vertragsschluss mittels Smart Contracts auf der rechtlichen Ebene, dessen Plattform eine Blockchain darstellt, könnte sich aus der Pseudonymisierung die besondere Schwierigkeit ergeben, den gewöhnlichen Adressatenkreis zu bestimmen. Dieser ist jedoch für die Auslegung der AGB von hoher Bedeutung. Der gewöhnliche Adressatenkreis bestimmt sich allerdings nicht nach dem Namen und dem Individuum oder der persönlichen Kenntnis des jeweiligen Vertragspartners. Er bestimmt sich nach den gewöhnlich und typischerweise am Geschäft beteiligten Vertragskreisen, welche auch die von den AGB betroffenen Kundengruppen sind.[43] Diese Kundengruppen können je nach Vertragsart über mehr oder weniger Sach- und Rechtskunde verfügen.[44] Da man jedoch nicht auf den Einzelnen, hier pseudonymisierten Kunden abstellt, sondern auf den gewöhnlichen Kundenkreis, wird man trotz der Verwendung von Pseudonymen für gewöhnlich den Adressatenkreis bestimmen und dessen Verständnis mit in die Auslegung der AGB einfließen lassen können, da dem Verwender der AGB je nach Vertragsart, seine Zielgruppe, aus der sich der Kundenkreis ergibt, bekannt sein wird.

---

[43] *Berger*, in: Prütting/Wegen/Weinreich-BGB, § 305c Rn. 12; *Schmidt*, in: BeckOK-BGB, § 305c Rn. 48.

[44] *Fritzsche*, in: Soergel-BGB, § 305c Rn. 42.

Daher schadet die Verwendung von Pseudonymen auch hier nicht. Eine Abweichung von den Auslegungsgrundsätzen ist somit auch bei der Verwendung einer pseudonymisierten Blockchain als Plattform für den Einsatz eines Smart Contracts auf der rechtlichen Ebene nicht angezeigt.

E. Zwischenergebnis

Die Inhaltsermittlung dient der Vorbereitung der Inhaltskontrolle, da nur der Inhalt kontrolliert werden kann, der zuvor festgestellt wurde. AGB werden objektiv, nach dem typischen Verständnis von redlichen Vertragspartnern unter Abwägung der Interessen der normalerweise am Geschäft beteiligten Verkehrskreise ausgelegt. Dabei stellt der Wortlaut den Ausgangspunkt dar. Ausgehend vom Wortlaut ist der Sinn und Zweck der Klausel zu ermitteln, da dieser entscheidend für ihre Bedeutung ist.

Vor allem beim klassischen Vertragsschluss und dessen Ausführung durch einen Smart Contract auf der tatsächlichen Ebene, können die vertragliche Ebene und die tatsächliche Ebene voneinander divergieren. Weichen die beiden Ebenen voneinander ab, vollzieht der Smart Contract etwas, das vertraglich nicht vereinbart wurde.

Der AGB-rechtliche Grundsatz, dass bei zwei sich widersprechenden Klauseln, die für die andere Partei Günstigere maßgebend ist, kann auf die Abweichung von rechtlicher Ebene und tatsächlicher Ebene nicht angewandt werden. Für diesen Grundsatz sind zwei Klauseln auf gleicher vertraglicher Ebene notwendig. Beim Einsatz eines Smart Contracts stellt es sich jedoch so dar, dass der Vertrag auf der rechtlichen Ebene, das zwischen den Parteien Gewollte darstellt und dieses Gewollte dann durch den Smart Contract auf der tatsächlichen Ebene durchgesetzt werden soll. Die rechtliche Ebene und die tatsächliche Ebene stehen hier also gerade nicht gleichwertig nebeneinander, sondern die tatsächliche Ebene soll nachrangig gerade der Ausführung des vertraglich Vereinbarten dienen. Für die Auslegung kommt es daher maßgeblich auf die rechtliche Ebene an, da vor allem diese das zwischen den Parteien Gewollte abbildet. Dies bedeutet jedoch nicht, dass der tatsächlichen Ebene für die Auslegung keinerlei Gewicht zugemessen werden kann. Dieses ist lediglich geringer als bei der rechtlichen Ebene, trotzdem kann die tatsächliche Ebene bei Unklarheiten wichtige Hinweise auf das vertraglich Gewollte liefern. Dies gilt auch für den Einsatz eines Smart Contracts auf der rechtlichen Ebene, bei dem automatisiert/ autonom erzeugte Erklärungen verwendet werden. Zwar liegt in einem solchen Fall der Vertragstext in einer Programmiersprache vor, sodass man zunächst eher von einer Gleichwertigkeit der beiden Klauseln ausgehen könnte. Auf die äußere Form des Vertragstextes kommt es jedoch nicht an, sodass auch für einen Vertragstext in einer Programmiersprache das soeben Dargestellte Anwendung findet.

Beim Vertragsschluss, bei dem automatisiert/ autonom erzeugte Erklärungen eingesetzt werden und somit der Vertragstext in einer Programmiersprache vorliegt, kommt die Programmiersprache als Vertragssprache zum Einsatz. Diese fällt unter die Verwendung von Fachbegriffen, da sie zwar nicht dem breiten Publikum, jedoch branchenkundigen Geschäftspartnern, hier Programmierern, bekannt ist. Bei der Verwendung von Fachbegriffen in AGB ist grundsätzlich darauf zu achten, dass deren unnötige Verwendung ein Verstoß gegen § 305 II Nr. 2 BGB darstellen kann, da diese der Verständlichkeit der Klauseln abträglich sein können. Etwas anderes gilt, wie beim automatisierten/ autonomen Vertragsschluss dann, wenn die Verwendung unerlässlich ist. Die Auslegung von Fachbegriffen, die in der Alltagssprache vollkommen unbekannt sind, erfolgt nach ihrer Fachbedeutung. Die Programmiersprache ist den meisten im Alltag vollkommen unbekannt, sodass der Programmcode nach der Fachbedeutung auszulegen ist. Diese Auslegungsregel kommt jedoch immer nur dann zum Einsatz, wenn es auf Grund von Unklarheiten einen Bedarf für eine Auslegung gibt. Ist eine Klausel auslegungsbedürftig, stellt der Wortlaut den Ausgangspunkt dar. Ausgehend vom Wortlaut ist der Sinn und Zweck der Klausel zu ermitteln, da dieser entscheidend für ihre Bedeutung ist. Hierbei gilt es dann für einzelne Formulierungen des Programmcodes, als Fachbegriff, auf das Verständnis der Fachbedeutung zurückzugreifen.

Wird ein Vertrag durch einen Smart Contract auf der rechtlichen Ebene geschlossen, dessen Basis eine pseudonymisierte Blockchain darstellt, werden dabei oftmals Pseudonyme statt der Klarnamen der Parteien verwendet werden. Daraus resultiert eine erhöhte Anonymität der Parteien, was jedoch bei der objektiven Auslegung von AGB regelmäßig nicht besonders schwer wiegen dürfte. Denn für die Auslegung kommt es nicht auf das konkrete Individuum, welches am Vertrag beteiligt ist an, sondern es ist auf den Kundenkreis abzustellen. Dieser ist dem Verwender regelmäßig bekannt, da er die Zielgruppe seiner Geschäfte kennt. Die Verwendung von Pseudonymen schadet also nicht.

§ 5 Inhaltskontrolle

Eine wesentliche Eigenschaft beim Einsatz von Smart Contracts stellt die automatisierte Vertragsdurchführung auf der tatsächlichen Ebene dar. Unter anderem dieser Vorteil für den Verwender kann für die andere Partei den Nachteil mit sich bringen, dass der Smart Contract auf der tatsächlichen Ebene als Durchsetzungsinstrument zunächst das vertraglich Vereinbarte vollzieht und die andere Partei sich dann anschließend, sollte sie dies für rechtswidrig halten, sich um die Rückgängigmachung bemühen muss. Darin könnte unter anderem eine verbotene Eigenmacht, sowie die Umkehr der Initiativ- und Klagelast liegen. Diese beiden Problemfelder stellen nur exemplarisch einige denkbare Konfliktpunkte im Hinblick auf die Inhaltskontrolle beim Einsatz eines Smart Contracts auf der tatsächlichen Ebene dar. Smart Contracts bieten eine Vielzahl von Verwendungsmöglichkeiten, zu denen voraussichtlich noch Weitere kommen werden.[1] Daher sollen in der nachfolgenden Darstellung der Inhaltskontrolle die Besonderheiten und Wirkungen von Smart Contracts auf der tatsächlichen Ebene abstrakt und gerade nicht in Bezug auf jeden denkbaren Einzelanwendungsfall oder in Bezug auf eine bestimmte, bereits existierende Software, untersucht werden.

Auf Grund der Vertragsfreiheit besteht für die Parteien die Möglichkeit, sich technischen Durchsetzungsmechanismen und alternativen

---

[1] Exemplarisch für den Finanzsektor: Capgemini Consulting, Smart Contracts in Financial Services: Getting from Hype to Reality, Abrufbar unter: https://www.capgemini.com/consulting-de/wp-content/uploads/sites/32/2017/08/smart_contracts_paper_long_0.pdf (zuletzt abgerufen am 27.06.2023).

Streitbeilegungsinstrumenten, wie beispielsweise eines Schiedsverfahrens, zu unterwerfen.[2] Grundvoraussetzung, um sich bei der Durchführung einer technischen Maßnahme auf die Vertragsfreiheit berufen zu können ist, dass diese Maßnahmen vertraglich vereinbart wurden.[3] Die Vertragsfreiheit garantiert es dem Bürger, dass dieser einerseits die Freiheit besitzt, generell einen Vertrag abzuschließen (Abschlussfreiheit), andererseits sichert sie diesem auch die Möglichkeit zu, den Inhalt des Vertrags beliebig zu gestalten (Inhaltsfreiheit).[4] Verfassungsrechtlich wird die Vertragsfreiheit dabei durch Art. 2 I GG geschützt.[5] Wo die Vertragsfreiheit nicht gewährleistet werden kann, greifen Schutznormen wie die §§ 134, 138 BGB und auch die §§ 307 ff. BGB ein, um zu verhindern, dass diese einseitig zu Lasten einer Partei ausgenutzt wird.[6]

Bei der Verwendung von AGB hat der Verwender der standardisierten Vertragsklauseln grundsätzlich ein Interesse daran, Massengeschäfte zu rationalisieren.[7] Die Rationalisierungsfunktion bringt vor allem wirtschaftliche Vorteile mit sich. Zum einen beruht der wirtschaftliche Vorteil auf der Vereinheitlichung der Vertragsbeziehungen des Verwenders und rationalisiert somit den Vertragsabschluss, zum anderen wird auch die Vertragsabwicklung durch die Regelungen vereinheitlicht und schematisiert.[8] Diese wirtschaftlich positive Eigenschaften für den Verwender bringen, gewissermaßen als Kehrseite der Medaille, eine Risikoverlagerungstendenz mit sich. Der Verwender der AGB wird oftmals zu seinem eigenen Vorteil geneigt sein, vertragliche Risiken auf die andere Vertragspartei abzuwälzen. Um einem solchen Bestreben inhaltlich Grenzen zu setzen, hat der Gesetzgeber die §§ 307–309 BGB geschaffen.[9]

---

[2] *Möslein*, in: Braegelmann/Kaulartz, Rechtshandbuch Smart Contracts, Kap. 8 Rn. 5.

[3] *Möslein*, in: Braegelmann/Kaulartz, Rechtshandbuch Smart Contracts, Kap. 8 Rn. 5.

[4] *Busche*, in: MüKo-BGB, Vorbemerkung (Vor § 145) Rn. 2; *Dörner*, in: Nomos Handkommentar-BGB, Vorbemerkung zu §§ 145 – 157 Rn. 3 ff.; *Eckert*, in: BeckOK-BGB, § 145 Rn. 8.

[5] *Busche*, in: MüKo-BGB, Vorbemerkung (Vor § 145) Rn. 3; *Mansel*, in: Jauernig-BGB, Vorbemerkungen § 145 Rn. 8 m.w.N.

[6] *Eckert*, in: BeckOK-BGB, § 145 Rn. 8; *Mansel*, in: Jauernig-BGB, Vorbemerkungen § 145 Rn. 15; *Dörner*, in: Nomos Handkommentar-BGB, Vorbemerkung zu §§ 145 – 157 Rn. 5.

[7] *Habersack*, in: Ulmer/Brandner/Hensen, AGB-Recht, Vorbemerkung Rn. 4.

[8] *Habersack*, in: Ulmer/Brandner/Hensen, AGB-Recht, Vorbemerkung Rn. 4.

[9] *Habersack*, in: Ulmer/Brandner/Hensen, AGB-Recht, Vorbemerkung Rn. 5.

Für die Inhaltskontrolle gilt es zu beachten, dass diese nicht zu Gunsten des Verwenders, sondern immer nur zu Gunsten des Vertragspartners Anwendung findet. Die Partei, die die Vertragsbedingungen einseitig gestellt hat, kann sich anschließend daher auch nicht darauf berufen, dass einzelne Klauseln oder die gesamten AGB der Kontrolle der §§ 307–309 BGB nicht standhalten würden. Das ergibt sich schon aus dem Wortlaut des § 307 BGB, der von der unangemessenen Benachteiligung des Vertragspartners spricht.

Wie bereits oben dargestellt, ist die Behauptung „Code is law" nicht haltbar, sondern es gilt vielmehr die These „Code has to obey the law".[10] Daher finden gesetzliche Grundsätze, unter anderem die Inhaltskontrolle von AGB, auch auf Smart Contracts Anwendung, sodass auch diese sich an den §§ 307 ff. BGB messen lassen müssen. Dafür müssen AGB vorliegen und diese müssen wirksam in den Vertrag mit einbezogen worden sein. Für den Einsatz eines Smart Contracts, bei dem auf der rechtlichen Ebene der Vertrag durch automatisiert/ autonom erzeugte Erklärungen geschlossen wird und der Vertragstext daher lediglich in Programmcode vorliegt, gelten die rechtlichen Anforderungen bzgl. der Inhaltsanforderungen direkt für den Programmcode, dieser wird, wie der geschriebene Vertragstext in natürlicher Sprache behandelt.[11] Der Programmcode darf folglich keine Funktionen enthalten, die in natürlicher Sprache beim klassischen Vertrag der Inhaltskontrolle nicht standhalten würden.[12]

A. Schutzzweck der Inhaltskontrolle

Beim Schutz- und Anwendungsbereich der Inhaltskontrolle ist zwischen B2B-Geschäften und B2C-Geschäften zu unterscheiden. In Bezug auf das B2C-Geschäft sind dann ggf. noch die besonderen AGB-rechtlichen Anforderungen gegenüber Verbrauchern zu berücksichtigen. Der § 310 I BGB reduziert den Schutzbereich der Inhaltskontrolle für Unternehmer, indem die Anwendbarkeit des § 309 BGB, sowie der § 308 Nr. 1, 2–8 BGB hierfür

---

[10] *Riehm*, in: Braegelmann/Kaulartz, Rechtshandbuch Smart Contracts, Kap. 9 Rn. 1; so auch: *Möslein*, ZHR 183 (2019), 254, 270; *Fries*, AnwBl 2018, 86, 87.

[11] *Riehm*, in: Braegelmann/Kaulartz, Rechtshandbuch Smart Contracts, Kap. 9 Rn. 8.

[12] *Riehm*, in: Braegelmann/Kaulartz, Rechtshandbuch Smart Contracts, Kap. 9 Rn. 8.

ausgeschlossen werden. Da der § 307 BGB auch bei B2B-Geschäften anwendbar bleibt, ist eine Mindestkontrolle gewährleistet.

Der Schutzzweck der §§ 305 ff. BGB ist darauf gerichtet, gegen die Gefahren einseitiger Ausnutzung der Vertragsgestaltungsfreiheit zu Lasten der anderen Partei vorzugehen, die sich typischerweise aus der AGB-Verwendung ergeben.[13] Aus diesem Schutzzweck folgt, dass der Verwender daran gehindert werden soll, die aus Rationalisierungsgründen akzeptierte und weit verbreitete Verwendung von AGB dafür auszunutzen, unangemessen Risiken auf den Vertragspartner zu verlagern.[14]

B. Besondere Klauselverbote

Der Katalog des § 309 BGB umfasst einige Klauseln, die für den Vertragspartner derart nachteilig sind, dass diese sich auch ohne eine Interessenabwägung immer als unangemessen darstellen. Neben dem § 309 BGB erfasst der § 308 BGB Klauseln, die sich grundsätzlich als unwirksam darstellen, jedoch im Einzelfall wirksam vereinbart werden können, wenn der Verwender ein besonderes Interesse daran hat und dies der anderen Partei zugemutet werden kann. Für die Beurteilung der Unwirksamkeit kommt es auf den jeweiligen Einzelfall an. Bei dem Einsatz eines Smart Contracts auf der tatsächlichen Ebene könnten durch diesen die Leistungsverweigerungsrechte der anderen Partei ausgeschlossen werden, was einen Verstoß gegen den § 309 Nr. 2 BGB darstellen würde. Darüber hinaus könnte der Einsatz eines Smart Contracts auf der tatsächlichen Ebene auch die Beweislast zulasten der anderen Partei verändern, sodass hierin ein Verstoß gegen den § 309 Nr. 12 BGB liegen könnte. Auch könnte der Einsatz eines Smart Contracts auf der tatsächlichen Ebene es dem Verwender ermöglichen, einseitig seine Leistung zu ändern, worin ein Verstoß gegen den § 308 Nr. 4 BGB zu erblicken sein könnte.

---

13 BGH NJW 2004, 1454, 1455; ZIP 2009, 2446 Rn. 13; *Grünberg*, in: Grüneberg, Überbl v § 305 Rn. 8; *Mäsch*, in: Staudinger-BGB, Vorbemerkung zu §§ 305 ff. Rn. 4; *Berger*, in: Prütting/Wege/Weinreich-BGB, Vor §§ 305 ff. Rn. 1; *Roloff/Looschelders*, in: Erman-BGB, Vorbemerkung vor § 305 Rn. 2; *Habersack*, in: Ulmer/Brandner/Hensen, AGB-Recht, Vorbemerkung Rn. 48.

14 *Habersack*, in: Ulmer/Brandner/Hensen, AGB-Recht, Vorbemerkung Rn. 51.

I. Leistungsverweigerungsrecht nach § 309 Nr. 2

Durch eine Klausel, die den Einsatz eines Smart Contracts auf der tatsächlichen Ebene als Durchsetzungsinstrument vorsieht, könnte ein Verstoß gegen den § 309 Nr. 2 BGB vorliegen, indem durch die Vereinbarung und des daraus folgenden automatisierten Selbstvollzugs die Zurückbehaltungsrechte der §§ 320, 273 BGB der anderen Partei abbedungen werden. Dies würde einen Verstoß gegen den § 309 Nr. 2 BGB darstellen, sodass es sich dabei immer um eine unwirksame Klausel handeln würde.

Das Klauselverbot des § 309 Nr. 2 BGB, welches mit der Bezeichnung Leistungsverweigerungsrechte überschrieben ist, verhindert die formularmäßige Abbedingung der §§ 273, 320 BGB der anderen Partei. Demnach dürfen diese Rechte nicht durch eine Klausel ausgeschlossen oder eingeschränkt werden. Dabei ist der § 309 Nr. 2 BGB restriktiv auszulegen und erfasst in seinem Anwendungsbereich nur Klauseln, durch die ein Leistungsverweigerungsrecht oder ein auf demselben Vertragsverhältnis beruhendes Zurückbehaltungsrecht ausgeschlossen werden.[15] Da die Leistung um der Gegenleistung Willen erbracht wird, soll der § 309 Nr. 2 BGB als Ausfluss eines grundlegenden Gerechtigkeitsgebotes verhindern, dass dieses Prinzip durch den Einsatz von AGB unterlaufen werden kann.[16] Der § 320 BGB sichert den Grundsatz der Äquivalenz der gegenseitigen Leistungen und verhindert somit, dass der Vertragspartner seine Leistung erbringen muss, bevor er die Gegenleistung erhalten hat, was entsprechend auch für den § 273 BGB gilt.[17] Das Klauselverbot in § 309 Nr. 2 BGB dient also der Sicherung des Synallagmas, denn die §§ 320, 273 BGB sollen dem Gläubiger als Druckmittel zur Durchsetzung seiner Ansprüche dienen.[18] Im unternehmerischen Verkehr kommt dem § 309 Nr. 2 BGB grundsätzlich keine Indizwirkung zu.[19] Daher sind die

---

15 *Weiler*, in: BeckOGK-BGB, § 309 Nr. 2 Rn. 25.

16 *Schulte-Nölke*, in: Nomos Handkommentar-BGB, § 309 Rn. 12; *Wurmnest*, in: MüKo-BGB, § 309 Nr. 2 Rn. 1.

17 *Weiler*, in: BeckOGK-BGB, § 309 Nr. 2 Rn. 17; *Schäfer*, in: Ulmer/Brandner/Hensen, AGB-Recht, § 309 Nr. 2 Rn. 1.

18 *Legner*, VuR 2021, 10, 13.

19 *Wurmnest*, in: MüKo-BGB, § 309 Nr. 2 Rn. 20; *Becker*, in: BeckOK-BGB, § 309 Nr. 2 Rn. 17; *Dammann*, in: Wolf/Lindacher/Pfeiffer, AGB-Recht, § 309 Nr. 2 Rn. 70; *Weiler*, in: BeckOGK-BGB, § 309 Nr. 2 Rn. 100; *Coester-Waltjen*, in: Staudinger-BGB, § 309 Nr. 2 Rn. 10.

§§ 320, 273 BGB im unternehmerischen Rechtsverkehr grundsätzlich auch durch AGB abdingbar.[20]

Beim Einsatz eines Smart Contracts auf der tatsächlichen Ebene als Durchsetzungsinstrument des vereinbarten Vertrags, wird die Leistung Zug um Zug durch den Smart Contract mit der Gegenleistung ausgetauscht. Da dieser Vorgang automatisiert und manipulationssicher ausgeführt wird, könnte man daran denken, dass dadurch der anderen Partei die Möglichkeit genommen wird, ihre Rechte aus den §§ 273, 320 BGB geltend zu machen. Durch die automatisierte Durchführung könnte es der anderen Partei also nicht mehr möglich sein, sobald der Smart Contract implementiert wurde, einseitig die Anspruchserfüllung zu verhindern, was dem Ausschluss eines Zurückbehaltungsrechts entsprechen könnte.[21]

Dem lässt sich jedoch entgegenhalten, dass Einreden und Einwendungen beim Einsatz eines Smart Contracts auf der tatsächlichen Ebene, insbesondere die Rechte aus den §§ 320, 273 BGB nur faktisch, nicht aber vertraglich ausgeschlossen werden.[22] Der anderen Partei verbleibt daher rechtlich die Möglichkeit, die Einreden zu erheben. Der faktisch automatisierte Vollzug durch den Smart Contract auf der tatsächlichen Ebene ändert daran nichts, da dieser nur die tatsächliche Lage verändert, nicht aber rechtlich die Erhebung der Zurückbehaltungsrechte abbedingt. Der Selbstvollzug durch den Smart Contract auf der tatsächlichen Ebene führt dazu, dass die Leistungen automatisch ausgetauscht werden und die Einreden der §§ 320, 273 BGB faktisch insofern zunächst nicht beachtet werden, als dass der Leistungsaustausch automatisiert durch den Smart Contract auf der tatsächlichen Ebene als Durchsetzungsinstrument erfolgt und diese somit ins Leere laufen, wenn sie durch die andere Partei erhoben werden. Der Selbstvollzug des Smart Contracts auf der tatsächlichen Ebene führt also nicht dazu, dass vertraglich die Einreden der §§ 320, 273 BGB der anderen Partei ausgeschlossen werden. Diese stehen der anderen Partei nach wie vor zur Verfügung und können von ihr auch erhoben werden, durch den automatisierten Vollzug werden diese jedoch rein faktisch zunächst nicht beachtet. Die faktische Nichtbeachtung führt jedoch nicht dazu, dass die Einreden rechtlich nicht mehr bestehen,

---

[20] *Wurmnest*, in: MüKo-BGB, § 309 Nr. 2 Rn. 20.

[21] *Legner*, VuR 2021, 10, 13; *Schrey/Thalhofer*, NJW 2017, 1431, 1436.

[22] *Legner*, VuR 2021, 10, 13.

sodass es der anderen Partei bei Nichtbeachtung freisteht, diese gerichtlich geltend zu machen.

Durch den Selbstvollzug des Smart Contracts auf der tatsächlichen Ebene werden also die Einreden der §§ 320, 273 BGB nicht rechtlich durch eine Klausel ausgeschlossen. Vielmehr ändert sich dadurch, dass der Smart Contract auf der tatsächlichen Ebene trotz Erhebung der Einreden der anderen Partei, den Vertrag gemäß der Programmierung vollzieht, lediglich, dass die andere Partei nun die Einreden der §§ 320, 273 BGB gerichtlich geltend machen muss. Die automatisierte Durchsetzung durch einen Smart Contract auf der tatsächlichen Ebene schließt daher nicht die Zurückbehaltungsrechte aus, sie verändert vielmehr nur deren Durchsetzung.[23] Ein Verstoß gegen § 309 Nr. 2 BGB liegt jedenfalls durch den automatisierten Vollzug durch einen Smart Contract auf der tatsächlichen Ebene nicht vor, da die Zurückbehaltungsrechte der §§ 320, 273 BGB nicht abbedungen werden.

II. Regelungen zur Beweislast nach § 309 Nr. 12

Der § 309 Nr. 12 BGB untersagt Bestimmungen, durch die der Verwender die Beweislast zum Nachteil der anderen Partei ändert. Das Verbot des § 309 Nr. 12 BGB erfasst nicht nur eine Umkehr der Beweislast, sondern alle Verschlechterungen der Beweisposition des Vertragspartners.[24] Wird die Beweislast in Folge einer materiell-rechtlichen Vereinbarung verändert, ist der § 309 Nr. 12 BGB nicht einschlägig, da diese Vorschrift nur die Beweislastverteilung, die sich aus der Berücksichtigung der materiell-rechtlich vereinbarten Ausgangslage ergibt, AGB-fest machen will und gerade nicht die übrige Privatautonomie einschränken soll.[25] Klauseln, die das dispositive materielle Recht zugunsten des Verwenders ändern, unterfallen daher dem § 309 Nr. 12 BGB auch dann nicht, wenn diese Abänderung zu einer Veränderung der Beweislastsituation des Vertragspartners führt.[26] Ansonsten würde jegliche Änderung des materiellen Rechts gegen den § 309 Nr. 12 BGB

---

[23] Zur Veränderung der Rechtsdurchsetzung, siehe unter § 5 C. I.

[24] *Becker*, in: BeckOK-BGB, § 309 Nr. 12 Rn. 2; *Roloff/Looschelders*, in: Erman-BGB, § 309 Rn. 147; *Weiler*, in: BeckOGK-BGB, § 309 Nr. 12 Rn. 23

[25] *Habersack*, in: Ulmer/Brandner/Hensen, AGB-Recht, § 309 Nr. 12 Rn. 7.

[26] *Weiler*, in: BeckOGK-BGB, § 309 Nr. 12 Rn. 36; *Becker*, in: BeckOK-BGB, § 309 Nr. 12 Rn. 5; *Wurmnest*, in: MüKo-BGB, § 309 Nr. 12 Rn. 8; *Dammann*, in: Wolf/Lindacher/Pfeiffer, AGB-Recht, § 309 Nr. 12 Rn. 21.

verstoßen.[27] Sinn und Zweck des § 309 Nr. 12 BGB ist es aber gerade nicht, die Vertragsfreiheit einzuschränken.[28]

Durch die Verwendung eines Smart Contracts auf der tatsächlichen Ebene als Durchführungsinstrument verändert sich die Initiativ- und Klagelast.[29] Nicht unmittelbar geändert wird dadurch die Beweislast im Prozess, denn dort ist diese unabhängig von der jeweiligen Parteirolle.[30] Jede Partei hat in einem deutschen Zivilprozess die für sie günstigen Tatsachen zu beweisen. Eine ungeschriebene, aber allgemein anerkannte Grundregel der Beweislast lautet, dass der Anspruchsteller die Beweislast für rechtsbegründende, der Anspruchsgegner die Beweislast für rechtsvernichtende, rechtshindernde, rechtshemmende Tatsachen trägt.[31] Auf die Parteirolle kommt es dabei nicht an.[32] Aus der Umkehr der Parteirolle resultiert jedoch, dass die andere Partei ihre Ansprüche auf andere Anspruchsgrundlagen stützen und auch beweisen muss.[33] Die Umkehr der Parteirolle und die daraus resultierenden Folgen ergeben sich jedoch aus der materiell-rechtlichen Lage, genauer aus der Klausel, die auf der rechtlichen Ebene des Vertrags regelt, dass dieser mittels Smart Contracts auf der tatsächlichen Ebene vollzogen werden soll. Die materiell-rechtliche Lage und die daraus resultierenden Änderungen der Beweislast, sollen jedoch von § 309 Nr. 12 BGB nicht erfasst werden, um die Vertragsfreiheit nicht einzuschränken. Jede Änderung des dispositiven materiellen Rechts, auch die Vereinbarung auf der rechtlichen Ebene eines Smart Contracts zur Vertragsdurchführung auf der tatsächlichen Ebene, würde ansonsten zu einem Verstoß gegen § 309 Nr. 12 BGB führen.

Die Vereinbarung auf der rechtlichen Ebene zur Verwendung eines Smart Contracts auf der tatsächlichen Ebene als Durchsetzungsinstrument, stellt

---

27 *Dammann*, in: Wolf/Lindacher/Pfeiffer AGB-Recht, § 309 Nr. 12 Rn. 22.

28 *Weiler*, in: BeckOGK-BGB, § 309 Nr. 12 Rn. 50.

29 Hierzu siehe unter: § 5 C. I. 1. a).

30 *Fries*, AnwBl 2018, 86, 88; *Möslein*, ZHR 183 (2019), 254, 284; BGH NJW 1993, 1716, 1717; *Matzke*, in: Fries/Paal, Smart Contracts, 99, 110.

31 *Foerste*, in: Musielak/Voit-ZPO, § 286 Rn. 35; *Greger*, in: Zöller-ZPO, Vor § 284 Rn 17a; *Bacher*, in: BeckOK-ZPO, § 284 Rn. 72; BGH NJW 2009, 2199 Rn. 33; NJW 1991, 1052, 1053.

32 BGH NJW 1993, 1716, 1717; *Saenger*, in: Saenger Handkommentar-ZPO, § 286 Rn. 58; *Foerste*, in: Musielak/Voit-ZPO, § 286 Rn. 35.

33 *Möslein*, ZHR 183 (2019), 254, 284.

daher keine nach § 309 Nr. 12 BGB unwirksame Bestimmung zur Veränderung der Beweislast dar. Die Beweislast ändert sich vielmehr nur mittelbar durch die materiell-rechtliche Vereinbarung auf der rechtlichen Ebene, zur Verwendung eines Smart Contracts auf der tatsächlichen Ebene. Die Veränderung der Beweislast tritt also nur durch die materiell-rechtliche Vereinbarung zum Einsatz eines Smart Contracts auf der tatsächlichen Ebene ein, was von § 309 Nr. 12 BGB gerade nicht erfasst werden soll. Die Änderung der Parteirolle stellt also vielmehr ein Problem der Initiativ- und Klagelast dar.[34]

III. Änderungsvorbehalt nach § 308 Nr. 4

Neben den Klauselverboten ohne Wertungsmöglichkeiten, sind in § 308 BGB auch Klauselverbote mit Wertungsmöglichkeiten aufgelistet. Hierbei werden Klauseln aufgelistet, die häufig zu einer unangemessenen Benachteiligung der anderen Partei führen, es jedoch für die endgültige Beurteilung der Unwirksamkeit auf den jeweiligen Einzelfall ankommt.[35] Der § 308 Nr. 4 BGB untersagt die Vereinbarung des Rechts des Verwenders, einseitig die Leistung zu ändern, es sei denn, diese Änderung ist der anderen Partei zuzumuten. Der § 308 Nr. 4 BGB gilt für alle Verträge (außer für Reiseverträge und Gastschulaufenthalte) und bezieht sich vor allem auf Sachleistungen, erfasst werden jedoch auch Geldleistungen.[36] Unabhängig von deren Ausgestaltung werden alle Klauseln erfasst, die dem Verwender das Recht einräumen, nachträglich die von ihm geschuldete Leistung zu ändern.[37]

Beim Einsatz eines Smart Contracts auf der tatsächlichen Ebene als Durchsetzungsinstrument wäre es technisch ohne weiteres möglich, dem Verwender auf der rechtlichen Ebene des Smart Contracts solch ein einseitiges Änderungsrecht einzuräumen und dieses technisch auch umzusetzen. Dies würde jedoch dem Verwender ein einseitiges Änderungsrecht einräumen, was nach § 308 Nr. 4 BGB grundsätzlich dem Klauselverbot unterliegt, es sei denn, dies ist der anderen Partei zuzumuten. Bei dieser Abwägung gilt es als Maßstab

---

34 Hierzu siehe unter: § 5 C. I. 1. a).

35 *Wurmnest*, in: MüKo-BGB, § 308 Rn. 1.

36 *Becker*, in: BeckOK-BGB, § 308 Nr. 4 Rn. 3; *Schmidt*, in: Ulmer/Brandner/Hensen, AGB-Recht, § 308 Nr. 4 Rn. 1.

37 *Becker*, in: BeckOK-BGB, § 308 Nr. 4 Rn. 8; *Wurmnest*, in: MüKo-BGB, § 308 Nr. 4 Rn. 5.

zu beachten, dass Vereinbarungen grundsätzlich einzuhalten sind.[38] Darüber hinaus stellt die manipulationssichere Ausführung eines Smart Contracts auf der tatsächlichen Ebene gerade ein Kernelement dieser Technologie dar und bietet beiden Parteien, insbesondere jedoch der anderen Partei die Sicherheit, dass der Verwender nicht einseitig und willkürlich in ihr Vermögen eingreifen kann.[39] Auf Grund des hohen Stellenwertes, den die manipulationssichere Ausführung beim Einsatz eines Smart Contracts auf der tatsächlichen Ebene einnimmt, ist es der anderen Partei nicht zumutbar, dass dem Verwender ein einseitiges Änderungsrecht eingeräumt wird. Daher ist es zwar technisch möglich, ein einseitiges Änderungsrecht für den Verwender in den Smart Contract zu programmieren, es ist der anderen Partei jedoch regelmäßig nicht zumutbar, sodass es wegen eines Verstoßes gegen den § 308 Nr. 4 BGB nicht wirksam vereinbart werden kann und sich daher als unwirksam darstellt.

C. Inhaltskontrolle nach § 307

Die Generalklausel des § 307 I BGB, welche durch den § 307 II BGB konkretisiert wird, stellt das Kernstück der Regelungen über die Unwirksamkeit von AGB-Klauseln dar und legt den Wertungsmaßstab der Inhaltskontrolle fest.[40] Eine Konkretisierung durch § 307 II BGB erfolgt durch zwei Regelbeispiele dahingehend, als dass dieser typische rechtliche Kriterien anführt, wonach im Zweifel eine unangemessene Benachteiligung gegeben ist.[41] Die Rechtskontrolle, die in § 307 BGB vorgenommen wird, dient der Überprüfung der Vereinbarkeit der Klausel mit den Maßstäben des Rechts.[42] Sie dient gerade nicht zum Erreichen eines Gerechtigkeitsoptimums, vielmehr soll hier eine Grenzlinie ermittelt werden, auf deren Überschreiten die Nichtanerkennung durch das materielle Recht erfolgt.[43] Im Hinblick auf die Überprüfung der unangemessenen Benachteiligung beim Einsatz eines Smart Contracts auf

---

38 *Becker*, in: BeckOK-BGB, § 308 Nr. 4 Rn. 18.
39 Zur manipulationssicheren Ausführung, siehe unter: § 1 C. II. 4.
40 *Grünberg*, in: Grüneberg, § 307 Rn. 1; *Fritzsche*, in: Soergel-BGB, § Vor 307 Rn. 1 f.
41 *Wurmnest*, in: MüKo-BGB, § 307 Rn. 70.
42 *Stoffels*, AGB-Recht, Rn. 462.
43 *Stoffels*, AGB-Recht, Rn. 460.

der tatsächlichen Ebene, ist im Folgenden als grobe Unterteilung zwischen der Selbstdurchsetzung und der Rechtsdurchsetzung zu unterscheiden.

Unter Selbstdurchsetzung ist dabei der unmittelbare Vollzug des vertraglich Vereinbarten durch den Smart Contract auf der tatsächlichen Ebene zu verstehen. Dabei führt dieser den Vertrag aus, es werden dadurch etwa Zahlungen transferiert, oder Gegenstände blockiert. Insbesondere als problematisch könnte sich dabei der Eingriff des Smart Contracts auf der tatsächlichen Ebene in eine in der Sache verkörperte Software darstellen, woraus sich eine verbotene Eigenmacht ergeben könnte, die sich dann auch als eine Abweichung von wesentlichen Grundgedanken der gesetzlichen Regelung darstellen könnte.

Aus der unmittelbaren Ausführung des Vertrags durch den Smart Contract auf der tatsächlichen Ebene, folgt dann immer die Veränderung der Rechtsdurchsetzung für die andere Partei. Der Begriff der Rechtsdurchsetzung beschreibt die Auswirkungen der Selbstdurchsetzung durch den Einsatz des Smart Contracts auf der tatsächlichen Ebene, für die andere Partei. Aus dem Einsatz des Smart Contracts auf der tatsächlichen Ebene ergeben sich, für die andere Partei Veränderungen, wie etwa die Umkehr der Initiativ- und Klagelast, aber auch die faktisch eingeschränkte Möglichkeit, Einreden und Einwendungen geltend zu machen. All diese aus der Selbstdurchsetzung resultierenden Folgen, die nicht unmittelbar den direkten Vollzug der Leistungen betreffen, sollen vorliegend unter dem Begriff der Rechtsdurchsetzung betrachtet werden.

Die Darstellung der Rechtsdurchsetzung und der Selbstdurchsetzung weicht in der vorliegenden Arbeit von der chronologischen Abfolge beim Einsatz eines Smart Contracts auf der tatsächlichen Ebene ab. Zunächst soll die Rechtsdurchsetzung betrachtet werden, im Anschluss dann die Selbstdurchsetzung. Die Abweichung von der chronologischen Abfolge beim Einsatz eines Smart Contracts auf der tatsächlichen Ebene ist damit zu begründen, dass, wenn sich die Rechtsdurchsetzung als unangemessene Benachteiligung der anderen Partei erweist, für die Darstellung der Selbstdurchsetzung keine Notwendigkeit mehr besteht, da sich die Rechtsdurchsetzung durch den Einsatz eines Smart Contracts auf der tatsächlichen Ebene für die andere Partei immer verändert. Wenn sich dies als unangemessen darstellt, verbleibt für den Einsatz eines Smart Contracts, dessen Verwendung durch AGB vereinbart wurde, kein Anwendungsbereich mehr.

I. Rechtsdurchsetzung

Die private Selbstdurchsetzung und eine durch diese veränderte Rechtsdurchsetzung der anderen Partei, existiert nicht erst seit der Digitalisierung und den damit einhergehenden Technologien wie dem Internet, der Blockchain-Technologie und Smart Contracts. Ältere Beispiele der privaten Selbstdurchsetzung sind private Abschleppfälle, private Parkkrallen oder der Einsatz „schwarzer Schatten"[44] um Druck auf einen zahlungsunwilligen Schuldner aufzubauen. Auch im Bereich der Digitalisierung ist die private Selbstdurchsetzung längst kein Neuland mehr, bereits seit Anfang der 1980er Jahre wurden beispielsweise Programmsperren bei Softwareprogrammen eingesetzt.[45] Dabei schließen Käufer und Verkäufer einen Kauf bzw. Werkvertrag über eine Software, die nach einer vorher meist vereinbarten, bestimmten Zeit automatisch gesperrt wird, sodass die Software nur für diesen bestimmten Zeitraum genutzt werden kann. Eine modernere Variante setzte im Jahr 2017 ein amerikanisches Startup ein, welches smarte Garagenöffner herstellt, indem es die Verbindung des Garagenöffners zum Server sperrte, sodass dieser die Garage nicht mehr per App öffnen konnte, nachdem der Kunde eine schlechte Amazon-Bewertung erteilt hatte.[46]

Es stellt kein Alleinstellungsmerkmal für den Einsatz von Smart Contracts auf der tatsächlichen Ebene dar, dass zumindest faktisch eine Entscheidung über einen Sachverhalt zunächst ohne staatliche Gerichte getroffen wird. Auch wenn das Gewaltmonopol grundsätzlich beim Staat liegt, ist es auf Grund der Gestaltungsfreiheit, die auch im Verfahrensrecht gilt, möglich, dass die Parteien sich alternativen Streitbeilegungsmechanismen wie beispielsweise einem Schiedsverfahren unterwerfen.[47] Diese grundsätzliche Zulässigkeit alternativer Streitbeilegungsmechanismen lässt sich unter anderem an den Regelungen der §§ 1025 ff. ZPO über Schiedsverfahren erkennen. Durch

---

[44] Auffällig gekleidete Männer sollten die Schuldner in der Öffentlichkeit als „schwarze Schatten" beschatten, ohne diese anzusprechen, auf diese Art und Weise psychischen Druck ausüben und die Schuldner dadurch veranlassen, Kontakt zu den Gläubigern aufzunehmen und die vermeintliche oder tatsächliche Schuld zu begleichen; i.E. eine Verletzung des Persönlichkeitsrechts, daher wettbewerbswidrig, vgl.: LG Leipzig NJW 1995, 3190.

[45] Vgl. etwa: BGH NJW-RR 2000, 393; NJW 1987, 2004; NJW 1981, 2684.

[46] https://arstechnica.com/informationtechnology/2017/04/iot-garage-door-opener-maker-bricks-customers-product-after-bad-review (zuletzt abgerufen am 27.06.2023).

[47] *Deichsel*, GVRZ 2021, 12 Rn. 13; *Möslein*, ZHR 183 (2019), 254, 282.

den Schiedsvertrag verzichten die Parteien auf den Justizgewähranspruch, was grundsätzlich verfassungsrechtlich zulässig ist.[48] Der Verzicht ist durch die prozessuale Privatautonomie gesichert, diese endet jedoch dort, wo sie in Fremdbestimmung durch den Vertragspartner übergeht.[49] Auch wenn private Schiedsgerichte zulässig sind, obliegt es auch hier der staatlichen Justiz, die Sicherstellung rechtsstaatlicher Mindeststandards zu gewährleisten.[50] Da das staatliche Gewaltmonopol alternative Streitbeilegungsmethoden nicht generell untersagt, ist es durch die Gestaltungsfreiheit auch möglich, dass die Parteien sich technischen Durchsetzungsinstrumenten bedienen.[51] Allerdings besteht auch diese Möglichkeit nicht unbegrenzt, sodass es für einen fairen Interessenausgleich zwischen den Parteien ebenfalls einer Kontrolle bedarf. Auch wenn sich die Parteien einer alternativen Streitbeilegungsmethode, wie beispielsweise dem Käuferschutz bei PayPal unterwerfen, steht ihnen jederzeit der Weg zu den staatlichen Gerichten offen.[52] Hier bedarf es also, wie bei Schiedsverfahrensvereinbarungen eines Korrektivs, sobald die Privatautonomie in Fremdbestimmung durch den Vertragspartner übergeht.

Wird der Einsatz eines Smart Contracts auf der tatsächlichen Ebene als Durchsetzungsinstrument auf der rechtlichen Ebene mittels AGB vereinbart, bedeutet dies, dass sich durch die Selbstdurchsetzung die Rechtsdurchsetzung der anderen Partei verändert und sich dadurch unter anderem die Initiativ- und Klagelast vom Verwender auf die andere Partei verlagert. Grundsätzlich verändert die Selbstdurchsetzung unmittelbar aus sich heraus nicht die Rechtslage, sie sorgt jedoch für eine faktische Veränderung der Situation, sodass der Schuldner, was im Regelfall bei der Verwendung von AGB die andere Partei sein wird, aktiv werden muss, wenn er beispielsweise geltend machen will, dass diese Veränderung nicht rechtmäßig war. Ein einfaches Beispiel, um die Auswirkungen einer faktischen herbeigeführten Lage zu verdeutlichen, stellt ein Kaugummiautomat dar, der das eingeworfene Münzgeld einbehält, ohne einen Kaugummi freizugeben. Der Käufer kann vor Gericht

---

48 BGH NJW 1980, 2136; NJW 1977, 1397, 1399; *Hillgruber*, in: Dürig/Herzog/Scholz-GG, Art. 92 Rn. 90.

49 *Wolf/Eslami*, in: BeckOK-ZPO, § 1025 Rn. 2.

50 *Wolf/Eslami*, in: BeckOK-ZPO, § 1025 Rn. 2; *Hillgruber*, in: Dürig/Herzog/Scholz-GG, Art. 92 Rn. 91.

51 *Möslein*, ZHR 183 (2019), 254, 282.

52 *Deichsel*, GVRZ 2021, 12 Rn. 13.

auf die Herausgabe des Kaugummis klagen. Jedoch wird er dies auf Grund des geringen Geldbetrages, den er in den Automaten geworfen hat, in den seltensten Fällen tun und er wird es bei der faktischen Lage, dass sein Geld einbehalten wurde, ohne im Gegenzug einen Kaugummi zu bekommen, meist belassen.

Um die Unangemessenheit einer Klausel, die den Einsatz eines Smart Contracts auf der tatsächlichen Ebene vorsieht, beurteilen zu können, soll zunächst eine Betrachtung der Rechtsdurchsetzung anhand bereits bekannter Konstellationen, wie etwa dem Einsatz von Softwaresperren, dem PayPal-Käuferschutzverfahren, des Abbuchungs- und Lastschriftverfahrens und des Fernzugriffs auf eine gemietete Pkw-Batterie erfolgen. Es gilt auch darzustellen, wie sich die Rechtsdurchsetzung durch den Einsatz eines Smart Contracts auf der tatsächlichen Ebene für die andere Partei verändern kann. Zunächst gilt es zu prüfen, welche Benachteiligung durch die Veränderung der Rechtsdurchsetzung bei der anderen Partei vorliegen kann. Im Anschluss daran soll dann, um die Angemessenheit bzw. Unangemessenheit einer Klausel ermitteln zu können, die den Einsatz eines Smart Contracts auf der tatsächlichen Eben vorsieht, die berechtigten Interessen der Parteien ermittelt werden, um anschließend eine Abwägung dieser Interessen vornehmen zu können. Dies gilt es sodann auf den Einsatz eines Smart Contracts auf der tatsächlichen Ebene zu übertragen. Als Problematisch könnte sich dabei etwa die veränderte Rechtsdurchsetzung der anderen Partei im Hinblick auf die Umkehr der Initiativ- und Klagelast, sowie der faktische Ausschluss der Möglichkeit, Einreden und Einwendungen zu erheben, darstellen.

1. Benachteiligung

Aus dem Einsatz eines Smart Contracts auf der tatsächlichen Ebene, könnte sich für die andere Partei eine Benachteiligung ergeben. Aus dem Wortlaut der unangemessenen Benachteiligung des § 307 I BGB ergibt sich eine zweistufige Prüfung. Hierbei ist eine überindividuelle-generalisierende Betrachtungsweise geboten.[53] Bei dieser Prüfung sind die Interessen des AGB-Verwenders gegenüber den Interessen eines typischen Durchschnittskunden des jeweiligen Geschäftes abzuwägen.[54]

---

[53] *Fuchs*, in: Ulmer/Brandner/Hensen, AGB-Recht, § 307 Rn. 110; *Roloff/Looschelders*, in: Erman-BGB, § 307 Rn. 5; *Stoffels*, AGB-Recht, Rn. 473.

[54] *Fuchs*, in: Ulmer/Brandner/Hensen, AGB-Recht, § 307 Rn. 111.

Im ersten Schritt ist eine etwaige Benachteiligung der anderen Partei zu beleuchten, wobei ein aus dieser resultierender Vorteil des Verwenders nicht erforderlich ist.[55] Eine Benachteiligung liegt bereits dann vor, wenn die AGB-Klausel die Interessen der anderen Partei in einer vom dispositiven Recht abweichenden Art und Weise regelt.[56] Es gilt also zu klären, ob eine rechtliche Schlechterstellung durch die Klausel, im Vergleich zur Rechtslage ohne die Klausel, gegeben ist.[57] Nach ganz überwiegender Meinung wird eine Benachteiligung von nicht unerheblichem Gewicht verlangt.[58] Anschließend ist im zweiten Schritt die festgestellte Benachteiligung auf ihre Unangemessenheit hin zu überprüfen.[59] Seinem Wesen nach stellt ein Vertrag einen Interessenausgleich zwischen den Parteien dar.[60] Setzt der Verwender missbräuchlich eigene Interessen auf Kosten der anderen Partei durch und berücksichtigt dabei deren Interessen nicht ausreichend, stellt sich die Klausel als unangemessen dar.[61]

a) Umkehr der Initiativ- und Klagelast

Die Digitalisierung erleichtert die private Selbstdurchsetzung erheblich und trägt dadurch zu einer größeren Verbreitung bei.[62] Beispielsweise sind Einzugsermächtigungen oder die Kopplung von Zahlung und Versand am Markt etabliert und weit verbreitet.[63]

---

55 *Pfeiffer*, in: Wolf/Lindacher/Pfeiffer, AGB-Recht, § 307 Rn. 165.

56 *Berger*, in: Prütting/Wege/Weinreich-BGB, § 307 Rn. 8; *Eckelt*, in: BeckOGK-BGB, § 307 Inhaltskontrolle Rn. 74; *Fritzsche*, in: Soergel-BGB, § 307 Rn. 39; *Roloff/Looschelders*, in: Erman-BGB, § 307 Rn. 8; BGH NJW 1994, 1069, 1070.

57 *Fuchs*, in: Ulmer/Brandner/Hensen, AGB-Recht, § 307 Rn. 100; *Wendland*, in: Staudinger-BGB, § 307 Rn. 90.

58 *Berger*, in: Prütting/Wege/Weinreich-BGB, § 307 Rn. 8; *Eckelt*, in: BeckOGK-BGB, § 307 Inhaltskontrolle Rn. 78; *Fritzsche*, in: Soergel-BGB, § 307 Rn. 48; *Fuchs*, in: Ulmer/Brandner/Hensen, AGB-Recht, § 307 Rn. 101; *Roloff/Looschelders*, in: Erman-BGB, § 307 Rn. 8; *Wurmnest*, in: MüKo-BGB, § 307 Rn. 35; *Wendland*, in: Staudinger-BGB, § 307 Rn. 91; a.A. *Pfeiffer*, in: Wolf/Lindacher/Pfeiffer, AGB-Recht, § 307 Rn. 165; *Grünberg*, in: Grüneberg, § 307 Rn. 12.

59 *Berger*, in: Prütting/Wege/Weinreich-BGB, § 307 Rn. 7.

60 *Wendland*, in: Staudinger-BGB, § 307 Rn. 95.

61 *Eckelt*, in: BeckOGK-BGB, § 307 Inhaltskontrolle Rn. 80; *Roloff/Looschelders*, in: Erman-BGB, § 307 Rn. 9; st. Rspr.: BGH BeckRS 2020, 4025 Rn. 22; NJW 2019, 757 Rn. 49; NJW 2014, 1725 Rn. 15; NJW 2008, 1064 Rn. 19.

62 *Riehm*, in: Grundmann/Möslein, Innovation und Vertragsrecht, § 5 IV. 3., S. 151.

63 *Fries*, NJW 2019, 901, 902.

Die Selbstdurchsetzung beim Einsatz eines Smart Contracts findet auf der tatsächlichen Ebene der Smart Contract Definition statt. Der Einsatz eines Smart Contracts wird dabei durch AGB auf der rechtlichen Ebene vertraglich vereinbart und dieser wird dann auf der tatsächlichen Ebene als Durchsetzungsinstrument eingesetzt. Bei der Selbstdurchsetzung durch einen Smart Contract handelt es sich also um einen Vertrag, der einer Seite ein technisch umgesetztes Selbsthilferecht einräumt.[64] Selbstdurchsetzung bei einem Smart Contract bedeutet, dass die Software automatisch ausgeführt und technisch durchsetzt wird, wobei der Smart Contract keiner staatlichen Instrumente hierfür bedarf.[65] Dabei benötigen Smart Contracts keinen zentralen Intermediär, um beispielsweise Vermögenswerte zu verschieben.[66] Durch diese automatisierte Ausführung und Umsetzung wird der Vertrag unabhängig von einem staatlichen Gericht zumindest faktisch durchgesetzt. Nicht entscheidend für die rechtliche Beurteilung des Selbstvollzugs ist die verwendete Technologie und die Art der Plattform. Es ist demnach unerheblich, ob ein Smart Contract auf einer Blockchain ausgeführt wird oder auf einer anderen Plattform, die den Vertrag zwischen den Parteien durchführen kann. Entscheidend ist dabei die manipulationssichere Ausführung auf einer Plattform, sodass beide Parteien auf den automatisierten Vollzug vertrauen können.

Als Folge des Selbstvollzugs wird die Initiativ- und Klagelast umgekehrt.[67] Die aus dem Selbstvollzug resultierende Veränderung der Rechtsdurchsetzung schließt nicht die Rechte der anderen Partei aus, sondern führt zu einer Risikoverlagerung auf diese, unter anderem durch die Umkehr der Initiativ- und Klagelast.[68] In der Verlagerung der Initiativ- und Klagelast ist dann eine Benachteiligung der anderen Partei zu sehen, wenn hierin eine Abweichung von der Rechtslage erfolgt, wie sie sich ohne die entsprechende Klausel darstellen würde, die dies herbeiführt.

---

[64] *Riehm*, in: Grundmann/Möslein, Innovation und Vertragsrecht, § 5 IV. 3., S. 151.

[65] *Fries*, NJW 2019, 901, 902; *Meyer*, EuCML 2020, 17, 18; *Möslein*, ZHR 183 (2019), 254, 258; *Kaulartz/Heckmann*, CR 2016, 618, 619; *Wilhelm*, WM 2020, 1807, 1812 f.

[66] *Kaulartz*, InTer 2016, 201, 203.

[67] *Guggenberger*, in: Hoeren/Sieber, Handbuch Multimedia-Recht, Teil 13.7 Rn. 16; *Möslein*, ZHR 183 (2019), 254, 283; *Riehm*, in: Braegelmann/Kaulartz, Rechtshandbuch Smart Contracts, Kap. 9 Rn. 4; *Schnell/Schwaab*, BB 2021, 1091, 1097; *Wilhelm*, WM 2020, 1807, 1812; *Fries*, AnwBl 2018, 86, 88.

[68] *Guggenberger*, in: Hoeren/Sieber, Handbuch Multimedia-Recht, Teil 13.7 Rn. 16.

Es fragt sich daher, was genau unter der Initiativ- und Klagelast zu verstehen ist. Der Begriff der Klagelast beschreibt weniger eine Pflicht, als mehr das prozessuale Äquivalent zu einer Obliegenheit im materiellen Recht, da es für denjenigen, der nicht klagt zum endgültigen Verlust des Rechts kommen kann.[69] Eine ungeschriebene, aber allgemein anerkannte Grundregel der Beweislast lautet, dass der Anspruchsteller die Beweislast für rechtsbegründende, der Anspruchsgegner die Beweislast für rechtsvernichtende, rechtshindernde, rechtshemmende Tatsachen trägt.[70] Der Gläubiger muss also Entstehen, Begründetheit und Fälligkeit seiner Forderung darlegen und beweisen, bevor er die Erfüllung verlangen kann.[71]

Für einen Vertrag, ohne den Einsatz eines Smart Contracts auf der tatsächlichen Ebene, bedeutet dies, dass die Anspruchs- und Beweislast regelmäßig bei dem Vertragspartner liegt, der die Störung der Vertragsabwicklung vorbringt.[72] Ohne den Selbstvollzug muss der Verwender seine Forderung gerichtlich durchsetzen und, um erfolgreich zu sein, auch beweisen, dass ihm diese zusteht.[73] Durch den Einsatz eines Smart Contracts auf der tatsächlichen Ebene verändert sich das insofern, als dass nun der Smart Contract den (vermeintlichen) Anspruch wie programmiert vollzieht und sich anschließend die andere Partei, sollte sie hiermit nicht einverstanden sein und dies für rechtswidrig halten, um die Rückabwicklung bemühen muss. Der Selbstvollzug führt dazu, dass der (vermeintliche) Anspruch automatisch vollzogen wird und nun die andere Partei als Schuldner gerichtlich geltend machen muss, dass der Smart Contract zu Unrecht die Leistung vollzogen hat und der Verwender als Gläubiger keinen Anspruch darauf hatte.[74] Die andere Partei muss ihre Klage dann auf andere Ansprüche, beispielsweise bereicherungsrechtlicher Art stützen und diese auch beweisen, um geltend zu machen, dass der Smart Contract zu Unrecht die Leistung vollzogen hat.[75]

---

69 *Hau*, ZZP 129 (2016), 133, 135.

70 *Foerste*, in: Musielak/Voit-ZPO, § 286 Rn. 35; *Greger*, in: Zöller-ZPO, Vor § 284 Rn 17a; *Bacher*, in: BeckOK-ZPO, § 284 Rn. 72; BGH NJW 2009, 2199 Rn. 33; NJW 1991, 1052, 1053.

71 BGH NJW 2005, 2919, 2923; NJW-RR 1990, 1265, 1266.

72 *Fries*, AnwBl 2018, 86, 88.

73 *Riehm*, in: Fries/Paal, Smart Contracts, 85, 89; *Wilhelm*, WM 2020, 1807, 1812.

74 *Riehm*, in: Fries/Paal, Smart Contracts, 85, 89; *Fries*, AnwBl 2018, 86, 88.

75 *Möslein*, ZHR 183 (2019), 254, 284.

Macht sie dies nicht, kann die andere Partei ihr Recht endgültig verlieren. Aus der Umkehr der Parteirolle resultiert daher, dass die andere Partei ihre Ansprüche auf andere Anspruchsgrundlagen stützen und das Vorliegen dieser anderen Anspruchsgrundlage dann auch beweisen muss.[76] Die Veränderung der Klagelast führt also dazu, dass die andere Partei, um eine Rückabwicklung des durch den Smart Contract auf der tatsächlichen Ebene vollzogenen zu erreichen, gerichtlich geltend machen und beweisen muss, dass die Leistung zu Unrecht vollzogen wurde. Die Umkehr der Parteirolle und die daraus resultierenden Folgen ergeben sich aus der materiell-rechtlichen Lage, genauer aus der Klausel, die auf der rechtlichen Ebene des Vertrags regelt, dass dieser mittels Smart Contracts auf der tatsächlichen Ebene vollzogen werden soll. Da sich die Veränderung der Beweislast als eine materiell-rechtliche Folge aus der Klausel, einen Smart Contract zur Vertragsdurchführung zu verwenden ergibt, liegt, wie bereits oben dargestellt, darin kein Verstoß gegen § 309 Nr. 12 BGB.[77]

Der Begriff der Initiativlast wird verwendet, um die Dispositionsmaxime zu beschreiben und somit die Frage, wer die Klage erheben muss.[78] Die Verlagerung der Initiativlast, die sich aus dem Selbstvollzug ergeben kann, kann zur Entstehung von Kosten bei der anderen Partei führen, die diese zunächst nicht hätte tragen müssen, wenn sie durch den Selbstvollzug nicht in die Klägerrolle gebracht worden wäre. Neben dem erforderlichen persönlichen Aufwand eines Gerichtsverfahrens für den Kläger, welcher meist ohne den Einsatz eines Smart Contracts auf der tatsächlichen Ebene Beklagter wäre, entstehen diesem durch die Klägerrolle zumindest insofern Kosten, als dass er den Gerichtskostenvorschuss nach den §§ 6, 12 I GKG zu entrichten hat, da ohne diesen die Klage dem Beklagten nicht zugestellt wird. Die Last der Vorfinanzierung des Prozesses geht durch den Selbstvollzug also auch auf die andere Partei über.[79]

Die aus der Selbstdurchsetzung veränderte Rechtsdurchsetzung stellt durch die Umkehr der Initiativ- und Klagelast eine Benachteiligung für die andere Partei dar. Im Vergleich mit der Rechtslage ohne die in Rede stehende

---

[76] *Möslein*, ZHR 183 (2019), 254, 284; *Fries*, AnwBl 2018, 86, 88.

[77] Hierzu siehe unter: § 5 B. II.

[78] *Hau*, ZZP 129 (2016), 133, 134.

[79] *Matzke*, in: Fries/Paal, Smart Contracts, 99, 110; *Wilhelm*, WM 2020, 1807, 1813.

Selbstdurchsetzungsklausel, hätte sich die Initiativ- und Klagelast nicht zum Nachteil der anderen Partei verändert. Eine Benachteiligung stellt die aus der Selbstdurchsetzung folgende veränderte Rechtsdurchsetzung von vornherein nur dar, wenn der anderen Partei dadurch Nachteile entstehen. Profitiert diese von der Selbstdurchsetzung, beispielsweise durch die automatisierte Auszahlung einer Versicherungsprämie oder einer Entschädigung für eine Flugverspätung[80], liegt schon keine Benachteiligung durch die Vereinbarung zur Verwendung eines Smart Contracts auf der tatsächlichen Ebene vor.

Einen Unternehmer trifft die Umkehr der Initiativ- und Klagelast regelmäßig weniger schwer als einen Verbraucher, daher wird die Benachteiligung der anderen Partei durch den Selbstvollzug beim B2B-Geschäft regelmäßig auch weniger schwer wiegen als beim B2C-Geschäft.[81] Dies gilt es bei der Interessenabwägung zur Beurteilung der Unangemessenheit zu berücksichtigen. Unternehmer handeln, wie sich aus § 14 BGB ergibt, in Ausübung ihrer gewerblichen oder selbständigen beruflichen Tätigkeit. Zum einen sind sie daher geschäftlich versierter und routinierter als ein Kunde, zum anderen dürften sie auch regelmäßig eher über die finanziellen Mittel verfügen, um einen Prozess zu führen bzw. Gerichts- und Anwaltskosten vorzufinanzieren, sodass sich daraus grundsätzlich folgern lässt, dass die veränderte Rechtsdurchsetzung bei B2B-Geschäften eine geringere Benachteiligung, als bei B2C-Geschäften darstellt.

b) Käuferschutzverfahren

Die Verlagerung der Initiativ- und Klagelast, die aus dem Einsatz eines Smart Contracts auf der tatsächlichen Ebene resultiert, stellt kein Novum dar. Auch bei den Käuferschutzverfahren verschiedener Anbieter wie PayPal oder eBay, verändert sich die Rechtsdurchsetzung der anderen Partei, indem sich die Initiativ- und Klagelast verlagert, wenn diese als Intermediäre selbständig über eine Rückzahlung des gezahlten Kaufpreises entscheiden. Anhand des Käuferschutzverfahrens verschiedener Anbieter soll genauer dargestellt werden, dass sich aus der Verlagerung der Initiativ- und Klagelast eine Benachteiligung der anderen Partei ergeben kann.

---

80 Übersichtliche Darstellung, wie eine solche automatisierte Auszahlung der Fluggastentschädigung mittels Smart Contracts aussehen könnte: *Tavakoli*, ZRP 2020, 46, 48.

81 *Wilhelm*, WM 2020, 1849, 1854.

Ein Käuferschutzverfahren wird von verschiedenen privaten Anbietern, beispielsweise PayPal oder eBay, angeboten. Es soll sicherstellen, dass die Käufer ihre bestellten Artikel erhalten oder alternativ den Kaufpreis zurückbekommen, sollten Probleme bei der Abwicklung des Vertrags entstehen. Auch wenn der Käuferschutz in der Regel von Drittanbietern bereitgestellt wird und auf solche bei der Verwendung von Smart Contracts auf der tatsächlichen Ebene grundsätzlich verzichtet werden kann, stellt sich die Situation doch insofern als vergleichbar dar, als dass sowohl beim Käuferschutzverfahren als auch beim Selbstvollzug durch den Einsatz eines Smart Contracts auf der tatsächlichen Ebene eine Sachlage geschaffen wird, um deren Beseitigung sich die andere Partei bemühen muss, sollte sie mit dieser nicht einverstanden sein. Sowohl bei den Käuferschutzverfahren als auch beim Einsatz eines Smart Contracts auf der tatsächlichen Ebene wird also die Initiativ- und Klagelast verlagert.[82] Durch den Käuferschutz können die Unternehmen den Nutzern den Weg zu den staatlichen Gerichten nicht abschneiden.[83]

Dass die Behauptung „Code is Law“ nicht zutrifft, wurde bereits oben dargestellt. Der Selbstdurchsetzung kommt allerdings ein enormes faktisches Gewicht zu, auf Grund dessen es die andere Vertragspartei oftmals bei dem Ergebnis belassen wird.[84] An dieser Stelle sei nochmals an das Eingangs genannte Beispiel mit dem Kaugummiautomaten erinnert, der das Münzgeld einbehält, ohne einen Kaugummi dafür freizugeben. Kaum jemand wird sich das bezahlte Geld oder den Kaugummi gerichtlich erstreiten, vielmehr wird es in der Regel bei dem tatsächlichen Ergebnis bleiben, dass der Kaugummiautomat Geld und Kaugummi einbehält.

Unter anderem bietet PayPal seinen Kunden ein Käuferschutzverfahren an. PayPal ist ein Universalanbieter von E-Geld und verfügt über eine luxemburgische Banklizenz.[85] Gewerbliche und private Kunden können sich mit einem Benutzernamen und einer E-Mail-Adresse registrieren und E-Geld-Konten eröffnen.[86] Für einen Zahlungsvorgang stellt PayPal seinen Kunden ein Privat- oder Geschäftskonto zur Verfügung. Um einen Zahlungsauftrag

---

[82] *Guggenberger*, NJW 2018, 1057, 1060.
[83] *Guggenberger*, NJW 2018, 1057, 1059.
[84] *Fries*, NJW 2019, 901, 902.
[85] *Casper*, in: MüKo-BGB, § 675f Rn. 144.
[86] *Casper*, in: MüKo-BGB, § 675f Rn. 144.

auszuführen, belastet PayPal die hinterlegte Kreditkarte oder zieht den Betrag per Lastschrift vom Bankkonto des Auftraggebers ein. Dieser Betrag wird dann dem Bankkonto des Zahlungsempfängers in E-Geld gutgeschrieben. Der Zahlungsempfänger kann dann PayPal beauftragen, das auf seinem Konto vorhandene Guthaben in Form von E-Geld, auf das hinterlegte Bankkonto in Euro gutzuschreiben.[87] PayPal ist nicht nur Universalanbieter von E-Geld, sondern bietet als weitere Dienstleistung ein Käuferschutzverfahren an, das eingreifen kann, wenn der Käufer den Artikel vom Verkäufer nicht erhalten hat oder die Sache von der Artikelbeschreibung des Verkäufers erheblich abweicht.[88] Das Käuferschutzverfahren wird auf Antrag des Käufers durchgeführt und wenn es erfolgreich für den Käufer verläuft, bekommt dieser den Kaufpreis und die Versandkosten durch eine Gutschrift auf seinem PayPal-Konto oder durch eine Zurückbuchung erstattet.[89] Anders als beim Lastschriftverfahren hat der Käufer nicht die Möglichkeit, innerhalb einer bestimmten Frist die Zahlung mittels PayPals von sich aus rückgängig zu machen.[90] Vielmehr kann er nur das Käuferschutzverfahren anstoßen, die Erstattung des gezahlten Betrags leitet sich aus einer Dienstleistungsabrede zwischen dem Käufer und PayPal ab, sodass keine Rückbuchung im Verhältnis Käufer–Verkäufer erfolgt.[91] Um einen Antrag auf den PayPal-Käuferschutz stellen zu können, muss der Käufer das „Online-Konfliktlösungsverfahren" durchlaufen, am Ende des Verfahrens trifft PayPal laut den AGB, nach eigenem Ermessen eine endgültige Entscheidung.[92]

Nicht nur PayPal, sondern auch eBay bietet einen Käuferschutz an.[93] Wie beim PayPal-Käuferschutz, wird der eBay-Käuferschutz AGB-rechtlich vereinbart. Bei einer Transaktion, für die eBay die Zahlungsabwicklung durchführt,

---

87 *Fetzer*, in: MüKo-BGB, § 362 Rn. 32.

88 *Fetzer*, in: MüKo-BGB, § 362 Rn. 33.

89 *Fetzer*, in: MüKo-BGB, § 362 Rn. 33; vgl. vertiefend zum Käuferschutzverfahren: https://www.paypal.com/de/webapps/mpp/ua/useragreement-full, unter: „PayPal-Käuferschutz" (zuletzt abgerufen am 27.06.2023).

90 *Guggenberger*, NJW 2018, 1057, 1058.

91 *Fetzer*, in: MüKo-BGB, § 362 Rn. 34.

92 https://www.paypal.com/de/webapps/mpp/ua/useragreement-full, unter „Online-Konfliktlösungsverfahren", Schritt 5 (zuletzt abgerufen am 27.06.2023).

93 https://pages.ebay.de/payment/2.0/terms.html, Nutzungsbedingungen für die Zahlungsabwicklung bei eBay, 7. Nutzung der Zahlungsabwicklung (zuletzt abgerufen am 27.06.2023).

kann der Käufer einen Antrag auf Käuferschutz stellen. Ist dieser erfolgreich, verpflichtet sich der Verkäufer nach den Grundsätzen des eBay-Käuferschutzes, die Rückerstattung zu leisten.[94] Im Streitfall untersucht eBay die Angelegenheit nach eigenem Ermessen und legt anschließend ein endgültiges Untersuchungsergebnis fest.[95] Bei den beiden exemplarisch dargestellten Käuferschutzverfahren entscheiden also PayPal oder eBay nach ihren jeweiligen Verfahren, ob der Käufer sein Geld zurückbekommt.

Auch nach der Entscheidung des Käuferschutzverfahrens, etwa von PayPal, bleibt beiden Parteien der Weg zu den Gerichten eröffnet, wenn auch nur eine Minderheit diese Möglichkeit auf Grund des regelmäßig geringen Kaufpreises im Hinblick auf die Durchsetzungskosten verfolgen wird.[96] PayPal kann zwar durch sein Verfahren keine rechtliche Endgültigkeit herbeiführen, jedoch stellen anschließende Klagen eine absolute Ausnahme, sodass die Entscheidung von PayPal sehr wohl eine faktische Endgültigkeit herbeiführen kann, da viele Kunden es häufig bei dem von PayPal herbeigeführten Ergebnis belassen werden.[97] Darüber hinaus kann der tatsächlich hergestellte Zustand bei einem späteren Prozess für denjenigen, zu dessen Gunsten er erfolgte, durch die Änderung der Prozessführungslast einen beträchtlichen Vorteil darstellen.[98]

Vergleicht man die Käuferschutzverfahren nun mit dem Einsatz eines Smart Contracts auf der tatsächlichen Ebene, wird man feststellen, dass auch dabei, durch den Selbstvollzug, zunächst eine faktische Endgültigkeit geschaffen wird, infolgedessen, sich die Rechtsdurchsetzung der anderen Partei verändert. Die rechtliche Auseinandersetzung wird durch ein Käuferschutzverfahren nicht endgültig beigelegt.[99] Anders als beim Käuferschutzverfahren steht jedoch kein Unternehmen, sondern direkt der Smart Contract

---

94 https://pages.ebay.de/payment/2.0/terms.html, Nutzungsbedingungen für die Zahlungsabwicklung bei eBay, 7. Nutzung der Zahlungsabwicklung (zuletzt abgerufen am 27.06.2023).

95 https://pages.ebay.de/payment/2.0/terms.html, Nutzungsbedingungen für die Zahlungsabwicklung bei eBay, 7. Nutzung der Zahlungsabwicklung, Streitigkeit (zuletzt abgerufen am 27.06.2023).

96 *Guggenberger*, NJW 2018, 1057, 1059.

97 *Fries*, NJW 2016, 2860, 2861.

98 BGH NJW 2018, 537 Rn. 41.

99 *Guggenberger*, NJW 2018, 1057, 1059 f.

als Intermediär zwischen den Parteien des Kaufvertrags und überwacht und vollzieht diesen, sodass auch hier das Durchsetzungsrisiko umverteilt wird.[100] Da ein Großteil der Teilnehmer des Käuferschutzverfahrens auf die Beschreitung des Rechtsweges verzichten, ist das Käuferschutzverfahren exemplarisch gut geeignet, um zu verdeutlichen, wie gewichtig eine faktische Entscheidung tatsächlich sein kann. Entscheidend ist dabei nicht, dass sich das PayPal-Käuferschutzverfahren zumeist für den Käufer günstig darstellt, während beim Smart Contract vor allem der Verwender profitieren dürfte. Vielmehr gilt es zu beachten, dass in beiden Fällen faktisch ein bestimmter Status quo geschaffen wird, den es anschließend, sollte dies gewünscht sein, von der anderen Partei zu korrigieren gilt. Ohne den Selbstvollzug hätte die andere Partei nicht aktiv werden müssen. Jedoch wird auch hier regelmäßig die Gefahr bestehen, dass der Vertragspartner das Risiko und die Kosten einer Klage scheut und sich daher mit der faktischen Lage abfinden wird. Der Einsatz eines Smart Contracts auf der tatsächlichen Ebene hat daher eine vergleichbare Wirkung, wie sie sich durch den Einsatz des Käuferschutzverfahrens darstellt.

Die Entscheidung der privaten Anbieter kann zu einer faktischen Endgültigkeit führen, welche eine Benachteiligung für die Partei darstellen kann, zu deren Lasten diese entstanden ist. Auch in Folge des Selbstvollzugs durch einen Smart Contract auf der tatsächlichen Ebene, verlagert sich die Initiativ- und Klagelast der anderen Partei. Hierin ist eine Benachteiligung der anderen Partei zu erblicken. Es gilt zu beachten, dass eine solche Benachteiligung der anderen Partei sich nicht immer als unangemessen darstellt, sondern je nach Interessenlage durchaus einer Inhaltskontrolle standhalten kann. Um die Unangemessenheit einer AGB-mäßigen Vereinbarung zur Durchführung eines Vertrags durch den Einsatz eines Smart Contracts auf der tatsächlichen Ebene zu ermitteln, sind unter anderem die dargestellten Benachteiligungen gegen die berechtigten Interessen auf der Verwenderseite abzuwägen.

Aus dem Einsatz eines Smart Contracts auf der tatsächlichen Ebene resultiert nicht nur der Selbstvollzug und die daraus folgende Veränderung der Rechtsdurchsetzung, etwa durch die Verlagerung der Initiativ- und Klagelast, wie sie oben dargestellt wurde. Neben der Verlagerung der Initiativ- und

---

[100] *Guggenberger*, NJW 2018, 1057, 1059 f.

Klagelast können auch noch weitere Benachteiligungen der anderen Partei bestehen. Die weiteren möglichen Benachteiligungen sind unten, bei der Darstellung der Unangemessenheit angeführt, da bei diesen der Schwerpunkt auf der Prüfung der Unangemessenheit liegt und eine Aufteilung auf Grund der Übersichtlichkeit der Darstellung als wenig sinnvoll erscheint.

2. Unangemessenheit

Die Veränderung der Rechtsdurchsetzung, unter anderem durch die Umkehr der Initiativ- und Klagelast, kann zu einer unangemessenen Benachteiligung der anderen Partei führen, es sei denn, beim Verwender liegt ein berechtigtes Interesse vor. Auch wenn berechtigte Interessen des Verwenders bestehen, rechtfertigen dieses nicht unbegrenzt die Verwendung jeglicher Klauseln. Die berechtigten Interessen des Verwenders sind dann gegen die Interessen der anderen Partei abzuwägen.

Die folgende Betrachtung der Softwarerechtsprechung I, II, des Lastschrift- und Abbuchungsverfahrens, sowie der Rechtsprechung zur Fernsperre einer Batterie, dienen der Ermittlung der berechtigten Interessen des Verwenders, sollen aber wiederrum auch die Grenzen dieser Interessen durch die berechtigten Interessen der anderen Partei feststellen, da diese für eine Beurteilung der Unangemessenheit gegeneinander abzuwägen sind. Für die Ermittlung der Unangemessenheit ist der gesamte Vertragsinhalt bei der Abwägung zu berücksichtigen, daher können nachteilige, für sich genommen unzulässige Klauseln, durch Vorteile anderer Klauseln ausgeglichen werden, sofern die Klauseln in einem Sachzusammenhang stehen und der Vorteil von einem solchen Gewicht ist, dass von einem angemessenen Ausgleich gesprochen werden kann.[101]

Der § 307 II BGB konkretisiert den § 307 I BGB und führt zum einen die wesentlichen gesetzlichen Grundgedanken (§ 307 II Nr. 1 BGB), sowie zum anderen die Einschränkung wesentlicher Rechte und Pflichten, die sich aus der Vertragsnatur ergeben und die geeignet sind, die Erreichung des Vertragszwecks zu gefährden (§ 307 II Nr. 2 BGB), an. Dabei schließen die

---

[101] *Roloff/Looschelders*, in: Erman-BGB, § 307 Rn. 11; *Schulte-Nölke*, in: Nomos Handkommentar-BGB, § 307 Rn. 14; *Wurmnest*, in: MüKo-BGB, § 307 Rn. 40.

Regelbeispiele des § 307 II BGB einander nicht aus, sondern ergänzen sich zumindest teilweise gegenseitig.[102] Auch wenn eine Regelung vom Gesetz abweicht (§ 307 II Nr. 1 BGB), muss nicht unbedingt ein Widerspruch zu den wesentlichen Grundgedanken des Gesetzes vorliegen, sofern der gesetzlich bezweckte Interessenschutz mit anderen Mitteln erreicht wird und so die Interessengewichtung gewahrt werden kann.[103] Der § 307 II Nr. 2 BGB schützt den Kernbereich der gegenseitigen Vertragspflichten vor einer Aushöhlung, sodass eine Prüfung der Unangemessenheit der in Frage stehenden Klausel erfolgen kann, auch wenn kein gesetzliches Leitbild vorliegt.[104] Die Natur des Vertrags ist durch die Betrachtung der vertragstypischen Ziele und Zwecke anhand der typischen Durchschnittsinteressen der beteiligten Vertragskreise zu ermitteln.[105] Die Aushöhlung muss darüber hinaus auch geeignet sein, die Erreichung des Vertragszwecks zu gefährden. Unter dem Vertragszweck sind die wirtschaftlichen Ziele und Vorstellungen der Parteien zu verstehen, wobei der Konzeption des § 307 BGB entsprechend, eine unerhebliche Beeinträchtigung in der Regel nicht geeignet sein wird, die Zweckerreichung zu gefährden.[106]

a) Softwarebasierte Durchsetzung

Durch die Vertragsfreiheit ist es grundsätzlich zulässig, dass die Parteien sich auf die Verwendung technischer Durchsetzungsmechanismen verständigen. Diese Möglichkeit kann jedoch nicht grenzenlos bestehen. Mit Hilfe der Programmsperren-Rechtsprechung des BGH ist die grundsätzliche AGB-rechtliche Zulässigkeit des Einsatzes technischer Schutzmaßnahmen zu beleuchten und es sind die Grenzen dieses Einsatzes zu ermitteln. Die gewonnenen Erkenntnisse sind sodann auf den Einsatz eines Smart Contracts auf der tatsächlichen Ebene zu übertragen.

---

[102] *Fuchs*, in: Ulmer/Brandner/Hensen, AGB-Recht, § 307 Rn. 197.

[103] *Pfeiffer*, in: Wolf/Lindacher/Pfeiffer, AGB-Recht, § 307 Rn. 126.

[104] *Eckelt*, in: BeckOGK-BGB, § 307 Inhaltskontrolle Rn. 172.

[105] *Eckelt*, in: BeckOGK-BGB, § 307 Inhaltskontrolle Rn. 173; *Fuchs*, in: Ulmer/Brandner/Hensen, AGB-Recht, § 307 Rn. 247; *Roloff/Looschelders*, in: Erman-BGB, § 307 Rn. 32.

[106] *Eckelt*, in: BeckOGK-BGB, § 307 Inhaltskontrolle Rn. 177; *Roloff/Looschelders*, in: Erman-BGB, § 307 Rn. 34.

Um von der Vertragsfreiheit umfasst zu sein, ist eine vertragliche Einigung der Parteien für die Verwendung von technischen Durchsetzungsmechanismen erforderlich, da diese anderenfalls nicht der Vertragsfreiheit unterfallen.[107] Der BGH entschied bereits mehrfach über die Verwendung von Programmsperren.[108] Die Entscheidungen bezogen sich zwar auf die Zulässigkeit einer außerordentlichen Kündigung. Die Interessenabwägung zwischen den Interessen der beiden Parteien, für die Zulässigkeit einer außerordentlichen Kündigung, die der BGH vornahm, kann jedoch für die Interessenabwägung der Parteien im Rahmen der Prüfung einer unangemessenen Benachteiligung durch den Einsatz einer Programmsperre herangezogen werden. Anschließend kann dann eine Bewertung der Angemessenheit der AGB-rechtlichen Vereinbarung von technischen Schutzmaßnahmen erfolgen.

Unter einer Programmsperre in diesem Sinne ist eine vorprogrammierte Sperre in der Software zu verstehen, die die Nutzbarkeit des Programmes in bestimmten Abständen unterbricht, was vom berechtigten Nutzer durch die Eingabe von Steuerungsmaßnahmen, die dieser vom Hersteller erhält, verhindert werden kann.[109] Die Verwendung einer Programmsperre kann für die andere Partei die Veränderung der Rechtsdurchsetzung bedeuten, unter anderem durch die aus der Selbstdurchsetzung resultierende Umkehr der Initiativ- und Klagelast und somit eine Benachteiligung darstellen. Die Initiativ- und Klagelast wird insofern umgekehrt, als dass der Nutzer sich, sobald das Programm gesperrt ist, um die Aufhebung dieser Sperre bemühen muss, sofern er das Programm weiterhin benutzen will. Darüber hinaus wird die Initiativ- und Klagelast schon dadurch umgekehrt, dass eine solche Sperre grundsätzlich besteht und der Benutzer diese vor der Aktivierung beseitigt wissen will. In beiden Fällen muss der Nutzer selbst aktiv werden. Ohne die Verwendung der Programmsperre würde es dem Verwender obliegen, mittels gerichtlicher Hilfe sicher zu stellen, dass die befristete Nutzung eines Programmes nach Fristablauf unterbleibt. Durch die Verwendung einer Programmsperre wird die Nutzbarkeit des Programmes nach dem Ablauf einer bestimmten Zeit automatisch unterbunden, sodass der Vertragspartner

---

[107] *Möslein*, in: Braegelmann/Kaulartz, Rechtshandbuch Smart Contracts, Kap. 8 Rn. 5.
[108] BGH NJW-RR 2000, 393; NJW 1987, 2004; NJW 1981, 2684.
[109] BGH NJW 1981, 2684; NJW-RR 2000, 393.

seinerseits zur Beseitigung aktiv werden muss, was die Umkehr der Initiativ- und Klagelast mit sich bringt.

Es liegt also durch die Verwendung einer Programmsperre eine Abweichung der Lage mit und ohne Verwendung einer solchen Klausel und somit eine nicht unerhebliche Benachteiligung des Vertragspartners vor. Ohne ein berechtigtes Interesse des Verwenders an der Verwendung der Programmsperre, stellt die Benachteiligung sich als unangemessen dar.

aa) Softwarerechtsprechung I

Der BGH entschied bereits 1981 über das Recht zur außerordentlichen Kündigung des Nutzungsberechtigten einer Software, welche eine vom Hersteller einprogrammierte, periodische Sperre enthielt.[110] Die Entscheidung erging zwar nicht zur AGB-rechtlichen Inhaltskontrolle, der BGH nahm jedoch eine umfassende Interessenabwägung im Rahmen einer außerordentlichen Kündigung vor.[111] Die Interessenabwägung verdeutlicht das Interesse des Verwenders am Einsatz einer Programmsperre, sowie die Interessenlage und eine mögliche Benachteiligung der anderen Partei, durch deren Einsatz.

Der Kläger erwarb das Nutzungsrecht an einer Software, welche mit einer Programmsperre versehen war, für die Dauer von 5 Jahren.[112] Das Wirksamwerden der Programmsperre wurde im Vormonat wiederholt angekündigt.[113] Im Vertrag wurde auf die vorhandene Programmsperre nicht ausdrücklich hingewiesen, vertraglich verpflichtete der Kläger sich jedoch zum Schutz des Programmes, womit eine Pflicht zur Duldung geeigneter Schutzmaßnahmen einhergehe.[114] Für den berechtigten Nutzer bestehe eine Pflicht zur Duldung der Programmsperre, da sie keine unzumutbare Beeinträchtigung darstelle, weil das Wirksamwerden der Programmsperre im Vormonat mehrfach angekündigt werde und dieser als berechtigter Nutzer vom Lizenzgeber mit einem Datenträger ausgestattet werde, durch den der ungestörte Programmablauf

---

110 BGH NJW 1981, 2684.
111 BGH NJW 1981, 2684, 2684 f.
112 BGH NJW 1981, 2684.
113 BGH NJW 1981, 2684.
114 BGH NJW 1981, 2684, 2685.

sichergestellt sei.[115] Mit Hilfe des Datenträgers kann also die Software weiterhin verwendet und die Programmsperre aufgehoben werden. Der Hersteller des Programmes habe ein Interesse daran, das Programm als seine geistige Leistung mit der Hilfe von technischen Schutzmaßnahmen wie einer Programmsperre, vor unberechtigter Nutzung zu schützen.[116]

Durch die Verwendung einer Programmsperre, besteht also eine nicht unerhebliche Benachteiligung der anderen Partei. Diese hat grundsätzlich ein Interesse daran, das Programm ohne Programmsperre nutzen zu können. Dabei gilt es jedoch auch zu beachten, dass der Nutzer sich vertraglich zur Duldung von Schutzmaßnahmen verpflichtet hat, die Unterbrechung der Programmnutzbarkeit wird vorher regelmäßig angekündigt und der berechtigte Nutzer kann die Sperrwirkung aufheben, sodass eine ungestörte Nutzbarkeit des Programmes gewährleistet ist. Daher wird der rechtmäßige Nutzer durch die Verwendung einer Programmsperre nicht besonders schwer beeinträchtigt.

Dieser nicht besonders schweren Beeinträchtigung, steht das Schutzinteresse des Verwenders gegenüber. Durch die Programmsperre kann eine unberechtigte Nutzung verhindert werden.[117] Dabei ist insbesondere zu beachten, dass Programme anders als körperliche Gegenstände, sich ohne Qualitätsverlust beliebig vervielfältigen lassen.[118] Daraus resultiert ein besonderes Schutzinteresse des Verwenders. Denn seine geistige Leistung bedürfe dem Schutz vor unbefugter Nutzung.[119]

Der Benachteiligung durch die Verwendung der technischen Schutzmaßnahme und der daraus resultierenden Umkehr der Initiativ- und Klagelast, steht somit ein gewichtiges Interesse des Verwenders an der Programmsperre gegenüber. Verpflichtet sich der andere Teil zur Duldung von Schutzmaßnahmen und kann er als rechtmäßiger Verwender die Programmsperre beseitigen und das Programm vertragsgemäß weiter nutzen, stellt sich die Programmsperre hiernach regelmäßig nicht als unangemessene Benachteiligung der anderen Partei dar.

---

115 BGH NJW 1981, 2684, 2685.
116 BGH NJW 1981, 2684 f.; OLG Köln NJW 1996, 733, 734.
117 BGH NJW 1981, 2684, 2684 f.
118 *Hoppen*, CR 2013, 9.
119 BGH NJW 1981, 2684.

bb) Softwarerechtsprechung II

Ein weiteres Mal beschäftigte sich der BGH 1987 mit dem Einsatz einer Programmsperre.[120] Anders als bei der Softwarerechtsprechung I-Entscheidung, wurde in diesem Fall der Einsatz einer Programmsperre nicht vertraglich vereinbart, sondern der Lieferant des Programmes baute diese heimlich, ohne die Kenntnis oder das Einverständnis seines Vertragspartners, in der Folgezeit beim Austausch von Programmteilen ein.[121]

Wie oben dargestellt, kann sich die AGB-rechtliche Vereinbarung und die daraus folgende Verwendung einer Programmsperren als angemessen darstellen. Etwas anderes kann sich jedoch dann ergeben, wenn die Programmsperre als Druckmittel eingesetzt werden soll. Der Lieferant wollte durch den nachträglichen Einsatz seinen Vertragspartner zum Abschluss eines Wartungsvertrags bewegen, anderenfalls sollte die Software mittels Programmsperre blockiert werden, sodass diese nicht mehr hätte weiter genutzt werden können.[122] Der heimliche Einsatz der nicht vertraglich vereinbarten Programmsperre als Druckmittel, wurde vom BGH als schwerwiegende Vertragsverletzung klassifiziert.[123] Daraus lässt sich schließen, dass der heimliche Einsatz einer Programmsperre als Druckmittel kein berechtigtes Interesse des Verwenders mehr darstellen kann, sodass sich dieser Fall als unangemessene Benachteiligung des Vertragspartners darstellt.

Die BGH-Rechtsprechung zu den Programmsperren verdeutlicht, dass die Verwendung von technischen Schutzmaßnahmen unter bestimmten Voraussetzungen zulässig sein kann.[124] Grundvoraussetzung ist zunächst, dass der Einsatz der technischen Schutzmaßnahme auf einer vertraglichen Vereinbarung beruht. Wird die Schutzmaßnahme als Druckmittel eingesetzt, um beispielsweise wie bei der Softwarerechtsprechung II-Entscheidung, den Abschluss eines weiteren Vertrags zu forcieren, dann stellt sich ihr Einsatz nicht mehr als rechtmäßig dar, denn der Verwender kann an der Ausübung von Druck auf die andere Partei, um einen weiteren Vertrag mit diesem abzuschließen, kein berechtigtes Interesse haben, welches ein solches Vorgehen

---

[120] BGH NJW 1987, 2004.
[121] BGH NJW 1987, 2004, 2005.
[122] BGH NJW 1987, 2004, 2006.
[123] BGH NJW 1987, 2004, 2006.
[124] *Paulus/Matzke*, CR 2017, 769, 775.

legitimieren würde. Da Programmsperren die Umkehr der Initiativ- und Klagelast bewirken, stellen diese grundsätzlich eine Benachteiligung für die andere Partei dar. Diese Benachteiligung kann jedoch durch legitime Interessen des Verwenders gerechtfertigt sein, sodass Programmsperren als technische Schutzmaßnahmen sich nicht zwangsläufig als unangemessen darstellen. Im Grundsatz ist die vertragliche Vereinbarung von technischen Schutzmaßnahmen zulässig, wenn diese vertraglich vereinbart werden und solange diese nicht als Druckmittel für nicht vertraglich vereinbarte Ziele eingesetzt werden.

cc) Smart Contracts als technische Schutzmaßnahme

Überträgt man dies nun auf die Vereinbarung durch AGB, die den Einsatz eines Smart Contracts auf der tatsächlichen Ebene als Durchführungsinstrument vorsehen, lässt sich zunächst feststellen, dass es grundsätzlich AGB-rechtlich möglich ist, vertragliche Interessen durch technische Mittel zu sichern. Auch ein Smart Contract stellt ein technisches Sicherungsmittel dar, um das vertraglich Vereinbarte automatisch zu vollziehen somit das vertraglich Vereinbarte abzusichern. Zwar stellt der Einsatz eines Smart Contracts auf der tatsächlichen Ebene als Software zur Sicherung vertraglicher Interessen eine Benachteiligung der anderen Partei dar. Sofern der Einsatz jedoch durch eine vertragliche Vereinbarung gedeckt ist und die Software nicht für vertraglich nicht vereinbarte Ziele eingesetzt wird, hat der Verwender regelmäßig ein schützenswertes Interesse am Einsatz der Software als Sicherungsmittel. Auf die Art der eingesetzten Software bei der Beurteilung der Zulässigkeit von technischen Sicherungsmitteln kann es nicht ankommen, sodass dies nicht nur für den Einsatz von Programmsperren, sondern auch für den Einsatz eines Smart Contracts auf der tatsächlichen Ebene als Durchführungsinstrument gilt. Auch beim Einsatz eines Smart Contracts auf der tatsächlichen Ebene dient dieser der Durchsetzung des vertraglich Vereinbarten und sichern den Vollzug dessen. Dieser darf jedoch auch nicht als Druckmittel eingesetzt werden, um etwas vertraglich nicht Vereinbartes zu erreichen. Hieran kann der Verwender kein berechtigtes Interesse haben. Daraus folgt, dass sich die formularmäßige Vereinbarung zur Verwendung eines Smart Contracts nicht per se als unzulässige Benachteiligung der anderen Partei darstellt.

b) *Lastschrift-/Abbuchungsverfahren*

Nachdem die grundsätzliche Möglichkeit einer formularmäßigen Vereinbarung, vertragliche Interessen automatisiert per Software durchzusetzen, dargestellt wurde, soll nun das Lastschrift- und Abbuchungsverfahren näher betrachtet werden. Mit Hilfe der Lastschrift- und Abbuchungsverfahren sollen weitere Interessen der Parteien für die Abwägung der Unangemessenheit ermittelt werden, insbesondere soll dabei die Problematik der einseitigen Eingriffsmöglichkeit des Verwenders in das Vermögen der anderen Partei genauer betrachtet werden. Die Lastschrift- und Abbuchungsverfahren sind seit langem in der Praxis erprobt und weit verbreitet. Bei den Verfahren werden Zahlungen automatisiert und es besteht die Möglichkeit eines Zugriffs durch den Gläubiger auf das Schuldnervermögen. Die Automatisierung von Zahlungen und den dafür benötigten Eingriff in das Schuldnervermögen sind auch Aspekte, die es im Hinblick auf den Einsatz von Smart Contracts auf der tatsächlichen Ebene zu bewerten gilt, daher erscheinen die Lastschrift- und Abbuchungsverfahren grundsätzlich als geeignet, die Interessen der beiden Parteien herauszuarbeiten und gegeneinander abzuwägen.

Seit dem 01.02.2016 stehen in Deutschland, in Folge europarechtlicher Harmonisierungsbestrebungen des Zahlungsverkehrs, nur noch das SEPA-Basislastschriftverfahren und das SEPA-Firmenlastschriftverfahren zur Verfügung.[125] Diese lösten die alten Lastschrift- und Abbuchungsverfahren ab. Nach der Ablösung des alten Lastschriftverfahrens durch das SEPA-Lastschriftverfahren, hat sich an der Widerspruchsmöglichkeit des Schuldners gegen eine Abbuchung auf seinem Konto nichts geändert. Im Vergleich des alten Lastschriftverfahrens zum neuen SEPA-Basislastschriftverfahren wurde zwar dahingehend eine Änderung vorgenommen, dass beim neuen Verfahren der Zahlende eine Lastschriftabrede gegenüber dem Zahlungsempfängers abgibt, sowie auch eine Weisung an seine Bank, die auf seinem Konto gezogene Lastschrift einzulösen.[126] Daher liegt beim SEPA-Lastschriftverfahren nun eine Vorabautorisierung der Lastschrift vor, jedoch verbleibt immer noch, wie beim alten Lastschriftverfahren, die Möglichkeit der Abbuchung

---

[125] *Köndgen*, in: BeckOGK-BGB, § 675j Rn. 90.

[126] *Köndgen*, in: BeckOGK-BGB, § 675j Rn. 91.

zu widersprechen und den abgebuchten Betrag vorbehaltlos erstattet zu bekommen.[127] Im Gegensatz zum SEPA-Basislastschriftverfahren ist das SEPA-Firmenlastschriftverfahren ausschließlich für den Zahlungsverkehr zwischen Unternehmern vorgesehen. Das SEPA-Firmenlastschriftverfahren entspricht weitgehend dem alten Abbuchungsverfahren.[128] Wie beim alten Abbuchungsverfahren ist auch beim SEPA-Firmenlastschriftverfahren bei einer autorisierten Zahlung eine Erstattungsmöglichkeit nicht vorgesehen.[129]

Auf die Rückbuchungsmöglichkeit bei unberechtigten Abbuchungen und der daraus resultierenden Minimierung des Risikos für die andere Partei, stellte der BGH bei seinen Entscheidungen in Bezug auf die Möglichkeit der wirksamen AGB-rechtlichen Vereinbarung von Lastschriftklauseln maßgeblich ab.[130] Die Möglichkeit des Widerspruchs besteht auch beim neuen SEPA-Lastschriftverfahren, sodass auch hier der Gläubiger keine endgültigen, unberechtigten Abbuchungen im Vermögen des Schuldners einseitig vornehmen kann. Die von der Rechtsprechung zum Lastschriftverfahren entwickelten Kriterien zur AGB-rechtlichen Bewertung sind daher auf das SEPA-Lastschriftverfahren übertragbar.[131] Aus diesem Grund erscheinen diese Kriterien auch immer noch als tauglich, um eine AGB-rechtliche Bewertung durch die Ermittlung der Interessenlagen der Parteien bei der formularmäßigen Vereinbarung, die einen Einsatz eines Smart Contracts auf der tatsächlichen Ebene vorsieht, vorzunehmen.

Die Verwendung des Lastschriftverfahrens ist für den Verwender mit erheblichen Rationalisierungsvorteilen verbunden und dadurch deutlich kostengünstiger im Vergleich zu Alternativen, wie beispielsweise der Barzahlung.[132] Darüber hinaus bietet es für den Verwender den Vorteil, dass er die Initiative für den Einzug der Ausstände ergreifen kann, sodass er die Zahlung auf den

---

127 *Zschieschack*, in: BeckOGK-BGB, § 307 Lastschriftklausel Rn. 11, *Schwintowski*, in: jurisPK-BGB, § 675j Rn. 7, 11.

128 *Zschieschack*, in: BeckOGK-BGB, § 307 Lastschriftklausel Rn. 25.

129 *Zschieschack*, in: BeckOGK-BGB, § 307 Lastschriftklausel Rn. 24; *von Olsenhausen*, in: BeckOGK-BGB, § 675x Rn. 36.

130 Vgl. etwa: BGH NJW 2010, 1275 Rn. 17; NJW 2008, 2495 Rn. 16; NJW 1996, 988, 989; NJW 1985, 2326, 2327.

131 *Zschieschack*, in: BeckOGK-BGB, § 307 Lastschriftklausel Rn. 16.

132 *Zschieschack*, in: BeckOGK-BGB, § 307 Lastschriftklausel Rn. 2; BGH NJW 1996, 988, 989; NJW 2008, 2495 Rn. 15.

Tag genau erhält, was ihm deutliche Liquiditäts- und Zinsvorteile bietet.[133] Da er den Geldeinzug selbst steuern kann und die Einziehung per Lastschrift nur selten scheitert, kann das Mahnwesen weitgehend entfallen, wobei der Rationalisierungseffekt besonders groß ist, wenn ein geringer Betrag von einer Vielzahl von Kunden eingezogen wird.[134] Das Lastschriftverfahren wird vom Zahlungsempfänger in Gang gesetzt, dabei reicht er bei seiner Bank eine Lastschrift über den Betrag, sowie die Kontodaten des Zahlenden ein und erhält eine Gutschrift, die Bank des Zahlungsempfängers leitet die Lastschrift an die Bank des Zahlenden weiter, diese nimmt dann auf dem Konto des Zahlenden eine entsprechende Belastung vor.[135] Mit einer Lastschriftklausel vereinbaren die Parteien die Teilnahme am Lastschriftverfahren.

Im Gegensatz zum Lastschriftverfahren, wird die formularmäßige Vereinbarung des Abbuchungsverfahren vom BGH als unangemessene Benachteiligung des Vertragspartners angesehen, da dieser dabei auch unberechtigte Forderungen gegen sich gelten lassen muss.[136] Als problematisch betrachtet der BGH hierbei insbesondere, dass der Vertragspartner das Risiko der Rückforderung, sowie das Insolvenzrisiko des Gläubigers zu tragen hat.[137] Das frühere Abbuchungsverfahren wurde vom BGH auch im B2B-Bereich als unangemessene Benachteiligung gewertet, sodass eine Unterscheidung zwischen dem B2B und dem B2C-Bereich für die nachfolgenden Betrachtungen der Lastschrift- und Abbuchungsverfahren nicht getroffen werden muss.

Bei der Beurteilung der Unangemessenheit der Lastschriftklausel, sind die Vorteile für den Verwender, wie Rationalisierung, Standardisierung, Kostenersparnis und Planungssicherheit, mit den damit verbundenen Nachteilen der anderen Partei abzuwägen. Fraglich ist also, welche Nachteile das Lastschriftverfahren für die andere Partei mit sich bringen kann.

aa) Lastschrift-/Abbuchungsverfahren

Nachteilig für die andere Partei könnte das Lastschriftverfahren sein, wenn die Gefahr bestehen würde, dass unberechtigte Abbuchungen auf Grund

---

[133] BGH NJW 2010, 1275 Rn. 15; NJW 1996, 988, 989.
[134] BGH NJW 1996, 988, 989.
[135] BGH NJW 1996, 988, 989; BGH NJW 2010, 1275 Rn. 12.
[136] BGH NJW 2010, 1275 Rn. 12; NJW 2008, 2495 Rn. 17; NJW 1996, 988, 989.
[137] *Zschieschack*, in: BeckOGK-BGB, § 307 Lastschriftklausel Rn. 19.

der erteilten Einzugsermächtigung vorgenommen werden und diese dann gegen den Willen der anderen Partei Bestand haben und das Konto belasten könnten.

Dem lässt sich jedoch entgegnen, dass der Zahlende beim Lastschriftverfahren nur dem Zahlungsempfänger (Gläubiger) eine Einzugsermächtigung erteilt, während er dies gegenüber der Bank gerade nicht erklärt.[138] Daraus folgt, dass die Bank des Zahlungspflichtigen nur durch die Weisung der Bank des Zahlungsempfängers das Konto des Zahlenden belastet, sodass der Bank des Zahlenden dem Zahlenden gegenüber auch nur der Aufwendungsersatz nach § 670 BGB zusteht und diesem Aufwendungsersatzanspruch kann der Zahlende, wie bei jeder unberechtigten Buchung, widersprechen und die Wiedergutschrift des Betrages verlangen.[139] Für das SEPA-Basislastschriftverfahren ist die Autorisierung der Zahlung in § 675j I 1 BGB geregelt, wonach der Zahlungsvorgang nur wirksam ist, wenn der Zahlende diesem zugestimmt hat.[140] Die Autorisierung entscheidet daher darüber, ob der Bank des Zahlenden aus dem Zahlungsvorgang einen Aufwendungsersatzanspruch zusteht.[141] Nach § 675u S. 1 BGB entsteht der Aufwendungsersatzanspruch nicht ohne Autorisierung, sollte das Konto des Zahlenden bereits belastet worden sein, ist diesem der Betrag unverzüglich zu erstatten, vgl. § 675u S. 2 BGB. Es besteht beim Lastschriftverfahren, sowie beim SEPA-Basislastschriftverfahren also gerade nicht die Gefahr unberechtigter Abbuchungen durch den Gläubiger.

Anders stellt sich dies jedoch beim Abbuchungsverfahren dar. Im Gegensatz zum Lastschriftverfahren erteilt der Zahlende hierbei seiner Bank im Voraus einen Abbuchungsauftrag mittels Globalweisung (§§ 675 I, 655 BGB), sodass die Belastung seines Kontos mit seiner Zustimmung erfolgt und daher die Kontobelastung nach Einlösung durch seinen Widerspruch nicht mehr rückgängig gemacht werden kann.[142] Diese Belastung muss der Zahlende dann unabhängig davon, ob eine entsprechende Forderung des

---

[138] BGH NJW 1985, 2326, 2327.

[139] BGH NJW 1985, 2326, 2327.

[140] *Schwintowski*, in: jurisPK-BGB, § 675j Rn. 3.

[141] *Jungmann*, in: MüKo-BGB, § 675j Rn. 4; *Berger*, in: Jauernig-BGB, § 675j Rn. 1; *Schwintowski*, in: jurisPK-BGB, § 675j Rn. 4; *Omlor*, in: Staudinger-BGB, § 675j Rn. 9.

[142] *Zschieschack*, in: BeckOGK-BGB, § 307 Lastschriftklausel Rn. 18; BGH NJW 2010, 1275 Rn. 12; NJW 2008, 2495 Rn. 17; NJW 1985, 2326, 2327.

Zahlungsempfängers besteht oder nicht, gegen sich gelten lassen.[143] Das Abbuchungsverfahren birgt folglich für den Zahlenden ein erheblich höheres Risiko als das Lastschriftverfahren. Insbesondere resultiert das Risiko für den Zahlenden beim Abbuchungsverfahren daraus, dass der Verwender eine einseitige Zugriffsmöglichkeit auf das Schuldnervermögen erhält, ohne dass für die andere Partei die Möglichkeit des Widerspruchs besteht. Die andere Partei ist dabei verpflichtet, die Bestimmung, wann und ob gezahlt wird, dem Verwender zu überlassen, sodass diese unter Umständen erst nach der Zahlung Kenntnis davon erhält und ihr auch keine Korrekturmöglichkeit mehr verbleibt.[144] Diese schwerwiegende Benachteiligung stellt sich als unangemessen dar und kann nicht durch das Rationalisierungsinteresse des Verwenders ausgeglichen werden.[145] Aus diesem Grund qualifiziert der BGH überzeugend auch im Rechtsverkehr zwischen Unternehmern die formularmäßige Vereinbarung des Abbuchungsverfahrens als unangemessene Benachteiligung der anderen Partei.[146] Dies gilt erst recht für B2C-Geschäfte.

bb) Risiko einer unberechtigten Abbuchung

Eine wesentliche Eigenschaft von Smart Contracts ist die automatisierte Durchführung des Vertrags auf der tatsächlichen Ebene, sodass ein Smart Contract grundsätzlich Zugriff auf ein Konto, eine Wallet, oder eine andere Zahlungsmöglichkeit benötigt, um dieser Aufgabe bestimmungsgemäß nachkommen zu können. Daraus könnte sich die Gefahr einer unberechtigten Abbuchung aus dem Vermögen der anderen Partei ergeben.

Es sind Einsatzmöglichkeiten eines Smart Contracts auf der tatsächlichen Ebene denkbar, bei denen der Smart Contract keinen gegenseitigen Leistungsaustausch steuert und überwacht. Beispielsweise kann hier eine automatisierte Entschädigungszahlung bei einer Flugverspätung nach der EU-Fluggastrechteverordnung (Verordnung EG Nr. 261/2004) angeführt werden. Der Smart Contract könnte dann in einem solchen Entschädigungsfall die Aufgabe übernehmen, an Stelle eines menschlichen Sachbearbeiters die

---

[143] *Zschieschack*, in: BeckOGK-BGB, § 307 Lastschriftklausel Rn. 19.

[144] BGH NJW 2010, 1275 Rn. 19.

[145] BGH NJW 2010, 1275 Rn. 19.

[146] BGH NJW 2010, 1275 Rn. 19; vgl. auch: *Zschieschack*, in: BeckOGK-BGB, § 307 Lastschriftklausel Rn. 20.

Entschädigungszahlung anzuweisen, sobald bestimmte Bedingungen erfüllt sind. In diesen Situationen besteht für die andere Partei keine Gefahr eines einseitigen Eingriffs in ihr Vermögen durch den Verwender, sodass solche Einsatzmöglichkeiten für die nun folgenden Betrachtungen außen vor gelassen werden können.

Eine Benachteiligung für die andere Partei beim Einsatz von Smart Contracts auf der tatsächlichen Ebene kann zunächst darin bestehen, dass der Verwender eigenmächtig und unberechtigt eine Abbuchung im Vermögen der anderen Partei vornimmt. Eine Benachteiligung stellt eine rechtliche Schlechterstellung durch die Klausel, im Vergleich zur Rechtslage ohne die Klausel, dar. Vereinbaren die Parteien formularmäßig, dass ein Smart Contract auf der tatsächlichen Ebene zur Vertragsdurchführung verwendet werden soll, benötigt dieser Zugriff auf das Vermögen der anderen Partei, sodass mit der Klausel zum Einsatz eines Smart Contract auf der tatsächlichen Ebene als Durchsetzungsinstrument in der Regel die Verpflichtung der anderen Partei einhergehen wird, dem Smart Contract den benötigten Zugriff zu gewähren. Aus dieser Zugriffsmöglichkeit auf das Vermögen der anderen Partei, könnte sich das Risiko einer unberechtigten Abbuchung ergeben.

Im Vergleich mit der Situation ohne dieses vereinbarte Zugriffsrecht, verpflichten gegenseitige Verträge die andere Partei als den Schuldner zwar meist zur Zahlung, räumen dem Gläubiger als Verwender aber für gewöhnlich kein dauerhaftes und endgültiges Zugriffsrecht auf das Vermögen der anderen Partei ein, sodass hier durch den Einsatz des Smart Contracts die Gefahr der unberechtigten Abbuchung erhöht sein könnte. Eine Benachteiligung von nicht unerheblichem Gewicht durch das Zugriffsrecht auf das Vermögen der anderen Partei, das aus der Verpflichtung zum Einsatz eines Smart Contracts auf der tatsächlichen Ebene resultiert, ist daher grundsätzlich gegeben.

Die Benachteiligung müsste auch unangemessen sein. Bei der Verwendung des Lastschriftverfahrens wird dem Verwender auch eine zumindest indirekte Zugriffsmöglichkeit auf das Vermögen der anderen Partei eingeräumt, sodass die Interessenlagen, welche zu den Lastschrift- und Abbuchungsverfahrensklauseln dargestellt wurden, hier herangezogen werden kann, um als Ausgangspunkt für die Interessenabwägung beim Einsatz eines Smart Contracts auf der tatsächlichen Ebene zu dienen. In Bezug auf das Risiko unberechtigter Abbuchungen bei der Vereinbarung von Lastschriftklauseln, stellt der BGH wie oben dargestellt, insbesondere auf die Möglichkeit des Widerspruchs durch den Schuldner ab.

Beim Einsatz eines Smart Contracts auf der tatsächlichen Ebene besteht im Unterschied zum Lastschriftverfahren grundsätzlich nicht die Möglichkeit der anderen Partei, einer Abbuchung durch den Smart Contract zu widersprechen. Smart Contracts werden manipulationssicher auf einer Blockchain oder einer anderen, für beide Parteien vertrauenswürdigen Plattform ausgeführt, sodass eine einseitige Abänderung nach in Vollzugsetzung durch die Parteien nicht mehr möglich ist. Durch die manipulationssichere Ausführung lässt sich die wertungsmäßige Vergleichbarkeit zur Widerspruchsmöglichkeit beim Lastschriftverfahren herstellen. Beim Lastschriftverfahren wird ein unberechtigter Eingriff des Gläubigers auf das Schuldnerkonto durch die Möglichkeit des Schuldners zum Widerspruch verhindert. Beim Einsatz eines Smart Contracts auf der tatsächlichen Ebene, kann der Verwender nicht eigenmächtig und unberechtigt auf das Vermögen über das Konto oder die Wallet der anderen Partei zugreifen, da der Smart Contract nicht einseitig von einer Partei abgeändert werden kann und dieser somit die vorher, von den beiden Parteien festgelegte Programmierung entsprechend dem Vertrag, ausführt. Einseitig kann der Verwender auf Grund der manipulationssicheren Ausführung von dieser Vereinbarung nicht mehr abweichen. Bei einem Smart Contract wird keine Bank als Zahlungsdienstleister eingesetzt, die auf Weisung des Gläubigers das Geld beim Schuldner einzieht und bei der der Schuldner Widerspruch gegen die Abbuchung einlegen könnte. Jedoch besteht eine einseitige Eingriffsmöglichkeit des Verwenders in das Vermögen der anderen Partei gerade deshalb nicht, weil der Smart Contract auf der tatsächlichen Ebene auf einer vertrauenswürdigen Plattform manipulationssicher ausgeführt wird. Der Verwender kann also nicht beliebig und einseitig das Vermögen von dem Konto oder der Wallet der anderen Partei abbuchen, sondern er ist vielmehr darauf beschränkt, worauf die Parteien sich vertraglich geeinigt haben und was der Smart Contract auf der tatsächlichen Ebene dann automatisch ausführt.

Insofern besteht weder beim Lastschriftverfahren noch bei einem Einsatz eines Smart Contracts auf der tatsächlichen Ebene die Möglichkeit des Verwenders, einseitig und ohne Berechtigung auf das Vermögen der anderen Partei zuzugreifen. Unter anderem auf Grund der Möglichkeit des Widerspruchs, bewertete der BGH-Lastschriftklauseln als nicht unangemessen.

Zusammenfassend lässt sich daher feststellen, dass das Widerspruchsrecht des Schuldners beim Lastschriftverfahren verhindert, dass der Gläubiger einseitig von der Möglichkeit Gebrauch macht, dauerhaft und unberechtigt eine bestimmte Summe vom Schuldnerkonto zu erhalten und diese auch behalten zu können. Insofern lässt sich das Widerspruchsrecht mit dem Einsatz eines Smart Contracts auf der tatsächlichen Ebene vergleichen. Wird dieser eingesetzt, kann der Verwender auch hier nicht einseitig in beliebiger Höhe Vermögen der anderen Partei einziehen und dauerhaft behalten. Das Widerspruchsrecht, welches den Schuldner beim Lastschriftverfahren nach der Geltendmachung gegen ungewollte Abbuchungen schützt, ist mit dem Einsatz eines Smart Contracts auf der tatsächlichen Ebene, der einen solchen Schutz technisch durch die manipulationssichere Ausführung bietet, daher vergleichbar, auch wenn dasselbe Schutzniveau auf unterschiedlichen Wegen erreicht wird. Da der Schutz vor einseitigen unberechtigten Vermögenseingriffen bei der anderen Partei durch den Verwender bei Lastschriftverfahrensklauseln und bei der formularmäßigen Vereinbarung zur Verwendung eines Smart Contracts auf der tatsächlichen Ebene vergleichbar ist und Lastschriftklauseln sich nicht als unangemessene Benachteiligung der anderen Partei darstellen, lässt sich dies auch in Bezug auf den unberechtigten Vermögenseingriff bei der anderen Partei für den Einsatz eines Smart Contracts als Durchsetzungsinstrument auf der tatsächlichen Ebene feststellen. Daher ergibt sich in Abwägung mit dem Rationalisierungs- und Automatisierungsinteresse des Verwenders keine derartige Benachteiligung der anderen Partei, durch die sich Verwendung eines Smart Contracts auf der tatsächlichen Ebene aus dem Aspekt des Risikos der unberechtigten Abbuchung des Schuldnervermögens als unangemessen darstellt.

cc) Einseitiges Abbuchungsrecht

Räumt der Verwender sich formularmäßig durch den Einsatz eines Smart Contracts auf der tatsächlichen Ebene ein einseitiges Abbuchungsrecht ein, welches ihm die Möglichkeit bietet, unabhängig von dem programmierten Vertragsablauf in das Vermögen der anderen Partei eingreifen zu können, kann auch die manipulierungssichere Ausführung eines Smart Contracts die einseitige Zugriffsmöglichkeit auf das Vermögen der anderen Partei nicht verhindern. Es stellt sich die Frage, wie damit umzugehen ist.

Bei einem gegenseitigen Vertrag einigen sich die Parteien auf eine Leistung und eine Gegenleistung, sodass der Smart Contract auf der tatsächlichen Ebene in der Regel das Geld oder eine anderweitige Gegenleistung, beispielsweise in Form einer Kryptowährung, transferieren wird, sobald die Leistung erbracht wurde. Grundsätzlich wird dabei die Zahlung mit der Erbringung der Leistung verknüpft sein, sodass wie oben bereits dargestellt, keine Gefahr einer einseitigen, vom Verwender veranlassten Abbuchung besteht.

Problematisch im Hinblick auf die Angemessenheit einer Klausel könnte an einem formularmäßig vereinbarten, einseitigen Abbuchungsrecht des Verwenders sein, dass es von dem im Smart Contract einprogrammierten Leistungsaustausch entkoppelt ist somit dem Verwender ein einseitiges Zugriffsrecht in das Vermögen der anderen Partei einräumt. Der Einsatz eines Smart Contracts auf der tatsächlichen Ebene soll automatisiert den Vertrag vollziehen und dabei sicherstellen, dass Leistung und Gegenleistung ausgetauscht werden. Dies wird bei der Verwendung eines Smart Contracts auf der tatsächlichen Ebene durch die manipulationssichere Ausführung garantiert. Diese manipulationssichere Ausführung ist es auch, die, wie oben dargestellt, für die andere Partei sicherstellt, dass der Verwender nicht unberechtigt und einseitig auf ihr Vermögen zugreifen kann und dieser daher durch den Einsatz des Smart Contracts auf der tatsächlichen Ebene auch keine unangemessenen Risiken auferlegt werden, die zu einer unangemessenen Benachteiligung durch die Klausel führen würden.

Räumt der Verwender sich per AGB jedoch selbst ein einseitiges Zugriffsrecht ein, kann dies mit der Verwendung von Abbuchungsklauseln verglichen werden. In Bezug auf die einseitige Zugriffsmöglichkeit wurde oben bereits dargestellt, dass die Unangemessenheit der Benachteiligung beim Lastschriftverfahren durch die Widerrufsmöglichkeit unterbunden wird. Da beim Abbuchungsverfahren keine Widerrufsmöglichkeit besteht, stellt sich dieses regelmäßig als unangemessen dar.[147] Bei Abbuchungsklauseln verpflichtet sich die andere Partei als der Schuldner gegenüber seiner Bank, eine Zahlungsanweisung abzugeben, sodass er von dieser das Geld nicht mehr zurückfordern kann, was erhebliche Risiken mit sich bringt.[148] Dadurch trägt

---

147 Vgl. etwa: BGH NJW 2010, 1275 Rn. 18; NJW 2008, 2495 Rn. 17; NJW 1996, 988, 989.

148 BGH NJW 2010, 1275 Rn. 18; NJW 2008, 2495 Rn. 17; NJW 1996, 988, 989.

die andere Partei ein wesentlich höheres Risiko als bei der Verwendung des Lastschriftverfahrens.[149]

In genau dieser Zahlungsanweisung besteht der AGB-rechtlich relevanteste Unterschied zwischen Lastschrift- und Abbuchungsverfahren. Auf Grund der Zahlungsanweisung kann der Schuldner der Abbuchung durch den Gläubiger nicht widersprechen, da diese mit seiner Zustimmung erfolgte, sodass dieser das Geld nicht von der Bank zurück buchen lassen kann, unabhängig davon, ob der Abbuchung ein entsprechendes Schuldverhältnis zugrunde lag.[150] Da der Schuldner diese Belastung unabhängig von einem möglichen Rechtsgrund (zunächst) gegen sich gelten lassen muss, besteht beim Abbuchungsverfahren somit eine erheblich höhere Gefahr einer unberechtigten Abbuchung. Unbenommen bleibt dem Schuldner, die in seinen Augen unberechtigte Abbuchung gerichtlich zurückzufordern, wobei er dann die daraus resultierenden Nachteile, wie beispielsweise das Insolvenzrisiko des Gläubigers, zu tragen hat.

Im Unterschied zum oben dargestellten Einsatz eines Smart Contract auf der tatsächlichen Ebene, bei dem die einseitige Zugriffsmöglichkeit durch die manipulationssichere Ausführung ausgeschlossen ist, besteht diese Möglichkeit für den Verwender hier gerade. Räumt der Verwender sich formularmäßig ein einseitiges Zugriffsrecht ein, wird die andere Partei nicht mehr durch die manipulationssichere Ausführung vor unberechtigten Abbuchungen geschützt. In Übereinstimmung mit der Wertung der Rechtsprechung zum Abbuchungsverfahren lässt sich feststellen, dass das Einräumen eines einseitigen Abbuchungsrechts durch den Verwender die andere Partei derart belastet und es für diese Belastung kein ausgleichendes Interesse des Verwenders gibt, dass es sich als unangemessen darstellt.

Die Möglichkeit des Verwenders, durch den Einsatz eines Smart Contracts auf der tatsächlichen Ebene, einseitig und unabhängig vom vorher einprogrammierten Vertragsablauf, auf deren Vermögen zugreifen zu können, stellt eine unangemessene Benachteiligung von nicht unerheblichem Gewicht dar.

---

149 BGH NJW 2010, 1275 Rn. 18; NJW 2008, 2495 Rn. 17; NJW 1996, 988, 989.
150 NJW 1996, 988, 989.

dd) Unterhalt Vermögensdepot

Beim Einsatz eines Smart Contracts auf der tatsächlichen Ebene ist es grundsätzlich notwendig, dass die Software für den Leistungsaustausch auf ein Vermögensdepot der anderen Partei, wie auf eine Wallet oder auf ein Girokonto, zugreifen kann. Daraus folgt jedoch auch für die andere Partei die Pflicht, eine solche Bezahlmöglichkeit zu unterhalten.

Für das Lastschriftverfahren ist eine unangemessene Benachteiligung des Kunden nicht darin zu erblicken, dass dieser durch die Verwendung des Lastschriftverfahrens zum Unterhalt einer Bankverbindung verpflichtet ist, da Girokonten so weit verbreitet und üblich sind, dass die Kunden sich im Interesse der wirtschaftlichen sinnvollen Abwicklung des Vertrags dem allgemein üblichen Lastschriftverfahren anpassen müssen.[151] In der Rechtsprechung zu Lastschriftklauseln entschied der BGH bezüglich der formularmäßigen Verpflichtung ein Girokonto zu unterhalten, dass Girokonten inzwischen derart weit verbreitet seien, dass sich für den anderen Vertragspartner keine besondere Benachteiligung ergebe, wenn vertraglich vorausgesetzt werde, dass er eines unterhalte.[152]

Der Einsatz von Smart Contracts hingegen ist zumindest aktuell noch nicht so weit verbreitet wie Girokonten, sodass sich bei der formularmäßigen Vereinbarung über den Einsatz eines Smart Contracts auf der tatsächlichen Ebene, daraus möglicherweise eine unangemessene Benachteiligung für die andere Partei ergeben kann, wenn diese dadurch zum Unterhalt einer Wallet verpflichtet wird. Sollte vertraglich vereinbart werden, dass der Smart Contract auf ein Girokonto zugreifen kann, ist der BGH-Rechtsprechung zuzustimmen, als dass Girokonten derart weit verbreitet und üblich sind, dass sich hieraus regelmäßig keine unangemessene Benachteiligung für die andere Partei ergeben wird.

Anders könnte es jedoch zu bewerten sein, wenn der Smart Contract auf der tatsächlichen Ebene auf eine Wallet zugreifen soll, da die Verbreitung von Wallets und Kryptowährungen noch nicht mit der Verbreitung und Üblichkeit von Girokonten vergleichbar ist. Ein Smart Contract greift auf

---

[151] BGH NJW 1996, 988, 989; *Zschieschack*, in: BeckOGK-BGB, § 307 Lastschriftklausel Rn. 12.

[152] BGH NJW 1996, 988, 989.

der tatsächlichen Ebene auf eine Wallet zu, um die Zahlung in einer Kryptowährung vom Verwender zur anderen Partei zu transferieren. Dabei ist eine Wallet eine Hardware oder Software, mit Hilfe derer digitale „Währungen“ wie beispielsweise Bitcoin oder Ether vom Nutzer verwaltet werden können, indem sie den private key und den public key des Nutzers speichern kann.[153] Sie stellt eine kryptographiebasierte Verbindung zwischen public key und private key her und erlaubt so deren Verwaltung und Verwahrung.[154] Es gibt verschiedene Arten von Wallets, unter anderem Desktop-/ Mobile-/ Online-Wallets, ihnen allen ist gemein, dass sie den Nutzer in die Lage versetzen, seine Kryptowährungen einsehen und benutzen zu können.[155] Mittlerweile ist es durch diverse Apps und Webseiten relativ einfach geworden, Euro, US-Dollar oder andere staatliche Währungen in Kryptowährung umzutauschen und umgekehrt.[156] Neben den „non custodial wallets“, also Wallets, bei denen der Kunde den private key selbst hält und somit für dessen sichere Verwahrung verantwortlich ist, gibt es auch „custodial wallets“, bei denen ein anderer den private key in Verwahrung nimmt und diesen sicher aufbewahrt, sodass der Nutzer sich nur mit Nutzername und Passwort anmelden muss, wobei letzteres eher einem Bankkonto gleichen und daher die Benutzung deutlich einfacher ist.[157] Gleich, ob die dargestellten oder gänzlich andere Ansätze künftig die größte Verbreitung finden und für welche der Art der Wallet der Nutzer sich entscheidet, dienen diese immer zur Verwaltung der Kryptowährungen des Nutzers. Auch wenn sich die Anmeldung und Verwendung unterschiedlich aufwändig darstellt und bei „custodial wallets“ nicht deutlich anspruchsvoller als die Verwendung von Online-Banking ist, so ist doch zum aktuellen Zeitpunkt der Verfassung dieser Arbeit von einem erheblich geringeren Verbreitungsgrad als bei Girokonten auszugehen.

---

[153] *Kaulartz*, in: Möslein/Omlor, FinTech-Handbuch, § 5 Rn. 35.

[154] *Vig*, RDV 2021, 14 f.

[155] https://de.yeeply.com/blog/was-ist-ein-blockchain-wallet/ (zuletzt abgerufen am 27.06.2023); Übersicht zu verschiedenen Wallets und Anbietern für Ether: https://www.blockchaincenter.net/ethereum-wallet/ (zuletzt abgerufen am 27.06.2023).

[156] Vgl. exemplarisch etwa https://www.coinbase.com/de/converter/btc/eur (zuletzt abgerufen am 27.06.2023);

[157] Vgl.: https://www.btc-echo.de/was-sind-smart-contract-wallets/ (zuletzt abgerufen am 27.06.2023).

Durch die Vereinbarung zur Verwendung eines Smart Contracts auf der tatsächlichen Ebene, der auf eine Wallet zugreifen soll, wäre die andere Partei verpflichtet, eine solche zu unterhalten. Bei Geschäften mit einem besonders technikaffinen Kundenkreis kann möglicherweise von einer ähnlichen Üblichkeit wie der Unterhalt eines Girokontos ausgegangen werden, sodass die aus der Smart Contract Verwendung resultierende Unterhaltspflicht der Wallet zwar eine Benachteiligung ergeben kann. Die Benachteiligung wird sich dann jedoch regelmäßig nicht als unangemessen darstellen, sofern davon auszugehen ist, dass der Unterhalt von Wallets im jeweiligen Kundenkreis üblich ist.

Je technikaffiner der Kundenkreis und je weiter verbreitet Wallets und Kryptowährungen sind, desto eher dürfte sich die Verpflichtung beim Einsatz eines Smart Contracts auf der tatsächlichen Ebene, der auf die Wallet der anderen Partei zugreift, sich als nicht unangemessen darstellen. Je nach Einzelfall und Kundenkreis lässt sich die Bewertung des BGHs für Girokonten, dass diese üblich sind und der wirtschaftlich sinnvollen Abwicklung eines Vertrags dienen und somit keine unangemessene Benachteiligung der anderen Partei darstellen, auch auf Wallets übertragen. Zum aktuellen Zeitpunkt ist bei den meisten Kundenkreisen noch davon auszugehen, dass diese nicht über Kryptowährungen und Wallets verfügen und somit noch nicht von einer derartigen Üblichkeit wie bei Girokonten ausgegangen werden kann. Hierbei gilt es jedoch auch zu beachten, dass die andere Partei sich auf die Durchführung des Vertrags mittels Smart Contracts freiwillig einlässt. Ausgehend von der Freiwilligkeit der anderen Partei, sich für die Durchführung mittels Smart Contracts zu entscheiden, kann die Unangemessenheit auch dadurch beträchtlich variieren, wenn der anderen Partei beim Einsatz des Smart Contract auf der tatsächlichen Ebene noch andere, weiter verbreitete Methoden, wie beispielsweise die Bezahlung mittels Girokontos o.Ä. angeboten werden. Darüber hinaus gilt es zu beachten, dass es sich bei Kryptowährungen nicht um gesetzliche Zahlungsmittel handelt, sodass weniger als beim Girokonto davon ausgegangen werden kann, dass diese üblich sind. Dies kann sich im Einzelfall negativ bei der Beurteilung der Angemessenheit der Klausel auswirken.

Soll ein Smart Contract als Durchsetzungsinstrument auf der tatsächlichen Ebene verwendet werden, dürfte es auf Grund der aktuellen geringen Verbreitung von Wallets aktuell noch notwendig sein, der anderen Partei eine alternative Zahlungsoption zu diesen anzubieten. Der anderen Partei steht es dann frei, die Option des Zugriffs auf die Wallet zu wählen. Je weiter Wallets und Kryptowährungen sich verbreiten, desto eher ist bei den verschiedenen Kundenkreisen von deren Üblichkeit auszugehen, sodass sich aus der mittelbaren Verpflichtung, über eine solche zu verfügen, dann auch eher keine unangemessene Benachteiligung mehr ergeben wird. Hier ist eine Einzelfallentscheidung in Bezug auf den jeweiligen Kundenkreis erforderlich.

ee) Dispositionsfreiheit Vermögen

Verpflichtet die Klausel die andere Partei zum Unterhalt einer Wallet und stellt sich dies im jeweiligen Kundenkreis als so üblich dar, dass nicht von einer unangemessenen Benachteiligung auszugehen ist, muss der Kunde im nächsten Schritt für eine ausreichende Deckung sorgen. Dies gilt entsprechend auch für Girokonten. Darin könnte eine unangemessene Benachteiligung der anderen Partei liegen, da deren Dispositionsfreiheit über ihr Vermögen dahingehend eingeschränkt wird, wenn sie in wirtschaftlich unvernünftiger Weise, über einen langen Zeitraum, erhebliches Deckungsvolumen vorzuhalten hat.[158]

Beim Lastschriftverfahren liegt dann keine unangemessene Benachteiligung vor, wenn es sich um geringfügige Beträge handelt, oder höhere Beträge die regelmäßig und gleichbleibend abgebucht werden, da der Zahlende sich durch die Regelmäßigkeit dann darauf einstellen und rechtzeitig für die Kontodeckung sorgen kann, weshalb sich daraus keine besondere Beeinträchtigung seiner Dispositionsfreiheit ergibt.[159] Für außergewöhnlich hohe Beträge und Beträge, die unregelmäßig eingezogen werden entschied der BGH, dass der Kunde rechtzeitig über die Einziehung zu informieren ist, sodass er für eine ausreichende Deckung sorgen kann.[160] Dem Kunden muss zwischen dem Zugang der Rechnung und dem Einzug des Betrags ausreichend Zeit für die Rechnungsprüfung, sowie Zeit für die ausreichende Deckung des Kontos eingeräumt werden.[161] Der Kunde ist auch dann zu informieren, wenn die Beträge noch nicht von vornherein feststehen.[162]

---

158 BGH NJW 1996, 988, 990.
159 BGH NJW 1996, 988, 990; NJW 2008, 2495 Rn. 13.
160 BGH NJW 2010, 1275 Rn. 17.
161 BGH NJW 2010, 1275 Rn. 17; NJW 2008, 2495 Rn. 14; NJW 2003, 1237, 1239.
162 BGH NJW 1996, 988, 990.

Dies lässt sich auf den Einsatz eines Smart Contracts auf der tatsächlichen Ebene übertragen. Sowohl beim Lastschriftverfahren als auch bei der Verwendung eines Smart Contracts als Durchsetzungsinstrument, hat die andere Partei ein Interesse daran, sich auf die Abbuchung einzustellen und für eine ausreichende Deckung zu sorgen, ohne in wirtschaftlich unvernünftiger Art und Weise über längere Zeiträume ein hohes Deckungsvolumen vorzuhalten. Die andere Partei ist, vergleichbar wie bei einem Girokonto verpflichtet, rechtzeitig für die Deckung der Wallet zu sorgen. Dass die Summe, welche vertraglich vereinbart wurde, nicht permanent auf der Wallet oder dem Girokonto vorgehalten werden muss, ändert nichts an der vertraglichen Verpflichtung der anderen Partei, die vereinbarte Gegenleistung zu erbringen, sodass auch hier davon ausgegangen werden kann, dass die Grundsätze der BGH-Rechtsprechung Anwendung finden und somit diesbezüglich nicht von einer unangemessenen Benachteiligung der anderen Partei auszugehen ist, wenn die Beträge gleichbleiben und regelmäßig eingezogen werden, oder wenn diese bei außergewöhnlich hohen oder unregelmäßig fälligen Beträgen rechtzeitig vor der Einziehung über diese informiert wird. Auch wenn der Betrag nicht von vornherein feststeht, ist eine vorherige Information der anderen Partei notwendig.

c) Fernsperre

Im Oktober 2022 befasste der BGH sich mit der Wirksamkeit einer Klausel, die dem Vermieter das Recht einräumte, per Fernbefehl die Auflademöglichkeit einer gemieteten Batterie für ein Elektroauto des Mieters zu unterbinden.[163] Wie die Vorinstanz, sah auch der BGH die Klausel als unwirksam an. In dem dieser Entscheidung zugrunde liegenden Sachverhalt machte der Kläger, ein Verbraucherschutzverein, gegen die Beklagte, eine französische Bank, die Unterlassung der Verwendung von AGB-Klauseln bei der Vermietung von Batterien für Elektrofahrzeuge geltend.[164] Die Klausel räumte der Beklagten als Vermieterin das Recht ein, im Falle einer Vertragsbeendigung durch Kündigung, nach einer vorherigen Ankündigung (14 Tage), ihre Leistungspflichten einzustellen und die Wiederauflademöglichkeit der Batterie zu unterbinden.[165]

---

[163] BGH NJW 2022, 3575.
[164] BGH NJW 2022, 3575.
[165] BGH NJW 2022, 3575.

Das OLG Düsseldorf ließ vorinstanzlich im Jahr 2021 die Revision zu.[166] In dem Berufungsurteil befasste das OLG Düsseldorf sich lediglich mit der aufgeworfenen Problematik der verbotenen Eigenmacht und stellte fest, es bedürfe keiner weiteren Abwägung, ob die mit der streitgegenständlichen Klausel verbundene Benachteiligung des Verwenders die andere Partei unangemessen benachteilige, insbesondere komme es nicht darauf an, ob die Beklagte missbräuchlich eigene Interessen auf Kosten des Vertragsgegners durchzusetzen versuche und dabei deren Interessen nicht ausreichend berücksichtige, da die Klausel jedenfalls gegen die Vorschrift des § 858 I BGB verstoße und somit mit wesentlichen Grundgedanken der gesetzlichen Regelungen, von denen abgewichen werde, nicht zu vereinbaren sei und sie sich schon aus diesem Grund als unwirksam darstelle.[167] Aus diesem Grund soll daher erst unten auf die im Zusammenhang mit der Sperre der Batterie aufgeworfenen Problematik der verbotenen Eigenmacht und das Urteil des OLG Düsseldorf genauer eingegangen werden.[168] Im Gegensatz dazu, befasste der BGH sich umfassender mit den allgemeinen vertragsrechtlichen Erwägungen und der dadurch aufgeworfenen Problematik der unangemessenen Benachteiligung durch die in Rede stehende Klausel.[169] Auch die Ausführungen des BGH[170] zur Problematik der verbotenen Eigenmacht durch die Klausel werden sodann unten dargestellt.[171] Die Differenzierung erscheint deshalb angezeigt, weil so eine Betrachtung der voneinander abweichenden rechtlichen Problematiken, die sowohl die Rechtsdurchsetzung, als auch die Selbstdurchsetzung betreffen, im Kontext dieser Arbeit erfolgen kann und daher Exkurse und Vorgriffe vermieden werden.

Im Anschluss daran erfolgt eine Übertragung der Wertungen des Urteils auf den Einsatz eines Smart Contracts auf der tatsächlichen Ebene, um weitere Kriterien für die Interessenabwägung zur Ermittlung der Angemessenheit einer Klausel für den Einsatz eines Smart Contracts, herauszuarbeiten.

---

166 OLG Düsseldorf MMR 2022, 403.

167 OLG Düsseldorf MMR 2022, 403 Rn. 42.

168 Hierzu siehe unter: § 5 C. II. 1. b) aa) (2).

169 Vgl. hierzu: BGH NJW 2022, 3575 Rn. 25 – 32.

170 Vgl. hierzu: BGH NJW 2022, 3575 Rn. 17 – 24.

171 Hierzu siehe unter: § 5 C. II. 1. b) aa) (1).

aa) BGH-Urteil zur Fernsperre

Es gilt nun die allgemeinen vertragsrechtlichen Erwägungen des BGH und die daraus folgende Interessenabwägung zur Ermittlung der Unangemessenheit der Klausel darzustellen.[172] Der BGH sah in der Verwendung der Klausel eine einseitige Vertragsgestaltung zu Lasten der anderen Partei, mit der der Verwender missbräuchlich die eigenen Interessen auf Kosten der anderen Partei durchzusetzen versuche, ohne deren Interessen angemessen zu berücksichtigen.[173] Da allein der Vermieter über die Sperrmöglichkeit verfüge, werde die Last der weiteren Nutzung auf den Mieter abgewälzt, worin jedenfalls dann eine unangemessene Benachteiligung des Mieters als Verbraucher liege, wenn dieser die Weiterbenutzung seines gesondert erworbenen, geleasten oder gemieteten E-Fahrzeuges, im Streitfall nur durch gerichtliche Geltendmachung der weiteren Gebrauchsüberlassung der Batterie erreichen könne.[174] Der Vermieter habe zwar ein berechtigtes Interesse daran, nach der Beendigung des Mietvertrags die weitere Nutzung der Batterie zu unterbinden, denn eine fortgesetzte Nutzung sei im Verhältnis der Parteien dann rechtswidrig und der Vermieter müsse trotz ausbleibender Mietzahlung die Abnutzung der Batterie tragen.[175] Grundsätzlich sei es auch nicht unzulässig, wenn sich eine Vertragspartei die Erfüllung von Ansprüchen durch eine tatsächliche technische oder rechtlich günstige Gestaltung sichere.[176] Dem stehen die Interessen der anderen Partei gegenüber. Diese habe ein Interesse an der weiteren Vertragserfüllung, was dann als berechtigt anzuerkennen sei, wenn die Wirksamkeit der Kündigung streitig sei.[177] Für den Mieter bestehe die Gefahr, dass der Vermieter ungeachtet einer etwaigen Berufung des Mieters auf eine Mietminderung oder ein Zurückbehaltungsrecht wegen Mängeln, die Kündigung erkläre und die Batterie per Fernzugriff sperre.[178] Dieser Gefahr komme eine besondere Bedeutung zu, wenn das Mietobjekt und dessen fortgesetzte Nutzung von erheblichem Interesse für den Mieter sei, wie dies

[172] Vgl. hierzu: BGH NJW 2022, 3575 Rn. 25 – 32.
[173] BGH NJW 2022, 3575 Rn. 25.
[174] BGH NJW 2022, 3575 Rn. 26.
[175] BGH NJW 2022, 3575 Rn. 27.
[176] BGH NJW 2022, 3575 Rn. 27.
[177] BGH NJW 2022, 3575 Rn. 28.
[178] BGH NJW 2022, 3575 Rn. 28.

bei einer Wohnung oder einem beruflich genutzten Pkw der Fall sein könne.[179] Dabei würden die berechtigten Interessen des Vermieters den Eingriff in die Sphäre des Mieters nicht rechtfertigten, da die Klausel einen Zugriff auf die Batterie und somit mittelbar auch auf das E-Fahrzeug erlaube, welches infolgedessen für den Mieter nutzlos werde, da die Batterie herstellergebunden und mit dem Fahrzeug verknüpft sei und somit für den Mieter auch keine zumutbare Möglichkeit bestehe, die Batterie im Falle einer Sperrung durch ein anderes Fabrikat zu ersetzen, sodass dieser das Fahrzeug weiter nutzen könne.[180] Neben der Batterie werde daher mit dem E-Fahrzeug im Falle der Sperrung, auch ein wesentlich höherwertiger Vermögensbestandteil für den Mieter unbrauchbar.[181] Komme es unter den dargestellten Umständen zwischen den Parteien zum Streit über eine vom Vermieter ausgesprochene außerordentliche Kündigung, werde abweichend von der herkömmlichen Risikoverteilung die Klagelast auf den Mieter verlagert und dieser müsse mit etwaigen Rechtsverfolgungskosten in Vorleistung treten, um die weitere Vertragserfüllung zu sichern.[182] Darüber hinaus biete die Klausel dem Mieter keine Möglichkeit, Einwendungen gegen die Kündigung und Sperrung vorzubringen, weshalb diese bei der Vertragsdurchführung Seitens des Vermieters keine Berücksichtigung finden würden.[183] Auch gehe die Sperre mit ihrer Wirkung auch auf das E-Fahrzeug über das Mietobjekt wesentlich hinaus, was nicht mehr mit dem Sicherungsinteresse des Vermieters zu rechtfertigen sei.[184]

Der BGH nimmt eine differenzierte Interessenabwägung vor, aus dem sich eine Vielzahl von Aspekten für die Beurteilung der Angemessenheit einer Klausel ergeben, ohne ein absolutes Unwirksamkeitskriterium zu nennen.[185] Als wesentliche Kriterien für die Interessenabwägung im vorliegenden Urteil, stellt der BGH dabei auf das legitime Sicherungsinteresse des Vermieters ab. Dem gegenüber steht das Interesse der anderen Partei an der Vertragsfortführung, da jedenfalls die Möglichkeit bestand, dass die Wirksamkeit der Kündigung streitig sein könnte. Aus dem Urteil ergibt sich zunächst einmal,

---

[179] BGH NJW 2022, 3575 Rn. 28.
[180] BGH NJW 2022, 3575 Rn. 29.
[181] BGH NJW 2022, 3575 Rn. 29.
[182] BGH NJW 2022, 3575 Rn. 30.
[183] BGH NJW 2022, 3575 Rn. 30.
[184] BGH NJW 2022, 3575 Rn. 31.
[185] *Magnus*, MMR 2023, 120, 122.

dass eine technische Absicherung nicht grundsätzlich unzulässig ist.[186] Insofern kann davon ausgegangen werden, dass sich dies auf die bereits oben dargestellten Programmsperren-Rechtsprechung bezieht und diese damit bestätigt wird. Als besonders schwerwiegend sah der BGH die mittelbare Auswirkung der Fernsperre auf den gesondert erworbenen Pkw des Mieters an, da dieser keine Möglichkeit hatte, eine Batterie eines anderen Herstellers einzusetzen und somit von dem Sanktionsmechanismus auch ein Gegenstand außerhalb des Mietverhältnisses miterfasst wurde.[187] Dadurch ist durch die Fernsperre ein wesentlich höherwertiger Vermögensbestandteil des Mieters betroffen. Die durch die Fernsperre ausgelöste Übertragung der Initiativlast auf den Mieter beschränkt sich also nicht nur auf die weitere Nutzung der Batterie, sondern wirkt sich darüber hinaus auch auf das gesamte Fahrzeug aus, weshalb eine deutliche Abweichung vom gesetzlichen Leitbild vorliegt, sodass ein solches Vorgehen zu einer solchen asymmetrischen Erweiterung der Pflichten des Mieters führt, welche sich in der Regel als unangemessen darstellen wird.[188] Als weiteres Kriterium führte der BGH an, dass viele Menschen für die Berufsausübung oder die private Lebensgestaltung einen Pkw benötigen. Damit könnte der BGH andeuten, dass eine Fernabschaltung anderer Gegenstände anders zu bewerten sein könnte, etwa E-Roller oder die Fernabschaltung eines Smart-TVs, eines Tablets oder einer Waschmaschine.[189] Im entschiedenen Fall bestand die Möglichkeit, dass es zwischen den Parteien zum Streit über die Wirksamkeit der Kündigung kommen könnte. Sollte es zwischen den Parteien zum Streit über eine vom Vermieter ausgesprochene außerordentliche Kündigung kommen, ergibt sich daraus, dass abweichend von der herkömmlichen Risikoverteilung, die Klagelast auf den Mieter verlagert wird. Durch den Einsatz der technischen Sperre verlagert sich also die Initiativ- und Klagelast auf den Mieter.[190] Als problematisch sah es der BGH auch an, dass dem Mieter keine Möglichkeit geboten wird, Einwendungen gegen die Kündigung und Sperrung geltend zu machen, sodass das Risiko

---

[186] *Sander*, WuB 2023, 64, 68; *Schrader*, JA 2023, 247, 248; *Magnus*, MMR 2023, 120, 122.
[187] *Kaulbach*, ZIP 2023, 343, 346; *Steinert*, SVR 2023, 58, 60; *Flick*, GWR 2022, 379.
[188] *Schrader*, JA 2023, 247, 248.
[189] *Kaulbach*, ZIP 2023, 343, 345; *Magnus*, MMR 2023, 120, 122.
[190] So zur Vorinstanz OLG Düsseldorf: *Möslein*, RDi 2022, 296, 298; *Casper/Grimpe*, ZIP 2022, 661, 668; *Busse/Aydemir*, jurisPR-IWR 4/2022 Anm. 3 C.

bestehen könnte, dass diese nicht beachtet werden. Hierbei verweist der BGH auf ein BGH-Urteil vom 10.01.1996, zur Möglichkeit der Rückbuchung bei einer Einziehungsermächtigung.[191]

bb) Auswirkungen auf Smart Contracts

In dem BGH-Urteil finden sich erste höchstrichterliche Leitlinien für eine Interessenabwägung im Rahmen einer AGB-Kontrolle, für die Vereinbarung einer Klausel, die einen Fernzugriff erlaubt. Erstmalig beschäftigt sich der BGH mit einer Klausel, die es dem Verwender erlaubt, auf eine Sache der anderen Partei mittels Fernzugriff zuzugreifen. Im Ergebnis sah der BGH, wie die Vorinstanz das OLG Düsseldorf, die Klausel als unangemessen an. Dabei gilt es jedoch zu beachten, dass dieser eine Klausel, die einen Fernzugriff ermöglicht, nicht generell als unangemessen und somit unwirksam ansah. Vielmehr stellte der BGH im Rahmen der Interessenabwägung der Parteien mehrere Kriterien für eine Interessenabwägung auf, die es im Folgenden auf den Einsatz eines Smart Contract auf der tatsächlichen Ebene zu übertragen gilt. Die entschiedene Urteilskonstellation bezieht sich auf die Miete einer Batterie, die in einen Pkw der anderen Partei verbaut wurde, wobei offenbleiben konnte, ob der Fernzugriff manuell oder automatisiert erfolgte. Jedenfalls erfolgte die Sperre durch einen Fernzugriff des Verwenders. Ein solcher wäre auch durch den Einsatz eines Smart Contracts auf der tatsächlichen Ebene realisierbar. Insofern erscheinen die vom BGH aufgestellten Bewertungskriterien als sehr gut geeignet, die Interessenlage der Parteien bei der Verwendung einer Klausel, die den Einsatz eines Smart Contracts auf der tatsächlichen Ebene vorsieht, zu bewerten.

Darüber hinaus stellt sich die Frage, wie sich die vom BGH genannten Anforderungen auf B2B-Geschäfte auswirken. Dazu enthalten die Ausführungen des BGH keinen Hinweis.[192] Im unternehmerischen Rechtsverkehr sind jedoch weniger hohe Anforderungen an die AGB in Bezug auf den Einsatz einer Fernsperre zu stellen als bei B2C-Geschäften.[193] Grundsätzlich sind Unternehmen geschäftserfahrener und für sie stellt es auch finanziell

[191] Vgl.: BGH NJW 1996, 988, 989.
[192] *Kaulbach*, ZIP 2023, 343, 351.
[193] *Casper/ Grimpe*, ZIP 2022, 661, 669; *Strobel*, NJW 2022, 2361, 2366; *Wilhelm*, WM 2020, 1849, 1854.

eine geringere Belastung dar, ihre Interessen vor Gericht zu vertreten. Dies gilt es bei der Interessenabwägung zu berücksichtigen.

(1) Nichtbeachtung von Einreden und Einwendungen

Durch den Einsatz eines Smart Contracts auf der tatsächlichen Ebene verändert sich die Initiativ- und Klagelast der anderen Partei. Der Selbstvollzug führt auch dazu, dass die Geltendmachung von Einreden und Einwendungen der anderen Partei nicht rechtlich, jedoch zumindest faktisch, erschwert werden. Zum Teil wird angeführt, dass die automatisierte Vertragsdurchsetzung durch einen Smart Contract auf der tatsächlichen Ebene der Inhaltskontrolle nicht standhalten könnte, da dadurch die Einreden und Einwendungen der anderen Partei ausgeschlossen werden würden.[194] Durch diesen Ausschluss der individuellen Einwendungen sollen die Verteidigungsmöglichkeiten des Mieters beschränkt werden.[195]

Dem lässt sich jedoch entgegnen, dass die These „Code is Law“, wie bereits oben dargestellt, gerade nicht zutrifft. Durch den automatischen Vollzug des Vertrags werden die Einreden und Einwendungen der anderen Partei nicht rechtlich, sondern nur faktisch beeinträchtigt. Der automatische Vollzug führt lediglich dazu, dass die faktische Möglichkeit, die Einwendungen und Einreden geltend zu machen, betroffen ist. Anstatt abzuwarten und die Einwendungen geltend zu machen bzw. die Einreden zu erheben, muss die andere Partei nun selbst aktiv werden, um die Gegenpartei gerichtlich zur Beachtung der Einreden und Einwendungen zu bewegen.[196] Durch den Selbstvollzug werden also nicht die Rechte der anderen Partei ausgeschlossen, sondern Risiken und Handlungsobliegenheiten auf diese verlagert.[197]

Die Verlagerung der Initiativ- und Klagelast wurde bereits oben schwerpunktmäßig in Bezug auf die Hauptleistungen und deren automatisierten Austausch dargestellt.[198] Mit der automatisierten Ausführung geht neben der Verlagerung der Initiativ- und Klagelast in Bezug auf die Hauptleistung des Vertrags auch einher, dass sich die Handlungsobliegenheit, Einwendungen

---

[194] *Schawe*, MMR 2019, 218, 220; *Schrey/Thalhofer*, NJW 2017, 1431, 1436.
[195] *Beurskens*, RDi 2023, 1, 4.
[196] *Guggenberger*, in: Hoeren/Sieber, Handbuch Multimedia-Recht, Teil 13.7 Rn. 16.
[197] *Guggenberger*, in: Hoeren/Sieber, Handbuch Multimedia-Recht, Teil 13.7 Rn. 16.
[198] Hierzu siehe unter: § 5 C. I. 1. a).

und Einreden geltend zu machen, faktisch auf die andere Partei verlagert. Durch den Einsatz eines Smart Contracts auf der tatsächlichen Ebene werden also die Einreden und Einwendungen der anderen Partei nicht unmittelbar vertraglich ausgeschlossen. Vielmehr führt der Einsatz des Smart Contracts zu einem automatisierten Vollzug auf der tatsächlichen Ebene, sodass die Einreden und Einwendungen unverändert bei der anderen Partei bestehen und nicht ausgeschlossen wurden, jedoch folgt daraus für die andere Partei regelmäßig, dass diese zumindest faktisch ausgeschlossen sind. Die andere Partei kann nämlich, ohne den Einsatz eines Smart Contracts auf der tatsächlichen Ebene, ihre Einreden und Einwendungen unmittelbar gegenüber dem Verwender geltend machen und beispielsweise eine Zahlung zurückhalten. Diese Möglichkeit besteht bei der Verwendung eines Smart Contracts auf der tatsächlichen Ebene durch die automatisierte Vollziehung gerade nicht. Der faktische Ausschluss der Einreden und Einwendungen stellt daher auch eine Benachteiligung der anderen Partei dar.

Diese Benachteiligung könnte sich als unangemessen darstellen. In dem Urteil zur Fernsperre der Batterie stellt der BGH zunächst darauf ab, dass der Mieter Gefahr laufe, wenn dieser sich auf eine Mietminderung oder ein Zurückbehaltungsrecht wegen Mängeln berufe, dass dessen ungeachtet, der Vermieter die Kündigung erkläre und das Mietobjekt per Fernzugriff sperre.[199] Die Klausel biete dem Mieter keine Möglichkeit, Einwendungen gegen die Kündigung und die Sperre vorzubringen, die Berechtigung des Vermieters hänge alleine von der außerordentlichen Kündigung und vom Ablauf einer zweiwöchigen Frist ab.[200] Hierzu verwies der BGH auf ein BGH-Urteil[201] vom 10.01.1996, zur Möglichkeit der Rückbuchung bei einer Einziehungsermächtigung. Daraus folge, dass individuelle Einwendungen des Mieters bei der Vertragsdurchführung auf der Seite des Vermieters keine Berücksichtigung finden würden.[202] Im Ergebnis sieht der BGH es also als problematisch an, wenn durch den Einsatz der Fernsperre der anderen Partei faktisch die Möglichkeit genommen wird, Einreden und Einwendungen geltend zu machen.

---

[199] BGH NJW 2022, 3575 Rn. 28.
[200] BGH NJW 2022, 3575 Rn. 30.
[201] BGH NJW 1996, 988.
[202] BGH NJW 2022, 3575 Rn. 30.

In dem im Urteil zugrunde gelegten Sachverhalt, erfolgte die Sperrung der Batterie durch den Vermieter, wobei es nicht darauf ankam, ob der Zugriff auf die Batterie manuell oder automatisiert erfolgte.[203] Dies ist insofern mit dem Einsatz eines Smart Contracts auf der tatsächlichen Ebene vergleichbar, als dass die Sperre per Fernzugriff erfolgte. Überträgt man die vom BGH angestellten Wertungen nun auf den Einsatz eines Smart Contracts auf der tatsächlichen Ebene, ist zunächst festzustellen, dass auch beim Selbstvollzug durch den Smart Contract auf der tatsächlichen Ebene ein Fernzugriff erfolgen kann, wodurch sich die Initiativ- und Klagelast der anderen Partei verlagert. Durch den Selbstvollzug wird es der anderen Partei auch erschwert, Einreden und Einwendungen geltend zu machen, auch wenn dies nur faktisch und nicht rechtlich ausgeschlossen ist.

Wie bereits oben dargestellt, wird die andere Partei beim Einsatz eines Smart Contracts auf der tatsächlichen Ebene durch die manipulationssichere Ausführung des Smart Contracts insoweit geschützt, als dass diese verhindert, dass der Verwender beliebig und einseitig in das Schuldnervermögen eingreifen kann.[204] Durch die manipulationssichere Ausführung ergibt sich für die andere Partei in Bezug auf die Hauptleistungspflichten ein vergleichbarer Schutz wie beim Lastschriftverfahren. Die Verlagerung der Initiativ- und Klagelast wiegt durch die manipulationssichere Ausführung des Smart Contracts auf der tatsächlichen Ebene nicht schwerer als beim Lastschriftverfahren, da in beiden Fällen die andere Partei vor einseitigen Eingriffen in ihr Vermögen durch den Verwender geschützt wird.

In Bezug auf die Geltendmachung der Einreden und Einwendungen der anderen Partei gilt dies jedoch nicht, da die manipulationssichere Ausführung des Smart Contracts auf der tatsächlichen Ebene die andere Partei zwar vor einseitigen Eingriffen in ihr Vermögen schützt, aber anders als beim Lastschriftverfahren, keine Möglichkeit der anderen Partei vorgesehen ist, etwa Zahlungen einseitig zurückzuhalten und auf diesem Weg eine Einrede geltend zu machen. Der anderen Partei fehlt hierbei also die Möglichkeit, ihre Einreden und Einwendungen geltend zu machen.

Durch den Einsatz eines Smart Contracts auf der tatsächlichen Ebene werden also, vergleichbar mit dem vom BGH entschiedenen Fall, wenn auch

---

[203] BGH NJW 2022, 3575 Rn. 21.

[204] Hierzu siehe unter: § 5 C. I. 2. b) bb).

nicht rechtlich, jedoch zumindest faktisch, die Einreden und Einwendungen ausgeschlossen. Der faktische Ausschluss der Geltendmachung der Einreden und Einwendungen durch die andere Partei dürfte sich grundsätzlich als derart nachteilig für diese erweisen, dass sich dies im Regelfall als unangemessen darstellen wird, da der Verwender seinerseits kein derart weitgehendes Interesse haben kann, welches diese Benachteiligung aufwiegen würde.

Der BGH verwies dabei auf ein BGH-Urteil[205] vom 10.01.1996, zur Möglichkeit der Rückbuchung bei einer Einziehungsermächtigung. Damit gibt er zu erkennen, dass der Einsatz einer Fernsperre nicht grundsätzlich an dem faktischen Ausschluss der Einreden und Einwendungen scheitert, sondern eine Klausel, die einen Fernzugriff erlaubt, sich unter diesem Gesichtspunkt durchaus als angemessen darstellen kann, wenn für die andere Partei, vergleichbar mit der Möglichkeit des Widerspruchs beim Lastschriftverfahren, eine Möglichkeit besteht, ihre Einreden und Einwendungen zu erheben, sodass hieraus keine grenzenlose Eingriffsmöglichkeit des Verwenders in das Vermögen der anderen Partei resultiert. Das Lastschriftverfahren stellt sich als angemessen dar, da die andere Partei eine unberechtigte Zahlung zurückbuchen lassen kann, wodurch das Risiko eines dauerhaften, einseitigen Eingriffs des Verwenders in das Vermögen des Schuldners verhindert wird.[206] Wenn nun beim Einsatz eines Smart Contracts auf der tatsächlichen Ebene für die andere Partei eine Möglichkeit bestehen würde, trotz automatisiertem Vollzug durch den Smart Contract auf der tatsächlichen Ebene, ihre Einreden und Einwendungen zu erheben, wäre diese dadurch auch nicht derart benachteiligt, dass sich dies als unangemessen darstellt. Die Möglichkeit der anderen Partei, ihre Einreden und Einwendungen geltend zu machen, stellt sich dann als vergleichbar mit dem Lastschriftverfahren dar, da bei diesem die andere Partei unberechtigten Abbuchungen widersprechen und diese somit zurückerhalten kann. Kann die andere Partei trotz automatisiertem Vollzug ihre Einreden und Einwendungen geltend machen, wird ein vergleichbares Schutzniveau ihrer berechtigten Interessen auf einem technischen Weg erreicht. Im Kern geht es also darum, dass die berechtigten Interessen der anderen Partei nicht einseitig auf Grund des Einsatzes eines Smart Contracts auf der tatsächlichen Ebene, vom Verwender übergangen werden können.

---

205 BGH NJW 1996, 988.

206 Hierzu siehe unter: § 5 C. I. 2. b) aa).

Hierzu wird vorgeschlagen, dass Selbstvollstreckungsklauseln sich durchaus als zulässig erweisen können, wenn der anderen Partei ein Widerspruchsrecht eingeräumt wird, dessen Ausübung die Transaktion automatisch rückgängig macht.[207] Es könnte also ein Streitbeilegungsmechanismus zur Verfügung gestellt werden, der es der anderen Partei erlaubt, Einreden und Einwendungen geltend zu machen.[208] Der anderen Partei müsste also die Möglichkeit eingeräumt werden, gegenüber dem Verwender trotz des automatisierten Vollzuges des Vertrags durch den Smart Contract auf der tatsächlichen Ebene, ihre Einreden und Einwendungen zu erheben. Auf die genaue technische Ausgestaltung kommt es nicht an, sofern dasselbe Niveau erreicht wird, wie bei einem Vertrag ohne den Einsatz eines Smart Contracts.

Zunächst könnte man annehmen, eine solche Möglichkeit für die andere Partei würde, die durch die Automatisierung auf der tatsächlichen Ebene gewonnenen Vorteile, zunichte machen. Dem ist jedoch nicht so. Um eine angemessene Berücksichtigung beider Interessen zu gewährleisten, wird folgendes Vorgehen vorgeschlagen: Zunächst gilt es zu beachten, dass die andere Partei nicht jeglicher Sperre willkürlich widersprechen können soll, sondern nur dann, wenn die jeweiligen Einreden und Einwendungen, wie etwa die §§ 320, 273 BGB, möglicherweise bestehen. Die Einreden und Einwendungen muss die andere Partei nicht zur vollständigen Überzeugung darlegen, vielmehr reicht es aus, dass diese summarisch die Tatsachen benennt, worauf die Einreden oder Einwendungen möglicherweise beruhen können und dass das Bestehen der Einreden oder Einwendungen zumindest als möglich erscheint. Ein solches Vorgehen verhindert einerseits, dass die andere Partei ihre Einreden und Einwendungen nicht geltend machen kann. Die Anforderung an die andere Partei, die Möglichkeit des Vorliegens der Einreden oder Einwendungen darzulegen, indem diese zumindest die Tatsachen summarisch darstellt, woraus die Einreden und Einwendungen sich ergeben können, verhindert andererseits, dass die andere Partei willkürlich die Ausführung des Vereinbarten durch den Smart Contract auf der tatsächlichen Ebene verhindern kann. Dies dürfte daher geeignet sein, die beiderseitigen Interessen der Parteien ausreichend zu berücksichtigen.

---

[207] *Riehm*, in: Braegelmann/Kaulartz, Rechtshandbuch Smart Contracts, Kap. 9 Rn. 31; *Casper/ Grimpe*, ZIP 2022, 661, 669; *Wilhelm*, WM 2020, 1849, 1854.

[208] *Sander*, WuB 2023, 64, 68.

Stellt man abermals einen Vergleich zum Lastschriftverfahren an, bei dem die Rückbuchungsmöglichkeit durch die andere Partei seit langem besteht, wird man feststellen, dass dieses trotz der Rückbuchungsmöglichkeit etabliert und weit verbreitet ist. Grundsätzlich dürfte davon auszugehen sein, dass die Möglichkeit der Rückbuchung bei einem Großteil der Lastschriftverfahren nicht genutzt und die Zahlung ohne eine Rückbuchung erfolgen wird. Dies dürfte sich auch auf die Möglichkeit übertragen lassen, wenn die andere Partei gegenüber dem Verwender ihre Einreden und Einwendungen erheben kann. Die Auswirkungen auf die Praxis dürften sich daher als nicht allzu schwerwiegend erweisen, wodurch auch die sich aus der Automatisierung ergebenden Vorteile nicht zunichte gemacht werden.

Ohne dass für die andere Partei die Möglichkeit besteht, gegenüber dem Verwender Einreden und Einwendungen zu erheben, stellt sich eine Klausel zum Einsatz eines Smart Contracts auf der tatsächlichen Ebene als derart nachteilig für die andere Partei dar, dass diese sich regelmäßig als unangemessen erweisen wird. Besteht diese Möglichkeit jedoch, wird in der Verwendung der Klausel regelmäßig keine besondere Benachteiligung bestehen und diese wird sich daher aus diesem Aspekt heraus als angemessen darstellen.

(2) Verlagerung der Initiativ- und Klagelast

Der BGH führte weiter aus, dass die Sperre der Nutzung der Batterie und der daraus folgenden Unterbindung der Nutzung des E-Fahrzeugs, die Klagelast umkehre.[209] Daraus ergebe sich unter anderem, dass der Mieter etwa mit den Rechtsverfolgungskosten in Vorleistung gehen müsse.[210] Bereits oben wurde festgestellt, dass die Umkehr der Klagelast eine Benachteiligung der anderen Partei darstellt.

Wie bereits oben beim Lastschrift- und Abbuchungsverfahren dargestellt, stellt es sich für die Angemessenheit der Benachteiligung durch die Umkehr der Initiativ- und Klagelast als entscheidend dar, ob der anderen Partei, wie durch das Widerspruchsrecht beim Lastschriftverfahren, ein vergleichbarer Schutz vor willkürlichen Eingriffen in ihr Vermögen zur Verfügung steht.[211] Beim Einsatz eines Smart Contracts auf der tatsächlichen Ebene wird dieser

---

209 BGH NJW 2022, 3575 Rn. 31.
210 BGH NJW 2022, 3575 Rn. 30.
211 Hierzu siehe unter: § 5 C. I. 2. b) aa).

Schutz durch die manipulationssichere Ausführung des Smart Contracts auf der tatsächlichen Ebene erreicht, sodass der Verwender gerade nicht willkürlich in das Vermögen der anderen Partei eingreifen kann.

Im vorliegenden Urteil bedurfte es keiner Entscheidung, ob der Zugriff auf die Batterie und damit die Sperre manuell oder automatisiert erfolgte.[212] In Bezug auf die Verwendung eines Smart Contracts auf der tatsächlichen Ebene, dessen Einsatz ebenfalls die Klagelast umkehrt, ist jedoch zwischen einem manuellen und einem automatisierten Zugriff zu unterscheiden. Als entscheidend stellt sich dabei die manipulationssichere Ausführung des Smart Contracts auf der tatsächlichen Ebene dar, sodass der Verwender nicht willkürlich in das Schuldnervermögen eingreifen kann. Dadurch wiegt ein manipulationssicherer, automatisierter Eingriff in das Vermögen der anderen Partei regelmäßig weniger schwer als ein manueller Eingriff, denn bei einem automatisierten Eingriff wird im Vorfeld durch die Parteien manipulationssicher festgelegt, unter welchen Umständen ein solcher Eingriff erfolgen darf. Manuelle Eingriffe in das Schuldnervermögen werden sich daher häufig schon aus der daraus resultierenden Problematik der willkürlichen Möglichkeit des Eingriffs als unangemessen darstellen, da die andere Partei sich gerade nicht einseitig in die Hände des Verwenders begeben will, sondern der Smart Contract auf der tatsächlichen Ebene, anhand vorher festgelegter Kriterien, wie vereinbart, den Leistungsaustausch vornehmen und überwachen soll. Sofern also der Eingriff durch einen Smart Contract auf der tatsächlichen Ebene manipulationssicher erfolgt, besteht das Risiko eines einseitigen Zugriffs des Verwenders auf das Vermögen der anderen Partei nicht. Im vorliegenden Urteil hätte eine solche Vorgehensweise bedeutet, dass die Sperre der Batterie nicht manuell erfolgt wäre, sondern der Smart Contract auf der tatsächlichen Ebene anhand vorher festgelegter Kriterien, diese automatisiert initiiert hätte. In einem solchen Fall hätte der Verwender dann gerade nicht willkürlich die Sperre auslösen können.

Als problematisch für die andere Partei kann es sich jedoch darstellen, wenn die vorher manipulationssicher festgelegten Parameter sich als rechtswidrig herausstellen. In einem solchen Fall wäre die andere Partei durch die automatisierte Ausführung nicht mehr vor unberechtigten Eingriffen in ihr

---

[212] BGH NJW 2022, 3575 Rn. 21.

Vermögen geschützt. Diesem Risiko kann dadurch begegnet werden, dass, wie bereits oben dargestellt, für die andere Partei die Möglichkeit besteht, mögliche Einreden und Einwendungen gegenüber dem Verwender vorzubringen. Die Möglichkeit, in der oben dargestellten Art und Weise, Einreden und Einwendungen geltend zu machen, erlaubt es der anderen Partei, sich gegen den Verwender effektiv zur Wehr zu setzen. Die Kombination der Möglichkeit, Einreden und Einwendungen zu erheben, mit der manipulationssicheren Ausführung des Smart Contracts auf der tatsächlichen Ebene, verhindert einen einseitigen und willkürlichen Eingriff durch den Verwender in das Vermögen der anderen Partei. Vereinbarungen, die darauf abzielen, dem Verwender unabhängig von der manipulationssicheren Ausführung ein solches einseitiges Recht einzuräumen, werden sich regelmäßig als unangemessen darstellen.[213]

Auch werden die Rechtsverfolgungskosten durch die Verlagerung der Klagelast auf die andere Partei verlagert. Diese ist jedoch durch die dargestellten Anforderungen an die Klausel ausreichend geschützt. Die Verlagerung der Rechtsverfolgungskosten stellt zwar noch immer eine Benachteiligung dar. Insbesondere durch die Möglichkeit der anderen Partei, Einreden und Einwendungen geltend zu machen, kommt es in diesen Fällen schon gar nicht zu einer Verlagerung der Rechtsverfolgungskosten, da die Klagelast, wenn die andere Partei die Einreden oder Einwendungen geltend macht, beim Verwender verbleibt. In den noch übrigen Fällen, in denen sich die Klagelast und somit auch die Rechtsverfolgungskosten auf die andere Partei verlagern, dürfte sich dies auf Grund des hohen Schutzniveaus, der durch das dargestellte Vorgehen aus manipulationssicherer Ausführung und der Möglichkeit der Geltendmachung von Einreden und Einwendungen und des daraus resultierenden geringen Risikos, dass es überhaupt zur Verlagerung der Klagelast und den daraus resultierenden Rechtsverfolgungskosten kommen wird, zwar noch als Benachteiligung der anderen Partei darstellen, die jedoch regelmäßig in Abwägung mit den berechtigten Interessen des Verwenders nicht so schwer wiegen wird, dass sich diese als unangemessen darstellt.

Zusammenfassend bedeutet dies für den Einsatz eines Smart Contracts auf der tatsächlichen Ebene, dass die andere Partei durch die manipulationssichere

[213] Hierzu siehe unter: § 5 C. I. 2. b) cc).

Ausführung des Smart Contracts auf der tatsächlichen Ebene vor willkürlichen Eingriffen des Verwenders in ihr Vermögen geschützt ist. Dieser Schutz kann nur dann effektiv erreicht werden, wenn für die andere Partei die Möglichkeit besteht, Einreden und Einwendungen geltend zu machen. Dabei reicht es aus, wenn die andere Partei die Tatsachen summarisch darstellt, auf denen die Einreden oder Einwendungen beruhen können. Dies stellt sich insofern als notwendig dar, als dass der durch die manipulationssichere Ausführung gewährte Schutz der anderen Partei leerlaufen könnte, wenn eine rechtswidrige Klausel vereinbart wird, die es dem Verwender erlaubt, rechtswidrig auf das Vermögen der anderen Partei zuzugreifen. Werden diese beiden Anforderungen beachtet, dürfte die Benachteiligung der anderen Partei sich regelmäßig als nicht derart schwerwiegend darstellen, sodass der Verwender regelmäßig ein berechtigtes Interesse an der Vereinbarung haben wird und die Klausel sich als angemessen darstellt.

(3) Asymmetrische Pflichterweiterung

Als besonders gewichtiges Kriterium für die Interessenabwägung sah der BGH es an, dass der Mietvertrag nur für die Batterie abgeschlossen wurde, jedoch durch die Sperre auch der Pkw betroffen war.[214] Dazu führt der BGH aus, die berechtigten Interessen des Vermieters würden keinen derart weitreichenden Eingriff in die Rechtsphäre des Mieters rechtfertigen, denn der durch die Klausel erlaubte Zugriff beziehe sich nicht nur auf das Mietobjekt selbst, sondern erlaube auch mittelbar den Zugriff auf das E-Fahrzeug.[215] Die Batterie sei herstellergebunden und mit dem Fahrzeug verknüpft, sodass für den Mieter keine zumutbare Möglichkeit bestehe, diese durch ein anderes Fabrikat zu ersetzen und so das E-Fahrzeug weiter betreiben zu können.[216] Dadurch werde nicht nur das Mietobjekt, sondern auch ein wesentlich höherwertiger Vermögensbestandteil des Mieters für diesen unbrauchbar bzw. werde das Nutzungsrecht daran entwertet.[217]

---

[214] *Kaulbach*, ZIP 2023, 343, 346; *Magnus*, MMR 2023, 120, 122; *Steinert*, SVR 2023, 58, 60; *Flick*, GWR 2022, 379.

[215] BGH NJW 2022, 3575 Rn. 29.

[216] BGH NJW 2022, 3575 Rn. 29.

[217] BGH NJW 2022, 3575 Rn. 29.

Die Wirkung der Sperre geht daher weit über den Mietgegenstand hinaus, was nicht mehr mit den berechtigten Interessen des Vermieters zu rechtfertigen ist, die darin bestehen, eine Sicherung der Batterie gegen Abnutzung nach Vertragsbeendigung zu erlangen.[218] Die Sperre, die sich nicht nur auf die Mietsache selbst, sondern mittelbar auch auf den Pkw erstreckt, erweitert die Pflichten des Mieters asymmetrisch.[219] Der Sanktionsmechanismus erfasst damit auch Gegenstände außerhalb des jeweiligen Vertragsverhältnisses.[220] Dadurch überschreitet der Vermieter sein berechtigtes Sicherungsinteresse, sodass eine unzulässige Übersicherung besteht.[221] Es tritt also eine überschießende Folge der Vertragsbeendigung ein.[222] Daraus folgt, dass dieser zusätzlich und einseitig die Nutzungsmöglichkeit an dem Pkw als wesentlich höherwertigen Vermögensbestandteil verliert, ohne dass er dafür eine Kompensation erhält oder der Vermieter ein anderweitiges, über die Batterie hinausgehendes Sicherungsinteresse hätte.

Für den Einsatz eines Smart Contracts auf der tatsächlichen Ebene ergibt sich daraus, dass, wenn dieser auf eine Sache zugreift und die Funktionen einschränkt oder komplett sperrt, sich diese Sperre nicht auch mittelbar auf andere, wesentlich höherwertige Vermögensbestandteile der anderen Partei, die sich außerhalb des Vertragsverhältnisses befinden, auswirken darf. Hieran kann der Verwender kein berechtigtes Interesse haben, eine solche Klausel stellt sich daher als unangemessen dar.

(4) Erhebliches Nutzungsinteresse

Als weiteres Kriterium der Interessenabwägung, stellte der BGH auf die Bedeutung der Sache für die andere Partei ab. Das Interesse des Mieters an der weiteren Nutzung der Mietsache gewinne insbesondere dann an Bedeutung, wenn für diesen das Mietobjekt und dessen fortgesetzte Nutzung von erheblichem Interesse sei, wie dies bei Wohnungen oder beruflich genutzten Pkws der Fall wäre.[223] Ein Pkw sei regelmäßig auch für die private

---

[218] *Schrader*, JA 2023, 247, 248; *Kaulbach*, ZIP 2023, 343, 346.
[219] *Schrader*, JA 2023, 247, 248.
[220] *Kaulbach*, ZIP 2023, 343, 346.
[221] *Duden*, NJW 2023, 18, 20.
[222] *Beurskens*, RDi 2023, 1, 4.
[223] BGH NJW 2022, 3575 Rn. 28.

Lebensgestaltung von wesentlicher Bedeutung.[224] Im Umkehrschluss kann also davon ausgegangen werden, dass die Fernabschaltung sich nicht als generell unangemessen darstellt und jedenfalls bei anderen Gegenständen von weniger wesentlicher Bedeutung für den Mieter, sich als durchaus angemessen darstellen kann.[225] Bei Sachen mit geringerer Bedeutung für die andere Partei, etwa einer Sitzheizung im Auto, die sich beispielsweise über ein Abo-Modell hinzubuchen lässt, könnte die Wertung der Angemessenheit entsprechend anders ausfallen.[226] Eine Beurteilung der Angemessenheit erfordert eine konkrete Betrachtung des jeweiligen Einzelfalles. Grundsätzlich gilt es dabei die Bedeutung der in Rede stehenden Sache zu betrachten. Je wesentlicher sich diese für die andere Partei darstellt und je stärker in die Nutzungsmöglichkeit eingegriffen wird, desto höher ist auch das Interesse der anderen Partei an der weiteren Nutzung zu gewichten.[227]

3. Zwischenergebnis

Beim Einsatz eines Smart Contracts auf der tatsächlichen Ebene als Durchsetzungsinstrument, führt die Selbstdurchsetzung zu einer Veränderung der Rechtsdurchsetzung bei der anderen Partei. Dies stellt eine Benachteiligung der anderen Partei im Vergleich zur Rechtslage ohne diese formularmäßige Vereinbarung dar.

Durch die Selbstdurchsetzung wird zunächst faktisch ein Status quo geschaffen. Aus dieser resultiert eine Veränderung der Rechtsdurchsetzung für die andere Partei. Unter anderem wird dadurch die Initiativ- und Klagelast umgekehrt. Neben der Verlagerung der Initiativ- und Klagelast in Bezug auf die Hauptleistungspflichten, wird durch die Selbstdurchsetzung durch den Einsatz eines Smart Contracts auf der tatsächlichen Ebene, auch die Handlungsobliegenheit, Einwendungen und Einreden geltend zu machen, faktisch auf die andere Partei verlagert. Darüber hinaus entstehen der anderen Partei, sollte sie die Rechtswidrigkeit der Selbstdurchsetzung gerichtlich überprüfen lassen wollen, Rechtsverfolgungskosten.

---

[224] BGH NJW 2022, 3575 Rn. 29.

[225] *Kaulbach*, ZIP 2023, 343, 345.

[226] *Sander*, WuB 2023, 64, 68; *Wentzel/Krebs*, RAW 2023, 80, 82.

[227] *Jaensch*, DAR 2023, 131, 134.

Die Benachteiligungen stellen sich dann nicht als unangemessen dar, wenn sie durch berechtigte Interessen des Verwenders gerechtfertigt sind. Grundsätzlich kann der Verwender seine Interessen mit Hilfe von technischen Maßnahmen sichern, sofern dies vertraglich vereinbart wird und die technischen Maßnahmen nicht als Druckmittel verwendet werden, um nicht vertraglich vereinbarte Ziele zu erreichen. Daraus folgt, dass der Einsatz eines Smart Contracts auf der tatsächlichen Ebene als technische Maßnahme zur Interessendurchsetzung, in Bezug auf die veränderte Rechtsdurchsetzung, grundsätzlich formularmäßig wirksam vereinbart werden kann.

Die Interessen des Verwenders sind gegen die Interessen der anderen Partei abzuwägen, um die Unangemessenheit des Einsatzes eines Smart Contracts auf der tatsächlichen Ebene beurteilen zu können. Die andere Partei hat grundsätzlich das Interesse, dass die Zugriffsmöglichkeit des Verwenders auf ihr Vermögen möglichst gering bleibt. Für die Angemessenheit der formularmäßigen Vereinbarung zum Einsatz eines Smart Contracts auf der tatsächlichen Ebene ist es notwendig, die manipulationssichere Ausführung des Smart Contracts mit der Möglichkeit, Einreden und Einwendungen zu erheben, zu kombinieren. Erst durch die Kombination dieser beiden Elemente wird die andere Partei so weitreichend vor einseitigen und willkürlichen Eingriffen durch den Verwender in ihr Vermögen geschützt, dass sich die Klausel nicht mehr als unangemessen darstellt.

Die automatisierte und manipulationssichere Ausführung des Smart Contracts auf der tatsächlichen Ebene verhindert einen einseitigen und unberechtigten Eingriff durch den Verwender in das Vermögen der anderen Partei. Diese Eigenschaft, die auf der manipulationssicheren und automatisierten Ausführung des Smart Contracts auf der tatsächlichen Ebene beruht, ist mit der Widerspruchsmöglichkeit des Schuldners beim Lastschriftverfahren vergleichbar, welches in Bezug auf die Zugriffsmöglichkeiten auf das Vermögen der anderen Partei keine unangemessene Benachteiligung darstellt.

Räumt der Verwender sich ein einseitiges Abbuchungsrecht, welches unabhängig vom einprogrammierten Leistungsaustausch bestehen soll, formularmäßig ein, schützt auch die manipulationssichere Ausführung eines Smart Contracts auf der tatsächlichen Ebene die andere Partei nicht vor einseitigen, unberechtigten Eingriffen in ihr Vermögen. Eine solche Klausel stellt aus diesem Grund eine unangemessene Benachteiligung dar.

Der Einsatz eines Smart Contracts auf der tatsächlichen Ebene führt bei der anderen Partei zur Umkehr der Initiativ- und Klagelast, was eine Benachteiligung für diese darstellt. Diese Benachteiligung wird jedoch durch die manipulationssichere Ausführung derart begrenzt, dass der Zugriff auf das Vermögen der anderen Partei auf das vertraglich Vereinbarte limitiert ist. Durch diese Begrenzung wird die andere Partei ausreichend vor willkürlichen Eingriffen durch den Verwender in ihr Vermögen geschützt und die Benachteiligung stellt sich daher, vergleichbar mit dem Lastschriftverfahren, nicht als derart schwer dar, dass sie sich in Abwägung mit den Interessen des Verwenders, die Vertragsabwicklung zu rationalisieren, standardisieren und zu automatisieren und dadurch Kosten einzusparen und die Planungssicherheit zu erhöhen, aus diesem Grund als unangemessen erweist.

Durch den Einsatz eines Smart Contracts auf der tatsächlichen Ebene zur Vertragsdurchführung wird es der anderen Partei faktisch erschwert, Einreden und Einwendungen geltend zu machen. Durch den Einsatz eines Smart Contracts auf der tatsächlichen Ebene werden also, wenn auch nicht rechtlich, jedoch zumindest faktisch, die Geltendmachung der Einreden und Einwendungen erschwert. Der faktische Ausschluss der Geltendmachung der Einreden und Einwendungen durch die andere Partei dürfte sich grundsätzlich als derart nachteilig für diese erweisen, dass sich dies im Regelfall als unangemessen darstellen wird. Aus diesem Grund wird es für die Angemessenheit einer Klausel, die den Einsatz eines Smart Contracts auf der tatsächlichen Ebene vorsieht, notwendig sein, dass der Verwender der anderen Partei die Möglichkeit eröffnet, ihre Einwendungen und Einreden zu erheben. Durch diese Möglichkeit wird eine vergleichbare Interessenlage wie beim Lastschriftverfahren erreicht, dessen Vereinbarung sich nicht als unangemessen darstellt, da die andere Partei die unberechtigten Abbuchungen zurück buchen lassen kann. Wenn die andere Partei trotz automatisiertem Vollzug ihre Einreden und Einwendungen geltend machen kann, wird ein vergleichbares Schutzniveau wie beim Lastschriftverfahren, auf einem technischen Weg erreicht. Um die andere Partei nicht unangemessen zu benachteiligen, muss der Verwender daher einen Streitbeilegungsmechanismus implementieren, durch den die andere Partei ihre Einreden und Einwendungen geltend machen kann. Auf die genaue technische Ausgestaltung kommt es nicht an, sofern ein vergleichbares Niveau erreicht wird, wie bei einem Vertrag ohne den Einsatz eines Smart Contracts auf der tatsächlichen

Ebene. Die Einwendungen und Einreden muss die andere Partei nicht zur vollständigen Überzeugung darlegen, vielmehr reicht es aus, dass sie summarisch die Tatsachen benennt, worauf die Einreden oder Einwendungen möglicherweise beruhen können und dass das Bestehen der Einreden oder Einwendungen zumindest als möglich erscheint. Dies stellt sicher, dass die andere Partei ihre Einreden und Einwendungen geltend machen kann und verhindert zugleich, dass die andere Partei willkürlich die Ausführung des Vereinbarten durch den Smart Contract auf der tatsächlichen Ebene verhindern kann. Dies dürfte daher geeignet sein, die beiderseitigen Interessen der Parteien ausreichend zu berücksichtigen.

Wird eine rechtswidrige Klausel vereinbart, die es dem Verwender erlaubt, auf das Vermögen der anderen Partei zuzugreifen, wird die andere Partei auch nicht mehr durch die manipulationssichere Ausführung des Smart Contracts auf der tatsächlichen Ebene geschützt, sodass hier das Risiko eines unberechtigten Eingriffs in ihr Vermögen durch den Verwender besteht. Diesem Risiko kann dadurch begegnet werden, dass, wie bereits oben dargestellt, die andere Partei die Möglichkeit hat, mögliche Einreden und Einwendungen gegenüber dem Verwender vorzubringen. Die Möglichkeit, in der oben dargestellten Art und Weise, Einreden und Einwendungen geltend zu machen, erlaubt es der anderen Partei, sich auch gegen rechtswidrige Klausel effektiv zur Wehr zu setzen.

Darüber hinaus darf eine Klausel, die den Einsatz eines Smart Contracts auf der tatsächlichen Ebene vorsieht, sich hierdurch nicht auf weitere, sich außerhalb des Vertragsverhältnisses befindliche, wesentlich höherwertige Vermögensbestandteile der anderen Partei, auswirken. Neben einem direkten Zugriff auf diese weiteren Vermögensbestandteile, werden davon auch mittelbare Auswirkungen auf diese erfasst. Hieran kann der Verwender kein berechtigtes Interesse haben, eine solche Klausel stellt sich daher als unangemessen dar.

Für die Interessenabwägung gilt es auch zu beachten, wie groß das jeweilige Nutzungsinteresse der anderen Partei an den jeweiligen Gegenständen ist, auf die der Smart Contract auf der tatsächlichen Ebene einwirken kann. Je wesentlicher sich das fortgesetzte Nutzungsinteresse der anderen Partei an der Sache darstellt, beispielsweise an einer Mietwohnung oder einem beruflich genutzten Pkw, desto höher ist auch das Interesse der anderen Partei an der weiteren Nutzung zu gewichten.

Um den Vertrag automatisiert ausführen zu können, benötigt ein Smart Contract Zugriff auf ein Konto oder eine Wallet der anderen Partei. Diese zumindest mittelbare Unterhaltspflicht stellt sich dann nicht als unangemessen dar, wenn der Smart Contract auf ein Girokonto zugreifen soll, da Girokonten weit verbreitet und üblich sind. Wallets sind zumindest zum aktuellen Zeitpunkt noch nicht in der breiten Bevölkerung als üblich anzusehen, sodass es für die Beurteilung der Unangemessenheit auf den jeweiligen Kundenkreis ankommen wird. Je technikaffiner dieser ist, desto eher kann von der Üblichkeit und somit eher von einer Angemessenheit ausgegangen werden.

Auch stellt sich der Einsatz eines Smart Contracts auf der tatsächlichen Ebene, auf Grund der Einschränkung der Dispositionsfähigkeit der anderen Partei über ihr Vermögen dann nicht als unangemessen dar, wenn die Abbuchung regelmäßig und gleichbleibend erfolgt. Bei außergewöhnlich hohen Beträgen, Beträgen, die nicht von vornherein feststehen und Beträgen, die unregelmäßig eingezogen werden, ist die andere Partei rechtzeitig vor der Buchung zu informieren, sodass diese für eine ausreichende Deckung sorgen kann.

II. Selbstdurchsetzung

Unangemessen ist eine Klausel im Zweifel nach § 307 II Nr. 1 BGB auch dann, wenn sie mit wesentlichen gesetzlichen Grundgedanken nicht zu vereinbaren ist. Die Selbstdurchsetzung ist ein Kernelement beim Einsatz von Smart Contracts auf der tatsächlichen Ebene, jedoch könnte diese auch eine verbotene Eigenmacht nach § 858 BGB darstellen und somit gegen wesentliche gesetzliche Grundgedanken verstoßen.

Jede verbotene Eigenmacht nach § 858 BGB stellt zugleich auch eine unerlaubte Selbsthilfe dar.[228] Die Besitzschutzvorschriften geben dem Besitzer erheblich weitergehende Rechte als der § 229 BGB.[229] Die Besitzkehr nach § 859 BGB stellt insofern eine Sonderbestimmung zu den allgemeinen Regelungen der §§ 229 BGB dar.[230] Die speziellen Selbsthilferechte gehen dem

---

[228] *Rövekamp*, in: BeckOGK-BGB, § 229 Rn. 46.

[229] *Rövekamp*, in: BeckOGK-BGB, § 229 Rn. 69.

[230] *Fritzsche*, in: BeckOK-BGB, § 859 Rn. 8; *Grothe*, in: MüKo-BGB, § 229 Rn. 1; *Rövekamp*, in: BeckOGK-BGB, § 229 Rn. 5; *Elzer*, in: Erman-BGB, § 859 Rn. 1; *Gies*, in: jurisPK-BGB, § 859 Rn. 12; *Brehm/Berger*, Sachenrecht, § 4 Rn. 8; *Prütting*, in: Prütting/Wegen/Weinreich-BGB, § 859 Rn. 1.

allgemeinen Selbsthilferecht aus § 229 BGB in ihrem jeweiligen Anwendungsbereich vor, sodass es auf die Voraussetzungen des § 229 BGB dann in diesem Fall nicht mehr ankommt.[231]

Das Rechtsinstitut des Besitzes und der Besitzschutz stellen auf die körperliche Beherrschbarkeit einer Sache ab, im Zuge der Digitalisierung und der fortschreitenden Vernetzung von Sachen, gewinnen jedoch unkörperliche Eigenschaften der Sachen zunehmend an Bedeutung.[232] Fraglich ist, inwieweit der Fernzugriff einer Software auf eine Sache vom Besitzschutz erfasst wird. Der dingliche Besitzschutz umfasst lediglich körperliche Sachen iSd. § 90 BGB, sodass immaterielle Vermögenswerte hiervon nicht unmittelbar geschützt werden.[233] Da immaterielle Vermögenswerte mangels Sacheigenschaft vom dinglichen Besitzschutz nicht mit umfasst werden, besteht bei diesen folglich auch keine Gefahr der Besitzstörung oder des Besitzentzugs, sodass diese bei den folgenden Betrachtungen außen vor bleiben können. Immaterielle Vermögenswerte sind Vermögenswerte ohne physische Substanz, wie beispielsweise Patente, Urheberrechte, aber auch Forderungen, Lizenzen und Rechte.[234] Auch Computerprogramme und sonstige elektronische Daten und Datenbestände stellen, sofern diese nicht in einer Sache verkörpert sind, als geistige Werke Immaterialgüter dar.[235] Bei immateriellen Vermögenswerten wie beispielsweise Forderungen oder Rechten, die ein Smart Contract verwaltet, ist mangels Sacheigenschaft kein Konflikt mit § 858 BGB zu befürchten.[236] Aus diesem Grund erfüllen auch Kryptowährungen den Sachbegriff nicht.[237] Speziell im Kontext von Smart Contracts sind hierbei auch noch Initial Coin Offerings (ICOs) zu erwähnen, die zukünftig, insbesondere im Bereich der Unternehmensfinanzierung, eine größere Rolle spielen könnten.[238] Bei diesen sollen Anleger dazu bewegt werden, Kapital zur Unternehmensfinanzierung

---

231 *Wagner*, in: Erman-BGB, § 229 Rn. 1.

232 *Kuschel*, AcP 220 (2020), 98, 99.

233 *Wilhelm*, WM 2020, 1807, 1811.

234 *Wilhelm*, WM 2020, 1807, 1811.

235 *Mössner*, in: BeckOGK-BGB, § 90 Rn. 83, 90.

236 *Wilhelm*, WM 2020, 1807, 1811; *Möslein*, ZHR 183 (2019), 254, 283.

237 *Spindler/Bille*, WM 2014, 1357, 1359; *Beck/König*, AcP 215 (2015), 655, 659 ff.; *Wilhelm*, WM 2020, 1807, 1811.

238 Vgl. zu ICOs: *Möslein*, ZBB 2018, 208, 216; *Guggenberger*, in: Hoeren/Sieber, Handbuch Multimedia-Recht, Teil 13.7 Rn. 26 ff.; Vertiefend: *Behme/Zickgraf*, ZfPW 2019, 66 – 93.

gegen die Ausgabe von Token bereit zu stellen.[239] Auch Token sind immaterielle Vermögenswerte und werden daher als solche nicht vom Besitzschutz umfasst.[240] Mangels Körperlichkeit kann unter anderem in den genannten Fällen kein Konflikt mit den Besitzschutzvorschriften vorliegen. Die Besitzschutzvorschriften umfassen immaterielle Vermögenswerte nicht, es liegt in diesem Fall kein Verstoß gegen wesentliche gesetzliche Grundgedanken vor, sodass sich aus diesem Aspekt heraus auch keine unangemessene Benachteiligung der anderen Partei ergibt. AGB-rechtlich ist der Einsatz eines Smart Contracts auf der tatsächlichen Ebene, aus besitzschutzrechtlicher Sicht, daher bei immateriellen Vermögenswerten nicht problematisch.

Da jedoch auch eine unkörperliche Software irgendwo auf einem Datenträger hinterlegt sein muss, anders als beispielsweise Forderungen, gibt es auch bei dieser einen gewissen körperlichen Bezug, sodass für eine sachenrechtliche Einordnung zwischen den Daten an sich als geistiges Werk und deren Verkörperung zu unterscheiden ist. Ein körperlicher Gegenstand und somit eine Sache iSd. § 90 BGB, stellt nur die Verkörperung der Software bzw. der Daten dar.[241] Dies lässt sich damit begründen, dass eine Software, um nutzbar zu sein, in irgendeiner Art und Weise auf einem Speichermedium als magnetische, optische oder elektronische Zustände verkörpert sein muss, sei es auf einem Computer oder Sache selbst, oder in einer Cloud.[242] Ohne die Verkörperung auf einem Datenträger scheidet der Besitz § 854 I BGB mangels Körperlichkeit der Software und der Daten unmittelbar an diesen aus, sodass nur die Verkörperung der Programme und Daten einen körperlichen Gegenstand und damit eine Sache darstellen.[243]

Mit fortschreitender Digitalisierung und damit einhergehender verstärkter Vernetzung, ist es technisch immer einfacher und effektiver möglich, aus der Ferne auf Sachen zuzugreifen und den Zugriff durch den Nutzer auf diese zu verhindern oder deren Benutzbarkeit einzuschränken. Je häufiger der Zugriff auf Sachen durch eine Software eröffnet und auch durch diese reguliert wird, desto einfacher kann deren Benutzbarkeit durch die Software auch

---

239 *Behme/Zickgraf*, ZfPW 2019, 66, 67.
240 *Möslein*, RDi 2022, 296, 298.
241 *Mössner*, in: BeckOGK-BGB, § 90 Rn. 84.
242 *Mössner*, in: BeckOGK-BGB, § 90 Rn. 84.
243 *Mössner*, in: BeckOGK-BGB, § 90 Rn. 84, 90.

eingeschränkt oder ausgeschlossen werden.[244] Beispielsweise ist es denkbar, dass ein Smart Contract auf der tatsächlichen Ebene als Durchsetzungsinstrument eingesetzt wird und die Verwendbarkeit der Sache einschränkt oder ausschließt, wenn die Ratenzahlung ausbleibt.[245] Die daraus entstehende, wachsende Bedeutung des Besitzschutzes lässt sich mit den Besonderheiten vernetzter Sachen erklären, da durch die Vernetzung unter anderem die Möglichkeit besteht, dass ein unkörperlicher Fernzugriff auf die Sache erfolgen kann, aus der dann eine Einschränkung oder ein Ausschluss der Funktionsfähigkeit resultiert.[246] Ein solches bereits existierendes Anwendungsbeispiel stellen John-Deer Traktoren dar, bei denen die Steuerungssoftware beim Austausch von vielen Ersatzteilen angepasst werden musste, was jedoch durch den Hersteller verhindert wurde, indem hierfür eine Berechtigungsabfrage nur durch zugelassene Vertragswerkstätten vorgenommen werden konnte und nicht von dem Nutzer selbst oder von freien Werkstätten.[247] Auch der Druckerhersteller HP verhinderte bei seinen Druckern durch die Software, dass Patronen von Drittherstellern verwendet werden konnten, sodass die Nutzer nur originale Patronen verwenden konnten, die regelmäßig teurer sind.[248]

Grundsätzlich obliegt die Durchsetzung und Sicherung privatrechtlicher Ansprüche staatlichen Stellen, nach §§ 704 ff. ZPO werden diese von staatlichen Vollstreckungsorganen durchgesetzt (staatliches Gewaltmonopol).[249] Durch die Übernahme der Durchsetzung und Sicherung privatrechtlicher Ansprüche durch staatliche Organe, wird der eigenmächtigen Realisierung subjektiver Rechte die Grundlage entzogen, sodass eine private Vollstreckung nur in Ausnahmefällen zulässig ist.[250] Die Selbsthilfe des Besitzers nach § 859 BGB stellt eine solche Ausnahme dar. Stellt der Einsatz der Mafia zur Selbstdurchsetzung unzweifelhaft eine verbotene Eigenmacht dar und ist

---

244 *Paulus/Matzke*, CR 2017, 769, 773.

245 *Paulus/Matzke*, CR 2017, 769, 773.

246 *Kuschel*, AcP 220 (2020), 98, 99.

247 *Magnus*, Fernkontrolle im Internet der Dinge, S. 31 f.

248 *Magnus*, Fernkontrolle im Internet der Dinge, S. 32 ff.

249 *Dennhardt*, in: BeckOK-BGB, § 229 Rn. 1; *Rövekamp*, in: BeckOGK-BGB, § 229 Rn. 2.

250 *Dennhardt*, in: BeckOK-BGB, § 229 Rn. 1; *Rövekamp*, in: BeckOGK-BGB, § 229 Rn. 2.

daher klar rechtswidrig, wird dies beim Einsatz von technischen Lösungen wohl differenzierter zu betrachten sein.[251]

1. Verbotene Eigenmacht

Die verbotene Eigenmacht wird in § 858 I BGB als Besitzentzug oder Besitzstörung gegenüber dem Besitzer ohne oder gegen dessen Willen, sofern dies nicht gesetzlich gestattet ist, definiert. Davon erfasst wird jede gesetzlich nicht gestattete Handlung, die den unmittelbaren Besitzer ohne seinen Willen in der Ausübung seiner tatsächlichen Gewalt beeinträchtigt.[252] Das Mittel, durch welches die verbotene Eigenmacht begangen wird, ist dabei irrelevant.[253] Der Fernzugriff auf eine Sache mittels Smart Contracts auf der tatsächlichen Ebene, kann daher als verbotene Eigenmacht in Betracht kommen.

Bereits 1991 hatte das OLG Hamm über die Rechtmäßigkeit einer Klausel zu entscheiden, die den Leasinggeber bei Zahlungsrückstand des Leasingnehmers zur Abholung des Leasingfahrzeugs berechtigte, wobei hier insbesondere die Ausführungen zur verbotenen Eigenmacht betrachtet werden sollen.[254] Im Leasingvertrag vereinbarten die Parteien formularmäßig, dass der Leasinggeber das Fahrzeug abholen kann, sofern der Leasingnehmer seiner Zahlungsverpflichtung nicht nachkommt.[255] Dabei stellte das OLG Hamm fest, dass die Klausel rechtswidrig sei, weil sie vom wesentlichen Grundsatz des Besitzschutzes abweiche und dadurch den Leasingnehmer unangemessen benachteilige.[256] Die unangemessene Benachteiligung bestehe darin, dass eine bloße Pflichtverletzung der anderen Partei kein Selbsthilferecht rechtfertige, denn nur durch gerichtliche Verfahren könne die Prüfung und Berücksichtigung der Rechte der Parteien hinreichend gewährleistet werden.[257]

Im Jahr 1991 war der Fernzugriff auf einen Pkw technisch noch kaum zu realisieren. Anders sieht dies heutzutage aus. Im Jahr 2022 hatte der BGH über die Unangemessenheit eines Fernzugriffs auf eine gemietete Batterie eines E-Autos zu entscheiden und beschäftigte sich dabei unter anderem mit

[251] *Paulus/Matzke*, CR 2017, 769, 770.
[252] *Götz*, in: BeckOGK-BGB, § 858 Rn. 8; so schon: RGZ 55, 55, 57.
[253] *Fritzsche*, in: BeckOK-BGB, § 858 Rn. 7; *Götz*, in: BeckOGK-BGB, § 858 Rn. 28.
[254] OLG Hamm NJW-RR 1992, 502.
[255] OLG Hamm NJW-RR 1992, 502, 503.
[256] OLG Hamm NJW-RR 1992, 502, 503.
[257] OLG Hamm NJW-RR 1992, 502, 503.

der Problematik der verbotenen Eigenmacht.[258] Würde in diesen Situationen nun ein Smart Contract auf der tatsächlichen Ebene eingesetzt und hätten die Parteien AGB-rechtlich vereinbart, dass dieser den Pkw bzw. dessen Batterie bei Vertragsverstößen automatisch durch den Smart Contract gesperrt werden könnte, stellt sich die Frage, inwieweit hier vom Vorliegen einer verbotenen Eigenmacht ausgegangen werden könnte, oder ob sich durch den Einsatz eines Smart Contract auf der tatsächlichen Ebene eine abweichende Bewertung ergibt. Es gilt daher im Folgenden die verbotene Eigenmacht genauer zu betrachten und im Hinblick auf den Einsatz eines Smart Contracts auf der tatsächlichen Ebene Kriterien herauszuarbeiten, wann diese vorliegen kann.

a) Besitz

Um den Anwendungsbereich des § 858 I BGB bestimmen zu können, gilt es zunächst herauszuarbeiten, was vom Besitz erfasst wird. Insbesondere im Bereich der Digitalisierung ist dies nicht immer auf den ersten Blick erkennbar, da hier neben der Sache selbst als weitere Komponente eine Software hinzukommt. Bei diesen vernetzten Sachen ist zunächst fraglich, inwieweit neben der Sache auch die Software vom Besitz und damit auch von den Besitzschutzvorschriften erfasst wird. Besitzer iSd. § 858 I BGB ist in erster Linie der unmittelbare Besitzer.[259] Besitzer ist, wer die tatsächliche Gewalt über eine Sache, also die tatsächliche Sachherrschaft, innehat.[260] Die Sachherrschaft gibt dem Besitzer dabei zum einen die Möglichkeit, auf die Sache einzuwirken und zum anderen, Dritte von der Einwirkung auszuschließen.[261]

aa) Besitz an vernetzten Sachen

Die Grenzen zwischen Immaterialgütern und Sachen verschwimmen im Zuge der Digitalisierung immer weiter, da Gegenstände häufiger mit dem Internet verbunden sind und für den vollen Funktionsumfang eine Software und die damit einhergehende Vernetzung benötigen. Die Vernetzung einer Sache bietet dabei den Ausgangspunkt für den Fernzugriff und damit auch

---

[258] BGH NJW 2022, 3575 Rn. 17 – 24.

[259] *Götz*, in: BeckOGK-BGB, § 858 Rn. 3; *Hoeren*, in: Nomos Kommentar-BGB, § 858 Rn. 3; *Gies*, in: jurisPK-BGB, § 858 Rn 1.

[260] *Fritzsche*, in: BeckOK-BGB, § 854 Rn. 3; *Gies*, in: jurisPK-BGB, § 854 Rn. 15; *Schäfer*, in: MüKo-BGB, § 854 Rn. 8.

[261] *Gutzeit*, in: Staudinger-BGB, § 854 Rn. 4.

für eine mögliche Sperre.[262] Es existiert keine einheitliche Definition, wann es sich um eine vernetzte Sache handelt. Unter der Bezeichnung vernetzte Sache ist für die vorliegende Arbeit eine Sache iSd. § 90 BGB zu verstehen, die durch eine Software ergänzt wird und durch die auf die Sache eingewirkt werden kann.

Da die Besitzschutzvorschriften jedoch nur auf Sachen iSd. § 90 BGB anwendbar sind und Immaterialgüter somit außen vor bleiben, ist eine Abgrenzung notwendig, um den Anwendungsbereich der Vorschriften zum Besitzschutz und damit mögliche Grenzen beim Einsatz von Smart Contracts auf der tatsächlichen Ebene zu ermitteln. Der BGH grenzt anhand der Verkörperung Sachen iSd. § 90 BGB von Immaterialgütern ab.[263] Sofern eine Software auf einem Datenträger gespeichert und somit verkörpert ist, ist der Datenträger und die darauf gespeicherte Software insgesamt als Sache nach § 90 BGB zu betrachten.[264] Dies hat im Schrifttum Zustimmung erfahren.[265] Das scheint auch vom Gesetzgeber, zumindest aktuell noch, gebilligt zu werden. Im Gesetzesentwurf der (ehemaligen) Bundesregierung zur Umsetzung der Richtlinie über bestimmte vertragliche Aspekte der Bereitstellung digitaler Inhalte und digitaler Dienstleistungen[266] findet sich eine kurze Erwähnung der Verkörperung von Software. Dabei wird in Bezug auf das Mietrecht darauf hingewiesen, dass die bisherige Rechtsprechung auf die Verkörperung der Software für den Sachbegriff abstellt.[267] Anschließend erfolgt die Feststellung, dass nicht auszuschließen sei, dass zukünftig durchaus Fälle denkbar sein könnten, die keine Verkörperung auf einem Datenträger iSd. BGH-Rechtsprechung mehr erfordern.[268] Aus der Gesetzesbegründung lassen sich nun zweierlei Schlüsse ziehen. Zum einen stimmt die Ansicht des Gesetzgebers bei dem Kriterium der Verkörperung der Software, mit dem BGH und der herrschenden Lehre überein, denn anderenfalls hätte dieser sich hierzu zumindest in der Gesetzesbegründung kritischer äußern können.

---

262 *Sander*, WuB 2022, 173, 175.

263 BGH NJW 1993, 2436, 2438; NJW 2007, 2394 Rn. 15 m.w.N.

264 BGH NJW 1993, 2436, 2438; NJW 2007, 2394 Rn. 15 m.w.N.

265 *Mössner*, in: BeckOGK-BGB, § 90 Rn. 84; *Fritzsche*, in: BeckOK-BGB, § 90 Rn. 28; *Stresemann*, in: MüKo-BGB, § 90 Rn. 25; *Schmidt*, in: Erman-BGB, § 90 Rn 3.

266 BT-Drs. 19/27653.

267 BT-Drs. 19/27653 S. 84, Zu Nummer 9.

268 BT-Drs. 19/27653 S. 84, Zu Nummer 9.

Zum anderen wird perspektivisch darauf abgestellt, dass das Kriterium der Verkörperung zukünftig nicht mehr zwingend erforderlich sein könnte, sodass bedingt durch technologischen Fortschritt, gegebenenfalls zukünftig andere Ansätze sachgerechtere Lösungen herbeiführen könnten.

Durch die fortschreitende Vernetzung und Dezentralisierung von Software wird zum Teil in Frage gestellt, ob die Verkörperung noch ein taugliches Kriterium zur Abgrenzung zwischen Sachenrecht und Immaterialgüterrecht darstellen kann. Eine Ansicht die der „Software an sich", also nur dem geistigen Werk die Sacheigenschaften zusprechen will, wird soweit ersichtlich nicht vertreten.[269] Zunächst müssen Daten technisch bedingt immer in irgendeiner Form auf einem Datenträger, sei es magnetisch, elektronisch oder auf andere Art und Weise gespeichert werden.[270] Darüber hinaus stellt der Wortlaut des § 90 BGB auf einen körperlichen Gegenstand ab, sodass der gänzliche Verzicht auf das Merkmal der Körperlichkeit von § 90 BGB wohl nicht mehr erfasst sein wird.

Als nicht sachgerecht wird das Kriterium der Verkörperung beispielsweise kritisiert, wenn zwar die Benutzeroberfläche in der Sache selbst verkörpert ist (z.B. eine App, die auf das Smartphone und dessen Speicher geladen wird), während jedoch die eigentliche Programmlogik und die dazugehörige Datenbank zentral oder dezentral auf Servern gespeichert werden.[271] Die Abgrenzung des BGH und der herrschenden Lehre, wonach es darauf ankommt, wo die Software verkörpert ist, soll für den genannten Beispielsfall zur Beurteilung einer verbotenen Eigenmacht nicht weiter helfen, weil die App teilweise auf einem Server, teilweise auf dem Smartphone selbst gespeichert und damit am jeweiligen Ort verkörpert ist.[272] Nur der verkörperte Teil der Software auf dem Smartphone unterfällt nach herrschender Meinung den Besitzschutzvorschriften. Welcher Teil der Software auf dem Smartphone verkörpert ist und welcher auf einem Server extern gespeichert wird, hängt letztlich von der Umsetzung der Entwickler ab und lässt sich beliebig variieren.[273] Es ließe sich somit einwenden, dass mit fortschreitender Dezentralisierung die Verkörperung daher immer weniger als Kriterium zur Abgrenzung zu taugen scheint. Insofern könnte man also argumentieren,

---

[269] *Haller*, Digitale Inhalte als Herausforderung für das BGB, C II 1.
[270] *Mössner*, in: BeckOGK-BGB, § 90 Rn. 84.
[271] *Paulus/Matzke*, CR 2017, 769, 775; *Kuschel*, AcP 220 (2020), 98, 103 f.
[272] *Paulus/Matzke*, CR 2017, 769, 775.
[273] *Paulus/Matzke*, CR 2017, 769, 775.

dass sich je nach Speicherort die Einsatzmöglichkeiten eines Smart Contracts zur Vertragsdurchführung stark erweitern oder beschränken würden. Laut *Paulus/Matzke* soll eine Erweiterung des Sachbegriffs zu sachgerechteren Lösungen führen.[274] Kann eine Sache ohne die Software nicht verwendet werden, dann soll es demnach naheliegen, den Sachbegriff dahingehend anzupassen, als dass neben der Sache selbst auch die Steuerungssoftware (Firmware) mit einzubeziehen ist, da diese den Gebrauch einer Sache sicherstellt.[275] Nach dieser Ansicht umfasst eine Sache nach § 90 BGB daher nicht nur den körperlichen Gegenstand, sondern darüber hinausgehend auch die Firmware, die zum Gebrauch der Sache benötigt wird, wobei unerheblich ist, ob die Firmware in der Sache selbst oder woanders gespeichert wird.[276] Eine Beeinträchtigung der Firmware würde nach dieser Ansicht gegen die Besitzschutzvorschriften §§ 858, 861 BGB verstoßen und so den Schutz von dem körperlichen Gegenstand auf die benötigte Firmware erweitern, ohne dass dieser jedoch auf den generellen Gebrauch der Sache ausgedehnt wird.[277]

Der dargestellte Ansatz zeigt perspektivisch eine Möglichkeit auf, wie bei verstärkt auftretender Dezentralisierung und Vernetzung von Sachen, dieser Entwicklung durch die Modifikation bzw. Erweiterung des Besitzbegriffs begegnet werden könnte. In der vorliegenden Arbeit soll mit dem Kriterium der Verkörperung der (aktuell noch) fast einhellig herrschenden Meinung weitergearbeitet werden. Diese wurde auch in dem BGH-Urteil zur Fernsperre einer Batterie bestätigt, indem der BGH auf die Einwirkung auf die Sachsubstanz abstellte.[278]

bb) Mitbesitz an vernetzten Sachen

Durch die Möglichkeit eines Fernzugriffs auf eine Sache, könnte der Verwender Mitbesitzer sein. Die Frage, ob durch die Möglichkeit der Fernsperre Mitbesitz vorliegt, wirkt sich erheblich auf den Besitzschutz aus, da gem. § 866 BGB zwischen Mitbesitzern eine verbotene Eigenmacht nur bei vollständiger Besitzentziehung, nicht jedoch bei bloßer Besitzbeeinträchtigung,

---

274 *Paulus/Matzke*, CR 2017, 769, 776 f.
275 *Paulus/Matzke*, CR 2017, 769, 776.
276 *Paulus/Matzke*, CR 2017, 769, 776 f.
277 *Paulus/Matzke*, CR 2017, 769, 777.
278 BGH NJW 2022, 3575 Rn. 18.

vorliegt.[279] Infolgedessen bestünde nach § 866 BGB ein Besitzschutz unter den Mitbesitzern nur bei der Entziehung, nicht jedoch bei einer bloßen Beeinträchtigung des Besitzes.[280] Dies könnte dazu führen, dass, wenn der Verwender als Mitbesitzer anzusehen ist, die andere Partei gegenüber diesem keine Besitzschutzansprüche aus einer bloßen Besitzbeeinträchtigung durch den Einsatz eines Smart Contracts auf der tatsächlichen Ebene, zustehen würde. Daher gilt es die Frage genauer zu betrachten, ob der Verwender beim Einsatz eines Smart Contracts auf der tatsächlichen Ebene als Mitbesitzer anzusehen ist.

Eine Voraussetzung für den Mitbesitz ist, dass eine Sache von mehreren Personen besessen wird, wobei der jeweilige Besitz zugleich durch den parallelen Besitz der übrigen Mitbesitzer beschränkt wird.[281] Kennzeichnend für den Mitbesitz ist, dass mehrere Personen Besitzer derselben Sache sind, wobei es keinen quotalen Bruchteilsbesitz gibt.[282] Dieser muss auch gleichstufig sein, sodass alle Mitbesitzer entweder unmittelbarer oder mittelbarer Besitzer sind.[283] Zu unterscheiden ist zwischen dem einfachen und dem qualifizierten Mitbesitz. Beim einfachen Mitbesitz ist jeder Mitbesitzer in der Lage, unabhängig von den anderen Mitbesitzern, seine Sachherrschaft ohne die Mitwirkung der anderen Mitbesitzer auszuüben, beim qualifizierten Mitbesitz ist jeder Mitbesitzer zur Ausübung der Sachherrschaft nur zusammen mit den übrigen Mitbesitzern in der Lage.[284] Für die Abgrenzung ist nicht auf das zugrunde liegende Rechtsverhältnis, sondern auf das tatsächliche Verhältnis abzustellen.[285] Erforderlich ist eine vom Besitzwillen getragene Sachherrschaft.[286] Der Besitzwille muss sich nicht darauf beziehen, die Sache gemeinschaftlich mit anderen zu besitzen, als entscheidend stellt es sich dar,

---

279 *Kaulbach*, ZIP 2023, 343, 346; *Duden*, NJW 2023, 18, 19; *Strobel*, NJW 2022, 2361, 2362 f.

280 *Schäfer*, in: MüKo-BGB, § 866 Rn. 15; *Fritzsche*, in BeckOK-BGB, § 866 Rn. 16 f.; *Berger*, in: Jauernig-BGB, § 866 Rn. 4; *Hoeren*, in: Nomos Kommentar-BGB, § 866 Rn. 16; *Schulte-Nölke*, in: Schulze-BGB, § 866 Rn. 2.

281 *Götz*, in: BeckOGK-BGB, § 866 Rn. 1; *Fritzsche*, in BeckOK-BGB, § 866 Rn. 3.

282 *Schäfer*, in: MüKo-BGB, § 866 Rn. 1; *Fritzsche*, in BeckOK-BGB, § 866 Rn. 3.

283 *Fritzsche*, in BeckOK-BGB, § 866 Rn. 4; *Berger*, in: Jauernig-BGB, § 866 Rn. 1.

284 *Schäfer*, in: MüKo-BGB, § 866 Rn. 12; *Götz*, in: BeckOGK-BGB, § 866 Rn. 1.

285 *Götz*, in: BeckOGK-BGB, § 866 Rn. 14.

286 *Götz*, in: BeckOGK-BGB, § 866 Rn. 6.

dass mehrere Personen die Sachherrschaft über die Sache innehaben, dabei ist es nicht notwendig, dass diese voneinander wissen.[287] Die bloße tatsächliche Zugriffsmöglichkeit auf eine Sache begründet noch keinen Mitbesitz.[288]

Der BGH befasste sich im Oktober 2022 mit der Wirksamkeit einer Klausel, die dem Vermieter das Recht einräumte, per Fernbefehl die Auflademöglichkeit einer gemieteten Batterie für ein Elektroauto des Mieters zu unterbinden.[289] Im Ergebnis ließ er dabei offen, ob durch den Fernzugriff auf die gemietete Batterie und die damit einhergehende Sperrmöglichkeit des Vermieters, der Vermieter Mitbesitz begründete.[290] Er führte dazu aus, es sei zweifelhaft, ob alleine die Sperrmöglichkeit, von der der Beklagte lediglich nach Vertragsbeendigung Gebrauch machen wolle, Mitbesitz begründe oder ob durch diese nur eine spätere Besitzbeeinträchtigung erleichtert werden würde.[291]

Aus Wortlaut der Urteilsbegründung, wonach dies dem BGH zweifelhaft erscheint, lässt sich schließen, dass dieser der Begründung von Mitbesitz durch die Möglichkeit der Fernsperre eher ablehnend gegenübersteht. Die Frage, ob durch die Möglichkeit der Fernsperre Mitbesitz vorliegt, wirkt sich erheblich auf den Besitzschutz aus, da gem. § 866 BGB zwischen Mitbesitzern eine verbotene Eigenmacht nur bei vollständiger Besitzentziehung, nicht jedoch bei bloßer Besitzbeeinträchtigung, vorliegt.[292]

In der Literatur ist dies umstritten. Einerseits wird argumentiert, durch die Möglichkeit der Fernsperre soll ein Mitbesitz vorliegen, da die Sperre (Mit-) Sachherrschaft begründet.[293] Begründet wird dies damit, dass die technische Möglichkeit des Verwenders besteht, die im Gerät gespeicherte Software auf digitalem Weg zu verändern.[294] Es besteht also eine digitale Einwirkungsmöglichkeit, die den Verwender dazu befähigt, die Funktionsfähigkeit

---

287 *Götz*, in: BeckOGK-BGB, § 866 Rn. 7.

288 *Schulte-Nölke*, in: Schulze-BGB, § 866 Rn. 2; *Schäfer*, in: MüKo-BGB, § 866 Rn. 3.

289 BGH NJW 2022, 3575.

290 BGH NJW 2022, 3575 Rn. 24.

291 BGH NJW 2022, 3575 Rn. 24.

292 *Kaulbach*, ZIP 2023, 343, 346; *Duden*, NJW 2023, 18, 19; *Strobel*, NJW 2022, 2361, 2362 f.

293 *Duden*, NJW 2023, 18, 19; *Magnus*, MMR 2023, 120, 123; *Magnus*, Fernkontrolle im Internet der Dinge, S. 103 ff.;

294 *Duden*, NJW 2023, 18, 19; *Magnus*, Fernkontrolle im Internet der Dinge, S. 103 f.

des Geräts zu beeinflussen.[295] Dies stellt eine physische Zugriffsmöglichkeit dar.[296] Die Einwirkungsmöglichkeit wirkt also auf die Substanz der Sache ein, wenn auch aus der Ferne, daher stellt sie sich als körperliche und somit auch als tatsächliche Sachherrschaft iSd. § 854 BGB dar.[297] Durch die Einwirkungsmöglichkeit als technische Sonderverbindung kann ein solch erheblicher Einfluss auf die Sache ausgeübt werden, dass ein unmittelbarer Besitz daran vorliegt.[298] Daher soll durch diesen Besitz begründet werden, der als Mitbesitz neben dem Besitz der anderen Partei steht.[299]

Dem wird andererseits entgegen gehalten, dass durch die Möglichkeit der Fernsperre kein Mitbesitz begründet werden soll.[300] Zwar behält der Vermieter durch die Möglichkeit der Sperre der Sache ein Stück Ausschlussmacht gegenüber dem Mieter, was jedoch nicht genügt, um diesen als Mitbesitzer anzusehen, selbst wenn ein entsprechender Besitzwille beim Vermieter vorliegen sollte.[301] Der Begriff der tatsächlichen Sachherrschaft ist am Maßstab der Verkehrsanschauung unter Berücksichtigung aller Umstände des Einzelfalls zu konkretisieren, wobei dem Kriterium der Ausschlussmacht geringere Bedeutung zukommt, als dem der Einwirkungsmacht.[302] Der Besitzer wird Angriffe Dritter auf die Sache regelmäßig nicht vollkommen ausschließen können, sondern auf Grund seiner besseren Zugriffsmöglichkeit auf die Sache diese nur mit einer gewissen Wahrscheinlichkeit verhindern.[303] Nach der Verkehrsauffassung erlangt auch der, der eine Parkkralle anbringt oder ein Kfz zuparkt, keinen Besitz daran.[304] Auf die Möglichkeit der Fernsperre der Batterie übertragen bedeutet dies, dass die Herrschaftsmacht des Mieters überwiegt, da dem Vermieter nur eine relativ schwache Ausschlussmacht zukommt und dieser sich somit lediglich als mittelbarer Besitzer darstellt.[305]

---

295 *Duden*, NJW 2023, 18, 19, *Magnus*, MMR 2023, 120, 123.
296 *Magnus*, Fernkontrolle im Internet der Dinge, S. 104.
297 *Duden*, NJW 2023, 18, 19; *Magnus*, MMR 2023, 120, 123.
298 *Magnus*, MMR 2023, 120, 123.
299 *Duden*, NJW 2023, 18, 19.
300 *Schrader*, JA 2023, 247, 248; *Busse*, jurisPR-IWR 1/2023 Anm. 5 C. II.; *Schrader*, JA 2023, 247, 248; *Strobel*, NJW 2022, 2361, 2362 f.; *Fritzsche*, in: BeckOK-BGB, § 866 Rn. 10.
301 *Kaulbach*, ZIP 2023, 343, 346.
302 *Kaulbach*, ZIP 2023, 343, 346.
303 *Götz*, in: BeckOGK-BGB, § 854 Rn. 61.1.
304 *Kaulbach*, ZIP 2023, 343, 347.
305 *Kaulbach*, ZIP 2023, 343, 347.

Auch nach *Jaensch* erfolgt der Fernzugriff lediglich zur Rechtdurchsetzung nach Vertragsbeendigung, sodass eine spätere Besitzstörung erleichtert wird, wobei kein Mitbesitz durch den Vermieter begründet wird.[306]

Differenzierter betrachtet dies *Sander*.[307] Demnach wurde durch die umfassende Zugriffsmöglichkeit dem Mieter zu keinem Zeitpunkt die Einwirkungs-/ und Ausschlussmacht vollständig übertragen, sodass immer noch Besitzreste beim Vermieter verblieben, wodurch dieser eine Mitbesitzerstellung erhalten haben könnte.[308] Objektiv wäre dafür erforderlich, dass neben der Einwirkungsmöglichkeit, der Mitbesitz auch erkennbar ist, subjektiv wäre es erforderlich, dass der Vermieter auch Mitbesitzer sein will.[309] Zwischen der Batterie und dem Pkw besteht ein so enger Zusammenhang, dass der Mitbesitz an der Batterie auch den Mitbesitz an dem Pkw bedeutet.[310] Problematisch könnte dabei sein, dass die kaufvertragliche Pflicht zur vollständigen Besitzverschaffung am Pkw dadurch nicht erfüllt wäre, sodass *Sander* eine Differenzierung nach der allgemeinen und objektiven Interessenlage danach vorschlägt, den Mitbesitzerwille daraus abzuleiten, ob vertraglich die Verschaffung des Alleinbesitzes, wie beim Kaufvertrag geschuldet ist, oder ob dies, wie beim Mietvertrag (z.B. eines Mietwagens), nicht der Fall ist.[311]

Überträgt man dies nun auf den Einsatz eines Smart Contracts auf der tatsächlichen Ebene, sprechen die besseren Argumente gegen die Annahme des Mitbesitzes auf Seiten des Verwenders. Die Differenzierte Ansicht von *Sander* ist abzulehnen, wonach aus der vertraglichen Verpflichtung, genauer daraus, ob die Verschaffung von Alleinbesitz geschuldet ist, der Mitbesitzerwille abgeleitet werden soll. Zunächst ergeben sich daraus grundsätzlich Abgrenzungsschwierigkeiten, je nach der genauen vertraglichen Ausgestaltung im Einzelfall. Insgesamt spricht gegen das Vorliegen des Mitbesitzes beim Einsatz eines Smart Contracts auf der tatsächlichen Ebene, dass die willkürliche Zugriffsmöglichkeit des Verwenders auf die Sache auf Grund der manipulationssicheren Ausführung stark eingeschränkt ist. Es besteht

---

306 *Jaensch*, DAR 2023, 131, 133.
307 *Sander*, WuB 2023, 64, 67.
308 *Sander*, WuB 2023, 64, 67.
309 *Sander*, WuB 2023, 64, 67.
310 *Sander*, WuB 2023, 64, 67.
311 *Sander*, WuB 2023, 64, 67.

zwar beim Einsatz eines Smart Contracts auf der tatsächlichen Ebene die technische Möglichkeit, dass dieser digital auf die Sache zugreift und infolgedessen auch in der Lage ist, die in der Sache verkörperte Software zu verändern und somit eine Substanzveränderung herbeizuführen. Durch die manipulationssichere Ausführung des Smart Contracts auf der tatsächlichen Ebene, wird diese Eingriffsmöglichkeit allerdings derart begrenzt, sodass grundsätzlich ein willkürlicher und jederzeit möglicher Zugriff des Smart Contracts auf der tatsächlichen Ebene nicht vorgesehen ist, sondern der Smart Contract vielmehr erst nach Auftreten von Problemen bei der Vertragsabwicklung per Fernzugriff auf die Sache zugreifen soll. Insofern ist davon auszugehen, dass der Verwender keine derartige Zugriffsmöglichkeit auf die Sache erhält, dass dieser sich als Mitbesitzer darstellt, sondern lediglich technisch eine Möglichkeit für eine spätere Besitzbeeinträchtigung geschaffen wird.

cc) Sharing economy

Im Bereich der sharing economy sind vielversprechende Anwendungsmöglichkeiten für Smart Contracts denkbar, da es hierbei zu häufigen und gut standardisierbaren Vertragsschlüssen mit einem meist technikaffinen Kundenkreis kommt, die eine Sache im öffentlichen Raum kurzzeitig nutzen wollen. Unter sharing economy ist die kurzzeitige Nutzung von Gegenständen im öffentlichen Raum und anschließender Freigabe für Dritte zu verstehen.[312] Dabei steht nicht die Eigentumsverschaffung, sondern der Gebrauch der Sache gegen Entgelt im Vordergrund.[313] Schon heute erfolgt beispielsweise das Mieten eines E-Scooters überwiegend mittels einer App auf dem Smartphone.[314] Denkbar wäre daher, zukünftig die Kurzzeitmiete eines Pkws, eines E-Scooters, Fahrrads etc. mit Hilfe von Smart Contracts auf der tatsächlichen und ggf. auch auf der rechtlichen Ebene, zu automatisieren. Eine genauere Betrachtung der sharing economy ist deshalb angezeigt, weil bei diesen Gegenständen ein Fernzugriff auf die

---

[312] *Kuschel*, AcP 220 (2020) 98, 118.

[313] *Von Schönfeld/Radtke*, NJW 2021, 1841, 1845.

[314] Vgl. hierzu auf der Webseite von Lime: https://www.li.me/de/startseite; „Finden, Scannen, Losfahren" per App (zuletzt abgerufen am 27.06.2023).

Sache, beispielsweise in Form einer automatischen Sperre der Sache auf Grund einer vertragswidrigen Nutzung durch den Mieter, als besonders einfach erscheint, da diese Sachen ohnehin schon vernetzt sind, um durch den jeweiligen Mieter zur Nutzung freigeschaltet werden zu können. Es stellt sich daher die Frage, ob sich durch die intendierte besonders kurze Nutzungsdauer eine abweichende besitzschutzrechtliche Bewertung im Vergleich zu anderen Sachen ergibt.

Da Gegenstände bei der sharing economy nur für eine kurze Zeit genutzt werden sollen, könnte hier schon die Besitzerlangung fraglich sein. Ab wann genau ein Besitzer eine Sache besitzt, ist im Einzelfall nicht immer ganz einfach zu beurteilen. Lässt sich ein Spaziergänger auf einer Parkbank nieder, besitzt er diese grundsätzlich nicht.[315] Etwas anderes soll dagegen für einen Kameramann bei einem Fußballspiel gelten, der nur kurz einen Tribünenplatz einnimmt.[316] Anhand dieser beiden Beispiele lässt sich gut erkennen, wie problematisch sich die Frage, ob Besitz begründet wurde, im Einzelfall darstellt. Fraglich könnte daher sein, ob bei der sharing economy der Nutzer auch Besitzer ist, oder dieser wie im Beispiel mit der Parkbank, den Gegenstand nur so kurzfristig und flüchtig benutzt, dass er diesen nicht besitzt. Um unmittelbaren Besitz zu erlangen, muss nach einer Ansicht der Besitzer die Herrschaftsbeziehung zur Sache für eine erkennbare Zeitdauer und mit einer gewissen Festigkeit begründen.[317] Die Gegenansicht erwidert, dass klare Kriterien dafür fehlen würden, was eine erkennbare Zeitdauer ist, sodass dieses Kriterium nicht nachvollziehbar ist.[318] Da präzise Maßstäbe, ab wann eine ausreichende Zeitdauer vorliegt, nur schwer zu verallgemeinern sind, will die Gegenansicht überzeugend nur an das Kriterium der hinreichenden Festigkeit anknüpfen.[319]

---

[315] *Hartung*, Besitz und Sachherrschaft, C I. 2. f) dd; *Herrler*, in: Grüneberg, § 854 Rn. 5; *Ebert*, NJW 2016, 3206, 3208.

[316] *Feldmann*, Der possessorische Besitzschutz und sein Verhältnis zum petitorischen Recht, § 3 IV. 4.

[317] BGH NJW-RR 2017, 818 Rn. 18; *Prütting*, in: Prütting/Wegen/Weinreich-BGB, § 854 Rn. 11; *Gutzeit*, in: Staudinger-BGB, § 854 Rn. 9; *Stadler*, in: Soergel-BGB, § 854 Rn. 4; *Herrler*, in: Grüneberg, § 854 Rn. 3.

[318] *Schäfer*, in: MüKo-BGB, § 854 Rn. 35; *Götz*, in: BeckOGK-BGB, § 854 Rn. 71 f.; *Hartung*, Besitz und Sachherrschaft, C I. 2. a).

[319] *Götz*, in: BeckOGK-BGB, § 854 Rn. 74.

Hinreichende Festigkeit soll dann nicht vorliegen, wenn der Besitzer in der Sphäre des anderen ganz vorübergehend die Sache in den Händen hält, sodass er den anderen nicht von der Einwirkungsmöglichkeit ausschließen kann.[320]

Überträgt man die überzeugende Gegenansicht, wonach ein zeitliches Kriterium entbehrlich ist und auf eine gewisse Festigkeit der Herrschaftsbeziehung abzustellen ist, auf die sharing economy, wird der Nutzer regelmäßig Besitz an der Sache erlangen, da er andere von der Einwirkung auf die Sache ausschließen kann. Bei der sharing economy wird der Nutzer den Vermieter grundsätzlich von dessen Einwirkungsmöglichkeit auf die Sache ausschließen können. Wie bereits oben beim Mitbesitz dargestellt, stellt sich die technische Zugriffsmöglichkeit des Vermieters grundsätzlich als eine Erleichterung der späteren Besitzstörung dar, sodass auch hier davon ausgegangen werden kann, dass der Nutzer den Vermieter von dessen Einwirkungsmöglichkeit ausschließen kann. Der Nutzer ist daher in aller Regel Besitzer der Sache und sei es auch nur für eine kurze Zeit, da er andere von der Einwirkung auf die Sache ausschließen kann. Anschließend führt er nach der Benutzung des Pkws, E-Scooters etc. das Ende der Nutzungsperiode selbst herbei, indem er die Miete der Sache beendet und somit auch seinen Besitzaufgabewillen äußert.[321] Auch bei der Benutzung von Car-Sharing Fahrzeugen und E-Scootern erwirbt der Benutzer trotz kurzer Dauer die Sachherrschaft.[322] Der Nutzer ist daher während der Nutzung von den Besitzschutzrechten geschützt.[323]

Eine ähnliche Diskussion bezüglich der Dauerhaftigkeit des Besitzes wird auch bei Hotelzimmern geführt. Auch hier soll der Gast in der Regel nicht dauerhaft Besitzer des Zimmers werden, sondern diese sollen oft nur einige Stunden bis wenige Tage genutzt werden.[324] Nach der ersten Ansicht wäre auch hier fraglich, ab welcher Zeitdauer von einer Dauerhaftigkeit gesprochen werden kann.[325] Auch beim Besitz des Hotelzimmers liegt eine gewisse

320 *Götz*, in: BeckOGK-BGB, § 854 Rn. 74.

321 *Kuschel*, AcP 220 (2020) 98, 119.

322 *Fritzsche*, in: BeckOK-BGB, § 854 Rn. 23.

323 *Kuschel*, AcP 220 (2020) 98, 119.

324 *Zeising*, ZMR 2009, 578, 579.

325 *Zeising*, ZMR 2009, 578, 579.

Festigkeit vor, sodass richtigerweise auch dieses von den Besitzschutzvorschriften erfasst sein muss.

Beim Einsatz eines Smart Contracts auf der tatsächlichen Ebene im Bereich der sharing economy und anderweitiger kurzer Besitzverhältnisse, ergeben sich daher keine besitzrechtlichen Besonderheiten, hier wird in der Regel eine gewisse Festigkeit vorliegen, sodass auch die nur kurzfristige Nutzung sich als Besitz darstellt und insofern als unmittelbarer Besitz den Besitzschutzvorschriften unterliegt. Ein etwaiger Fernzugriff durch den Smart Contract auf die Sache, um diese beispielsweise bei vertragswidriger Nutzung automatisch zu sperren, unterliegt daher auch bei der sharing economy den allgemeinen besitzschutzrechtlichen Kriterien.

b) Besitzbeeinträchtigung

Durch den Einsatz eines Smart Contracts auf der tatsächlichen Ebene, kann eine Besitzbeeinträchtigung nach § 858 I BGB vorliegen. Diese liegt dann vor, wenn der Besitz entzogen oder gestört wird. Der Besitzentzug erfolgt dabei durch das vollständige und dauerhafte Ausschließen des Besitzers von der Sachherrschaft, die Besitzstörung stellt jede sonstige Beeinträchtigung oder Verhinderung der Ausübung der Sachherrschaft dar.[326] Greift also nun beim Einsatz eines Smart Contracts auf der tatsächlichen Ebene dieser in die in der Sache verkörperte Software ein und verändert diese, kann darin ein Besitzentzug liegen, beispielsweise, weil zukünftig infolge dessen ein autonom fahrender Pkw zum Verwender zurückkehren würde. In dem Eingriff kann aber, was zumindest nach dem aktuellen Stand der Technik weit überwiegend der Fall sein dürfte, auch eine Besitzstörung zu erkennen sein, etwa, indem einzelne Funktionen der Sache nicht mehr nutzbar sind.

Im Oktober 2022 entschied der BGH über die Unangemessenheit einer Klausel, die den Einsatz einer Fernsperre, die es dem Verwender erlaubte, die Auflademöglichkeit einer Pkw-Batterie unter bestimmten Umständen zu sperren, vorsah.[327] Im Ergebnis stützte der BGH das Urteil nicht auf die daraus resultierende Besitzstörung, er nahm dazu dennoch Stellung.[328] Dies gilt es im

[326] *Gutzeit*, in: Staudinger-BGB, § 858 Rn. 11; *Götz*, in: BeckOGK-BGB, § 858 Rn. 23.
[327] BGH NJW 2022, 3575.
[328] BGH NJW 2022, 3575 Rn. 17 – 24.

Folgenden genauer zu betrachten. Die Vorinstanz, das OLG Düsseldorf kam zu einer anderen rechtlichen Bewertung, wobei es auf den Nutzungsentzug abstellte und in dem, dem Urteil zugrunde liegenden Sachverhalt, durch die Verwendung der Klausel und der daraus resultierenden Fernsperre eine verbotene Eigenmacht erkannte, die eine wesentliche Abweichung von den gesetzlichen Grundgedanken darstellen soll. Im Anschluss daran, erfolgt eine Betrachtung der Versorgungssperren-Rechtsprechung des BGH, wonach die Versorgung einer Mietwohnung mit Energie eingestellt werden konnte, ohne eine Besitzbeeinträchtigung darzustellen, da es sich hierbei um zusätzliche Leistungen, die nicht vom Besitzschutz erfasst werden, handelt, und somit auch um keinen Eingriff in die tatsächliche Sachherrschaft des Mieters vorlag. Hiernach gilt es die Kriterien auf den Einsatz eines Smart Contracts auf der tatsächlichen Ebene zu übertragen, um zu ermitteln, wann bei dessen Einsatz eine Besitzbeeinträchtigung vorliegen kann.

aa) Fernsperre

Es fragt sich, ob und wann ein Fernzugriff auf eine vernetzte Sache eine Besitzbeeinträchtigung und mithin auch eine verbotene Eigenmacht darstellen kann. Eine besondere AGB-rechtliche Relevanz entsteht dadurch, dass, wenn eine Fernsperre eine Besitzbeeinträchtigung darstellt, unter Umständen auch eine verbotene Eigenmacht vorliegen kann. Eine Klausel, die dies dem Verwender erlaubt, könnte dann mit wesentlichen gesetzlichen Grundgedanken nicht zu vereinbaren sein, sodass diese sich gem. § 307 II Nr. 1 BGB als unwirksam darstellen würde. Durch den Einsatz eines Smart Contracts auf der tatsächlichen Ebene, der auf eine vernetzte Sache zugreift, kann eine solche Fernsperre ausgelöst werden, etwa, wenn die andere Partei die vereinbarten Raten nicht bezahlt und der Smart Contract daraufhin einzelne Funktionen oder die gesamte Sache sperrt. Der BGH befasste sich in dem Urteil zur Fernsperre im Oktober 2022 mit einer solchen Fernsperre. Damit erging nun erstmals eine höchstrichterliche Entscheidung zu einer Klausel, die den Einsatz einer Fernsperre auf eine vernetzte Sache vorsah. In dem Urteil werden einige Kriterien genannt, insbesondere in Bezug auf eine Besitzbeeinträchtigung, die aus der Fernsperre resultieren kann, die es erlauben, einen solchen Eingriff in eine vernetzte Sache zu bewerten und daraus Kriterien für den Einsatz eines Smart Contracts auf der tatsächlichen Ebene zu entwickeln. Daher gilt es zunächst das BGH-Urteil zur Fernsperre zu betrachten und im Anschluss daran auch das Urteil des OLG Düsseldorf.

(1) BGH-Urteil zur Fernsperre

Wie bereits oben dargestellt, befasste der BGH sich im Oktober 2022 mit der Wirksamkeit einer Klausel, die dem Vermieter das Recht einräumte, per Fernbefehl die Auflademöglichkeit einer gemieteten Batterie für ein Elektroauto des Mieters zu unterbinden.[329] Wie die Vorinstanz, sah auch der BGH die Klausel als unwirksam an. In dem dieser Entscheidung zugrunde liegenden Sachverhalt machte der Kläger, ein Verbraucherschutzverein, gegen die Beklagte, eine französische Bank, die Unterlassung der Verwendung von AGB-Klauseln bei der Vermietung von Batterien für Elektrofahrzeuge geltend.[330] Die Klausel räumte der Beklagten als Vermieterin das Recht ein, im Falle einer Vertragsbeendigung durch eine Kündigung, nach einer vorherigen Ankündigung (14 Tage), ihre Leistungspflichten einzustellen und die Wiederauflademöglichkeit der Batterie zu unterbinden.[331] Es gilt daher nun zu betrachten, ob die Fernsperre der Auflademöglichkeit der Batterie eine verbotene Eigenmacht gem. § 858 BGB darstellt.

In dem Revisionsurteil bedurfte es nach dem BGH keiner abschließenden Beurteilung, ob eine verbotene Eigenmacht gem. § 858 BGB vorliege.[332] Dennoch äußerte der BGH sich hierzu.[333] Das Berufungsgericht sei zurecht davon ausgegangen, dass durch den Fernzugriff auf die Batterie eine Besitzbeeinträchtigung vorliege.[334] Durch den digitalen Fernzugriff auf die Steuerung der Batterie werde diese beeinflusst, sodass es sich um eine Einwirkung auf die Sachsubstanz handle, was sich auch nicht dadurch ändere, wenn der Zugriff nicht unmittelbar auf die Batterie, sondern auf die Rechnereinheit des Fahrzeuges erfolge und dadurch die Wiederaufladung blockiert werde.[335] Der digitale Fernzugriff sei dabei vergleichbar mit einem körperlichen Eingriff in die mechanische oder elektronische Steuerung einer Sache, da dabei durch die digitale Sperre der Auflademöglichkeit das gleiche Resultat erzielt werde, wie bei elektronischen oder mechanischen Blockaden.[336] In der Beeinflussung der Steuerung durch den Fernzugriff liege eine Beeinträchtigung

---

329 BGH NJW 2022, 3575.
330 BGH NJW 2022, 3575.
331 BGH NJW 2022, 3575.
332 BGH NJW 2022, 3575 Rn. 17.
333 BGH NJW 2022, 3575 Rn. 17 – 24.
334 BGH NJW 2022, 3575 Rn. 18.
335 BGH NJW 2022, 3575 Rn. 18.
336 BGH NJW 2022, 3575 Rn. 19.

der aus dem Besitz resultierenden Einwirkungs- und Ausschlussmacht des Besitzers, da es sich nicht lediglich um das Vorenthalten der für die Nutzung der Batterie notwendigen Leistung, wie etwa bei der Unterbrechung der Stromzufuhr, handle, wofür es auch nicht der Ausübung physischer Kraft auf die Sache bedürfe.[337] Ob dies auch gelte, wenn die Sperre bereits ohne nachträglichen Zugriff erfolge, bedürfe im vorliegenden Fall keiner Entscheidung.[338] Im Gegensatz zur Ansicht des OLG Düsseldorf, liege keine Einstellung der Versorgungsleistungen vor, da keine bloße Leistungseinstellung erfolge, sondern die Sachnutzung werde durch den Fernzugriff entgegen der Ausschlussmacht des Besitzers gehindert, worin eine Besitzbeeinträchtigung bestehe.[339]

Die formularmäßige Vereinbarung des Fernzugriffs in Bezug auf eine verbotene Eigenmacht erörterte der BGH zwar ausführlich, ließ diese aber im Ergebnis offen.[340] Der BGH erkannte in dem Fernzugriff eine Besitzbeeinträchtigung. Die Begründung hierfür, dass der Fernzugriff die Steuerung der Batterie beeinflusst und somit auf die Substanz einwirkt, erscheint etwas vage, sodass unklar bleibt, was der BGH genau unter der Beeinflussung der Steuerung versteht.[341] Der BGH sieht in dem Fernzugriff eine Beeinflussung der Steuerung, die sich auf die Sachsubstanz auswirkt, sodass darunter eine Veränderung der in der Batterie verkörperten Software gemeint sein wird.[342] Wie bereits oben dargestellt, wird eine Software vom Besitzschutz dann erfasst, wenn diese in der Sache verkörpert ist. Betrachtet man den Vorgang etwas genauer als dieser im Urteil ausgeführt wurde, ist davon auszugehen, dass durch einen Fernbefehl ein Signal an die Software der Batterie oder des Pkws geschickt wurde, sodass die Software künftig das Aufladen der Batterie unterbindet. Der Fernbefehl verändert die Daten, die in der Batterie oder dem Pkw verkörpert sind und die sich somit, wie die Batterie oder der Pkw, im Besitz des Mieters befinden. Durch den Fernbefehl wird also in

---

[337] BGH NJW 2022, 3575 Rn. 19.
[338] BGH NJW 2022, 3575 Rn. 19.
[339] BGH NJW 2022, 3575 Rn. 20.
[340] *Kaulbach*, ZIP 2023, 343, 346; *Magnus*, MMR 2023, 120, 123.
[341] *Duden*, NJW 2023, 18, 18 f.
[342] *Duden*, NJW 2023, 18, 19; *Busse*, jurisPR-IWR 1/2023 Anm. 5 C. II.

den Besitz des Mieters eingegriffen. Insofern ist davon auszugehen, dass der BGH die Besitzbeeinträchtigung auf die in der Sache verkörperte Software bezieht. Bestärkt wird dieses Verständnis durch die Differenzierung des BGH, wonach es in dem Fall keiner Entscheidung dahingehend bedurfte, ob dies auch dann gelten würde, wenn die Sperre ohne den nachträglichen Zugriff auf die Steuerung des Gerätes erfolgt wäre.[343] Der BGH stellte damit fest, dass auch digitale Eingriffe eine Besitzstörung darstellen können.[344] Es ist somit unerheblich, auf welche Art und Weise dieser erfolgt, ob digital, elektronisch oder mechanisch, womit der BGH sich gegen das Ausklammern von digitalen Eingriffen aus dem Anwendungsbereich des § 858 BGB wendet, sodass es auch nicht darauf ankommt, ob der Eingriff von „innen" oder „außen" erfolgt.[345]

Der BGH grenzte die Besitzbeeinträchtigung durch den Fernzugriff, von der Vorenthaltung der für den Betrieb notwendigen Leistung ab, wonach eine bloße Vorenthaltung der Leistung keine Besitzbeeinträchtigung darstellt.[346]

(2) OLG Düsseldorf-Urteil zur Fernsperre

Auch die Vorinstanz, das OLG Düsseldorf, sah die Klausel als Unangemessen an, da es in der Sperre eine verbotene Eigenmacht erkannte, begründete dies jedoch anders als der BGH.[347] Die Klausel stelle eine unangemessene Benachteiligung dar, da sie gem. § 307 II Nr. 1 BGB mit wesentlichen Grundgedanken der gesetzlichen Regelung, von der abgewichen werde, nicht zu vereinbaren sei.[348] Die Sperre der Auflademöglichkeit stelle eine verbotene Eigenmacht in Form einer Besitzstörung dar.[349] Die faktische Sachherrschaft verbleibe nach der Sperrung zwar beim Mieter, dieser könne die Batterie jedoch nicht mehr aufladen und somit nicht mehr bestimmungsgemäß

---

343 *Duden*, NJW 2023, 18, 19; *Schrader*, JA 2023, 247.
344 *Sander*, WuB 2023, 64, 67; *Magnus*, MMR 2023, 120, 123.
345 *Jaensch*, DAR 2023, 131, 132.
346 *Schrader*, JA 2023, 247; *Sander*, WuB 2023, 64; *Jaensch*, DAR 2023, 131, 132; *Schwenker*, jurisPR-BGHZivilR 24/2022 Anm. 2 C.
347 OLG Düsseldorf MMR 2022, 403.
348 OLG Düsseldorf MMR 2022, 403 Rn. 27 f.
349 OLG Düsseldorf MMR 2022, 403 Rn. 31.

nutzen.[350] Die Nutzungsmöglichkeit sei jedoch ein Bestandteil der tatsächlichen Sachherrschaft und somit des Besitzes, der mit der Einwirkungsmacht auf die Sache und die Ausschlussmacht zwei Komponenten enthalte.[351] Die Einwirkungsmacht des Mieters werde durch die Sperre der Batterie eingeschränkt.[352] Dem stehe auch die Entscheidung des BGH zur Einstellung der Versorgungsleistungen[353] nicht entgegen, wonach die Einstellung von Energielieferungen keine Besitzstörung des Vermieters darstelle, da diese nicht Bestandteil des Besitzes seien, denn im vorliegenden Fall schulde der Beklagte bei der Vermietung der Batterie nicht, zusätzlich zur Übergabe der Mietsache, auch noch weitere Versorgungsleistungen.[354] Es bestehe nur die Verpflichtung, dem Mieter den unmittelbaren Besitz einzuräumen, denn die notwendige Energie zum Laden der Batterie habe der Mieter auf eigene Kosten bereitzustellen.[355] Im Gegensatz zu Versorgungsleistungen drohe dem Vermieter daher auch kein weiterer Schaden, denn der Mieter lade die Batterie nicht mit dem vom Vermieter gelieferten Strom auf.[356] Auch könne der Mieter nach der Sperre der Batterie diese nicht mehr bestimmungsgemäß zum Betrieb seines Fahrzeuges nutzen, während der Mieter einer Gewerbeimmobilie diese trotz Unterbrechung der Versorgungsleistungen noch nutzen könne, etwa indem er diese betrete oder sich darin aufhalte.[357]

Das OLG Düsseldorf erblickte in der Klausel eine verbotene Eigenmacht und sah diese daher als unwirksam und wettbewerbswidrig an.[358] Aus dem Urteil ergibt sich, dass der Besitzschutz sich nach der Ansicht des OLG Düsseldorf, auch auf Funktionsbeschränkungen der Sache durch einen Eingriff mittels Software erstreckt.[359] Das OLG Düsseldorf stellt auf den Gebrauch der Sache ab und sieht die Nutzungsmöglichkeit als Bestandteil des Besitzes

---

350 OLG Düsseldorf MMR 2022, 403 Rn. 31.
351 OLG Düsseldorf MMR 2022, 403 Rn. 32.
352 OLG Düsseldorf MMR 2022, 403 Rn. 32.
353 Vgl. zur Versorgungseinstellung einer Mietsache mit Warmwasser und Heizungswärme: BGH NJW 2009, 1947.
354 OLG Düsseldorf MMR 2022, 403 Rn. 33 f.
355 OLG Düsseldorf MMR 2022, 403 Rn. 34.
356 OLG Düsseldorf MMR 2022, 403 Rn. 34.
357 OLG Düsseldorf MMR 2022, 403 Rn. 35.
358 *Koehl*, SVR 2022, 217.
359 *Stamenov*, LTZ 2022, 196, 203.

an, sodass durch die Fernsperre zwar die faktische Sachherrschaft beim Mieter verbleibt, dieser kann jedoch die Batterie nicht mehr bestimmungsgemäß nutzen.[360] Dem steht nach der Auffassung des OLG Düsseldorf die Entscheidung des BGH zur Versorgungseinstellung nicht entgegen, da zwar in beiden Fällen objektiv in die Funktionalität der Sache eingegriffen wird, jedoch stellt bei der Versorgungseinstellung der Vermieter zusätzliche Leistungen ein, während bei der Fernsperre die Auflademöglichkeit und damit die Nutzungsmöglichkeit unterbunden wird, ohne dass zusätzliche Leistungen eingestellt werden.[361]

Nach Ansicht des OLG Düsseldorf, wollte der BGH in der Entscheidung zur Versorgungseinstellung verhindern, dass aus dem Besitzschutz eine Pflicht zur weiteren Versorgung hergeleitet wird und somit ein wachsender Schaden des Vermieters entsteht, ohne dass dieser dafür eine Gegenleistung enthält, während diese Gefahr bei der Sperre der Auflademöglichkeit nicht besteht, da der Mieter den Strom für die Batterie auf eigene Kosten bezieht.[362] Bei der Versorgungseinstellung erfolgt der Eingriff von außen, im Unterschied dazu beschränkt die Fernsperre nicht den Versorgungszufluss, sondern die Möglichkeit, diese aufzuladen.[363] Ein weiterer Unterschied besteht nach der Auffassung des OLG Düsseldorf darin, dass die Batterie nach der Sperre für den Mieter nutzlos wird, während die Immobilie auch nach der Versorgungssperre durch den Mieter weiterhin betreten und zum Aufenthalt genutzt werden kann, sodass die Gebrauchsbeschränkung bei der Fernsperre intensiver ist als bei der Versorgungseinstellung.[364] Das OLG Düsseldorf stellt in seiner Entscheidung hauptsächlich auf die Einschränkung des bestimmungsgemäßen Gebrauchs der Batterie durch die Fernsperre ab.[365] Das Abstellen des OLG Düsseldorf auf die Funktionslosigkeit in Folge der Fernsperre stellt sich insofern als problematisch dar, als dass, wenn die Batterie beispielsweise ein Fach enthalten würde, in welches ein Schraubenzieher oder Handschuhe untergebracht werden können, diese durch die Fernsperre ihre Funktion nicht

---

360 *Stamenov*, LTZ 2022, 196, 202.
361 *Stamenov*, LTZ 2022, 196, 202.
362 *Stamenov*, LTZ 2022, 196, 202.
363 *Fries*, JZ 2022, 361, 363.
364 *Stamenov*, LTZ 2022, 196, 202.
365 *Busse/Aydemir*, jurisPR-IWR 4/2022 Anm 3 C.

verlieren würde und das Ergebnis anders hätte lauten können, sodass sich das Kriterium der Nutzungsmöglichkeit als ungeeignet darstellt.[366]

Das OLG Düsseldorf differenziert im Hinblick auf den Entzug des bestimmungsgemäßen Gebrauchs der Sache dahingehend, dass es zweistufig prüft, wie die Batterie gebraucht wird und wie diese Gebrauchsmöglichkeit eingeschränkt wird.[367] Ein Spielraum für einen digitalen Fernzugriff besteht nach dieser Ansicht nur, wenn der bestimmungsgemäße Gebrauch nicht vollständig ausgeschlossen wird.[368]

bb) Versorgungseinstellung

Im Mai 2009 entschied der BGH zur Versorgungseinstellung mit Heizungsenergie durch den Vermieter gegenüber dem Mieter, dass die Einstellung oder Unterbrechung der Versorgungsleistung keine Besitzstörung nach §§ 858, 862 BGB darstelle.[369] Die Parteien schlossen einen Mietvertrag über Gewerberäume, wonach der Vermieter auch zu Versorgungsleistungen mit Warmwasser und Heizleistung verpflichtet war.[370] Dieser kündigte auf Grund von Zahlungsrückständen des Mieters die Einstellung der Versorgungsleistungen an.[371] Daraus resultierte die Frage, ob die Einstellung der Versorgung des Mieters mit Warmwasser und Heizenergie eine Besitzstörung durch eine verbotene Eigenmacht gem. § 858 BGB darstellt. Der BGH erkannte in der Versorgungseinstellung durch den Vermieter mit Warmwasser und Heizungswärme keinen Fall der Besitzstörung nach §§ 858, 862 BGB, da die Energielieferungen nicht Bestandteil des Besitzes und somit auch nicht Gegenstand des Besitzschutzes seien.[372] Umfasst sei vom Besitz nur die tatsächliche Sachherrschaft, welche durch Erlangung der tatsächlichen Gewalt erworben und durch die Aufgabe oder den Verlust eben dieser beendet werde.[373] Daraus folge, dass der Besitz der dauernde Zustand der tatsächlichen Gewalt sei und zwei Komponenten enthalte, nämlich die Einwirkungsmacht auf die Sache und die

---

366 *Paulus*, EWiR 2021, 752, 753.
367 *Casper/Grimpe*, ZIP 2022, 661, 662.
368 *Casper/Grimpe*, ZIP 2022, 661, 662.
369 BGH NJW 2009, 1947.
370 BGH NJW 2009, 1947.
371 BGH NJW 2009, 1947.
372 BGH NJW 2009, 1947 Rn. 24.
373 BGH NJW 2009, 1947 Rn. 25.

Ausschlussmacht.[374] Um den Tatbestand der verbotenen Eigenmacht bejahen zu können, müsse daher der Besitzer im Bestand seiner tatsächlichen Sachherrschaft beeinträchtigt sein.[375] Für Mieträume entschied der BGH, dass die Beeinträchtigung der tatsächlichen Sachherrschaft dann vorliege, wenn dem Besitzer der Zugang zu den Räumen erschwert oder dieser vereitelt werde oder wenn in einer anderer Form, die den Besitz beeinträchtige, auf die Räume eingewirkt werde.[376] Eine solche Beeinträchtigung liege bei der Einstellung der Versorgungsleistungen deshalb nicht vor, weil diese nicht Bestandteil der tatsächlichen Sachherrschaft seien, da diese weder den Zugriff des Mieters auf die Mieträume erschwere oder verhindere, noch werde die sich aus dem bloßen Besitz ergebende Nutzungsmöglichkeit der Mieträume eingeschränkt.[377]

Von den §§ 861 ff. BGB wird der Bestand geschützt, sodass bei Mieträumen zwar die Versorgbarkeit hierunter fällt, nicht jedoch die Versorgungsleistungen.[378] Versorgungsleistungen würden die sich aus dem Besitz ergebende Gebrauchsmöglichkeit lediglich erweitern und würden deshalb nicht dem Besitzschutz unterfallen, da dieser nur Abwehrrechte und eben keine Leistungsansprüche gewähre.[379] Durch das Einstellen der Versorgungsleistungen verzichtet der Vermieter nur darauf, zusätzliche Leistungen in das Vermögen des Besitzers zu verbringen.[380] Der Besitz ermögliche zwar den Zugriff auf eine Sache und sei daher zur Sachnutzung notwendig, was jedoch nicht bedeute, dass er umgekehrt eine bestimmte Nutzung der Sache beinhalte, da dies die tatsächliche Sachherrschaft nicht gewährleiste.[381] Die über die tatsächliche Sachherrschaft hinausgehende Versorgungsleistungen, die die Möglichkeit der Nutzung lediglich erweitern, seien daher vom Besitzschutz nicht umfasst, da der Besitzschutz keine Leistungsansprüche biete, sondern lediglich ein Abwehrrecht darstelle.[382] Der Besitzschutz kann nur so weit reichen wie

---

374 BGH NJW 2009, 1947 Rn. 25.
375 BGH NJW 2009, 1947 Rn. 26.
376 BGH NJW 2009, 1947 Rn. 26.
377 BGH NJW 2009, 1947 Rn. 27.
378 *Ulrici*, ZMR 2003, 895, 896.
379 BGH NJW 2009, 1947 Rn. 27.
380 *Beurskens*, Privatrechtliche Selbsthilfe, § 1 A V 1 c) aa).
381 BGH NJW 2009, 1947 Rn. 30.
382 BGH NJW 2009, 1947 Rn. 34.

die Sachherrschaft des Besitzers reicht.[383] Der reine Besitz an der Wohnung gewährleistet daher noch nicht den Gebrauch der Wohnung, sondern stellt nur die Grundlage für weitergehende Nutzungs- und Gebrauchsmöglichkeiten dar.[384]

Demnach sichert der Besitz als Abwehrrecht dem Besitzer die tatsächliche Sachherrschaft über eine Sache zu, er verschafft diesem jedoch keine darüberhinausgehenden Leistungsansprüche. Der Besitz schützt also auch die Nutzung der Sache durch den Besitzer, jedoch nur so weit, wie sich dies unmittelbar aus dem Besitz ergibt. Darüberhinausgehende Leistungen, wie hier etwa die Versorgung mit Energie, werden davon dann nicht mehr umfasst.

cc) Besitzbeeinträchtigung durch Smart Contracts

Diese Wertungen der Rechtsprechung sind nun auf den Einsatz eines Smart Contracts auf der tatsächlichen Ebene zu übertragen. Anhand dessen gilt es genauer zu betrachten, wann beim Einsatz eines Smart Contracts auf der tatsächlichen Ebene eine Besitzbeeinträchtigung vorliegen kann. Daher gilt es zunächst die Grundsätze zu ermitteln, wann der Einsatz eines Smart Contracts eine Besitzbeeinträchtigung darstellen kann. Danach erfolgt eine Untersuchung, inwiefern sich das Vorliegen von anfänglichen Besitzbeeinträchtigungen auf das Vorliegen einer Besitzstörung auswirkt und wie sich dies in Bezug auf den Einsatz eines Smart Contracts auf der tatsächlichen Ebene verhält. Im Anschluss daran gilt es anhand der Versorgungssperren-Rechtsprechung des BGH, die Einstellung zusätzlicher Leistungen durch den Einsatz eines Smart Contracts auf der tatsächlichen Ebene in Bezug auf eine Besitzstörung zu betrachten. Schließlich soll beim Einsatz eines Smart Contracts auf der tatsächlichen Ebene das kombinierte Vorliegen einer anfänglichen Besitzbeeinträchtigung und dem Einstellen einer zusätzlichen Leistung betrachtet werden. Hierbei sind Anwendungsfälle denkbar, wonach keine Besitzbeeinträchtigung beim Zugriff auf eine Sache durch den Einsatz eines Smart Contracts auf der tatsächlichen Ebene vorliegt, obwohl die Software in der Sache verkörpert ist.

---

[383] *Leroy*, NJ 2013, 441, 445.
[384] *Leroy*, NJ 2013, 441, 445.

(1) Grundsätze

Um zu ermitteln, wann beim Einsatz eines Smart Contracts auf der tatsächlichen Ebene eine Besitzbeeinträchtigung vorliegen kann, sollen die oben dargestellten Wertungen des BGH und des OLG Düsseldorf zur Fernsperre einer Batterie, sowie die BGH-Rechtsprechung zur Einstellung von Versorgungsleistungen auf den Einsatz eines Smart Contracts auf der tatsächlichen Ebene übertragen werden. Darüber hinaus gilt es auch noch weitere, in der Literatur dazu vertretenen Ansichten genauer zu betrachten.

Der Einsatz eines Smart Contracts auf der tatsächlichen Ebene stellt einen Fernzugriff auf eine vernetzte Sache dar. Was genau bei vernetzten Sachen vom Besitz erfasst wird, und wann hierbei eine Besitzstörung vorliegt, ist umstritten.

Paulus/Matzke sehen das Kriterium der Verkörperung der Software in einer Sache als nicht sachgerecht an, wenn beispielsweise zwar die Benutzeroberfläche in der Sache selbst verkörpert ist, etwa bei einer App, die auf das Smartphone und dessen Speicher geladen wird, während jedoch die eigentliche Programmlogik und die dazugehörige Datenbank zentral oder dezentral auf Servern gespeichert werden.[385] Die Abgrenzung des BGH und der herrschenden Lehre, wonach es darauf ankommt, wo die Software verkörpert ist, soll zur Beurteilung für das Vorliegen einer verbotenen Eigenmacht dann nicht weiter helfen, wenn die App teilweise auf einem Server, teilweise auf dem Smartphone selbst gespeichert und damit am jeweiligen Ort verkörpert ist.[386] Nur der verkörperte Teil der Software auf dem Smartphone unterfällt dann nach herrschender Meinung den Besitzschutzvorschriften. Welcher Teil der Software auf dem Smartphone verkörpert ist und welcher auf einem Server extern gespeichert wird, hängt letztlich von der Umsetzung der Entwickler ab und lässt sich beliebig variieren, sodass eine Erweiterung des Sachbegriffs zu einer sachgerechteren Lösungen führen soll.[387] Kann eine Sache ohne die Software nicht verwendet werden, dann soll es nahe liegen, den Sachbegriff dahingehend anzupassen, als dass neben der Sache selbst auch die Steuerungssoftware (Firmware) mit einzubeziehen ist, da diese den

---

[385] *Paulus/Matzke*, CR 2017, 769, 775.
[386] *Paulus/Matzke*, CR 2017, 769, 775.
[387] *Paulus/Matzke*, CR 2017, 769, 776.

Gebrauch einer Sache sicherstellt.[388] Bei diesem Lösungsansatz ist die Firmware, die zur Steuerung der Sache notwendig ist, von der Anwendungssoftware abzugrenzen. Nach dieser Ansicht umfasst eine Sache nach § 90 BGB daher nicht nur den körperlichen Gegenstand, sondern darüber hinausgehend auch die Firmware, die zum Gebrauch der Sache benötigt wird, wobei unerheblich ist, ob die Firmware in der Sache selbst oder woanders gespeichert wird.[389] Eine Beeinträchtigung der Firmware würde nach dieser Ansicht gegen die Besitzschutzvorschriften der §§ 858, 861 BGB verstoßen und so den Schutz von dem körperlichen Gegenstand auf die benötigte Firmware ausdehnen, ohne dass dieser jedoch auf den generellen Gebrauch der Sache ausgedehnt wird.[390] Für den Einsatz eines Smart Contracts auf der tatsächlichen Ebene würde dies bedeuten, dass sich jeder Eingriff durch den Smart Contract als Besitzbeeinträchtigung darstellen würde und es nicht darauf ankäme, ob die Firmware in der Sache verkörpert wäre oder woanders extern gespeichert ist.

Andere schlagen im Gegensatz dazu einen rein physischen Besitzbegriff vor.[391] Danach soll der Besitz nur den physischen Herrschaftsbereich umfassen, sodass digitale Einwirkungen hiervon nicht erfasst werden.[392] Begründet wird dies damit, dass der Besitz eine sachenrechtliche Frage darstellt, bei der die Rechtssicherheit eine besonders große Rolle spielt.[393] Die Rechtssicherheit würde aber gerade infrage gestellt werden, wenn vom Besitz auch noch Einzelfragen der Funktionsfähigkeit und der Funktionsweise erfasst werden würden, diese stellen sich nach dieser Ansicht vielmehr als schuldrechtliche Fragen dar.[394] Sie wollen den Fernzugriff als Besitzstörung aus dem Schutzbereich des § 858 BGB ausklammern, da dieser in der Regel den physischen Besitz unangetastet lasse und der Besitzer sich bewusst mit vernetzten Sachen umgibt.[395] Nur eine digitale Besitzentziehung soll durch § 858 BGB geschützt

---

[388] *Paulus/Matzke*, CR 2017, 769, 776.

[389] *Paulus/Matzke*, CR 2017, 769, 776 f.

[390] *Paulus/Matzke*, CR 2017, 769, 777.

[391] *Strobel*, NJW 2022, 2361, 2362; *Kalin*, ZfPW 2019, 436, 445 f.; *Casper/Grimpe*, ZIP 2022, 661, 664 f.; *Fries*, NJW 2019, 901, 905; *Busse/Aydemir*, jurisPR-IWR 4/2022 Anm. 3 C; *Schäfer*, in: MüKo-BGB, § 858 Rn. 10.

[392] *Strobel*, NJW 2022, 2361, 2362; *Casper/Grimpe*, ZIP 2022, 661, 662 f.

[393] *Strobel*, NJW 2022, 2361, 2362.

[394] *Strobel*, NJW 2022, 2361, 2362.

[395] *Kalin*, ZfPW 2019, 436, 445 f.; *Casper/Grimpe*, ZIP 2022, 661, 664 f.

werden.[396] Für den Einsatz eines Smart Contracts auf der tatsächlichen Ebene hätte dies zur Folge, dass, solange keine vollständige Besitzentziehung vorliegt, eine Besitzbeeinträchtigung durch den Smart Contract auf der tatsächlichen Ebene nicht von den Besitzschutzvorschriften erfasst wird.

Kuschel stellt auf die Beeinträchtigung der bestimmungsgemäßen Funktion der Sache ab, die objektiv ermittelt werden soll.[397] Keine Beeinträchtigung der bestimmungsgemäßen Funktion soll vorliegen, wenn eine Maßnahme nur zum Unterlassen einer zusätzlichen Leistung führt.[398] Ein Fernzugriff im Sinne einer Fernsteuerung der Sache oder einer Sperre stellt nach dieser Ansicht eine Besitzbeeinträchtigung dar.[399] Auch das OLG Düsseldorf differenzierte in dem Berufungsurteil zur Fernsperre einer Batterie im Hinblick auf den Entzug des bestimmungsgemäßen Gebrauchs der Sache dahingehend, dass es zweistufig prüft, wie die Batterie gebraucht wird und wie diese Gebrauchsmöglichkeit eingeschränkt wird.[400] Ein Spielraum für einen digitalen Fernzugriff besteht nach dieser Ansicht nur, wenn der bestimmungsgemäße Gebrauch nicht vollständig ausgeschlossen wird.[401] Das OLG Düsseldorf verweist hierfür auf die BGH-Rechtsprechung zur Versorgungssperre.[402] Überträgt man diese Ansicht auf den Einsatz eines Smart Contracts auf der tatsächlichen Ebene, gilt es zunächst für jeden Einzelfall den bestimmungsgemäßen Gebrauch der Sache zu ermitteln, in einem zweiten Schritt erfolgt sodann die Prüfung, ob dieser durch den Fernzugriff eingeschränkt wird, wobei Zusatzleistungen dann nicht umfasst werden, wenn die Maßnahme des Smart Contracts auf der tatsächlichen Ebene lediglich darin besteht, diese zu unterlassen.

Ein weiterer Teil der Literatur sieht einen digitalen Fernzugriff auf eine Sache immer als verbotene Eigenmacht an und differenziert nicht nach der Intensität der Gebrauchsbeeinträchtigung.[403] Eine Änderung der Software

---

[396] *Kalin*, ZfPW 2019, 436, 445 f.; *Casper/Grimpe*, ZIP 2022, 661, 662 f.
[397] *Kuschel*, AcP 220 (2020), 98, 124.
[398] *Kuschel*, AcP 220 (2020), 98, 124.
[399] *Kuschel*, AcP 220 (2020), 98, 124.
[400] *Casper/Grimpe*, ZIP 2022, 661,662; OLG Düsseldorf MMR 2022, 403 Rn. 31.
[401] *Casper/Grimpe*, ZIP 2022, 661, 662.
[402] BGH NJW 2009, 1947.
[403] *Möslein*, ZHR 183 (2019), 254; 282 f.; *Fritzsche*, in: BeckOK-BGB, § 858 Rn. 15; *Duden*, NJW 2023, 18, 19; *Sander*, WuB 2023, 64, 67.

durch den Fernzugriff bewirkt eine körperliche Änderung der Sache.[404] Aus dem Besitz an der Hardware der Sache, folgt der Besitz an der Software, die darin verkörpert ist.[405] Demnach stellt jeder digitale Zugriff auf eine Software, die in der Sache verkörpert ist, eine verbotene Eigenmacht dar. So positionierte sich auch der BGH in dem Urteil zur Fernsperre einer Batterie, der von einer Einwirkung auf die Sachsubstanz spricht.[406] Damit dürfte die im Gerät verkörperte Software gemeint sein.[407] Für den Einsatz eines Smart Contracts auf der tatsächlichen Ebene hat dies zur Folge, dass der Fernzugriff auf die Sache immer dann eine Besitzstörung und daraus folgend regelmäßig auch eine verbotene Eigenmacht darstellt, wenn dadurch die in der Sache verkörperte Software verändert wird.

Überzeugend erscheint die Ansicht der Literatur, der sich auch der BGH in seinem Urteil zur Fernsperre einer Batterie angeschlossen hat, dass jeder Veränderung der Sachsubstanz durch den Fernzugriff, also jede Veränderung der in der Sache verkörperten Software, auch eine Besitzbeeinträchtigung darstellt. Diese Ansicht bietet dogmatisch die überzeugendste Lösung, da hierbei für die Ermittlung der Besitzstörung auf den Besitz einer Sache nach § 90 BGB abgestellt wird, der auch die in der Sache verkörperte Software miterfasst. Darüber hinaus bietet diese Ansicht auch eine hohe Rechtssicherheit, der im Bereich des Besitzschutzes ein besonders großes Gewicht zukommt, da hiernach nicht erforderlich ist, im Einzelfall Abwägungen anzustellen, welche Nutzungsmöglichkeiten noch miterfasst sein sollen. Dem steht auch die Rechtsprechung des BGH zur Versorgungssperre nicht entgegen, da bei einer Versorgungseinstellung kein direkter Eingriff in die Software erfolgt, sondern sich dies lediglich als mittelbare Folge daraus einstellen kann. Nach dieser Ansicht liegt beim Einsatz eines Smart Contracts auf der tatsächlichen Ebene also dann eine Besitzstörung vor, wenn der Smart Contract auf eine in der Sache verkörperte Software zugreift und somit die Sachsubstanz verändert, indem die in der Sache verkörperte Software verändert wird.

Die anderen Ansichten werfen größtenteils Abgrenzungsprobleme auf oder sind schon nicht mit der gesetzlichen Konzeption des Besitzes zu vereinbaren.

---

[404] *Duden*, NJW 2023, 18, 19.
[405] *Sander*, WuB 2023, 64, 67.
[406] BGH NJW 2022, 3575 Rn. 18.
[407] *Duden*, NJW 2023, 18, 19.

Nach *Paulus/Matzke* soll der Besitz auch Firmware erfassen, die extern gespeichert wird. Dies widerspricht jedoch der gesetzlichen Ausgestaltung des Besitzes, wonach dieser für eine Software an die Verkörperung der Software in der Sache geknüpft ist. Ist eine Software nicht in der Sache verkörpert, kann sie daher auch nicht vom Besitz erfasst sein, sodass diese Ansicht den Begriff des Besitzes zu weit definiert und daher abzulehnen ist. Darüber hinaus stellt es sich als problematisch dar, dass eine Differenzierung zwischen Anwendungssoftware und Firmware vorzunehmen ist, da dies die Rechtssicherheit beeinträchtigt, welche im Bereich des Besitzschutzes eine hervorgehobene Rolle spielt. Die rein physische Betrachtungsweise greift hingegen zu kurz, indem diese den Fernzugriff als Besitzstörung aus dem Schutzbereich des § 858 BGB ausklammern will, da dieser in der Regel den physischen Besitz unangetastet lassen soll. Die Ansicht verkennt jedoch, dass die verkörperte Software auf Grund der Verkörperung in der Sache mit dem physischen Besitz an der Sache verknüpft ist und jede Veränderung dieser in der Sache verkörperten Software somit auch eine Besitzstörung darstellen kann. *Kuschel* stellt auf die bestimmungsgemäße Funktion der Sache ab, ähnlich wie das OLG-Düsseldorf in dem Berufungsurteil zur Fernsperre einer Batterie. Problematisch stellt sich hierbei jedoch dar, dass gerade im Bereich des § 858 BGB der Rechtssicherheit ein besonderes Gewicht beizumessen ist.[408] Eine Differenzierung, je nachdem, ob die bestimmungsgemäße Funktion der Sache beeinträchtigt ist, stellt sich im Einzelfall als herausfordernd und schwierig dar. Dies kann somit nicht als geeignetes Kriterium dienen, um eine Besitzbeeinträchtigung feststellen zu können. Denn der Besitzschutz stellt einen vorläufigen Schutz dar, der auf Schnelligkeit angelegt ist.[409]

Aus dem eben Dargestellten ergibt sich, dass auch eine Software den Besitzschutzvorschriften unterliegt, solange diese in der Sache verkörpert ist. Bei vernetzten Sachen ist es möglich, diese mittels Fernbefehls durch den Einsatz eines Smart Contracts auf der tatsächlichen Ebene zu sperren oder den Funktionsumfang zu verändern. Bei der Verwendung eines Smart Contracts auf der tatsächlichen Ebene als Durchsetzungsinstrument kann dieser eingesetzt werden, um sicher zu stellen, dass die andere Partei sich vertragstreu

---

[408] *Strobel*, NJW 2022, 2361, 2362.

[409] *Casper/Grimpe*, ZIP 2022, 661, 664; *Fritzsche*, in: BeckOGK-BGB, § 861 Rn. 1; *Matzke*, in: Fries/Paal, Smart Contracts, 99, 112.

verhält. Der Smart Contract überprüft etwa auf der tatsächlichen Ebene den Zahlungseingang und kann dann, sofern dieser ausbleibt, die Zugriffmöglichkeit des Nutzers auf die Sache begrenzen oder ausschließen, indem einzelne Funktionen oder die gesamte Sache gesperrt werden. Sofern die Software dabei in der Sache verkörpert ist und diese durch den Fernzugriff verändert wird, liegt darin grundsätzlich eine Besitzbeeinträchtigung.

(2) Anfängliche Beschränkung der Software

Wenn eine vernetzte Sache von Anfang an mit einer Beschränkung in der Software belastet war, liegt dadurch keine Besitzstörung vor. Erhielt der Besitzer nie eine unbeschränkte Sache, erfolgt auch kein nachträglicher Eingriff in seine Rechte.[410] Beispielsweise kann hier ein Pkw genannt werden, dessen Höchstgeschwindigkeit mittels der Software auf 180 km/h begrenzt ist.[411] Diese Begrenzung besteht von Herstellerseite aus ab Werk, der Kunde erlangt also die tatsächliche Sachherrschaft am Pkw, der schon mit dieser Sperre ausgestattet ist, sodass gerade kein nachträglicher Eingriff in die Rechte des Kunden erfolgt, wenn der Pkw die Höchstgeschwindigkeit von 180 km/h durch die Begrenzung der Geschwindigkeit durch die Software nicht überschritten werden kann. Die anfängliche Nutzungsbeschränkung stellt dann keine verbotene Eigenmacht dar.[412]

Erfolgt der Eingriff eines Smart Contracts auf der tatsächlichen Ebene mittels Fernbefehls, nachdem der Besitzer die tatsächliche Sachherrschaft erhalten hat und werden dadurch die Nutzungsmöglichkeiten der Sache beschränkt oder aufgehoben, liegt grundsätzlich eine Besitzstörung vor, da die Software in der Sache verkörpert ist und somit auch vom Besitzschutz umfasst wird. Daraus folgt, dass bei dem bereits genannten Beispiel des Leasing-Pkws, bei dem der Leasingnehmer die Leasingrate nicht bezahlt und der Smart Contract auf der tatsächlichen Ebene daraufhin die Zündung des Wagens mittels Starter Interrupt Device unterbricht, dann eine Besitzstörung vorliegt, wenn die Software im Wagen verkörpert ist und die Beschränkung nicht schon vor Besitzerlangung des Besitzers bestand.

---

[410] *Beurskens*, Privatrechtliche Selbsthilfe, § 3 B II 2 b) cc) (1).

[411] https://www.sueddeutsche.de/auto/volvo-autos-abgeregelt-eingebautes-tempolimit-1.4991202 (zuletzt abgerufen am 27.06.2023).

[412] *Beurskens*, Privatrechtliche Selbsthilfe, § 3 B II 2 b) cc) (1).

Bei der Zündungsunterbrechung mittels Fernbefehls wird in der Regel das Starter Interrupt Device zwar bereits bei der Besitzerlangung vorhanden sein. Der Fernbefehl zur Unterbrechung der Zündung und die daraus folgende Unterbrechung durch die Software erfolgt allerdings erst nach der Besitzerlangung, sodass auch hier eine Besitzstörung vorliegen wird, da die in der Sache verkörperte Software verändert wird.

Diese Beispiele lassen sich beliebig auf alle vernetzten Sachen übertragen, sofern die Software in diesen verkörpert ist. Löscht oder verändert ein Smart Contract auf der tatsächlichen Ebene die Software, die in der Sache verkörpert ist nach der Besitzerlangung des Besitzers, stellt dies grundsätzlich eine Besitzstörung dar. War die Software von Anfang an bereits beschränkt, liegt kein Eingriff in die Rechte des Besitzers vor, da dieser nie den unbeschränkten Besitz an der Sache erhielt, sodass sich dies nicht als Besitzstörung darstellt.

(3) Einstellung zusätzlicher Leistungen

Aus der Versorgungssperren-Rechtsprechung des BGH könnte sich jedoch etwas anderes in Bezug auf eine Besitzstörung durch den Einsatz eines Smart Contracts auf der tatsächlichen Ebene ergeben. Aus dieser geht nämlich hervor, dass es sich bei den Besitzschutzvorschriften um Abwehrrechte und nicht um Leistungsrechte handelt. Fraglich ist daher, ob ein Eingriff in die in der Sache verkörperten Software durch einen Smart Contract auf der tatsächlichen Ebene immer eine Besitzstörung darstellt, oder ob vergleichbare Konstellationen, wie das Einstellen der Versorgung mit Heizungsenergie einer Mietwohnung, auch beim Einsatz eines Smart Contracts auf der tatsächlichen Ebene denkbar sind. Bei der Versorgungssperren-Entscheidung stellte der BGH fest, dass der Besitzschutz die tatsächliche Sachherrschaft schützt und somit ein Abwehrrecht darstellt, wohingegen die Versorgungsleistungen als bloße Erweiterung der Nutzungsmöglichkeiten der Wohnung nicht darunterfallen soll, da die tatsächliche Sachherrschaft aus zwei Komponenten besteht, namentlich der Einwirkungsmacht auf die Sache und die Ausschlussmacht.[413] Die Versorgung der Mietwohnung mit Energie fiel im entschiedenen Fall als bloße Erweiterung der Nutzungsmöglichkeit nicht unter die tatsächliche Sachherrschaft und wurde somit auch nicht vom Besitzschutz umfasst.

---

[413] Hierzu siehe unter: § 5 C. II. 1. b) bb).

Grundsätzlich stellt jeder Eingriff durch einen Smart Contract auf der tatsächlichen Ebene auf die in der Sache verkörperte Software eine Besitzstörung dar. Nach der Versorgungssperren-Rechtsprechung des BGH fällt die bloße Versorgung der Sache als Erweiterung der Nutzungsmöglichkeit des Besitzers jedoch nicht hierunter. Beim Einsatz eines Smart Contracts auf der tatsächlichen Ebene wird die Versorgung einer Sache, die eine bloße Erweiterung der Nutzungsmöglichkeiten darstellen, etwa mit externen Diensten auf einem Server, regelmäßig nicht vom Besitzschutz erfasst sein, da diese meist nicht in der Sache verkörpert sein werden. Eine Software wird vom Besitzschutz mit umfasst, sofern sie in der Sache verkörpert ist. Wird die Software nicht in der Sache auf einem Datenträger gespeichert, sondern auf einem externen Server, unterliegt sie somit auch nicht den Besitzschutzvorschriften. Diese (teilweise) Ausführung der Software auf einem Server stellt dann die Inanspruchnahme einer Dienstleistung dar, die wie bei der Versorgungsrechtsprechung des BGH bereits dargestellt, jederzeit beendet werden kann.[414] Wird die Software nur auf einem externen Server ausgeführt, kann dies mangels Verkörperung in der Sache also mittels Smart Contracts auf der tatsächlichen Ebene ohne den Verstoß gegen die Besitzschutzvorschriften unterbunden werden. Denkbar wäre es beispielsweise, dass der Verwender einen Serverdienst einstellt. Das Einstellen eines Serverdienstes stellt eine Einstellung der Versorgung iSd. BGH-Rechtsprechung dar.[415] Wenn der Hersteller eines Gerätes einen solchen Service beendet, realisiert sich eine von Anfang an vorhandene Schwäche des Gerätes.[416] Eine Besitzstörung ist darin nicht zu erblicken, da durch die Einstellung der Versorgung zum einen regelmäßig schon kein Eingriff in die in der Software verkörperte Sache vorliegen dürfte. Sollte sich dadurch jedoch eine unmittelbare Veränderung der in der Software verkörperten Sache ergeben, liegt auch in diesem Fall keine Besitzstörung vor, da es sich bei der Einstellung eines Serverdienstes um die Einstellung einer bloßen Erweiterung der Nutzungsmöglichkeit handelt, die nicht unter die tatsächliche Sachherrschaft fällt und somit keine Besitzstörung darin zu erblicken ist.

Auch wenn bei der Beendigung von zusätzlichen Leistungen, die die Nutzungsmöglichkeiten durch den Besitzer erweitern, durch den Einsatz

[414] *Beurskens*, Privatrechtliche Selbsthilfe, § 3 B II 2 b) cc) (4).
[415] *Regenfuß*, JZ 2018, 79, 84.
[416] *Regenfuß*, JZ 2018, 79, 84.

eines Smart Contracts auf der tatsächlichen Ebene, in vielen Fällen die Besitzschutzvorschriften schon deshalb nicht einschlägig sein dürften, weil diese nicht in der Sache unmittelbar verkörpert sind, ist es doch denkbar, dass eine solche Einstellung zumindest mittelbar die in der Sache verkörperte Software verändert. Wenn jedoch schon ein unmittelbarer Eingriff in die Sache durch die Einstellung der Versorgung keine Besitzstörung darstellt, muss dies erst recht für einen mittelbare Auswirkung auf die Sache gelten, sodass auch mittelbare Auswirkungen auf die Software durch die Einstellung von zusätzlichen Leistungen durch den Einsatz eines Smart Contracts auf der tatsächlichen Ebene keine Besitzstörung darstellen.

Für den Einsatz eines Smart Contracts auf der tatsächlichen Ebene gilt also, dass wenn der Besitzer, wie bei der Versorgungssperre zusätzliche Leistungen bezieht und dieser dadurch seinen Rechtskreis erweitert, werden diese nicht vom Besitzschutz als Abwehrrecht erfasst. Dies bedeutet, dass das Unterlassen zusätzlicher Leistungen, wie beispielsweise die Erbringung von Zusatzleistungen auf Grundlage eines Dauerschuldverhältnisses, ohne eine Besitzstörung darzustellen, eingestellt werden können.[417]. Bezieht der Besitzer jedoch keine zusätzlichen Leistungen, da die Nutzungsmöglichkeit der Sache inhärent ist, wie etwa bei der Möglichkeit eines Pkws, bewegt zu werden, kann durch die Einschränkung dessen, was der Besitzer bereits besitzt, eine Besitzstörung vorliegen.[418] In einem solchen Fall ergibt sich die Nutzungsmöglichkeit unmittelbar aus dem Besitz, in den durch den Fernzugriff dahingehend eingegriffen wird, als dass die in der Sache verkörperte Software verändert wird.

Zusätzliche Leistungen, die den Rechtskreis des Besitzers erweitern, können beim Einsatz eines Smart Contracts auf der tatsächlichen Ebene daher ohne Verstoß gegen die Besitzschutzvorschriften eingestellt werden.

(4) Verknüpfung anfänglicher Beschränkung und Einstellung zusätzlicher Leistungen

Kombiniert man nun das eben Dargestellte, indem man das Vorhandensein einer anfänglichen Beschränkung und die Einstellung zusätzlicher Leistungen gemeinsam betrachtet, ergeben sich daraus beim Einsatz eines Smart

---

[417] *Kuschel*, AcP 220 (2020), 98, 124.

[418] *Riehm*, in: Fries/Paal, Smart Contracts, 85, 95 f.

Contracts auf der tatsächlichen Ebene einige Besonderheiten. Oben wurde bereits dargestellt, dass eine Software, die auf einem Datenträger verkörpert ist, dem Besitzschutz unterliegt. Entscheidend für die Beurteilung der Besitzstörung durch den Fernzugriff ist der Zeitpunkt, zu dem der Besitzer die tatsächliche Sachherrschaft erlangt. Ist zum Zeitpunkt des Besitzübergangs schon eine Einschränkung vorhanden, wie etwa bei dem obigen Beispiel mit dem Pkw, der werkseitig auf 180 km/h Höchstgeschwindigkeit begrenzt wird, liegt keine Besitzstörung vor, da diese Beschränkung schon bei der Erlangung des Besitzes vorhanden war. Auch kann eine zusätzliche Leistung, etwa die Bereitstellung eines Updates, grundsätzlich ohne eine Besitzstörung darzustellen, eingestellt werden.

Kombiniert man nun das Vorhandensein einer anfänglichen Beschränkung und die Einstellung von Updates als zusätzliche Leistungen, kann sich der Eingriff mittels Smart Contracts auf der tatsächlichen Ebene, obwohl die Software in der Sache verkörpert ist, unter Umständen nicht als Besitzstörung und somit auch nicht als verbotene Eigenmacht darstellen. Eine Besitzstörung liegt dann nicht vor, wenn die Software von Anfang an eine zeitliche Befristung enthält, nach der diese nicht mehr funktionsfähig ist.[419] Da sie diese Befristung von Anfang an enthält, liegt durch den Zeitablauf keine Besitzstörung vor, auch wenn die Software in der Sache verkörpert ist.[420] Um weiterhin die Software und die Sache nutzen zu können, benötigt der Besitzer dann ein Softwareupdate, das wiederum, von Anfang an, eine weitere zeitliche Befristung enthält.[421] Verknüpft man diese Aneinanderreihung zeitlicher Befristungen von Softwareversionen nun mit einem Smart Contract auf der tatsächlichen Ebene, kann dieser in der Lage sein, den Zahlungseingang der Rate oder eine andere vertragliche Vereinbarung, automatisiert zu überprüfen und falls dies wie vereinbart erfolgt ist, automatisch das nächste benötigte Update freizugeben, was wiederrum eine anfängliche Befristung enthält.

Auf diese Art und Weise wäre es dem Verwender möglich, die Software verkörpert in der Sache zu speichern, die Sache bei nicht vertragskonformen Verhaltens der anderen Partei automatisiert mittels Smart Contracts in der

419 *Beurskens*, Privatrechtliche Selbsthilfe, § 3 B II 2 b) cc) (4).
420 *Beurskens*, Privatrechtliche Selbsthilfe, § 3 B II 2 b) cc) (4).
421 *Beurskens*, Privatrechtliche Selbsthilfe, § 3 B II 2 b) cc) (4).

Funktion zu beeinträchtigen oder die Nutzungsmöglichkeit komplett aufzuheben, indem der Smart Contract auf der tatsächlichen Ebene dann keine Updates nach Ablauf der Befristung bereitstellt und gleichzeitig nicht gegen Besitzschutzvorschriften zu verstoßen.

Dabei gilt es jedoch zu beachten, dass diese Vorgehensweise des Verwenders zwar nicht gegen Besitzschutzvorschriften verstößt, eine Klausel, die dies dem Verwender gestattet, sich jedoch auch nicht als unangemessene Benachteiligung der anderen Partei darstellen darf. Grundsätzlich muss sich das Interesse des Verwenders an einem solchen Vorgehen, gegenüber den Interessen der anderen Partei als angemessen darstellen. Dies kann insbesondere dann der Fall sein, wenn dem Verwender etwa Leistungsverweigerungsrechte nach §§ 273, 320 BGB zustehen.[422]

c) *Tatbestandsausschließende Einwilligung*

Eine verbotene Eigenmacht liegt dann nicht vor, wenn der Eingriff durch eine tatbestandsausschließende Einwilligung der anderen Partei gedeckt ist. Der Besitzentzug oder die Besitzbeeinträchtigung muss also mindestens ohne den Willen des Besitzers erfolgen. Besitzer ist dabei der unmittelbare Besitzer, dessen Stellung beeinträchtigt wird.[423] Durch die Gesetzesformulierung „ohne den Willen des Besitzers“ in § 858 BGB, kann nur die Zustimmung des Besitzers die Bewertung als verbotene Eigenmacht verhindern, diese kann auch konkludent geäußert werden.[424] Dabei kommt es auf den natürlichen Willen des Besitzers und nicht auf eine rechtsgeschäftliche Zustimmung an.[425] Die Zustimmung des Besitzers kann sich dabei auch aus einem Rechtsgeschäft ergeben.[426] Wie etwa aus der formularmäßigen Vereinbarung, einen Smart Contract auf der tatsächlichen Ebene einzusetzen. In Bezug auf die vorherige Zustimmung des Besitzers, gilt es nach einer Ansicht zu beachten, dass diese

---

[422] Hierzu siehe unter: § 5 C. III. 1.

[423] *Götz*, in: BeckOGK-BGB, § 858 Rn. 34.

[424] *Schäfer*, in: MüKo-BGB, § 858 Rn. 7; *Götz*, in: BeckOGK-BGB, § 858 Rn. 35 f.

[425] *Götz*, in: BeckOGK-BGB, § 858 Rn. 37; *Schäfer*, in: MüKo-BGB, § 858 Rn. 14; *Fritzsche*, in: BeckOK-BGB, § 858 Rn. 17; *Berger*, in: Jauernig-BGB, § 858 Rn. 4; *Kaulbach*, ZIP 2023, 343, 348; *Laukemann*, ZfPW 2022, 357, 364; *Riehm*, in: Fries/Paal, Smart Contracts, 85, 90.

[426] *Elzer*, in: Erman-BGB, § 858 Rn. 7; *Fritzsche*, in: BeckOK-BGB, § 858 Rn. 17.

unwirksam sein soll, sofern sie auf einer unwirksamen AGB-Klausel beruht.[427] Diese Tendenz lässt auch der BGH in dem Urteil zur Fernsperre der Batterie erkennen. Dort stellte der BGH fest, wenn man der Klausel eine Einwilligung entnehmen wolle, müsse diese auch noch bei der Sperrung aktuell sein.[428] Nach der kundenfeindlichsten Auslegung im Verbandsprozess, gelte die Klausel ihrem Wortlaut nach ausnahmslos und greife daher auch dann, wenn der Mieter der Kündigung widerspreche, sodass eine anfängliche Einwilligung des Mieters die Unwirksamkeit der Klausel nicht ausschließe.[429] Nach der Ansicht des BGH stellt sich also eine Klausel, die eine unwiderrufliche Einwilligung enthält, als unwirksam dar, womit eine Einwilligung nicht vorliegen soll.[430] Dem lässt sich jedoch entgegenhalten, dass es, wie oben dargestellt, für die Zustimmung auf den natürlichen Willen und nicht auf eine rechtsgeschäftliche Wirksamkeit der Zustimmung ankommt.[431] Auch eine durch Täuschung erlangte Zustimmung ist daher grundsätzlich wirksam.[432] Eine unwirksame AGB-Klausel ist damit unerheblich, da sie die verbotene Eigenmacht nicht ausschließt, wenn der Besitzer dem Eingriff widerspricht.[433] Für den Einsatz eines Smart Contracts auf der tatsächlichen Ebene bedeutet dies, dass, auch wenn sich die Klausel für dessen Einsatz auf der tatsächlichen Ebene als unwirksam darstellt, es für die Einwilligung des Besitzers in die Besitzstörung auf dessen natürlichen Willen ankommt, sodass sich aus der Unwirksamkeit der Klausel keine abweichende Bewertung ergibt und die Unwirksamkeit sich auf den natürlichen Willen nicht auswirkt.

Man könnte davon ausgehen, dass auf Grund des Vertrags, der dem Einsatz eines Smart Contract auf der tatsächlichen Ebene zugrunde liegt, die Zustimmung für die Besitzbeeinträchtigung regelmäßig vorliegen dürfte. Es ist jedoch keineswegs gesichert, dass die vertragliche Verpflichtung und der

---

[427] *Fritzsche*, in: BeckOK-BGB, § 858 Rn. 18; OLG Brandenburg MDR 1998, 401, 402; OLG Hamm NJW-RR 1992, 502, 503.
[428] BGH NJW 2022, 3575 Rn. 22.
[429] BGH NJW 2022, 3575 Rn. 22.
[430] *Jaensch*, DAR 2023, 131, 133.
[431] *Kaulbach*, ZIP 2023, 343, 349.
[432] *Kaulbach*, ZIP 2023, 343, 349; *Schäfer*, in: MüKo-BGB, § 858 Rn. 14; *Götz*, in: BeckOGK-BGB, § 858 Rn. 38.
[433] *Jaensch*, DAR 2023, 131, 133.

Besitzerwille jederzeit im Einklang stehen, da das Einverständnis vom Besitzer jederzeit widerrufen werden kann.[434] Die Zustimmung muss im Zeitpunkt der Besitzbeeinträchtigung noch bestehen.[435] Stimmt der Besitzer der Beeinträchtigung im Voraus zu, wird vermutet, dass die frei widerrufliche Zustimmung bis zum Widerruf fortbesteht.[436] Insbesondere bei Verträgen kommt eine solche vorherige Zustimmung in Betracht, diese ist jedoch auch hier frei widerruflich, selbst wenn der Besitzer dann vertragsbrüchig wird.[437]

Beim Einsatz eines Smart Contracts auf der tatsächlichen Ebene besteht die Problematik, dass die Besitzbeeinträchtigung durch diesen oftmals ohne das Wissen des Besitzers in diesem Zeitpunkt erfolgen wird und der Besitzer regelmäßig erst im Anschluss davon Kenntnis erlangen wird. Wie sich dies auswirkt, ist umstritten.

Nach einer Ansicht ist der Wille zwar jederzeit frei widerruflich, jedoch wird der vertraglich erklärte Widerruf regelmäßig zu spät kommen, da der Widerspruch im Zeitpunkt der Besitzbeeinträchtigung geäußert werden muss.[438] Beim Einsatz eines Smart Contracts auf der tatsächlichen Ebene wird der Besitzer regelmäßig erst nach der Besitzbeeinträchtigung durch diesen Kenntnis davon erlangen, sodass er auch erst nach der Besitzbeeinträchtigung dieser widersprechen könnte.[439] Eine Rückwirkung soll dem Widerruf des Einverständnisses jedoch nicht zukommen.[440]

---

434 *Götz*, in: BeckOGK-BGB, § 858 Rn. 41; *Schäfer*, in: MüKo-BGB § 858 Rn. 15, *Fritzsche*, in: BeckOK-BGB, § 858 Rn. 18; § 858 Rn. 15; *Wilhelm*, WM 2020, 1807, 1812; *Casper/Grimpe*, ZIP 2022, 661, 665.

435 *Götz*, in: BeckOGK-BGB, § 858 Rn. 40; *Fritzsche*, in: BeckOK-BGB, § 858 Rn. 18; *Jaensch*, DAR 2023, 131, 133; *Wilhelm*, WM 2020, 1807, 1812.

436 *Gutzeit*, in: Staudinger-BGB, § 858 Rn. 19; *Schäfer*, in: MüKo-BGB, § 858 Rn. 7; *Götz*, in: BeckOGK-BGB, § 858 Rn. 41; *Fritzsche*, in: BeckOK-BGB, § 858 Rn. 18; *Herrler*, in: Grüneberg, § 858 Rn. 5; *Casper/Grimpe*, ZIP 2022, 661, 665; *Strobel*, NJW 2022, 2361, 2363 f.; *Laukemann*, ZfPW 2022, 357, 364 f.

437 *Schäfer*, in: MüKo-BGB, § 858 Rn. 7; *Götz*, in: BeckOGK-BGB, § 858 Rn. 42; *Möslein*, ZBB 2018, 208, 220; *Riehm*, in: Fries/Paal, Smart Contracts, 85, 92; *Strobel*, NJW 2022, 2361, 2363; *Laukemann*, ZfPW 2022, 357, 365.

438 *Beurskens*, RDi 2023, 1, 9; Fries, JZ 2022, 361, 364; *Fries*, in: Möslein/Omlor, FinTech-Handbuch, § 9 Rn. 33; *Möslein*, ZBB 2018, 208, 220.

439 *Möslein*, ZBB 2018, 208, 220.

440 *Möslein*, ZBB 2018, 208, 220.

Auch eine andere Ansicht verlangt, dass der der Besitzbeeinträchtigung entgegenstehende Wille des Besitzers zum Zeitpunkt der Besitzbeeinträchtigung besteht, diese bezieht jedoch zur Beurteilung dessen, die Reaktion des Besitzers auf die Besitzbeeinträchtigung mit ein.[441] Da das vertragliche Einverständnis jederzeit widerruflich ist und den Besitzer nicht bindet, begründet es zwar eine Vermutung für das Vorliegen des Einverständnisses des Besitzers, diese kann jedoch widerlegt werden, wenn es gegenteilige Anhaltspunkte gibt.[442] Auch schon das Reichsgericht stellte auf den Willen des Besitzers „im Augenblick der Wegnahme" ab.[443] Es zog jedoch zu dessen Ermittlung das Verhalten des Besitzers nach der Besitzentziehung hinzu.[444] Gegen die erste Ansicht spricht auch, dass es vom Zufall abhängt, ob der Besitzer die Besitzbeeinträchtigung zum Zeitpunkt der Beeinträchtigung miterlebt und den Besitzschutz geltend machen kann, oder er erst später davon Kenntnis erlangt und ihm der Besitzschutz nicht mehr zur Verfügung steht.[445] Auch lässt sich der ersten Ansicht entgegen halten, dass die spätere Reaktion des Besitzers zur Auslegung hinzugezogen werden soll, um seinen Willen im Augenblick des Eingriffs zu ermitteln und es sich nicht um die Rückwirkung eines späteren Widerrufs handelt.[446] Daher ist die Reaktion des Besitzers auf die Besitzbeeinträchtigung zur Ermittlung des entgegenstehenden Willens zum Zeitpunkt der Besitzbeeinträchtigung mit einzubeziehen.

Bei dem Einsatz eines Smart Contracts auf der tatsächlichen Ebene wird der Besitzer den Eingriff durch den Smart Contract in seinen Besitz regelmäßig nicht in genau diesem Zeitpunkt bemerken, sondern erst später, wenn er die Sache verwenden will, beispielsweise das blockierte Auto fahren oder er versucht, die verschlossene Mietwohnung zu betreten. Zwar kommt es auf den Willen des Besitzers im Augenblick der Besitzbeeinträchtigung an, zur Ermittlung dieses Willens ist jedoch die Reaktion des Besitzers hierauf

---

[441] *Casper/Grimpe*, ZIP 2022, 661, 665; *Kuschel*, AcP 220 (2020), 98, 126; *Riehm*, in: Fries/Paal, Smart Contracts, 85, 91; *Jaensch*, DAR 2023, 131, 133; *Kaulbach*, ZIP 2023, 343, 349.

[442] *Riehm*, in: Fries/Paal, Smart Contracts, 85, 91 f.; *Casper/Grimpe*, ZIP 2022, 661, 665; *Jaensch*, DAR 2023, 131, 133.

[443] RG RGZ 146, 182, 186 = BeckRS 1934, 10390 Rn. 7.

[444] RG RGZ 146, 182, 187 = BeckRS 1934, 10390 Rn. 8.

[445] *Casper/Grimpe*, ZIP 2022, 661, 665.

[446] *Casper/Grimpe*, ZIP 2022, 661, 665; *Riehm*, in: Fries/Paal, Smart Contracts, 85, 91 f.

mit einzubeziehen, sodass sich auch aus dem Verhalten nach der Besitzbeeinträchtigung durch den Smart Contract auf der tatsächlichen Ebene ergeben kann, dass das Einverständnis des Besitzers nicht vorlag.

Beim Einsatz eines Smart Contracts auf der tatsächlichen Ebene, erfolgt die Besitzstörung durch einen Fernzugriff, in den der Besitzer zuvor vertraglich eingewilligt hat und somit der Vertragspartner davon ausgeht, dass diese Einwilligung noch besteht. Dabei stehen die Vertragspartner sich typischerweise nicht gegenüber, sodass es sich fragt, welche Anforderungen an die Kundgabe des entgegenstehenden Willens des Besitzers zu stellen sind. Grundsätzlich stellt sich der Widerruf des besitzrechtlichen Einverständnisses als actus contrarius zur Erklärung des Einverständnisses dar, sodass es sich auch hierbei um die Bekundung eines natürlichen Widerwillens und nicht um eine Willenserklärung handelt.[447] Dieser natürliche Wille muss in den Machtbereich des Besitzstörers gelangen, um ihm die Kenntnis davon zu ermöglichen.[448]

Kuschel geht von einem technisierten Empfängerhorizont aus, wonach der Besitzer seinen entgegenstehenden Willen technisch adäquat kundtun muss, da er sich auf eine technische Kommunikationsebene begeben hat.[449] Hierbei wird ein Vergleich zum Empfängerhorizont einer Willenserklärung gezogen, wonach bei einer Willenserklärung, die unter der Nutzung informationstechnischer Systeme abgegeben wird, sich der Erklärende in einen technisch geprägten Verkehrskreis begibt und der Empfängerhorizont dort technisiert ist.[450] Bei der Kundgabe des entgegenstehenden Willens handelt es sich zwar nicht um eine Willenserklärung, die Verpflichtung zu technikverständlichem Verhaltens soll jedoch auch im außervertraglichen Bereich bestehen.[451] Daher soll der Besitzer, wenn er sich in ein System automatisierter Abläufe begibt, seinen entgegenstehenden Willen nach den Regeln des Systems kundgeben müssen, diesen also technisch äußern.[452]

---

447 *Casper/Grimpe*, ZIP 2022, 661, 666; *Schäfer*, in: MüKo-BGB, § 858 Rn. 15.
448 *Casper/Grimpe*, ZIP 2022, 661, 666.
449 *Kuschel*, AcP 220 (2020), 98, 126.
450 *Kuschel*, AcP 220 (2020), 98, 126.
451 *Kuschel*, AcP 220 (2020), 98, 127.
452 *Kuschel*, AcP 220 (2020), 98, 127.

Dem lässt sich jedoch entgegenhalten, dass es in der Verantwortung desjenigen liegt, der die Software einsetzt und auch den Nutzen daraus zieht, eine geeignete Widerrufsmöglichkeit vorzusehen.[453] Daher sind die Anforderungen an einen technisierten Empfängerhorizont abzulehnen, sodass jede Bekundung des Widerrufs des Einverständnisses, die für den Besitzstörer erkennbar ist, genügt.[454] Für den Einsatz eines Smart Contracts auf der tatsächlichen Ebene bedeutet dies, dass es dem Verwender obliegt, eine geeignete Widerrufsmöglichkeit für die andere Partei vorzusehen. Darüber hinaus genügt jede für den Besitzstörer erkennbare Bekundung des Widerrufs des Einverständnisses der anderen Partei.

In Bezug auf die tatbestandsausschließende Einwilligung beim Einsatz eines Smart Contracts auf der tatsächlichen Ebene wird also auf Grund der vertraglichen Vereinbarung zunächst vermutet, dass das Einverständnis der anderen Partei in die Besitzstörung durch den Smart Contract auf der tatsächlichen Ebene vorliegt. Das Einverständnis muss zum Zeitpunkt der Besitzbeeinträchtigung durch den Smart Contract auf der tatsächlichen Ebene vorliegen, dabei ist zur Ermittlung, ob dieses vorlag, das Verhalten der anderen Partei nach der Besitzbeeinträchtigung mit einzubeziehen. Diese Einwilligung kann jederzeit widerrufen werden. An den Widerruf sind keine besonderen Anforderungen zu stellen, sodass jede für den Verwender erkennbare Bekundung des Widerrufs des Einverständnisses der anderen Partei genügt. Widerruft der Besitzer seine Zustimmung, erfolgt die Besitzbeeinträchtigung gegen seinen Willen, sodass gerade keine tatbestandsausschließende Einwilligung vorliegt.

2. Zwischenergebnis

Greift ein Smart Contract auf der tatsächlichen Ebene in den Besitz der anderen Partei ein, kann darin eine verbotene Eigenmacht liegen. Nach § 307 II Nr. 1 BGB sind Klauseln im Zweifel auch dann unwirksam, wenn sie mit gesetzlichen Grundgedanken nicht zu vereinbaren sind.

Vom Besitzschutz umfasst werden körperliche Gegenstände nach § 90 BGB. Eine Software wird dann mit vom Besitzschutz umfasst, wenn sie in der

---

[453] *Casper/Grimpe*, ZIP 2022, 661, 666.

[454] *Casper/Grimpe*, ZIP 2022, 661, 666; *Riehm*, in: Fries/Paal, Smart Contracts, 85, 91; *Wilhelm*, WM 2020, 1807, 1812; *Herrler*, in: Grüneberg, § 858 Rn. 5.

Sache verkörpert ist. Bei immateriellen Vermögenswerten wie ICOs, Patente, Lizenzen und Forderungen ist mangels Körperlichkeit kein Konflikt mit den Besitzschutzvorschriften zu erwarten.

Ein Mitbesitz des Verwenders liegt beim Einsatz eines Smart Contracts auf der tatsächlichen Ebene nicht vor. Der Verwender hat keine derartige Zugriffsmöglichkeit auf die Sache, dass dieser sich als Mitbesitzer darstellt, sondern es wird lediglich technisch eine Möglichkeit für eine spätere Besitzbeeinträchtigung geschaffen. Durch die manipulationssichere Ausführung des Smart Contracts auf der tatsächlichen Ebene wird die Eingriffsmöglichkeit derart begrenzt, dass ein willkürlicher und jederzeit möglicher Zugriff des Smart Contracts auf der tatsächlichen Ebene auf die Sache nicht vorgesehen ist, sondern dieser soll erst nach dem Auftreten von Problemen bei der Vertragsabwicklung per Fernzugriff auf die Sache zugreifen.

Durch den Einsatz eines Smart Contracts auf der tatsächlichen Ebene, kann der Besitz entzogen oder beeinträchtigt werden. Wird nun mittels Smart Contracts auf der tatsächlichen Ebene auf die in der Sache verkörperte Software zugegriffen und damit die Sachsubstanz verändert, stellt dies grundsätzlich eine Besitzbeeinträchtigung und mithin auch eine verbotene Eigenmacht dar. Wenn die Software in der Sache verkörpert ist, unterliegt die Sache und die darin verkörperte Software den Besitzschutzvorschriften. Wird die verkörperte Software nun nach Erlangung der tatsächlichen Sachherrschaft des Besitzers verändert, ist darin regelmäßig eine verbotene Eigenmacht zu erblicken, sofern dies nicht mit dem Willen des Besitzers geschieht.

Etwas anderes ergibt sich dann, wenn die in der Sache verkörperte Software bereits von Anfang an über eine Beschränkung verfügte. Der Besitzer erhält den Besitz an der Sache mit der Beschränkung durch die in der Sache verkörperte Software, die von Anfang an vorhanden war, sodass in dieser Beschränkung auch keine verbotene Eigenmacht besteht. Jedoch stellt auch hier ein Fernzugriff durch den Einsatz eines Smart Contracts auf der tatsächlichen Ebene, nachdem der Besitzer die tatsächliche Sachherrschaft erlangt hat, grundsätzlich eine Besitzstörung dar. Dies gilt selbst dann, wenn die Fernzugriffsmöglichkeit bereits vor der Erlangung der Sachherrschaft durch den Besitzer angelegt war. Diese Fernzugriffsmöglichkeit besteht dann zwar schon vor der Erlangung der Sachherrschaft durch den Besitzer und stellt durch das bloße Bestehen auch keine Besitzbeeinträchtigung dar. Greift der Smart Contract auf der tatsächlichen Ebene jedoch nach der Erlangung der

Sachherrschaft auf die Sache zu und verändert die Daten, welche in der Sache verkörpert sind, ist auch darin grundsätzlich eine verbotene Eigenmacht zu erblicken, wenn dies ohne die Einwilligung des Besitzers geschieht.

Da die Besitzschutzvorschriften Abwehrrechte und keine Leistungsrechte darstellen, ergibt sich aus der Versorgungssperren-Rechtsprechung des BGH, dass zusätzliche Leistungen nicht zwingend dem Besitzschutz unterfallen. Bezieht der Besitzer zusätzliche Leistungen und erweitert dadurch seinen Rechtskreis, werden diese nicht mehr vom Besitzschutz umfasst. Beim Einsatz eines Smart Contracts auf der tatsächlichen Ebene wird die Versorgung einer Sache, die eine bloße Erweiterung der Nutzungsmöglichkeiten darstellen, etwa mit externen Diensten auf einem Server, regelmäßig nicht vom Besitzschutz erfasst sein, da diese nicht in der Sache verkörpert sind. Wird eine Software auf einem Server ausgeführt, der sich nicht im Besitz des Besitzers befindet, unterfällt diese mangels Verkörperung in der Sache auch nicht den Besitzschutzvorschriften, sodass der Fernzugriff auf diese Software mittels Smart Contracts auf der tatsächlichen Ebene regelmäßig keine verbotene Eigenmacht gegenüber der anderen Partei darstellen wird. Sollte sich dadurch jedoch eine unmittelbare Veränderung der in der Software verkörperten Sache ergeben, liegt auch in diesem Fall keine Besitzstörung vor, da es sich um eine bloße Erweiterung der Nutzungsmöglichkeit handelt, die nicht unter die tatsächliche Sachherrschaft fällt.

Verknüpft man die anfängliche Beschränkung der Software mit dem Einstellen zusätzlicher Leistungen, stellt sich der Eingriff durch einen Smart Contract auf der tatsächlichen Ebene, obwohl die Software in der Sache verkörpert ist, nicht als Besitzstörung und somit auch nicht als verbotene Eigenmacht dar. Die in der Sache verkörperte Software unterliegt dem Besitzschutz. Entscheidend für die Anwendbarkeit der Besitzschutzvorschriften ist der Zeitpunkt, an dem der Besitzer die Sachherrschaft erlangt. Verfügt die Software bereits im Zeitpunkt der Besitzerlangung über Einschränkungen, liegt keine Besitzstörung vor. Enthält die Software von Anfang an eine zeitliche Befristung, nach deren Ablauf sie nicht mehr genutzt werden kann, liegt auch nach dem Zeitablauf und der daraus folgenden Unbrauchbarkeit der Sache keine Besitzstörung vor, da diese Beschränkung von Anfang an, schon vor dem Erlangen der Sachherrschaft durch den Besitzer, vorhanden war. Will der Besitzer weiterhin die Sache nutzen, benötigt er ein Softwareupdate, was wiederrum schon bei der Erlangung der Sachherrschaft über eine zeitliche Befristung verfügt. Verknüpft man nun diese befristeten Softwareversionen mit einem Smart Contract auf der tatsächlichen Ebene, kann dieser der anderen Partei vor jedem Ablauf der Befristung ein Update anbieten bzw. dieses auch aufspielen, sofern die andere Partei sich vertragskonform verhält. Bleibt beispielsweise die Ratenzahlung aus, veranlasst der Smart Contract, dass kein weiteres Update mehr zur Verfügung steht und mit dem Zeitablauf der alten Softwareversion kann die Sache dann nicht mehr weiter genutzt werden. Hierbei gilt es jedoch zu beachten, dass eine Klausel, die ein solches Vorgehen erlaubt, sich als angemessen darstellen muss, auch wenn kein Verstoß gegen die Besitzschutzvorschriften vorliegt.

Eine verbotene Eigenmacht liegt nicht vor, wenn der Eingriff mit der Einwilligung des Besitzers erfolgt. Bei einem Einsatz eines Smart Contracts auf der tatsächlichen Ebene wird auf Grund der vertraglichen Vereinbarung zunächst vermutet, dass das Einverständnis der anderen Partei in die Besitzstörung durch den Smart Contract auf der tatsächlichen Ebene vorliegt. Dieses muss zum Zeitpunkt der Besitzbeeinträchtigung durch den Smart Contract auf der tatsächlichen Ebene vorliegen, dabei ist zur Ermittlung, ob dieses vorlag, das Verhalten der anderen Partei nach der Besitzbeeinträchtigung mit einzubeziehen. Die Einwilligung kann jederzeit widerrufen werden. An den Widerruf sind keine besonderen Anforderungen zu stellen, sodass jede für den Verwender erkennbare Bekundung des Widerrufs des Einverständnisses der anderen Partei genügt. Widerruft der Besitzer seine Zustimmung, erfolgt die Besitzbeeinträchtigung gegen seinen Willen, sodass gerade keine tatbestandsausschließende Einwilligung vorliegt.

III. Gesamtbetrachtung der Selbstdurchsetzung und der Rechtsdurchsetzung

Auch wenn die Problemfelder der Selbstdurchsetzung und der Rechtsdurchsetzung beim Einsatz eines Smart Contracts auf der tatsächlichen Ebene getrennt dargestellt wurden, um die durch den Einsatz eines Smart Contracts auftretenden Problematiken im Einzelnen genauer betrachten zu können, so sind diese doch nicht unabhängig voneinander zu bewerten, sodass eine Gesamtbetrachtung in Bezug auf die Angemessenheit einer Klausel, die den Einsatz eines Smart Contracts auf der tatsächlichen Ebene ermöglicht, vorzunehmen ist.

Zunächst gilt es dabei die Angemessenheit einer Klausel, die die Kombination einer anfänglichen Beschränkung und der Einstellung zusätzlicher Leistungen vorsieht, genauer zu betrachten. Stellt diese sich als angemessen dar, ist es AGB-rechtlich möglich, wirksam den Einsatz eines Smart Contracts auf der tatsächlichen Ebene derart zu vereinbaren, dass die Software in der Sache verkörpert gespeichert werden kann und durch das Einstellen von Updates, eine Funktionseinschränkung oder eine gänzliche Sperre der Sache zu erreichen, sollte die andere Partei sich nicht vertragstreu verhalten, ohne dabei eine verbotene Eigenacht darzustellen.

Im Anschluss daran erfolgt eine Gesamtbetrachtung der bisher dargestellten Kriterien, um zu ermitteln, wann eine Klausel, die den Einsatz eines Smart Contracts auf der tatsächlichen Ebene vorsieht und dabei nach dem soeben dargestellten auch keine verbotene Eigenmacht darstellt, wirksam vereinbart werden kann.

1. Kombination anfänglicher Beschränkung und Einstellung zusätzlicher Leistungen

Wie bereits oben dargestellt, erlaubt es beim Einsatz eines Smart Contracts auf der tatsächlichen Ebene, die Kombination aus dem Vorliegen einer anfänglichen Beschränkung der Software, in Form einer Befristung der Nutzungsdauer und dem regelmäßigen Anbieten von Updates, um die Sache weiterhin für einen bestimmten Zeitraum nutzen zu können, die ihrerseits wiederum eine Befristung der Nutzungsdauer enthalten, die Software in der Sache verkörpert zu speichern und durch den Einsatz eines Smart Contracts auf der tatsächlichen Ebene, einige Funktionen oder die Sache komplett zu sperren, wenn die andere Partei vertragsbrüchig wird, indem keine neuen Updates mehr bereit gestellt werden und die Sache mit dem Ablauf der Frist in der Software nur noch eingeschränkt oder gar nicht mehr genutzt werden kann. In einem solchen Vorgehen liegt dann keine Besitzstörung und dies stellt daher auch keine verbotene Eigenmacht dar.

Jedoch ist eine Klausel, die dem Verwender ein solches Vorgehen ermöglicht, nicht nur aus der Perspektive des Besitzschutzes zu betrachten, sie darf, um wirksam vereinbart werden zu können, auch keine unangemessene Benachteiligung der anderen Partei iSd. § 307 I BGB darstellen. Hierbei gilt es die beiderseitigen Interessen der Parteien gegeneinander abzuwägen. Insbesondere muss ein berechtigtes Interesse des Verwenders an einer solchen

Vereinbarung bestehen. Es muss also ein berechtigtes Interesse des Verwenders bestehen, die Software mit einer anfänglichen Befristung der Nutzungsdauer auszustatten und auch daran, weitere Updates durch den Einsatz eines Smart Contracts auf der tatsächlichen Ebene einzustellen, wodurch die Sache nach Fristablauf nur noch eingeschränkt oder gar nicht mehr nutzbar ist.

Als berechtigtes Interesse des Verwenders kann hier sein Sicherungsinteresse in Betracht kommen. In dem Urteil des BGH zur Fernsperre einer Batterie, führte der BGH in Bezug auf die Interessenabwägung der Parteien aus, die Geltendmachung von Rechten zur Erzwingung der Gegenleistung oder eines Gegenanspruchs seien nichts Verwerfliches, was die §§ 320, 273 belegen würden.[455] Da die Rechtsordnung diese Möglichkeiten vorsieht, sind in einem solchen Fall Vergleiche zur Selbstjustiz nicht angebracht und der Verwender kann durchaus ein berechtigtes Interesse daran haben, die Nutzungsunterlassung zu erzwingen.[456] Grundsätzlich darf daher der Verwender seine Interessen durch tatsächliche Vorkehrungen oder vertragliche Gestaltungen absichern, was sich auch aus den §§ 320, 273, 387 ff. BGB ergibt.[457] Das Zurückbehaltungsrecht aus § 273 BGB und die Einrede des nicht erfüllten Vertrags aus § 320 BGB sollen sicherstellen, dass der Schuldner nicht zur Erbringung seiner Leistung ohne den Erhalt der Gegenleistung gezwungen werden kann, somit erfüllen diese eine reine Sicherungsfunktion.[458] Daraus lässt sich folgern, dass, solange zwischen dem Verwender und der anderen Partei ein Vertrag mit gegenseitigen Leistungspflichten besteht und dem Verwender Leistungsverweigerungsrechte wie die §§ 273, 320 BGB, oder andere Einreden oder Einwendungen, die es ihm erlauben, die Leistung zu verweigern, zur Verfügung stehen, wird bei ihm ein berechtigtes Interesse vorliegen, auf Grund der Leistungsverweigerungsrechte die Updates zurückzuhalten.

Die andere Partei hat ein Interesse daran, die Sache, ohne die Beeinträchtigung der Funktionsfähigkeit, uneingeschränkt weiter nutzen zu können. Die andere Partei verfügt dabei über die Möglichkeit, indem sie sich vertragstreu verhält, die Updates zu erhalten und die Software und damit auch die Sache, reibungslos weiter zu verwenden. Zur Duldung von Schutzmaßnahmen hat

---

455 BGH NJW 2022, 3575 Rn. 27; so auch *Wilhelm*, WM 2020, 1807, 1811.

456 *Jaensch*, DAR 2023, 131, 133.

457 *Kaulbach*, ZIP 2023, 343, 345; *Schwenker*, jurisPR-BGHZivilR 24/2022 Anm. 2 B.

458 *Laukemann*, ZfPW 2022, 357, 367 f.

sie sich dabei vertraglich verpflichtet. Daher wird eine vertragstreue andere Partei, was diese selbst in der Hand hat, durch eine solche Klausel regelmäßig nicht besonders schwer beeinträchtigt.

Das Interesse der anderen Partei, die Updates zu erhalten und die Sache so weiter nutzen zu können, wiegt in den Fällen, in denen dem Verwender ein Leistungsverweigerungsrecht, wie etwa die §§ 273, 320 BGB zusteht, regelmäßig weniger schwer als das Sicherungsinteresse des Verwenders. Im Umkehrschluss bedeutet dies, dass, wenn dem Verwender keine Leistungsverweigerungsrechte gegenüber der anderen Partei zustehen, sein Sicherungsinteresse regelmäßig nicht derart gewichtig sein wird, dass sich die Vereinbarung eines solchen Vorgehens als angemessen darstellt.

2. Interessenabwägung

Die Interessenlage der Parteien wurden unter den Aspekten der Rechtsdurchsetzung und der Selbstdurchsetzung oben bereits dargestellt. Es soll nun eine Gesamtbetrachtung dieser Kriterien erfolgen, um darzustellen, wann eine Klausel, die den Einsatz eines Smart Contracts auf der tatsächlichen Ebene vorsieht, sich als angemessen darstellen kann. Soll die Software in der Sache verkörpert gespeichert werden, gilt es wie oben dargestellt zu beachten, dass für die Angemessenheit einer Klausel, die den Einsatz eines Smart Contracts auf der tatsächlichen Ebene und die Kombination einer anfänglichen Beschränkung der Software mit einer Befristung und dem Bereitstellen von Updates, die wiederrum eine Befristung enthalten, vorsieht, dem Verwender der Klausel Einreden und Einwendungen zustehen müssen, durch die bei diesem ein Leistungsverweigerungsrecht besteht.

Zunächst gilt es für den Einsatz eines Smart Contracts auf der tatsächlichen Ebene danach zu unterscheiden, ob dieser eine Zahlung vornehmen oder auf eine Sache zugreifen soll. Für beide stellt sich durch die Kombination der Möglichkeit der anderen Partei, Einreden und Einwendungen erheben zu können, mit der manipulationssicheren Ausführung, die einen einseitigen Eingriff in das Vermögen der anderen Partei verhindert, dann auch regelmäßig die Verlagerung der Initiativ- und Klagelast als nicht besonders gewichtig dar.

Soll durch den Einsatz eines Smart Contracts auf der tatsächlichen Ebene die vertragsgemäße Bezahlung gesichert werden, kommt es für die Angemessenheit einer solchen Klausel hauptsächlich darauf an, dass durch die manipulationssichere Ausführung des Smart Contracts auf der tatsächlichen

Ebene, ein einseitiges Zugriffsrecht des Verwenders in das Vermögen der anderen Partei verhindert wird. Darüber hinaus sind an eine solche Klausel noch weitere, weniger gewichtige Anforderungen, die den Unterhalt eines Vermögensdepots, wie eines Kontos oder einer Wallet, oder die die Dispositionsfreiheit der anderen Partei über ihr Vermögen betreffen, zu beachten.

An eine Klausel, die den Einsatz eines Smart Contracts auf der tatsächlichen Ebene vorsieht, der in die Software einer Sache eingreifen soll, werden an die Angemessenheit der Klausel bestimmte Anforderungen gestellt. Zunächst ist es grundsätzlich möglich, eine Software und daher auch einen Smart Contract auf der tatsächlichen Ebene, als Sicherungsmaßnahme einzusetzen. Dies ist vom Sicherungsinteresse des Verwenders gedeckt, sofern eine vertragliche Vereinbarung hierzu vorliegt und die Sperrmöglichkeit nicht als Druckmittel eingesetzt wird, um etwas vertraglich nicht Vereinbartes zu erreichen. Auch muss für die andere Partei die Möglichkeit bestehen, Einreden und Einwendungen erheben zu können. Darüber hinaus darf keine asymmetrische Pflichterweiterung dahingehend vorliegen, als dass der Fernzugriff durch den Smart Contract auf der tatsächlichen Ebene sich nicht nur auf die Sache selbst, sondern darüberhinausgehend auch noch auf weitere Gegenstände außerhalb des jeweiligen Vertragsverhältnisses erstreckt. Dadurch überschreitet der Verwender sein berechtigtes Sicherungsinteresse. Für den Einsatz eines Smart Contracts auf der tatsächlichen Ebene ergibt sich daraus, dass, wenn dieser auf eine Sache zugreift und die Funktionen einschränkt oder komplett sperrt, sich diese Sperre nicht auch mittelbar auf andere, wesentlich höherwertige Vermögensbestandteile der anderen Partei, außerhalb des Vertragsverhältnisses, auswirken darf. Darüber hinaus darf auch kein erhebliches Nutzungsinteresse der anderen Partei an der Sache bestehen. Dieses gewinnt dann an Bedeutung, wenn für die andere Partei die Sache und deren fortgesetzte Nutzung von erheblichem Interesse ist.

Bei der Beurteilung der Angemessenheit einer solchen Klausel, kommt es immer auf die Umstände des Einzelfalles an, sodass keine pauschale Darstellung erfolgen kann, wann eine solche Klausel sich immer als angemessen bzw. immer als unangemessen darstellt. Dabei gilt es insbesondere zwischen den unterschiedlichen Sachen anhand der oben dargestellten Kriterien zu differenzieren. Die automatisierte Sperre der Software des Fernsehers ist anders zu beurteilen als die automatisierte Sperre der Wohnungstür einer Mietwohnung.

Dies soll im Folgenden anhand einiger Beispiele veranschaulicht werden. Zunächst ist die Vereinbarung eines Einsatzes eines Smart Contracts auf der tatsächlichen Ebene, der mit einem Smart Lock bei einer Mietwohnung vernetzt ist, zu betrachten, sodass der Smart Contract bei ausbleibender Mietzahlung die Wohnungstür blockieren kann. Auch in einem solchen Fall hat der Vermieter ein Sicherungsinteresse, nämlich den Mietzins wie vertraglich vereinbart zu erhalten. Bleibt dieser aus, sperrt der Smart Contract auf der tatsächlichen Ebene das Smart Lock an der Wohnungstüre, sodass der Mieter diese nicht mehr öffnen kann. Der Mieter ist zur Entrichtung des vertraglich vereinbarten Mietzinses verpflichtet. Kann er das Smart Lock nicht mehr öffnen, bedeutet das für ihn nicht nur die Einstellung der Leistung des Vermieters, das Smart Lock zu betreiben, sondern ihm wird der Zugang zu seiner Mietwohnung, in der sich regelmäßig seine Sachen, wie etwa die Einrichtung, Bekleidung, aber auch persönliche Dinge von ideellem Wert befinden werden, verweigert. Beim Einsatz eines Smart Contracts auf der tatsächlichen Ebene, der mittels eines Smart Locks die Wohnungstüre der Mietwohnung der anderen Partei blockieren kann, stellt sich insbesondere das erhebliche Nutzungsinteresse der anderen Partei an der Mietwohnung als problematisch dar. Die gemietete Wohnung und deren fortgesetzte Nutzung ist von besonderem Interesse für den Mieter.[459] Die gemietete Wohnung stellt regelmäßig den Lebensmittelpunkt des Mieters dar, sodass es sich hier für diesen nicht bloß um eine beliebige Sache handelt. Darüber hinaus wird hierbei auch regelmäßig ein Fall der asymmetrischen Pflichterweiterung vorliegen, da der Fernzugriff sich auf weitere Gegenstände außerhalb des Vertragsverhältnisses erstreckt, nämlich die sich in der Mietwohnung befindlichen Sachen der anderen Partei. Diese Sachen werden grundsätzlich wertmäßig deutlich höher zu bewerten sein, als der in Frage stehende Mietzins, sodass sich hier ein deutliches Missverhältnis zwischen dem Sicherungsinteresse des Vermieters, seinen Mietzins zu erhalten und dem Interesse des Mieters, auf seinen restlichen in der Wohnung verbleibenden Sachen zugreifen zu können, ergibt. Das Sicherungsinteresse des Vermieters steht hier also in keinem Verhältnis zu den Interessen des Mieters, sodass sich die Vereinbarung einer Klausel, die dem Verwender ein solches Vorgehen erlaubt, als unangemessen darstellt.

[459] BGH NJW 2022, 3575 Rn. 28.

Für die Verwendung einer Klausel, die den Einsatz eines Smart Contracts auf der tatsächlichen Ebene vorsieht, der den Fernzugriff auf einen Pkw erlaubt, differenziert der BGH in seiner Rechtsprechung zum Fernzugriff auf eine Batterie danach, ob es sich um ein beruflich oder privat genutztes Fahrzeug handelt, da an einem beruflich genutzten Fahrzeug ein erhebliches Interesse des Mieters besteht, sowohl an der Sache selbst als auch an der weiteren Nutzung.[460] Im Umkehrschluss ergibt sich daraus, dass, wenn es sich nicht um ein privat genutztes Fahrzeug handelt, das Interesse der anderen Partei an der weiteren Nutzung des Pkw geringer zu bewerten ist. Darüber hinaus gilt es beim Fernzugriff auf einen Pkw durch einen Smart Contract auf der tatsächlichen Ebene insbesondere noch zu beachten, ob eine asymmetrische Pflichterweiterung vorliegt, also, ob etwa wie in der BGH Rechtsprechung zur Fernsperre einer Batterie, nur ein Teil des Pkw, etwa die Batterie, Vertragsgegenstand ist und sich somit die Sperre über den Vertragsgegenstand hinaus auf weitere Sachen der anderen Partei auswirken würde, oder ob der gesamte Pkw Gegenstand des Vertrags ist und somit beim Fernzugriff auf diesen keine asymmetrische Pflichterweiterung vorliegen würde. In Anbetracht der in Bezug auf die Fernsperre eines Pkws vom BGH aufgestellten Kriterien für die Abwägung der Unangemessenheit einer solchen Klausel, stellt sich ein solcher Fernzugriff auf einen Pkw nicht immer als unangemessen dar. Denkbar wäre in einem solchen Fall beispielsweise, sofern der Pkw der Vertragsgegenstand ist, ein Vorgehen des Verwenders, wie dies in der US-Patentanmeldung der Ford Global Technologies LLC beschrieben wird.[461] Dabei lässt sich die Sperre des Pkws auf einzelne Tage oder Stunden beschränken, sodass auch bei einem beruflich genutzten Pkw die berufliche Nutzung nicht eingeschränkt wird. Darüber hinaus ist auch eine Ausnahme vorgesehen, die es erlaubt, den Pkw für medizinische Notfälle trotz einer etwaigen Sperre zu nutzen. Ein solches Vorgehen dürfte sich regelmäßig als angemessen darstellen, wenn die andere Partei vertragsbrüchig wird und beim Verwender ein berechtigtes Sicherungsinteresse vorliegt.

Darüber hinaus ist der Einsatz eines Smart Contracts auf der tatsächlichen Ebene, um Sachen per Fernzugriff zu blockieren oder deren Verwendbarkeit einzuschränken, bei allen vernetzten Sachen denkbar, da diese über eine

---

[460] BGH NJW 2022, 3575 Rn. 28.

[461] Hierzu siehe unter: § 1 A.

Verbindung zum Internet verfügen und der Smart Contract auf der tatsächlichen Ebene somit auf deren Software zugreifen kann. Exemplarisch kann hier ein Smart-TV genannt werden. Bleibt hier eine etwaige Ratenzahlung aus oder stellt der Smart Contract einen sonstigen Verstoß gegen die vertragliche Vereinbarung der Parteien fest, können die Sachen per Fernzugriff beeinträchtigt werden, was dazu führen kann, dass die andere Partei diese nicht mehr benutzen kann oder einzelne Funktionen des Smart TVs, wie beispielsweise Streaming, nicht mehr möglich sind. Wie oben dargestellt, stellt ein solcher Fernzugriff nicht zwingend eine verbotene Eigenmacht dar, wenn der Ausschluss der Benutzbarkeit durch die Verweigerung des Smart Contracts erfolgt, dem System ein neues Update zur Verfügung zu stellen und die bisherige Software von vornherein zeitlich auf eine bestimmte Nutzbarkeitsdauer begrenzt war und auf Verwenderseite Einreden oder Einwendungen vorliegen, die dem Verwender ein Leistungsverweigerungsrecht einräumen. Der Verwender hat generell bei vernetzten Sachen ein Interesse daran, die geschuldete Gegenleistung abzusichern. Dem steht das Interesse der anderen Partei entgegen, dass die Sache nicht per Fernzugriff gesperrt wird und sie diese weiterverwenden kann. Wird per Smart Contract auf der tatsächlichen Ebene auf eine Sache zugegriffen, weil die andere Partei sich nicht vertragstreu verhält und beispielsweise die Ratenzahlung eingestellt hat, besteht auch hier auf Seiten des Verwenders ein berechtigtes Schutzinteresse. Die Sache soll die andere Partei nur nutzen können, sofern sie sich weiterhin vertragstreu verhält. Hier dient der Smart Contract als technische Schutzmaßnahme nicht dazu, vertraglich nicht vereinbarte Ziele durchzusetzen, sondern er dient gerade dem Schutz des vertraglich Vereinbarten. Darüber hinaus gilt es zu beachten, dass es bei sonstigen Gegenständen regelmäßig so sein wird, dass der anderen Partei nur die Benutzung dieses Gegenstandes verwehrt wird und ihr darüber hinaus nicht noch der Zugriff auf weitere Gegenstände als mittelbare Folge verwehrt bleibt, sodass eine asymmetrische Pflichterweiterung nicht vorliegt. Als Frage des Einzelfalles stellt es sich auch dar, wie hoch das Interesse der anderen Seite an der Sache und deren Weiternutzung zu bewerten ist. Eine pauschale Bewertung für einzelne Sachen lässt sich nicht darstellen, da es auf die jeweilige Bewertung des Einzelfalles anhand der dargestellten Kriterien ankommt.

Infolgedessen besteht beim Fernzugriff auf sonstige vernetzte Sachen regelmäßig kein derartig ausgeprägtes Missverhältnis zwischen dem

Sicherungsinteresse des Verwenders und dem Interesse der anderen Partei, die Sache verwenden zu können. Bei sonstigen Gegenständen wird sich daher der Fernzugriff, sofern dieser keine verbotene Eigenmacht darstellt, regelmäßig nicht als unangemessen darstellen, wenn die obigen Kriterien beachtet werden. Um die Angemessenheit bzw. Unangemessenheit im Einzelfall beurteilen zu können, ist immer eine Abwägung der Interessen der beiden Parteien erforderlich.

§ 6 Rechtsfolgen unwirksamer Klauseln

Stellt sich beim Einsatz eines Smart Contract nach der Inhaltskontrolle eine Klausel als unangemessen und somit unwirksam dar, vollzieht dieser auf der tatsächlichen Ebene auf Grund der vorherigen Programmierung etwas, was vertraglich auf der rechtlichen Ebene nicht geschuldet ist. AGB-Klauseln können sich dann als unwirksam erweisen, wenn sie nach §§ 305 I, II BGB nicht wirksam Vertragsbestandteil geworden sind, oder der Inhaltskontrolle nach den §§ 307–309 BGB nicht standhalten.[1] Auch wenn die AGB nicht Vertragsbestandteil geworden sind, bleibt der Vertrag nach § 306 I BGB im Übrigen wirksam. Nach § 306 II BGB gelten statt der unwirksamen Klauseln die gesetzlichen Bestimmungen.

Es kann die Gefahr der Divergenz zwischen vertraglicher Vereinbarung und der Ausführung dessen auf der tatsächlichen Ebene durch den Smart Contract bestehen. Hält eine Klausel der AGB-Kontrolle nicht stand und stellt sich somit als unwirksam dar, kann daraus eine Lücke zwischen dem vertraglich Vereinbarten und dem tatsächlich in den Smart Contract einprogrammierten Inhalt entstehen. Die vereinbarte Klausel ist vertraglich nicht mehr wirksam. Sie wurde jedoch in den Smart Contract auf der tatsächlichen Ebene einprogrammiert und wird von diesem daher auch zunächst, wie programmiert, unabhängig von der Rechtslage zunächst vollzogen. Der Einsatz des Smart Contracts auf der tatsächlichen Ebene dient dann nicht

1 *Schmidt*, in: BeckOK-BGB, § 306 Rn. 14; *Bonin*, in: BeckOGK-BGB, § 306 Rn. 9, 11; *Fornasier*, in: MüKo-BGB, § 306 Rn. 11; *Mäsch*, in: Staudinger-BGB, § 306 Rn. 2.

mehr dazu, das vertraglich Vereinbarte durchzusetzen.[2] Es fehlt dann also an einem Rechtsgrund.[3]

Erbringt ein Smart Contract auf der tatsächlichen Ebene eine Leistung, für die es keine vertragliche Grundlage gibt, erfolgt die Rückabwicklung nach den allgemeinen Regelungen des BGB, beispielsweise nach §§ 812 ff. BGB.[4] Geleistet wurde in einem solchen Fall dann, durch den Einsatz eines Smart Contracts auf der tatsächlichen Ebene, ohne Rechtsgrund. Dabei schlägt *Riehm* überzeugend vor, zwischen Eingriffs- und Leistungskondiktion dahingehend zu differenzieren, ob die andere Partei den Einsatz des Smart Contracts auf der tatsächlichen Ebene grundsätzlich gebilligt hat, sodass in einem solchen Fall eine Leistungskondiktion vorliegt, oder ob die andere Partei davon überrascht wurde, dass der Smart Contract auf der tatsächlichen Ebene zu ihren Lasten eingesetzt wurde, sodass in einem solchen Fall mangels bewusster und zweckgerichteter Vermögensmehrung von einer Eingriffskondiktion auszugehen ist.[5]

Betrachtet man dies nun etwas genauer, bedarf die Leistungskondiktion nach §§ 812 I 1 Alt. 1 BGB eines rechtsgeschäftlich geprägten Kontexts, wobei dem zur Bereicherung führende Vorgang ein Kausalverhältnis zwischen Anspruchsteller und Anspruchsgegner zugrunde liegt.[6] Der § 812 I 1 Alt. 1 BGB (condictio indebiti) stellt eine Kondiktion wegen anfänglichen Fehlens des rechtlichen Grundes dar.[7] In Bezug auf den Einsatz eines Smart Contracts auf der tatsächlichen Ebene, dürfte sich die condictio indebiti in Bezug auf die Leistungskondiktion als den hauptsächlichen Anwendungsfall darstellen. Die condictio indebiti findet Anwendung wegen Fehlens des rechtlichen Grundes, was beim Einsatz eines Smart Contracts dadurch vorliegen kann, dass etwa die rechtliche Ebene nicht fehlerfrei auf die tatsächliche Ebene übersetzt wurde, oder auf andere Art und Weise eine Abweichung der beiden Ebenen erfolgte, etwa durch die Unwirksamkeit einer AGB-Klausel, sodass der Smart Contract auf der tatsächlichen Ebene etwas vollzieht, für das von

2 *Riehm*, in: Braegelmann/Kaulartz, Rechtshandbuch Smart Contracts, Kap. 9 Rn. 4.
3 *Riehm*, in: Möslein/Omlor, FinTech-Handbuch, § 9 Rn. 29.
4 *Riehm*, in: Möslein/Omlor, FinTech-Handbuch, § 9 Rn. 29; *Schnell/Schwaab*, BB 2021, 1091, 1095.
5 *Riehm*, in: Möslein/Omlor, FinTech-Handbuch, § 9 Rn. 29, in Fn. 33.
6 *Wendehorst*, in: BeckOK-BGB, § 812 Rn. 20.
7 *Wendehorst*, in: BeckOK-BGB, § 812 Rn. 21.

Anfang an kein Rechtsgrund vorlag. Grundsätzlich liegt dem Verhältnis der Parteien dabei ein Vertrag zugrunde, woraus die bewusste und zweckgerichtete Mehrung fremden Vermögens erfolgen sollte, sodass es sich um eine Leistungskondiktion handelt, da wie *Riehm* überzeugend darlegt, die andere Partei den Einsatz des Smart Contracts auf der tatsächlichen Ebene grundsätzlich gebilligt hat.

Hingegen stellt eine Eingriffskondiktion gem. § 812 I 1 Alt. 2 BGB eine Nichtleistungskondiktion wegen eines rechtsgrundlosen Eingriffs in eine fremde Rechtsposition dar.[8] Die Bereicherung beruht dabei auf den rechtsgrundlosen Eingriff in den Zuweisungsgehalt des Rechts eines anderen.[9] Dabei darf diese nicht durch Leistung entstanden sein, sondern muss in sonstiger Weise auf Kosten des anderen, eintreten.[10] Die Vermögensmehrung muss dabei ohne rechtlichen Grund erfolgt sein, wovon sowohl gesetzliche, als auch vertragliche Gründe für den Verbleib des erlangten Vorteils, umfasst werden.[11] Billigt beim Einsatz eines Smart Contracts auf der tatsächlichen Ebene die andere Partei den Einsatz nicht und wird davon überrascht, erfolgt den Eingriff des Smart Contracts in ihr Vermögen nicht durch Leistung, sondern vielmehr auf sonstige Weise, sodass, wenn kein Rechtsgrund hierfür vorliegt, wie überzeugend von *Riehm* vorgeschlagen, eine Eingriffskondiktion vorliegt.

Steht das vom Smart Contract Vollzogene nicht im Einklang mit der Rechtsordnung oder entspricht dies nicht dem, was die Parteien gewollt haben, kann ein menschliches, manuelles Eingreifen erforderlich sein.[12] Ein solcher menschlicher Eingriff schmälert den durch den Einsatz eines Smart Contracts auf der tatsächlichen Ebene erzielten Effizienzvorteil erheblich.[13] Zur Vermeidung rechtswidriger Ergebnisse durch den Einsatz eines Smart Contracts auf der tatsächlichen Ebene, bedarf dieser einer Schnittstelle (Oracle) zur Außenwelt, womit eine externe Stelle etwaige Voraussetzungen für bestimmte Rechte überprüfen kann.[14] Dabei erlauben Oracles die Interaktion

---

8 *Stadler*, in: Jauernig-BGB, § 812 Rn. 50; *Wendehorst*, in: BeckOK-BGB, § 812 Rn. 121.

9 *Wiese*, in: Schulze-BGB, § 812 Rn. 13.

10 *Wiese*, in: Schulze-BGB, § 812 Rn. 15.

11 *Wiese*, in: Schulze-BGB, § 812 Rn. 17.

12 *Schawe*, MMR 2019, 218, 221.

13 *Schnell/Schwaab*, BB 2021, 1091, 1095.

14 *Kuntz*, in: Buck-Heeb/Oppermann, Automatisierte Systeme, Kap. 3.1 Rn. 69.

des Smart Contracts mit externen Systemen, also solchen Systemen, die sich nicht unmittelbar auf der Plattform, auf der der Smart Contract ausgeführt wird, befinden.[15] Durch die Oracles kann ein Smart Contract mit der Außenwelt interagieren, sie stellen daher eine Verbindung des Smart Contracts mit dieser dar, durch die er mit externen, also sich nicht direkt auf der Plattform befindlichen Informationen versorgt werden kann.[16]

Bei der Divergenz des tatsächlich programmierten und der vertraglichen Vereinbarung, sind die Parteien grundsätzlich darauf verwiesen, das vertraglich Vereinbarte außerhalb des Smart Contracts auf der tatsächlichen Ebene herbeizuführen.[17] Soll auch eine etwaige Abweichung vom vertraglich Vereinbarten vom Smart Contract auf der tatsächlichen Ebene mit erfasst werden, könnten vordefinierte Fälle, bei denen es zu einer Abweichung kommen könnte, sowie auslösende Bedingungen und daraus resultierende Rechtsfolgen, nachdem ein solches Vorgehen vertraglich vereinbart wurde, in den Smart Contract auf der tatsächlichen Ebene programmiert werden; problematisch wird hierbei jedoch oftmals sein, dass für den Verwender in der Regel kein Anreiz bestehen wird, Einwendungen, Einreden, Gegenansprüche etc. der anderen Partei in die Software zu implementieren, da dies seine eigene Rechtsposition schwächen wird.[18]

Bei der Verwendung eines Smart Contracts auf der tatsächlichen Ebene werden die Parteien in der Regel ein gesteigertes Interesse an der automatisierten Ausführung des vertraglich Vereinbarten haben, sodass sich eine bereicherungsrechtliche Rückabwicklung nach §§ 812 ff. BGB, wonach die Sache in natura herauszugeben ist, sich als sehr aufwändig und kostenintensiv herausstellen kann, da diese meist wohl nur außerhalb des Systems erfolgen kann und solch ein manueller Eingriff in automatisierte Abläufe einen zum Teil erheblichen Mehraufwand verursacht.[19] Es gilt also auch beim Einsatz eines Smart Contracts möglichst viele potenzielle Verläufe vorauszusehen und zu regeln.[20] Dieser gesetzlichen Ausgangslage könnten die Parteien durch eine

15 *Heckelmann*, NJW 2018, 504, 505.
16 *Heckelmann*, NJW 2018, 504, 505.
17 *Schawe*, MMR 2019, 218, 221.
18 *Schawe*, MMR 2019, 218, 221.
19 *Schnell/Schwaab*, BB 2021, 1091, 1095.
20 *Looschelders/Derkum*, in: Chibanguza/Kuß/Steege, Künstliche Intelligenz, N. Vertragsrecht (insbes. Smart Contracts) Rn. 22.

besonders sorgfältige Prüfung des Programmcodes, der Implementierung von Schnittstellen, um individuelle Parteiabsprachen zur Rechtsgrundlosigkeit in den Smart Contract auf der tatsächlichen Ebene einzuführen, der Vereinbarung von Schiedsklauseln und Regelungen, die Rückabwicklung in natura, durch einen finanziellen Ausgleich zu ersetzen, begegnen.[21]

[21] *Schnell/Schwaab*, BB 2021, 1091, 1095.

§ 7 Schlussbetrachtung

Am Ende dieser Arbeit sollen nun die wichtigsten Ergebnisse, in Bezug auf die Vereinbarkeit des Einsatzes eines Smart Contracts mit dem deutschen AGB-Recht, zusammengefasst werden.

Dieser Arbeit wurde die Arbeitsdefinition, dass es sich bei einem Smart Contract um eine Software handelt, die rechtlich relevante Handlungen in Abhängigkeit von digital prüfbaren Ereignissen steuert, kontrolliert und/oder dokumentiert und mit deren Hilfe unter Umständen schuldrechtliche/dingliche Verträge geschlossen werden können, zugrunde gelegt.[1] Daraus ergab sich eine Differenzierung der vertraglichen Ebene, die als rechtliche Ebene bezeichnet wurde und der Ebene des Vollzugs, die als tatsächliche Ebene bezeichnet wurde.

I. Zu Beginn der Bearbeitung wurde gezeigt, dass beim Einsatz eines Smart Contracts auf der rechtlichen Ebene der Tatbestand des § 305 I BGB erfüllt sein kann und das AGB-Recht somit Anwendung findet, sofern die einzelnen Merkmale vorliegen.[2] Anders als der Begriff Smart Contract suggeriert, liegt nicht durch die bloße Verwendung eines solchen ein Vertrag vor, dies beurteilt sich vielmehr nach den allgemeinen Regeln des BGB.[3] Zunächst wurde dabei der Vertragsschluss beim Einsatz eines Smart Contracts auf der rechtlichen Ebene genauer betrachtet. Dabei wurde zwischen dem klassischen Vertragsschluss, bei dem die Willenserklärungen lediglich durch eine

[1] Hierzu siehe unter: § 1 C. I. 3.

[2] Hierzu siehe unter: § 2.

[3] Hierzu siehe unter: § 1 C.

Software übermittelt werden und einem Vertragsschluss durch die Verwendung von automatisiert/ autonom erzeugten Erklärungen differenziert.[4] Auch beim Einsatz von automatisiert/ autonom erzeugten Erklärungen können der subjektive und objektive Tatbestand einer Willenserklärung vorliegen, sodass auch hierbei ein Vertragsschluss erfolgen kann.[5] Automatisiert/ autonom erzeugte Willenserklärungen benötigen keine natürliche Sprache, diese werden regelmäßig in einer Programmiersprache verfasst sein, die jedoch auch dazu geeignet ist, eine Willenserklärung darzustellen, sodass ein Vertragsschluss möglich ist.[6]

II. Nachdem dargestellt wurde, dass die Merkmale des § 305 I BGB beim Einsatz eines Smart Contracts vorliegen können, galt es zu untersuchen, wie diese in den Vertrag mit einbezogen werden können. Dabei war zwischen B2B- und B2C-Geschäften zu unterscheiden. Bei B2C-Geschäften gelten nach § 305 II BGB besondere Anforderungen an die Einbeziehung von AGB.[7] Bei B2B-Geschäften beurteilt sich die Einbeziehung nicht nach § 305 II BGB, sondern nach den allgemeinen Regeln des Vertragsschlusses.[8]

Beim klassischen Vertragsschluss, bei dem ein Smart Contract auf der rechtlichen Ebene zum Einsatz kommt, besteht die zumutbare Möglichkeit der Kenntnisnahme, wenn die Erklärung des Verwenders über die Software des anderen Teils, durch welche dieser Zugriff auf den Smart Contract erhält und diesen für den Vertragsschluss steuern kann, eingesehen werden kann. Dann ist damit zu rechnen, dass die Erklärung insoweit in den Machtbereich des Empfängers gelangt ist, dass dieser unter gewöhnlichen Umständen Kenntnis erlangen wird. Damit ist zu rechnen, wenn die Erklärung auf dem Server gespeichert wird, sodass diese in den Zugriffsbereich der Software und damit des Nutzers gelangt ist, daher hat ab diesem Zeitpunkt die andere Partei die Möglichkeit, sich die Erklärung anzuschauen, sodass von der zumutbaren Möglichkeit der Kenntnisnahme ausgegangen werden kann.[9]

Beim Einsatz von automatisiert/ autonom erzeugten Erklärungen, findet keine natürliche Sprache, sondern eine Programmiersprache Verwendung, die

---

4 Hierzu siehe unter: § 2 A. I.

5 Hierzu siehe unter: § 2 A. II.

6 Hierzu siehe unter: § 2 A. II. 2. a).

7 Hierzu siehe unter: § 3 A. I.

8 Hierzu siehe unter: § 3 A. II.

9 Hierzu siehe unter: § 3 A. I. 2. a)

die andere Partei meist nicht verstehen kann. Die Hinweissprache, in der die andere Partei auf die Einbeziehung der AGB hingewiesen wird, ist unabhängig von der Verhandlungs- und Vertragssprache so zu wählen, dass die andere Partei sie verstehen kann.[10] Der Verwender muss der anderen Partei, um dieser die zumutbare Möglichkeit der Kenntnisnahme der in einer Programmiersprache verfassten AGB zu ermöglichen, in der Regel eine Übersetzung der AGB bereit stellen, da grundsätzlich keine Anhaltspunkte dafür vorliegen, dass die andere Partei diese verstehen kann.[11] Anders als bei E-Commerce-Geschäften, bei denen der Verwender davon ausgehen kann, dass die andere Partei die Vertragssprache beherrscht, wenn diese den Bestellvorgang erfolgreich abgeschlossen hat, wird die andere Partei bei einem automatisiert/ autonom erfolgten Vertragsschluss eine Software in einer ihr verständlichen Sprache nutzen, um Voreinstellungen zu treffen, die die Software dann später in einer Willenserklärung in einer Programmiersprache konkretisiert, sodass sie hier mit der Programmiersprache gerade nicht in Kontakt kommt und dies daher auch kein Indiz für das Beherrschen der Sprache darstellt.

III. In Bezug auf die Inhaltsermittlung der AGB ergibt sich beim Einsatz eines Smart Contracts aus den beiden Ebenen, der rechtlichen Ebene und der tatsächlichen Ebene, die Besonderheit, dass diese voneinander divergieren können. Für die Auslegung kommt es maßgeblich auf die vertragliche Ebene an, da vor allem diese das zwischen den Parteien Gewollte abbildet.[12] Der AGB-rechtliche Grundsatz, dass bei zwei sich widersprechenden Klauseln, die für die andere Partei Günstigere maßgebend ist, kann auf die Abweichung von rechtlicher- und tatsächlicher Ebene nicht angewandt werden. Für diesen Grundsatz sind zwei Klauseln auf gleicher vertraglicher Ebene notwendig. Beim Einsatz eines Smart Contracts stellt es sich jedoch so dar, dass der Vertrag auf der rechtlichen Ebene, das zwischen den Parteien Gewollte darstellt und dieses Gewollte dann durch den Smart Contract auf der tatsächlichen Ebene durchgesetzt werden soll. Die vertragliche und die tatsächliche Ebene stehen hier also gerade nicht gleichwertig nebeneinander, sondern die tatsächliche Ebene soll nachrangig der Ausführung des vertraglich Vereinbarten dienen. Dies bedeutet jedoch nicht, dass der tatsächlichen Ebene für die Auslegung keinerlei Gewicht zugemessen werden kann. Dieses ist lediglich geringer

[10] Hierzu siehe unter: § 3 A. I. 2. c) cc).
[11] Hierzu siehe unter: § 3 A. I. 2. c) bb).
[12] Hierzu siehe unter: § 4 B. I.

als bei der vertraglichen Ebene, trotzdem kann die tatsächliche Ebene bei Unklarheiten wichtige Hinweise auf das vertraglich Gewollte liefern.

IV. Durch den Einsatz eines Smart Contracts wird die Rechtsdurchsetzung für die andere Partei verändert.[13] Dies hat zur Folge, dass unter anderem die Initiativ- und Klagelast für die andere Partei umgekehrt wird.[14] Auch wird es der anderen Partei damit zumindest faktisch erschwert, Einreden und Einwendungen zu erheben.[15] Darüber hinaus besteht für diese auch das Risiko, dass der Verwender einseitig in ihr Vermögen eingreift.[16] Diese Benachteiligungen der anderen Partei stellen sich jedoch nicht als unangemessen dar, wenn die folgenden Kriterien beachtet werden.

Die Eingriffsmöglichkeit des Verwenders in das Vermögen der anderen Partei wiegt regelmäßig durch die manipulationssichere Ausführung des Smart Contracts nicht derart schwer, dass sie eine unangemessene Benachteiligung darstellt, da durch die manipulationssichere Ausführung ein willkürlicher, einseitiger Vermögenseingriff verhindert wird.[17] Auch die Umkehr der Initiativ- und Klagelast stellt dann keine unangemessene Benachteiligung für die andere Partei dar, wenn der Smart Contract manipulationssicher auf einer Plattform ausgeführt wird. Dann wird, vergleichbar mit der Rückbuchungsmöglichkeit eines Lastschriftverfahrens, auf technische Art und Weise verhindert, dass der Verwender einseitig und dauerhaft in das Vermögen der anderen Partei eingreifen kann. Der faktische Ausschluss der anderen Partei, Einreden und Einwendungen geltend machen zu können, wiegt regelmäßig so schwer, dass sich schon aus diesem Grund eine solche Klausel als unwirksam darstellt.[18] Daher ist es notwendig, dass der Verwender einen Streitbeilegungsmechanismus implementiert, durch den die andere Partei ihre Einreden und Einwendungen geltend machen kann.[19] Auf die genaue technische Ausgestaltung kommt es nicht an, sofern ein vergleichbares Niveau erreicht wird, wie bei einem Vertrag ohne den Einsatz eines Smart Contracts auf der tatsächlichen Ebene. Die Einwendungen und Einreden

[13] Hierzu siehe unter: § 5 C. I.
[14] Hierzu siehe unter: § 5 C. I. 1. a).
[15] Hierzu siehe unter: § 5 C. I. 2. c) bb) (1).
[16] Hierzu siehe unter: § 5 C. I. 2. b) bb).
[17] Hierzu siehe unter: § 5 C. I. 2. b) bb).
[18] Hierzu siehe unter: § 5 C. I. 2. c) bb) (1).
[19] Hierzu siehe unter: § 5 C. I. 2. c) bb) (1).

muss die andere Partei nicht zur vollständigen Überzeugung darlegen, vielmehr reicht es aus, dass sie summarisch die Tatsachen benennt, worauf die Einreden oder Einwendungen möglicherweise beruhen können und dass das Bestehen der Einreden oder Einwendungen zumindest als möglich erscheint. Dies stellt sicher, dass die andere Partei ihre Einreden und Einwendungen geltend machen kann und verhindert zugleich, dass die andere Partei willkürlich die Ausführung des Vereinbarten durch den Smart Contract auf der tatsächlichen Ebene verhindern kann.

Eine Klausel, die den Einsatz eines Smart Contracts auf der tatsächlichen Ebene vorsieht, darf nicht beinhalten, dass der Smart Contract sich noch auf weitere, sich außerhalb des Vertragsverhältnisses befindliche, wesentlich höherwertige Vermögensbestandteile der anderen Partei, auswirkt.[20] Neben einem direkten Zugriff auf diese weiteren Vermögensbestandteile, werden davon auch mittelbare Auswirkungen auf diese erfasst. Hieran kann der Verwender kein berechtigtes Interesse haben, eine solche Klausel stellt sich daher als unangemessen dar.

Auch gilt es für die Interessenabwägung zwischen den Parteien zu berücksichtigen, wie groß das jeweilige Nutzungsinteresse der anderen Partei an den jeweiligen Gegenständen ist, auf die der Smart Contract auf der tatsächlichen Ebene einwirken kann. Je wesentlicher sich das fortgesetzte Nutzungsinteresse der anderen Partei an der Sache darstellt, desto höher ist auch das Interesse der anderen Partei an der weiteren Nutzung zu gewichten.[21]

VI. Neben der veränderten Rechtsdurchsetzung der anderen Partei, kann durch den Einsatz eines Smart Contracts auf der tatsächlichen Ebene auch eine verbotene Eigenmacht vorliegen, was mit wesentlichen gesetzlichen Grundgedanken nicht zu vereinbaren ist und so im Zweifel die Unwirksamkeit einer Klausel, die dies vorsieht, zur Folge hat.[22] Dies wurde in der vorliegenden Arbeit unter dem Begriff der Selbstdurchsetzung dargestellt.

Wird nun mittels Smart Contracts auf der tatsächlichen Ebene auf die in der Sache verkörperte Software zugegriffen und damit die Sachsubstanz verändert, stellt dies grundsätzlich eine Besitzbeeinträchtigung und mithin

---

20 Hierzu siehe unter: § 5 C. I. 2. c) bb) (3).

21 Hierzu siehe unter: § 5 C. I. 2. c) bb) (4).

22 Hierzu siehe unter: § 5 C. II. 1. b) cc) (1).

auch eine verbotene Eigenmacht dar.[23] Wenn die Software in der Sache verkörpert ist, unterliegt die Sache und die darin verkörperte Software den Besitzschutzvorschriften.[24] Wird die verkörperte Software nun nach Erlangung der tatsächlichen Sachherrschaft des Besitzers verändert, ist darin regelmäßig eine verbotene Eigenmacht zu erblicken, sofern dies nicht mit dem Willen des Besitzers geschieht.[25]

Etwas anderes gilt dann, wenn eine anfängliche Beschränkung der Software mit dem Einstellen zusätzlicher Leistungen verknüpft wird. Bei einem solchen Vorgehen stellt sich der Eingriff durch einen Smart Contract auf der tatsächlichen Ebene, obwohl die Software in der Sache verkörpert ist, nicht als Besitzstörung und somit auch nicht als verbotene Eigenmacht dar.[26] Auch wenn die Software verkörpert in der Sache gespeichert wird, ist ein Fernzugriff eines Smart Contracts auf der tatsächlichen Ebene möglich und stellt sich auch bei Beachtung der folgenden Darstellung nicht als unangemessene Benachteiligung dar. Entscheidend für die Anwendbarkeit der Besitzschutzvorschriften ist der Zeitpunkt, an dem der Besitzer die Sachherrschaft erlangt. Verfügt die Software bereits im Zeitpunkt der Besitzerlangung über Einschränkungen, liegt keine Besitzstörung vor.[27] Enthält die Software von Anfang an eine zeitliche Befristung, nach deren Ablauf sie nicht mehr genutzt werden kann, liegt auch nach dem Zeitablauf und der daraus folgenden Unbrauchbarkeit der Sache keine Besitzstörung vor, da diese Beschränkung von Anfang an, schon vor dem Erlangen der Sachherrschaft durch den Besitzer, vorhanden war.[28] Will der Besitzer die Sache weiterhin nutzen, benötigt er ein Softwareupdate, was wiederrum schon bei der Erlangung der Sachherrschaft über eine zeitliche Befristung verfügt. Verknüpft man nun diese befristeten Softwareversionen mit einem Smart Contract auf der tatsächlichen Ebene, kann dieser der anderen Partei vor jedem Ablauf der Befristung ein Update anbieten bzw. dieses auch aufspielen, sofern die andere Partei sich vertragskonform verhält.[29] An einem solchen Vorgehen

---

[23] Hierzu siehe unter: § 5 C. II. 1. b) cc) (1).
[24] Hierzu siehe unter: § 5 C. II. 1. a) aa).
[25] Hierzu siehe unter: § 5 C. II. 1. b) cc) (1).
[26] Hierzu siehe unter: § 5 C. II. 1. b) cc) (4).
[27] Hierzu siehe unter: § 5 C. II. 1. b) cc) (2).
[28] Hierzu siehe unter: § 5 C. II. 1. b) cc) (2).
[29] Hierzu siehe unter: § 5 C. II. 1. b) cc) (4).

muss der Verwender jedoch auch ein berechtigtes Interesse haben, da es sich ansonsten als unangemessene Benachteiligung darstellt.[30] Es muss also ein berechtigtes Interesse des Verwenders bestehen, die Software mit einer anfänglichen Befristung der Nutzungsdauer auszustatten und auch daran, weitere Updates durch den Einsatz eines Smart Contracts auf der tatsächlichen Ebene einzustellen, wodurch die Sache nach Fristablauf nur noch eingeschränkt oder gar nicht mehr nutzbar ist. Als berechtigtes Interesse des Verwenders kommt hier sein Sicherungsinteresse in Betracht. Dieses stellt sich dann als berechtigtes Interesse dar, wenn zwischen dem Verwender und der anderen Partei ein Vertrag mit gegenseitigen Leistungspflichten besteht und dem Verwender Leistungsverweigerungsrechte wie die §§ 273, 320 BGB, oder andere Einreden oder Einwendungen, die es ihm erlauben, die Leistung zu verweigern, zur Verfügung stehen.[31]

VII. Stellt sich eine Klausel beim Einsatz eines Smart Contracts als unwirksam dar, etwa, weil diese mit den §§ 307 ff. BGB nicht zu vereinbaren ist, vollzieht der Smart Contract auf der tatsächlichen Ebene etwas, was rechtlich nicht geschuldet ist.[32] Geleistet wurde in einem solchen Fall dann ohne Rechtsgrund. Sind AGB nicht Vertragsbestandteil geworden, bleibt der Vertrag nach § 306 I BGB im Übrigen wirksam. Nach § 306 II BGB gelten statt der unwirksamen Klauseln die gesetzlichen Bestimmungen.

Die Rückabwicklung erfolgt nach den allgemeinen Regelungen des BGB, beispielsweise nach §§ 812 ff. BGB.[33] Dabei ist zwischen Eingriffs- und Leistungskondiktion zu differenzieren, wonach es darauf ankommt, ob die andere Partei den Einsatz des Smart Contracts auf der tatsächlichen Ebene grundsätzlich gebilligt hat, sodass eine Leistungskondiktion vorliegt, oder ob die andere Partei von dem Einsatz eines Smart Contracts auf der tatsächlichen Ebene zu ihren Lasten überrascht wurde, sodass mangels bewusster und zweckgerichteter Vermögensmehrung eine Eingriffskondiktion vorliegt.[34]

---

[30] Hierzu siehe unter: § 5 C. III. 1.
[31] Hierzu siehe unter: § 5 C. III. 1.
[32] Hierzu siehe unter: § 6.
[33] Hierzu siehe unter: § 6.
[34] Hierzu siehe unter: § 6.

Literaturverzeichnis

Beck, Benjamin/ *König*, Dominik: Bitcoins als Gegenstand von sekundären Leistungspflichten, in: AcP 215 (2015), S. 655–682

Beck'scher Online-Großkommentar zum Bürgerlichen Gesetzbuch, *Gsell*, Beate/ *Krüger*, Wolfgang/ *Lorenz*, Stephan/ Reymann/ Christoph (Hrsg. Gesamtwerk), München Stand 01.06.2023, (zit.: *Bearbeiter*, in: BeckOGK-BGB)

Beck'scher Online-Kommentar zum Bürgerlichen Gesetzbuch, *Hau*, Wolfgang/ *Poseck*, Roman (Hrsg.), 66. Edition Stand 01.05.2023, München 2023, (zit.: *Bearbeiter*, in: BeckOK-BGB)

Beck'scher Online-Kommentar zur Zivilprozessordnung, *Vorwerk*, Volkert/ *Wolf*, Christian (Hrsg.), 48. Edition Stand 01.03.2023, München 2023, (zit.: *Bearbeiter*, in: BeckOK-ZPO)

Behme, Caspar/ *Zickgraf*, Peter: Zivil- und gesellschaftsrechtliche Aspekte von Initial Coin Offerings (ICOs), in: ZfPW 2019, 99–93

Bernzen, Anna: Smart Contracts, Können „kluge Verträge" zum Konfliktmanagement beitragen?, in: ZKM 2021, 219–223

Beurskens, Michael: Akkusperre aus der Ferne; vom Besitzschutz zum Mietrecht, aber bloß keine digitalen Inhalte?, in: RDi 2023, S. 1–11

Beurskens, Michael: Privatrechtliche Selbsthilfe, Tübingen 2017

Blockchain-Strategie der Bundesregierung, S. 1–24, abrufbar unter: https://www.bmwk.de/Redaktion/DE/Publikationen/Digitale-Welt/blockchain-strategie.pdf?__blob=publicationFile&v=8

Braegelmann, Tom/ *Kaulartz*, Markus (Hrsg.), Rechtshandbuch Smart Contracts, München 2019, (zit.: *Bearbeiter*, in: Braegelmann/Kaulartz, Rechtshandbuch Smart Contracts)

Brehm, Wolfgang/ *Berger*, Christian: Sachenrecht, 3. Auflage, Tübingen 2014

Brox, Hans/ *Walker*, Wolf-Dietrich, Allgemeiner Teil des BGB, 45. Auflage, München 2021

Buck-Heeb, Petra/ *Oppermann*, Bernd: Automatisierte Systeme, 1. Auflage, München 2022, (zit. *Bearbeiter*, in: Buck-Heeb/Oppermann, Automatisierte Systeme)

Busse, Jan: Unwirksame AGB-Klausel über einen Fernzugriff auf eine vermietete Autobatterie, in: Juris PraxisReport Internationales Wirtschaftsrecht, 1/2023 Anm. 5, (zit.: *Busse*, jurisPR-IWR 1/2023 Anm. 5)

Busse, Jan/ *Aydemir*, Hilal: Anwendung der Besitzschutzregeln bei Smart Contracts, in: Juris PraxisReport Internationales Wirtschaftsrecht, 4/2022 Anm. 3, (zit.: *Busse/Aydemir*, jurisPR-IWR 4/2022 Anm. 3)

Cant, Bart/ *Khadikar*, Amol/ *Ruiter*, Antal/ *Bronebakk*, Jakob/ *Coumaros*, Jean/ *Buvat*, Jerome/ *Gupta*, Abhishek: Smart Contracts in Financial Services: Getting from Hype to Reality, 2016, abrufbar unter: https://www.capgemini.com/consulting-de/wp-content/uploads/sites/32/2017/08/smart_contracts_paper_long_0.pdf, zuletzt abgerufen: 27.06.2023, (zit.: Capgemini Consulting, Smart Contracts in Financial Services: Getting from Hype to Reality)

Casper, Matthias/ *Grimpe*, Adrian: Sachenrechtliche und AGB-rechtliche Zulässigkeit digitalen Fernzugriffs auf vernetzte Sachen; Zugleich Besprechung von OLG Düsseldorf, Urteil vom 7.10.2021 – 2ß U 116/20, ZIP 2021, 2541, in: ZIP 2022, S. 661–670

Chibanguza, Kuuya/ *Kuß*, Christian/ *Steege*, Hans (Hrsg.): Künstliche Intelligenz, Recht und Praxis automatisierter und autonomer Systeme, Baden-Baden 2022, (zit.: *Bearbeiter*, in: Chibanguza/Kuß/Steege, Künstliche Intelligenz)

Cornelius, Kai: Vertragsabschluss durch autonome elektronische Agenten, in: MMR 2002, S. 353–358

Deichsel, Tamara: Sachverhaltsfeststellung in der alternativen Streitbeilegung – Das Ende von Ungewissheiten durch den Einsatz von Legal Tech?, in: GVRZ 2021, 12, Rn. 1–34

Djazayeri, Alexander: Rechtliche Herausforderungen durch Smart Contracts, in: Juris PraxisReport Bank und Kapitalmarktrecht, 12/2016 Anm. 1, (zit.: *Djazayeri*, jurisPR-BKR 12/2016 Anm. 1)

Duden, Konrad: Funktionssperren und digitale Sachherrschaft – AGB-Klausel zur Legitimierung einer Batteriesperre, in: NJW 2023, S. 18–21

Ebers, Martin (Hrsg.): StichwortKommentar Legal Tech, 1. Auflage, Baden-Baden 2023, (zit.: *Bearbeiter*, in: Ebers, StichwortKommentar Legal Tech, Stichwort)

Ebert, Frank: Reservierungsgrenzen im Alltag – „Das ist mein Platz!“, in: NJW 2016, S. 3206–3209

Erman, Walter (Begr.): Bürgerliches Gesetzbuch Handkommentar, *Grunewald*, Barbara/ *Maier-Reimer*, Georg/ *Westermann*, Harm Peter (Hrsg.), 16. Auflage, Köln 2020, (zit.: *Bearbeiter*, in: Erman-BGB)

Exner, Felix: Smart Contracts im Spannungsfeld zwischen Automatisierung und Verbraucherschutz, Berlin 2022

Feldmann, Riccarda: Der possessorische Besitzschutz und sein Verhältnis zum petitorischen Recht, Tübingen 2020

Flick, Martin: AGB-Klausel zur Fernabschaltung einer gemieteten Autobatterie ist unwirksam, in: GWR 2022, S. 379

Freitag, Robert: Sprachenzwang, Sprachrisiko und Formanforderungen im IPR, in: IPRax 1999, S. 142–148

Fries, Martin: Anmerkung zum Urteil des OLG Düsseldorf vom 7.10.2021 -20 U 116/20, JZ 2022, 359, in: JZ 2022, S. 361–364

Fries, Martin: PayPal Law und Legal Tech – Was macht die Digitalisierung mit dem Privatrecht?, in: NJW 2016, S. 2860–2865

Fries, Martin: Schadensersatz ex machina, in: NJW 2019, S. 901–905

Fries, Martin: Smart Contracts: Brauche schlaue Verträge noch Anwälte?, in: AnwBl 2018, S. 86–90

Fries, Martin/ *Paal*, Boris (Hrsg.): Smart Contracts, Tübingen 2019, (zit.: *Bearbeiter*, in: Fries/Paal, Smart Contracts)

Friske, Lars: Allgemeine Geschäftsbedingungen im Internet: Der Schutz des deutschen Verbrauchers vor missbräuchlichen Klauseln, Berlin 2005

Fußwinkel, Oliver/ *Kreiterling*, Christoph: Blockchain-Technologie– Gedanken zur Regulierung; 2018; abrufbar unter: https://www.bafin.de/SharedDocs/Veroeffentlichungen/DE/BaFinPerspektiven/2018/bp_18-1_Beitrag_Fusswinkel.html

Groß, Johannes: AGB 4.0: Allgemeine Geschäftsbedingungen im Rahmen autonomer Vertragsschlüsse, in: InTer 2018, S. 4–9

Groß, Nadja/ *Gressel*, Jacqueline: „Entpersonalisierte Arbeitsverhältnisse als rechtliche Herausforderung – Wenn Roboter zu Kollegen und Vorgesetzten werden“, in: NZA 2016, S. 990–996

Grundmann, Stefan/ *Möslein*, Florian (Hrsg.): Innovation und Vertragsrecht, Tübingen 2020, (zit.: *Bearbeiter*, in: Grundmann/Möslein, Innovation und Vertragsrecht)

Grüneberg, Christian: Bürgerliches Gesetzbuch, 82. Auflage, München 2023, (zit.: *Bearbeiter*, in: Grüneberg)

Grützmacher, Malte/ *Heckmann*, Jörn: „Autonome Systeme und KI – vom vollautomatisierten zum autonomen Vertragsschluss?“, in: CR 2019, S. 553–561

Guggenberger, Nikolas: Umkehr der Durchsetzungslast beim PayPal-Käuferschutz, in: NJW 2018, S. 1057–1060

Gyr, Eleonor: Blockchain und Smart Contracts, Die vertragsrechtlichen Implikationen einer neuen Technologie, Bern 2019

Haller, Jakob: Digitale Inhalte als Herausforderung für das BGB, Berlin 2019

Handbuch IT- und Datenschutzrecht, *Auer-Reinsdorff*, Astrid/ *Conrad*, Isabell (Hrsg.), 3. Auflage, München 2019, (zit.: *Bearbeiter*, in: Auer-Reinsdorff/Conrad, Handbuch IT- und Datenschutzrecht)

Handbuch Multimedia-Recht, *Hoeren*, Thomas/ *Sieber*, Ulrich/ *Holznagel*, Bernd (Hrsg.), 58. Ergänzungslieferung, München März 2022, (zit.: *Bearbeiter*, in: Hoeren/Sieber, Handbuch Multimedia-Recht)

Hartung, Frank: Besitz und Sachherrschaft, Berlin 2001

Hau, Wolfgang: Die Klagelast als Rechtsfigur und Regelungsproblem, in: ZZP 129 (2016), S. 133–151

Heckelmann, Martin: Zulässigkeit und Handhabung von Smart Contracts, in: NJW 2018, S. 504–510

Hoffer, Raoul/ *Mirtchev*, Kristina: Erfordert die Blockchain ein neues Kartellrecht? - Die Anwendung von Art. 101 und 102 AEUV sowie der Zusammenschlusskontrolle im Kontext der Blockchain-Technologie-, in: NZKart 2019, S. 239–247

Hohn-Hein, Nicolas/ *Günter*, Barth: Immaterialgüterrechte in der Welt von Blockchain und Smart Contracts, in: GRUR 2018, S. 1089–1096

Hoppen, Peter: Technische Schutzmaßnahmen bei Software, in: CR 2013, S. 9–16

Hudson, Thomas/ *Laudicina*, Daniel: The Emerging Law of Starter Interrupt Devices, in: The Business Lawyer, February 2006, Vol. 61, No. 2, 843–854

Jaensch, Michael: Fernzugriff zur privaten Rechtsdurchsetzung – zugleich Anmerkung zum Urteil des BGH vom 26.10.2022 (DAR 2023, 145), in: DAR 2023, S. 131–134

Jauernig, Othmar (Begr.): Bürgerliches Gesetzbuch Kommentar, *Stürner*, Rolf (Hrsg.), 18. Auflage, München 2021, (zit.: *Bearbeiter*, in: Jauernig-BGB)

Juris Praxiskommentar BGB, *Herberger*, Maximilian/ *Martinek*, Michael/ *Rüßmann*, Helmut/ *Weth*, Stephan/ *Würdinger*, Markus (Herausgeber Gesamtwerk), Band 1: *Vieweg*, Klaus 9. Auflage 2020, Band 2: *Junker*, Markus/ *Beckmann*, Roland/ *Rüßmann*, Helmut, 10. Auflage 2023, Band 3: *Martinek*, Michael, 10. Auflage, 2023, Saarbrücken, (zit.: *Bearbeiter*, in: jurisPK-BGB)

Juris Praxiskommentar Internetrecht, *Heckmann*, Dirk/ *Paschke*, Anne (Hrsg.), 7. Auflage, Saarbrücken 2021, (zit.: *Bearbeiter*, in: jurisPK-Internetrecht)

Kalin, Christian: Leistungsverweigerung durch Wegfahrsperre, in: ZfPW 2019, S. 436–458

Kaulartz, Markus: Herausforderungen bei der Gestaltung von Smart Contracts, in: InTer 2016, S. 201–206

Kaulartz, Markus/ *Heckmann* Jörn: Smart Contracts – Anwendungen der Blockchain-Technologie, in: CR 2016, S. 618–624

Kaulbach, Ann-Marie: Digitale Fernsperrung einer Fahrzeugbatterie – effiziente Selbsthilfe oder unangemessene Benachteiligung des Vertragspartners? Zugleich Besprechung von BGH, Urt. v. 26.10.2022 – XII ZR 89/21, ZIP 2022, 2391 – Batteriemiete, in: ZIP 2023, S. 343–352

Kiffer, Lucianna/ *Levin*, Dave/ *Mislove*, Alan: Analyzing Ethereum's Contract Topology, 2018, abrufbar unter: http://www.ccs.neu.edu/home/amislove/publications/Ethereum-IMC.pdf

Kipker, Dennis-Jenji/ *Birreck*, Piet/ *Nienwöhner*, Mario/ *Schnorr*, Timm: Rechtliche und technische Rahmenbedingungen der „Smart Contracts", Eine zivilrechtliche Betrachtung, in: MMR 2020, S. 509–513

Kling, Michael: Sprachrisiken im Privatrechtsverkehr, Tübingen 2008

Koehl, Felix: Verbotene Eigenmacht durch Fernsperrung einer vermieteten Elektro Autobatterie, in: SVR 2022, S. 217 - 219

Kuntz, Thilo: Konsens statt Recht?, in: AcP 220 (2020), S. 51–97

Kuschel, Linda: Digitale Eigenmacht, in: AcP 220 (2020), S. 98–128

Lassmann, Wolfgang, Wirtschaftsinformatik: Nachschlagewerk für Studium und Praxis, Wiesbaden 2006

Laukemann, Björn: Private Rechtsdurchsetzung zwischen (digitaler) Selbsthilfe und gerichtlichem Rechtsschutz, in: ZfPW 2022, S. 357–384

Legner, Sarah: Smart Consumer Contracts – Die automatisierte Abwicklung von Verbraucherverträgen, in: VuR 2021, 10–18

Leroy, Janis: Die Versorgungssperre, in: NJ 2013, S. 441–447

Lessig, Lawrence, Code und andere Gesetze des Cyberspace, Berlin 2001, aus dem Amerikanischen von *Bischoff*, Michael (Originalausgabe: Code and Other Laws of Cyberspace, New York 1999)

Leupold, Andreas/ *Wiebe*, Andreas/ *Glossner*, Silke (Hrsg.): IT-Recht Recht, Wirtschaft und Technik der digitalen Transformation, 4. Auflage, München 2021, (zit. *Bearbeiter*, in: Leupold/Wiebe/Glossner, IT-Recht)

Lindacher, Walter/ *Pfeiffer*, Thomas (Hrsg.): Wolf/Lindacher/Pfeiffer AGB-Recht Kommentar, 7. Auflage, München 2020, (zit.: *Bearbeiter*, in: Wolf/Lindacher/Pfeiffer, AGB-Recht)

Lindner, Eric: Der programmierte Mietvertrag, in: NZM 2021, S. 665–672

Lupu, Ruxandra: Zulässigkeit, Handhabung und rechtliche Grenzen bei der Gestaltung von Smart Contracts, in: DSRITB 2019, S. 209–284

Ma, Megan: Writing in Sign: Code as the Next Contract Language?, in: MIT Computational Law Report, veröffentlicht am 14.08.2020, abrufbar unter: https://law.mit.edu/pub/writinginsign

Magnus, Hanno: Fernkontrolle im Internet der Dinge, Trier 2022

Magnus, Hanno: Klausel zur Fernabschaltung einer Autobatterie durch den Vermieter ist unwirksam, in: MMR 2023, S: 120–123

Maidl, Johannes: Ausländische AGB im deutschen Recht, München 2000

Maunz, Theodor/ *Dürig*, Günter (Begr.); *Herzog*, Roman/ *Scholz*, Rupert/ *Herdgen*, Matthias/ *Klein*, Hans (Hrsg.): Grundgesetz Kommentar, 95. Ergänzungslieferung Juli 2021, München, (zit.: *Bearbeiter*, in: Dürig/Herzog/Scholz-GG)

Meyer, Olaf: Stopping the Unstoppable: Termination and Unwinding of Smart Contracts, in: EuCML 2020, 17–24

Möslein, Florian: Materialisierung von Smart Contracts, in: RDi 2022, S. 296–298

Möslein, Florian: Rechtliche Grenzen innovativer Finanztechnologien (FinTech): Smart Contracts als Selbsthilfe?, in: ZBB 2018, S. 208–221

Möslein, Florian: Smart Contracts im Zivil- und Handelsrecht, in: ZHR 183 (2019) 254–293

Möslein, Florian/ *Omlor*, Sebastian (Hrsg.): FinTech-Handbuch, 2. Auflage, München 2021, (zit.: *Bearbeiter*, in: Möslein/Omlor, FinTech-Handbuch)

Münchener Anwaltshandbuch IT-Recht, *Leupold*, Andreas/ *Wiebe*, Andreas/ *Glossner*, Silke (Hrsg.), 4. Auflage, München 2021, (zit.: *Bearbeiter*, in: Münchener Anwaltshandbuch IT-Recht)

Münchner Kommentar zum Bürgerlichen Gesetzbuch, *Säcker*, Franz Jürgen/ *Rixecker*, Roland/ *Oetker*, Hartmut/ *Limperg*, Bettina (Hrsg.), Band 1–9. Auflage 2021, Band 2–9. Auflage 2022, Band 3–9. Auflage 2022, Band 6–9. Auflage 2023, Band 8–9. Auflage 2023, Band 12–8. Auflage 2020, Band 13–8. Auflage 2021, München, (zit.: *Bearbeiter*, in: MüKo-BGB)

Musielak, Hans-Joachim/ *Voit*, Wolfgang (Hrsg.): Zivilprozessordnung mit Gerichtsverfassungsgesetz Kommentar, 20. Auflage, München 2023, (zit.: *Bearbeiter*, in: Musielak/Voit-ZPO)

Nomos BGB Handkommentar, *Dörner*, Heinrich/ *Ebert*, Ina/ *Fries*, Martin/ *Friesen*, Siegrid/ *Himmen*, Andreas/ *Hoeren*, Thomas/ *Kemper*, Rainer/ *Saenger*, Ingo/ *Scheuch*, Alexander/ *Schreiber*, Christoph/ *Schulte-Nölken*, Hans/ *Schulze*, Reiner/ *Staudinger*, Ansgar/ *Wiese*, Volker (Hrsg.), 11. Auflage, Baden-Baden 2022, (zit.: *Bearbeiter*, in: Nomos Handkommentar-BGB)

Nomos Kommentar BGB, *Dauner-Lieb*, Barbara/ *Heidel*, Thomas/ *Ring*, Gerhard (Herausgeber Gesamtwerk), Band 1: *Heidel*, Thomas/ *Hüßtege*, Rainer/ *Mansel*, Heinz-Peter/ *Noak*, Ulrich (Hrsg.), 4. Auflage, Baden-Baden 2021, Band 2: *Dauner-Lieb*, Barbara/ *Langen*, Werner (Hrsg.), 4. Auflage, Baden-Baden 2021, Band 3: *Grziwotz*, Herbert/ *Schmidt-Räntsch*, Johanna/ *Ring*, Gerhard (Hrsg.), 5. Auflage, Baden-Baden 2022, (zit.: *Bearbeiter*, in: Nomos Kommentar-BGB)

Paal, Boris: Internetrecht–Zivilrechtliche Grundlagen, in: JuS 2010, S. 953–957

Paulus, Christoph: Unzulässigkeit technischer Absperrvorrichtungen zur Unterbindung von weiterem Gebrauch, in: EWiR 2021, S. 752–754

Paulus, Christoph/ *Matzke*, Robin: Digitalisierung und private Rechtsdurchsetzung, in: CR 2017, S. 769–778

Paulus, Christoph/ *Matzke*, Robin: Smart Contracts und Smart Meter – Versorgungssperre per Fernzugriff, in: NJW 2018, S. 1905–1911

Paulus, David: Die automatisierte Willenserklärung, in: JuS 2019, S. 960–965

Paulus, David/ *Matzke* Robin: Smart Contracts und das BGB – Viel Lärm um nichts?, in: ZfPW 2018, S. 431–465

Prinz, Wolfgang/ *Schulte*, Axel (Hrsg.): Blockchain und Smart Contracts, 2017, S. 1–50, 2017, abrufbar unter: https://www.fraunhofer.de/content/dam/zv/de/forschung/artikel/2017/Fraunhofer-Positionspapier_Blockchain-und-Smart-Contracts_v151.pdf

Prütting, Hans/ *Wegen*, Gerhard/ *Weinreich*, Gerd (Hrsg.): BGB Kommentar, 17. Auflage, Hürth 2022, (zit. *Bearbeiter*, in: Prütting/Wegen/Weinreich-BGB)

Redeker, Helmut: IT-Recht, 7. Auflage, München 2020

Regenfuß, Thomas: Deaktivierte Geräte–Rechte des Nutzers bei Einschränkung der Funktionsfähigkeit „smarter" Produkte durch den Hersteller, in: JZ 2018, S. 79–87

Reithmann, Christoph (Begr.), *Martiny*, Dieter (Hrsg.): Internationales Vertragsrecht, 9. Auflage, Köln 2022, (zit.: *Bearbeiter*, in: Reithmann/ Martiny, Internationales Vertragsrecht)
Riehm, Thomas: Von Drohnen, Google-Cars und Software-Agenten, in: ITRB 2014, S. 113–115
Saenger, Ingo (Hrsg.): Saenger Zivilprozessordnung, 9. Auflage, Baden-Baden 2021, (zit.: *Bearbeiter*, in Saenger Handkommentar-ZPO)
Sander, Nicolas: AGB; Verbotene Eigenmacht durch Sperrung per „Fernzugriff", in: WuB 2023, S. 64–68
Sander, Nicolas: AGB; Verbotene Eigenmacht durch Sperrung per „Fernzugriff", in: WuB 2022, S. 173–176
Sassenberg, Thomas/ *Faber*, Tobias (Hrsg.): Rechtshandbuch Industrie 4.0 und Internet of Things, München 2017
Schawe, Nadine: Blockchain und Smart Contracts in der Kreativwirtschaft – mehr Probleme als Lösungen?, in: MMR 2019, S. 218–223
Schlatt, Vincent/ *Schweizer*, André/ *Urbach*, Nils/ *Fridgen*, Gilbert: Blockchain: Grundlage, Anwendungen und Potenziale, Bayreuth 2016, in: Fraunhofer FIT S. 1–54, abrufbar unter: https://www.fim-rc.de/Paperbibliothek/Veroeffentlicht/642/wi-642.pdf
Schmidt, Hubert: Einbeziehung von AGB im unternehmerischen Geschäftsverkehr, in: NJW 2011, S. 3329–3334
Schnell, Sebastian/ *Schwaab*, Corbinian: Vertragsgestaltung beim Einsatz von Smart Contracts zur Automatisierung von Lieferbeziehungen, in: BB 2021, S. 1091–1098
Schrader, Paul: Smart Contract-AGB: Fernsperrung der Lademöglichkeit einer gemieteten Autobatterie, in: JA 2023, S. 247–249
Schrey, Joachim/ *Thalhofer*, Thomas: Rechtliche Aspekte der Blockchain, in: NJW 2017, S. 1431–1436
Schulze, Reiner (Hrsg.): Bürgerliches Gesetzbuch, Handkommentar, 11. Auflage, Baden-Baden 2022, (zit. *Bearbeiter*, in: Schulze-BGB)
Schurr, Francesco: Anbahnung, Abschluss und Durchführung von Smart Contracts im Rechtsvergleich, in: ZVglRWiss 118 (2019), S. 257–284
Schwab, Martin: AGB-Recht, 2. Auflage, Heidelberg 2014
Schwenker, Hans: Rechtswidrigkeit einer AGB-Klausel zur Fernsperrung einer Autobatterie nach außerordentlicher Kündigung des Mietvertrages, in: jurisPraxisReport BGH-Zivilrecht, 24/2022 Anm. 2, (zit.: *Schwenker*, jurisPR-BGHZivilR 24/2022 Anm. 2)

Schwenzer, Ingeborg/ *Schroeter*, Ulrich (Hrsg.): Kommentar zum UN-Kaufrecht (CISG), 7. Auflage, München 2019, (zit.: *Bearbeiter*, in: Schlechtriem/Schwenzer/Schroeter, Kommentar zum UN-Kaufrecht (CISG))

Schwintowski, Hans-Peter/ *Klausmann*, Nikolas/ *Kadgien*, Michael: Das Verhältnis von Blockchain-Governance und Gesellschaftsrecht, in: NJOZ 2018, S. 1401–1406

Sester, Peter/ *Nitschke*, Tanja: Software-Agenten mit Lizenz zum…?, in: CR 2004, S. 548–554

Sillaber, Christian/ *Waltl*, Bernhard: Life Cycle of Smart Contracts in Blockchain Ecosystems, in: DuD 2017, S. 497–500

Söbbing, Thomas: Smart Contracts und Blockchain-Technologie, in: ITRB 2018, S. 43–46

Soergel, Hans Theodor (Begr.), *Siebert*, Wolfgang/ *Baur*, Jürgen (Hrsg.): Soergel BGB, Band 2/1: 14. Auflage, Stuttgart 2022, Band 4: 13. Auflage, Stuttgart 2019, Band 14: 13. Auflage Stuttgart 2002, (zit.: *Bearbeiter*, in: Soergel-BGB)

Specht, Louisa/ *Herold* Sophie: Roboter als Vertragspartner?, in: MMR 2018, S. 40–44

Spindler, Gerald/ *Bille*, Martin: Rechtsprobleme von Bitcoins als virtuelle Währung, in: WM 2014, S. 1357–1412

Spindler, Gerald/ *Schuster*, Fabian: Recht der elektronischen Medien, 4. Auflage, München 2019, (zit.: *Bearbeiter*, in: Spindler/Schuster, Recht der elektronischen Medien)

Stamenov, Yavor: Sperrung der Lademöglichkeit einer gemieteten Autobatterie per Fernzugriff in Allgemeinen Geschäftsbedingungen, in: LTZ 2022, S. 196–203

Staudinger, Julius von (Begr.): Kommentar zum Bürgerlichen Gesetzbuch: Buch 1, Allgemeiner Teil, Berlin Neubearbeitung 2021, Buch 2. Recht der Schuldverhältnisse, Berlin Neubearbeitung 2022, Buch 3. Sachenrecht, Berlin Neubearbeitung 2018, (zit.: *Bearbeiter*, in: Staudinger-BGB)

Staudinger, Julius von (Begr.): Staudinger Sonderedition Kommentar zum AGB-Recht, Berlin 2014, (zit.: *Bearbeiter*, in: Staudinger-AGB)

Steinert, Philipp: Fernsperrung der Auflademöglichkeit von Autobatterien in Allgemeinen Geschäftsbedingungen unzulässig, in: SVR 2023, S. 58–60

Stoffels, Markus: AGB-Recht, 4. Auflage, München 2021

Strobel, Benedikt: Digitaler Fernzugriff und verbotene Eigenmacht, in: NJW 2022, S. 2361–2366

Szabo, Nick: Smart Contracts, 1994, abrufbar unter: https://www.fon.hum.uva.nl/rob/Courses/InformationInSpeech/CDROM/Literature/LOTwinterschool2006/szabo.best.vwh.net/smart.contracts.html

Tavakoli, Alexander: Automatische Fluggast-Entschädigung durch Smart Contracts, in: ZRP 2020, 46–49

Ulmer, Peter/ *Brandner*, Hans/ *Hensen*, Horst-Diether (Hrsg.): AGB-Recht Kommentar, 13. Auflage, Köln 2022, (zit.: *Bearbeiter*, in: Ulmer/Brandner/Hensen, AGB-Recht)

Ulrici, Bernhard: Liefersperren als verbotene Eigenmacht, in: ZMR 2003, S. 895–898

Vig, Zsofia: Private Key als personenbezogenes Datum, in: RDV 2021, S. 14–20

Von Schönfeld, Max/ *Radtke*, Tristan: Zivilrechtliche Kategorisierung von Sharing Economy-Geschäftsmodellen, in: NJW 2021, S. 1841–1847

Waldenberger, Arthur: Grenzen des Verbraucherschutzes beim Abschluss von Verträgen im Internet, in: BB 1996, 2365–2371

Weiss, Alexander: Zivilrechtliche Grundlagenprobleme von Blockchain und Kryptowährungen, in: JuS 2019, S. 1050–1057

Wentzel, Cathrin/ *Krebs*, Sebastian: Fernabschaltung einer Elektrofahrzeugbatterie in Verbraucherklauseln unwirksam; Anmerkung zu BGH, Urt. v. 26.10.2022 – XII ZR 89/21, in: RAW 2023, S. 80–84

Wertenbruch, Johannes: Abgabe und Zugang von Willenserklärungen, in: JuS 2020, S. 481–488

Wertenbruch, Johannes: BGB Allgemeiner Teil, 5. Auflage, München 2021, (zit.: *Wertenbruch*, BGB AT)

Wilhelm, Alexander: Smart Contract im Zivilrecht, Teil I, in: WM 2020, S. 1807–1813, Teil II, in: WM 2020, S. 1849–1896

Wissenschaftlicher Dienst Deutscher Bundestag: Aktueller Begriff Industrie 4.0, Nr. 23/16, 2016, abrufbar unter: https://www.bundestag.de/resource/blob/474528/cae2bfac57f1bf797c8a6e13394b5e70/industrie-4-0-data.pdf

Zeising, Jörg: Possessorischer Besitzschutz an Hotelzimmern, in: ZMR 2009, S. 578–584

Zipfel, Valentin: AGB-Klausel zur Fernsperrung der Auflademöglichkeit einer vermieteten Autobatterie unwirksam, in: GRUR-Prax 2023, S. 113

Zöller, Richard (Begr.), Zöller ZPO Kommentar, 34. Auflage, Köln 2022, (zit.: *Bearbeiter*, in: Zöller-ZPO)